清代章回小説《醒世姻縁傳》
における逆序語に関する研究

关于清代章回小说《醒世姻缘传》中逆序词的研究

石亮亮 著

吉林大学出版社
·长春·

图书在版编目（CIP）数据

关于清代章回小说《醒世姻缘传》中逆序词的研究 / 石亮亮著 . —长春：吉林大学出版社，2021.2
ISBN 978-7-5692-7378-6

Ⅰ.①关… Ⅱ.①石… Ⅲ.①《醒世姻缘传》—词汇—研究 Ⅳ.① I207.424 ② H146.2

中国版本图书馆 CIP 数据核字（2020）第 204893 号

书　　名	关于清代章回小说《醒世姻缘传》中逆序词的研究 GUANYU QINGDAI ZHANGHUI XIAOSHUO《XINGSHI YINYUAN ZHUAN》ZHONG NIXUCI DE YANJIU
作　　者	石亮亮　著
策划编辑	李承章
责任编辑	安　斌
责任校对	柳　燕
装帧设计	云思博雅
出版发行	吉林大学出版社
社　　址	长春市人民大街 4059 号
邮政编码	130021
发行电话	0431-89580028/29/21
网　　址	http://www.jlup.com.cn
电子邮箱	jdcbs@jlu.edu.cn
印　　刷	广东虎彩云印刷有限公司
开　　本	787 mm × 1092 mm　　1/16
印　　张	25.25
字　　数	410 千字
版　　次	2021 年 2 月第 1 版
印　　次	2021 年 2 月第 1 次
书　　号	ISBN 978-7-5692-7378-6
定　　价	168.00 元

版权所有　翻印必究

凡　例

1. 見出し語の用例

《醒世姻緣傳》の版本は、人民文学出版社、上海古籍出版社（「古本小説集成」版の影印本を使用。用例は、当時の使用法を反映させるために可能な限り、元の文字で示す。

《醒世姻緣傳》をはじめ、《金瓶梅詞話》、《程甲本紅樓夢》、《兒女英雄傳》などの明清時代北方の代表資料に継承されているか否かを確認し、一つでも見られる場合には、用例として付け加えた。

2. 旧白話略称

《醒世》：《醒世姻緣傳》、《水滸》：《水滸傳》、《初拍》：《初刻拍案驚奇》、《二拍》：《二刻拍案驚奇》、《金瓶》：《金瓶梅詞話》、《恒言》：《醒世恒言》、《通言》：《警世通言》、《明言》：《喻世明言》、《西遊》：《西遊記》、《平妖》：《平妖傳》、《封神》：《封神演義》、《三國》：《三國演義》、《聊齋》：《聊齋俚曲集》、《紅樓》：《程甲本紅樓夢》、《儒林》：《儒林外史》、《兒女》：《兒女英雄傳》、《二十》：《二十年目睹之怪現狀》、《歧路》：《歧路燈》、《老殘》：《老殘遊記》《品花》：《品花寶鑒》、《康熙》：《康熙俠義傳》、《官場》：《官場現形記》、《野叟》：《野叟曝言》、《孽海》：《孽海花》、《海上》：《海上花列傳》

3. 辞書略称

《现汉》：《现代汉语词典（第六版）》、《汉方大》：《汉语方言大词典（全五册）》、《白话》：《白话小说语言词典》、《中国语》：《中国語大辞典》、《＜醒世＞方辞典》：《＜醒世姻緣傳＞方言語彙辞典》、《愛知日中》：《中日大辞典（増訂第二版）》、《古代》：《古代汉语词典》

4. 語彙索引

巻末に語彙索引を設け、ピンインのABC順に配列した。語彙索引の項目総数は453である。

5. 底本

本書で用いた《醒世姻縁傳》の底本は、人民文学出版社1994年第1版第2次印刷の影印本を用いた。そこで用いられている文字を極力使用したので、繁体字の他に簡略字(当時の民間流行文字等)が散見される。例えば、"個／个""喫／吃""裏／裡／里""難／难""聲／声""還／还"等、混合形式となる。

目 录

第一章　はじめに …………………………………………………… 001
  1.1 研究動機 ……………………………………………………… 001
    1.1.1 なぜ《醒世》にしなければならなかったのか ………… 002
    1.1.2 なぜ逆序語を取り上げねばならなかったのか ………… 004
  1.2 研究目的と意義 ……………………………………………… 006
  1.3 先行研究と本稿の立場 ……………………………………… 006
    1.3.1 《醒世》の研究現状 ……………………………………… 006
    1.3.2 逆序語の研究現状 ………………………………………… 008
  1.4 研究方法 ……………………………………………………… 010

第二章　《醒世》における逆序語 ………………………………… 012
  2.1 独創的な部分、新しい知見は何か ………………………… 012
  2.2 逆序語の出現状況 …………………………………………… 015
  2.3 《醒世》における各逆序語組の比較（現代漢語との比較を含む）
    ……………………………………………………………………… 019
    2.3.1 どちらか一方が継承されているもの ………………… 020
    2.3.2 どちらも継承されているもの ………………………… 091
    2.3.3 どちらか一方が方言に残っているもの ……………… 153
    2.3.4 どちらも見られないもの ……………………………… 180

  2.4 逆序語ではない AB 型‐BA 型（意味が完全に違う語彙） ……… 193

第三章 事例研究………………………………………………… 211
 3.1 "常時"について …………………………………………… 213
 3.2 "情管"と"管情"について……………………………………… 227
  3.2.1《醒世》の"情管"と現代方言の"情管"について ……… 227
  3.2.2《醒世》の"情管"と《金瓶》の"管情"について ……… 242
 3.3 "齊整"と"整齊"について……………………………………… 251
 3.4 "照依"について …………………………………………… 262
 3.5 "喜歡"と"歡喜"について……………………………………… 270
 3.6 "何如"と"如何"について……………………………………… 279
 3.7 "尋找""找尋""尋""找"について……………………………… 290
 3.8 "要緊"について …………………………………………… 296
 3.9 "熱鬧"と"鬧熱"について……………………………………… 302
 3.10 "扎掙"と"掙扎"について……………………………………… 312

第四章 逆序現象の形成要因…………………………………… 323

第五章 結語……………………………………………………… 328

参考文献……………………………………………………………… 337

用例出典……………………………………………………………… 343

付　録 ……………………………………………………… 345
　付録 1 ……………………………………………………… 345
　付録 2 ……………………………………………………… 346
　付録 3 ……………………………………………………… 351
　付録 4 ……………………………………………………… 358
　付録 5 ……………………………………………………… 359
　付録 6 ……………………………………………………… 371
　付録 7 ……………………………………………………… 379
　付録 8 ……………………………………………………… 380

語彙索引 …………………………………………………… 385

謝　辞 ……………………………………………………… 395

第一章　はじめに

1.1　研究動機

　本稿では、清代章回小説《醒世姻縁傳》（略称《醒世》。以下は同じ）における逆序語を全体的に検討するものである。中国語の歴史の中で近世中国語は重要な部分であり、古代の漢語を引き継いで、現代漢語（普通話）の前身になる。中国語語彙の歴史の特徴の一つとして、単音節語から複音節語への大きな流れが挙げられる。そして語素 A と語素 B は複合の語素の順序の不安定性で結び複合した AB 型、BA 型の構造も生まれた。これを逆序語という。語彙の意味が近い、また同じでも各自の特徴がある AB 型、BA 型の逆序語がある。《醒世》時代の逆序語 "喜歡" と "歡喜" を例にしてこの現象を説明する。

　現代共通語の会話で喜ぶ気持ちを表現する時に "開心" "高興" を口頭語で使用し、一般に "歡喜" はあまり使用しない。"喜歡" も用いられない。"喜歡" は "喜愛" の意味を表すためである。しかしながら、《醒世》時代に "喜歡" は "高興" の意味を表し、そして、口語色が強いため日常的な生活の中で喜ぶ気持ちを表現する時、一般に使用されるが（34箇所、例①参照）、地の文なら "歡喜" を使うのは普通である（38箇所、例②参照）。"喜歡" と "歡喜" は現代共通語では意味が違うが、当時では同じ意味がある。すなわち "喜歡" と "歡喜" は逆序語という。しかしながら、同じ意味があっても、使用状況には差異がある。そこで疑問が出る。当時 "喜歡" と "歡喜" は一体どのような特徴をもっているか、また現代漢語にどのように継承されるかという問題に興味深くかかわってくる。明清時代にはこのような語彙が少なからず存在している。本稿はこのような逆序語をめぐって、考察したい。

　①寄姐道：…。聽見說給他衣裳穿，給他飯吃，我就生氣。見他凍餓着，我

纔喜歡。(醒世80.1b.9①)

訳：寄姐は言った。「‥。あの子に着物を着せてやるとか、ご飯を食べさせてやると聞くと、無性に腹が立ってくるし、凍えてひもじそうにしているのを見ると、嬉しい。

② 已將日落時節，素姐惱巴巴不曾吃飯。寄姐因攛掇不聽，也就不大歡喜。(醒世95.11a.5)

訳：すでに日が落ちる時間となったが、素姐は腹を立てて食事もとらなかった。寄姐は自分

の勧めが聞き入られないため、あまり嬉しそうではなかった。

1.1.1 なぜ《醒世》にしなければならなかったのか

本稿は清代初期の代表作品《醒世》を研究対象にして逆序語を分析する。なぜ《醒世》を取り上げた理由は以下の通りである。

まず、資料選択の出発点である。本稿は語彙の研究なので、資料の選択が重要である。資料選択の出発点は蔣紹愚1989に基づいて行った。

蔣紹愚1989:269は語彙の研究について以下のように述べている。

要把一個時代平面的詞匯系統描寫出來不是那麼容易的，這個工作可以、也只能一步一步地做。比如，以一部有代表性的著作為對象，對其中反映口語的詞匯作全面的系統的描寫；也可以再把範圍縮小一點，對某部著作中的某一類詞作全面的系統的描寫。（訳：時代平面の語彙体系を記述するのは簡単ではない。この作業は一歩ずつしかできない。例えば、代表的な作品を取り上げ、話し言葉を反映した語彙を総合的かつ体系的に解説する。また、特定の作品の特定の種類の語彙について、より体系的な記述に絞り込むことも可能である。）

つまり、一つの時代の語彙を究明するために、当時の全作品を一つ一つ徹底的に考察するのは容易ではないので、中から代表的作品を一つ選び、その作品における口語を反映する語彙を中心に考察するというのである。

---

① 各用例の数字は順に章回数、葉数、aは表、bは裏、行数を示す。以下、同じ。

| 第一章　はじめに |

　また、代表的作品を選ぶ基準について、汪維輝2007は以下の四つの視点から指摘した。
　① 反映口語的程度（訳：話し言葉の活用度を反映する）；
　② 文本的可靠性，包括時代是否明確，所依據的版本是否最接近原貌（訳：テキストの信頼性。時代がはっきりしているかどうか、そしてそれを元にした版本が最もオリジナルに近いかどうか）；
　③ 反映社會生活的廣深度（訳：社会生活の広さと深さを反映する）；
　④ 文本是否具有一定的篇幅（訳：テキストは一定の長さを持っているかどうか）。
　《醒世》は上記の条件に合致すると考えられる。《醒世》は清代初期に書かれたとみられる白話小説であり、現代語との関連を知る上で貴重な言語資料として、従来から注目されている。具体的に言えば、中国語の歴史は次のように区分される(王力2004)。すなわち古代語（前13～後3世紀)、中世語（4～12世紀)、近世語（13～20世紀初)、現代語（1919年の五四運動以後）である。古代中国語から中世中国語、近世中国語を経て現代中国語へと変遷する中で、現代漢語の直接の祖先は近世語である。近世漢語の中の《醒世》は清代初期の北方中国語を反映した貴重な白話資料で、明代中期《金瓶》を受け、清代中期《紅樓》へと受け継がれてゆく中国語の歴史の中で、非常に重要な地位を占めている（すなわち明代中期《金瓶》から清代中期《紅樓》への過渡期的役割を果たすもの）。現代漢語の前身である近世漢語としての《醒世》が、現代漢語の語彙とどのように違いがあるのかを確認することは、言語の歴史的変遷、とりわけ北方官話区内の変遷を見る上で極めて重要である。
　また、《醒世》は姻家を切り口にして、巨大な下層階級の市井の生活や暮らしを記述し、前世と今世とに渡る因縁因果を描き、全100回に及び、約100万字を擁する大部章回小説である。使用する言語の基礎方言から、作者不詳であるものの山東省の人だと判る。長編で且つ様々な階層の人物が登場し、当時の口語を反映した語彙が非常に豊富である。役所官吏、地主幕僚、店の伙計、神仙、道士、僧侶、尼姑、小間使い、芝居芸者、娼婦、媒人、仲介婆、乳母、産

婆、塾の先生、生徒、家庭教師、料理人、商売人、職人、農民、こじき、泥棒などの各階級の人々の生活光景を描く。徐復嶺1993:3 は"《醒世》是一個時代的社會寫生和一部最豐富最詳細的文化史料"という。(訳:《醒世》は一つの時代の社会への写生と最も豊富で且つ詳細な文化史料である。)全文の表現が分かりやすく、山東方言が多く使用され、文章によどみがなく、生き生きとしているので、作品全体に当時の生活の息吹と郷土色豊かな味わいが濃厚に流れ、一層真実味を帯びて感じられる。また、考察から、《醒世》には逆序語が169組あり、量的には比較的多い。以上は《醒世》を選定した理由である。

1.1.2 なぜ逆序語を取り上げねばならなかったのか

漢語史研究は語彙・音声・文法という三つの分野に分けられる。その中現在最も研究が遅れているのは不足は語彙研究である。これは漢語史研究の全体にとっても非常に望ましくないことである。なぜなら、語彙・音声・文法は相互に連関しているので、何れかの研究が遅れていたら、必ず他の分野の研究に良くない影響を及ぼすことになる（徐時儀2013）。呂叔湘1983:28 は現在までの語彙研究領域について以下のように指摘していた。

漢語史研究中最薄弱的部分應該説是語匯的研究。個別詞語的考釋，古代和現代學者都做了不少，但是在全部漢語語匯中所占比例仍然是很微小的。(訳：漢語史研究において最も弱い分野は語彙研究である。古代から現代まで学者はそれぞれ少なからず語彙を研究してきたが、漢語語彙全体に占める割合はまだまだわずかである。)

近年、六国時代から明清時代に関する語彙研究は増加傾向にあるが、全体的にまだ初期の段階である。そのため、近世語研究は一層必要とされると考えられる。

中国語の語彙の歴史は、単音節語から複音節語へ大きく変化して来た。その変化して来た大きな問題の一つとして逆序語が上げられる。単音節語から複音節語への変化の中で逆序語が多く出現した。例えば、上古、中古時代では"常"と"時"が多く単独で"平日；往常""經常"の意味として使用されていた。近世語では複音節語"常時"と"時常"が多く使用されるようになる。以下の

ように意味が上古、中古時代と変わらずに用いられる。

　　常時但是合他合合氣，他本人倒還没怎麽的。（醒世64.10b.10）－"平日；往常"

　　後來寶玉明白了，舊病復發，常時哭想，並非忘情負義之徒。（紅樓113.12b.8）－"經常"

　　宋江公事之暇，時常出郭遊玩。原來楚州南門外，有個去處，地名喚做蓼兒。其山四面都是水港，中有高山一座。（水滸100.71b.1）－"經常"

　　及至到了門首，愧心復萌，想道：時常挑了擔子在他家賣油，今日忽地去做嫖客，如何開口。（《恒言》）－"平日；往常"

　　現代語になると、"常時"はあまり見られない。"時常"は"經常"の意味だけ継承される。一方、"常時"は南方方言に継承される。

　　中国語は歴史が非常に長い。古代中国語から、中世・近世を経て現代中国語へと変遷する。少し見るだけでは、語彙の変化はないが、緻密に考察すれば、変化の跡は存在する。上記のように、近世語"常時"と"時常"は上古、中古語"常"と"時"を受け、現代共通語"時常"へ変遷してきた。要するに、"常時""時常"は互いに発展、衰退、消滅の過程を経ている。"常時""時常"のような逆序語現象は中国語における単音節語から複音節への変化の中で生まれた。陳明娥2004：657も以下のように指摘した。

　　同素異序詞是漢語詞匯在發展過程中出現的一種特殊語言現象，它一方面反映了漢語復音化進程的某些特點，另一方面又反映出了漢語造詞法的優越性。（訳：同素異序詞は、漢語史の発展における特殊な言語現象であり、一方では漢語の複合化過程の特徴を反映し、他方では漢字の作り方の優位性を反映している。）

　　逆序語相互間、例えば"常時""時常"は一体どのような変遷を経たのか、又当時の特徴は何かを究明する必要がある。

　　近年の、逆序語の源流及び消長、又これら消長の各時期を明らかにする研究は過夫の研究を再整理することに止まるものが大多数であるが、中でも現代漢語に関する文章が圧倒的である。近世漢語に関する整理・研究はあまりなされていない。そのため、当時の語彙の特徴を究明し、逆序語の変遷を明確にで

きれば大変意義深いと考える。

1.2 研究目的と意義

《醒世》は北方漢語として代表的な作品であるため、近世漢語の研究対象として重要である。そして、逆序語は、一つの特殊な言語現象であるため、作品の逆序語の考察も必要となる。さらに言語の歴史的変遷を把握し、近世白話小説の言語特徴、文献整理、辞書編纂、言語教育などにも貢献する。なお、《醒世》は山東方言が多く使用されていることから、方言の逆序語を研究し、現代共通語の普及推進、即ち中国語の規範化においても、重要な意義を持つ。本稿は、清代初期の《醒世》における逆序語から研究を始めることにより、着手して研究を行ってより良い閲読効果を収めることを期待する。さらに、逆序語の用法の特徴と役割が一層深く認識されることを望む。

1.3 先行研究と本稿の立場
1.3.1 《醒世》の研究現状

管見では、《醒世》に関する研究は以下のようなものがある。

《醒世》の方言に関する研究

《醒世》は100回の長編章回口語体小説であり、方言語彙数は豊かである。植田均《〈醒世〉方言語彙辞典》(2016)、晁瑞《〈醒世〉方言词历史演变研究》(2014)は方言語彙を中心に考察されている。その他に、孟慶泰；趙曉明《〈醒世〉方言词语例释》(1995)、馮春田《〈醒世〉方言词例说》(2001)などがある。

《醒世》の品詞に関する研究

品詞の研究は言語領域にとって言うまでもなく不可欠である。《醒世》における品詞に関する研究も少ない。龍周莉《〈醒世〉人称代词研究》(2010)は一人称代詞、二人称代詞、三人称代詞、再帰代詞、総称人称代詞の使用状況を研究している。その他、邱姗姗《〈醒世〉时间副词研究》(2012)、張曉玲《〈醒世〉心理动词研究》(2008)、嶽立靜《〈醒世〉助词研究》(2006)、王群《〈醒世〉副词研究》(2010)など品詞について各角度から《醒世》の語彙を考察している。

c.《醒世》の特殊文型に関する研究

《醒世》には豊かな文型がある。これについての研究も多い。戚曉傑《<醒世>"比"字句研究》(2006)は縦と横から現代中国語と比較し、《醒世》の"比"の文型の特徴を明らかにしている。その他に、丁俊苗《<醒世>复句研究》(2003)、林茜《<醒世>反问句研究》(2009)、李焱《<醒世>正反疑问句研究》(2003)、柳青《<醒世>"把"字类处置式研究》(2010)、陳建華《<醒世>"得"字句研究》(2010)、孟憲華《<醒世>存在句研究》(2011)、戚曉傑；姜維楓《<醒世>"X+Vp+比较标记+Y"式差比句研究》(2006)などがある。

d. 他の先行研究との比較

張樹錚；孫韻珩《<醒世>和<聊斋>。以下は同じ)语法特点的差异》(2005)、王光福《<醒世>"凡例"与<紅樓>"凡例"》(2004)、程誌兵《<聊斋>与<醒世>人称代词的差异——兼谈两书的作者问题》(2009)、徐復嶺《<金瓶>与<醒世>中的指示代词"你"》(2008)などは各方面から《醒世》と比較しているが、《醒世》の語彙の特色が目立つ。

以上の叙述した先行研究の他に、《醒世》の特殊語彙‐罵語に関する研究もあり、梁煦《<醒世>骂詈语言研究》(2015)、劉艷玲《<醒世>詈词使用状况的考察》(2011)などがある。《醒世》は山東省の一般庶民の生活を描く物語であるため、伝統や風俗・文化や習慣など民俗学的にも貴重である。これに関する研究も、苗俊濤《<醒世>与山东民俗》(2009)、王衍軍《论<醒世>中的谐音民俗》(2009)、朱雲飛《<醒世>中的礼俗研究》(2010)などが上げられる。

以上のように、《醒世》は明末清初の貴重な言語資料として、言語学領域に重要な地位を占めている。現在までその研究成果は多いが、まだ十分ではない。《醒世》にはその他特殊言語現象がある。例えば、《醒世》における逆序語があげられるかその研究は稀少である。中国の学術論文のデータベースによると、《醒世》の逆序語に関する先行研究は、張文文2013 のみである。張文文2013：82-84 は、《醒世》の逆序語を90組に纏め、現代漢語との比較を行っている。張文文2013は次の2点で不十分だと考える。一点目として《醒世》の逆序語は、筆者の調査によると、90組ではなく、169組である。また、張文文

2013：82-84 はその 90 組をただ並べているだけである。品詞や意味などを説明していない。二点目として相互間に意味が完全に違う語彙も含まれるということである。例えば"教領／領教"の"教領"は「連れさせる」の意味で、"領教"は「教えを請う」の意味である。本稿の逆序語の定義に合わない。そこで、逆序語についての検討は必要となる。

1.3.2 逆序語の研究現状

逆序語の定義について

逆序語は順序が逆の 2 音節の同素複合語で構成されている。「AB 型 - BA 型」をいう。

特徴：

ⅰ構成語素の形、意義が同じまたは近い関係がある。（AB 型の A、B は、BA 型の A、B の形、音は同じ、意義は同じまたは近い、関係がある。）これを"語法-法語"について説明する。"語法"の"法"は法則の意味で、"法語"の"法"は英語"France"の音訳で、この二語はただ形は同じであるが、意味は違うので、逆序語ではない。つまり、AB 型 - BA 型で意味が完全に異なる場合は逆序語としない。また、意味が同じまたは近い、異形の 2 音節の同素複合語は逆序語ではない。例えば、"妬忌-嫉妬"のように、意味が同じであるが、字形が違う 2 音節の同素複合語は逆序語とは言えない（異体字を除外する）。

ⅱ構成の語は 2 音節の複合語である。（即ち AB 型-BA 型）"静静""離合悲歡-悲歡離合"などは逆序語ではない。

ⅲ複音節の単純語は逆序語ではない。つまり、声母または韻母が同一か類似の二つの音節を並べ、全体で一つの意味を表す単語の連綿語は逆序語ではない。この概念を表1のように示す。

表1

同素	種類		用例	同素逆序語
	同形語素	同形同義	整齊 - 齊整	○
		同形異義	語法 - 法語	×
	複音節単純語		嘮叨 - 叨嘮	×

○：適合 ×：不適合

初めて中古漢語の逆序語を検討したのは鄭奠《古汉语中字序对换的双音词》（1964）である。古代漢語中のいわゆる"字序对换的双音词"六十組を分析している。中古漢語において逆序語を中心に考察しているのは曹先擢《并列式同素逆序同义词》（1979）、韓陳其《〈史记〉中字序对换的双音词》（1983）、張能甫《东汉语料及同素异序的时代问题》（2000）、張巍《中古汉语同素逆序词演变研究》（2010）などである。

　　現代漢語中の逆序語に関する研究が最も多く行われている。張其昀《现代汉语同素词通考》（2002）は用語の意味、品詞、構造により現代漢語を全体的に分類した。李麗雲《现代汉语同素异序词论析》（2002）は90組の同素逆序語を辞書の解釈方法に基づいて3種類に分けて考察した。その他、賈玉萍《现代汉语同素逆序词构词造词研究》（2010）、馬征《现代汉语同素逆序词动态研究》（2013）、劉曉琴《现代汉语联合式同素逆序词历史考察》（2013）、黄巍《现代汉语同素逆序词研究》（2010）、竇曉蕾《现代汉语同素逆序同义词研究》（2012）、李丹《〈现代汉语词典〉（第6版）中的同素逆序词研究》（2016）、於曉偉《基于对外汉语教学的现代汉语同素逆序词考察》（2016）、趙艶《基于〈现代汉语逆序词典〉的同素逆序异义词研究》（2013）などの現代漢語の逆序語に関する研究の成果は現代における研究の発展を反映したものである。

　　以上述べてきたもの以外に現代方言と比較した研究もある。例えば、張成才《商州方言的逆序词－兼论汉语中的语素颠倒构词和用词》（2003）は商州方言の逆序語を述べている。王丹婷；丁愛俠《连云港方言中同素逆序词的研究》（2013）は古代の代表的な文献をもとにして用語の構成、意味変化などの通時的変遷の角度から連雲港の逆序語について分析している。張惠珠《略论闽南方言与普通话双音词中的同素反序现象》（1996）は閩南方言と普通話の逆序語の構成方法から着手し、《普通话闽南方言词典》のいくつかの逆序語を考察している。その他に、張崇《延川方言的逆序词》（1992）、項夢冰《试论汉语方言复合词的异序现象》（1988）などがある。

　　逆序語に関する研究は前世紀から現代まで少しずつ深まっているが、近世漢語の逆序語に関する研究は数が乏しい 。

近世漢語の逆序語に関する代表的な研究は張永綿《近代汉语中字序对换的双音词》(1980)である。鮑延毅《〈金瓶〉逆序词与中古词汇变迁》(1995)も近世漢語に言及している。しかし、数はまだ十分ではない。用例だけを挙げたものが多く、語彙は徹底的に一つ一つ究明したものではない。

張巍《中古汉语同素逆序词演变研究》(2010)は古代漢語・中世漢語・現代漢語を中心に逆序語を考察している。また、張巍には現代漢語の逆序語を中心に研究した修士論文も五篇ある。このように彼は逆序語を数多く研究して来たが、明清時代に関する逆序語にあまり言及していないという点が惜しまれる。

近年扱った論稿も過去の研究を再整理することに止まったものが大多数である。特に現代漢語に関する論文が圧倒的であり、近世漢語においての整理・研究はあまりなされていない。本稿は先行研究に基づいて、《醒世》という時期で、同素逆序語の使用範囲、用法、釈義などの全使用状況を検討する。

1.4 研究方法

本稿の底本は《重訂醒世姻縁傳》(同德堂梓)、上海古籍出版社影印本(1994年刊)である。《醒世》の使用文字は、極力底本通りとする。本稿の研究方法は以下の手順を踏まえて処理を行った。

データ統計：

《醒世》における字順の逆転する二字漢語を網羅的かつ客観的に分析した研究は管見の限り、これまで見あたらない。よって、本稿は《醒世》を熟読し、中の逆序語の出現箇所数と使用状況を徹底的に統計化し、全面的に逆序語を考察する。

データ分析：

《醒世》の逆序語を纏める。つまり、AB型とBA型の逆序語を整理する。どういう理由でAB型とし、また一方ではBA型とするか。その判断基準は次の通りである。現代共通語では語序が多いのはAB型にして、語序が少ないのはBA型にする。例えば、現代共通語には"見識"という語彙も存在し、"識見"も存在する。しかしながら、"識見"より"見識"の方が使用される。そのため、

"見識"はAB型とし、"識見"はBA型とする。もし、現代共通語では両語とも存在していない場合、《醒世》に多く出現する語序はAB型とし、使用数が少ないの方がBA型とする。例えば"魘鎮"は《醒世》に12箇所出現するが、"鎮魘"は2箇所のみ出現ことから、"魘鎮"をAB型とし、"鎮魘"をBA型とする。《醒世》の逆序語を纏めて、その上に、品詞、会話文と地の文、現代漢語との変化、縦と横などから分類する。以上の分類を通し、用語の意味機能（意味の深化、意味の拡大、意味の縮小、意味の転換）、構成上の特徴などの問題が解決できると考える。

第二章　《醒世》における逆序語

2.1 独創的な部分、新しい知見は何か

　本稿の独創的な特徴としては、《醒世》全文を徹底的に吟味して、文中の逆序語をすべて摘出したのち、個々に逆序語相互間の出現頻度別、意味別、構造別、品詞別、会話文と地の文の別、共起する語別、使用環境別、時代の差異、方言性の有無、発音の異同、類義語の比較、さらに交替状況、モダリティーなどの観点から網羅的かっ客観的な研究をしたことだと考える。本論文では、この《醒世》から169組の逆序語を摘出した（片方のみ出現のBA方は別に40個存在する）。そのうち《醒世》における逆序語に関する先行研究を第一章とした、《醒世》における逆序語を中国語では、①どちらか一方が継承されているもの、②どちらも継承されているもの、③どちらか一方が方言に残っているもの、④どちらも消失したものという四種類に分けて分析したものを第二章とした。《醒世》から当時の言語の特徴が反映した10組の典型例を抽出し、語彙の全使用状況や各自の特徴などに焦点を当て現代漢語と比較し、《醒世》の語彙が現代漢語の中にどのように継承されているかを究明した。とくに明代から現代中国語までの語彙の変遷について深く詳しく分析したものを第三章とした。例えば、現代共通語の会話では嬉しい気持ちを表現する時一般に"開心"を口語で使用し、地の文では"愉快"を使う。《醒世》では日常会話文に嬉しい気持ちを表現する時一般に"喜歡"を使用する。一方、"歡喜"は多く地の文に用いられる。語義機能、組み合わせ能力、文の構成上では、"喜歡"の方が一般的に使用範囲がさらに広い。清代は"喜歡"の動詞と形容詞の用法が北方でも南方でも用いられ、時間の推移と伴に、動詞の用法が一般的になって、形容詞の用法は現代南北方言に継承される。一方、"歡喜"の動詞"喜愛"の意味は北方では使

用されず、南方でのみ現在まで使用されている。もう一つの例は"常時"である。"常時"は古代漢語では"平日；往常"と"經常"の二つに意味がある。清代初期の《醒世》では"常時"全用例とも"平日；往常"の意味として用いられている。機能としては時間詞として会話文に用いられ、現在時点との対比を強調している。一方、現代共通語では"常時"は見られない。現代南方方言には継承されている。そして逆序語現象が生み出す原因を第四章として大きく分けた。さらに各逆序語について、動詞、副詞、形容詞、接続詞、名詞の5種に分類し、《醒世》当時の逆序語の特徴から、現代語への変遷、相互の発展、衰退、消滅の過程などの点を中心に、個々に考察を加えた。

なお、本稿は語彙の歴史変遷であるため、《醒世》の用例のみならず、他の主要な近世白話小説からも多くの例を引き、それを検討することによって、作品を通じた語彙の継承情況をも明らかにしている。明清時代の作品を、当時の官話に属する北方と南方、時代順に分けると次の表2の如くになる。

表2

時期	明代						清代初期	清代中期		清代後期			
地域	江南			南方		山東	山東	北京	江南	北京		江南	
文献	水滸	西遊	平妖	封神	三言	二拍	金瓶	醒世	聊齋	紅樓(前80)	紅樓(後40)	儒林	康熙	品花	兒女	官場	二十

※表の列幅の都合により、以下のように対応する：

ここの旧白話略称：《水滸》：《水滸傳》、《西遊》：《西遊記》、《平妖》：《平妖傳》、《二拍》：《初刻拍案驚奇》と《二刻拍案驚奇》、《封神》：《封神演義》、《三言》：《醒世恒言》、《警世通言》と《喻世明言》、《金瓶》：《金瓶梅詞話》、《聊齋》：《聊齋俚曲集》、《紅樓》：《紅樓夢》、《儒林》：《儒林外史》、《康熙》：《康熙俠義傳》、《品花》：《品花寶鑒》、《兒女》：《兒女英雄傳》、《二十》：《二十年目睹之怪現狀》、《官場》：《官場現形記》

それによって、逆序語相互にどういう時期に発展、衰退、消滅したかを極力解明しようと試みた。

新しい知見としては、まず、《醒世》中から169組の逆序語を摘出した。所謂AB型とBA型であり、片方のみ出現のBA型は40個である。張文文2013:82-84は、《醒世》の逆序語を90組のみ摘出しており、漏れがあった。169組を考察すると、品詞上からは動詞が最も多く見られ、79組であった。名詞は53組、副詞は17組、形容詞は18組、代詞と接続詞は各1組であった。また、169組の逆序語は現代漢語に多く残存・継承されており、継承されていないのは12組である。しかも、筆者の故郷（連雲港）の方言"情管"は《醒世》の語彙と関わっている。論文の第三章で詳しく考察した。なお、現代方言に残存・継承される逆序語としては、山東方言が特に多い。更に、《醒世》では相互間に意味が完全に違う語彙もある。例えば"教領/領教"の"教領"は「連れる」の意味で、"領教"は「教えを請う」の意味である。考察したところ、合計34組を摘出した。しかも、一番の成果としては語彙の変遷と当時の使用上の特徴である。

語彙の変遷の例（一部）：

例えば、"又復""復又"は上古、中古時代の単音節言語（"又""復"）→明清時代の単音節言語と二音節言語の並存（"又""復""又復""復又"）→現代の単音節言語（"又"）へと変化する。"照依"は会話文では古代の単音節言語（"照"）→明清時代の二音節言語（"照依"）→現代の単音節言語（"照"）へと変化する。

当時の使用特徴の例（一部）：

例えば、明清白話では"脱剝""剝脱"は《醒世》だけから検出された。"剝脱"は他動的、強制的に他から何らかの作用を受けること。一方、"脱剝"は何らかの行為を強制される場合もあり、自主的に自ら行動をすることもある。《醒世》では単独で使用される"何如"の語用機能は文脈により、断定を強調するために、言いたいことと反対の内容を疑問の形で述べ、「あなたは間違っている。私の考えを認めてくれ。」と気づかせ、注意を与え、相手への不満や責める気持ちを表現していると考えられる。単独で使用される全用例7箇所は全てこのような用法である。しかし"如何"にはこのような用法がない。これは《醒世》における"何如"の特徴だと思われる。明清時代の他の白話小説にはこのような用法は見られない。

2.2 逆序語の出現状況

《醒世》の逆序語において品詞上の特徴は何か。その分析のため、品詞に分類して以下の表3のように調べた。

表3

品詞		AB - BA 型			AB - BA 型	
		AB 型	BA 型		AB 型	BA 型
品詞	動詞	[安慰 2] [報答 1] [逼拷 7] [剝脫 10] [猜疑 1] [查點 3] [懺悔 18] [成事 3] [遲疑 2] [出賣 2] [刺配 2] [簇擁 3] [挫折 1] [怠慢 10] [對答 1] [斷離 7] [躲藏 9] [發生 1] [放鬆 12] [奉陪 2] [喊叫 3] [積趲 2] [濟助 5] [講明 1] [攪擾 5] [結交 5] [敬愛 1] [敬奉 2]	[慰安 2] [答報 1] [拷逼 2] [脫剝 3] [疑猜 2] [點查 1] [悔懺 1] [事成 2] [疑遲 1] [賣出 1] [配刺 1] [擁簇 1] [折挫 4] [慢怠 1] [答對 3] [離斷 2] [藏躲 3] [生發 1] [鬆放 8] [陪奉 1] [叫喊 3] [趲積 1] [助濟 1] [明講 1] [擾攪 1] [交結 1] [愛敬 4] [奉敬 3]	名詞	[半夜 48] [長短 4] [長壽 2] [大小 16] [道路 4] [盜賊 3] [費用 2] [婦女 58] [古今 9] [鬼神 20] [禍福 4] [機關 5] [吉凶 4] [脊背 2] [價錢 19] [見識 53] [見證 1] [客人 16] [空閑 7] [力氣 4] [靈魂 1] [悶氣 8] [名聲 4] [泥沙 1] [朋友 44] [輕重 4] [泉水 2] [人犯 28]	[夜半 2] [短長 1] [壽長 1] [小大 1] [路道 2] [賊盜 1] [用費 1] [女婦 1] [今古 3] [神鬼 10] [福禍 1] [關機 1] [凶吉 1] [背脊 2] [錢價 2] [識見 9] [證見 19] [人客 5] [閑空 7] [氣力 13] [魂靈 9] [氣悶 4] [聲名 1] [沙泥 2] [友朋 1] [重輕 2] [水泉 2] [犯人 8]

品詞		AB - BA 型		品詞	AB - BA 型	
		AB 型	BA 型		AB 型	BA 型
品詞	動詞	[救濟 2]	[濟救 1]	名詞	[日後 3]	[後日 34]
		[懼怕 8]	[怕懼 10]		[深淺 5]	[淺深 3]
		[懼怯 2]	[怯懼 1]		[神鷹 10]	[鷹神 8]
		[考察 13]	[察考 2]		[生死 11]	[死生 2]
		[來到 183]	[到來 6]		[始終 5]	[終始 1]
		[來往 44]	[往來 34]		[士兵 2]	[兵士 1]
		[料理 33]	[理料 4]		[事故 16]	[故事 11]
		[勒捎 13]	[捎勒 1]		[手脚 15]	[脚手 3]
		[咒罵 26]	[罵咒 1]		[蔬菜 1]	[菜蔬 1]
		[埋葬 4]	[葬埋 6]		[響聲 1]	[聲響 4]
		[難爲 55]	[爲難 1]		[心願 1]	[願心 10]
		[念誦 5]	[誦念 1]		[性氣 13]	[氣性 2]
		[牽挈 1]	[挈牽 1]		[兄弟 144]	[弟兄 30]
		[情願 43]	[願情 2]		[言語 91]	[語言 1]
		[勸解 10]	[解勸 17]		[樣式 1]	[式樣 2]
		[嚷亂 2]	[亂嚷 2]		[湯藥 6]	[藥湯 1]
		[認識 7]	[識認 1]		[鑰匙 28]	[匙鑰 3]
		[撒潑 35]	[潑撒 2]		[夜晚 22]	[晚夜 5]
		[殺害 12]	[害殺 1]		[音信 1]	[信音 2]
		[剩餘 1]	[餘剩 2]		[運氣 5]	[氣運 2]
		[釋放 4]	[放釋 1]		[旨意 12]	[意旨 4]
		[説笑 6]	[笑説 26]		[衆人 362]	[人衆 13]
		[搜簡 11]	[簡搜 1]		[重傷 4]	[傷重 3]
		[筭計 150]	[計筭 1]		[逐日 12]	[日逐 19]
		[聽錯 1]	[錯聽 1]		[嘴臉 6]	[臉嘴 1]
		[吞併 3]	[併吞 1]			[灰骨 1]
		[托付 4]	[付托 2]			[曆日 1]
		[脱漏 1]	[漏脱 1]			[丸藥 15]
		[外出 1]	[出外 4]			[章奏 2]
		[完備 24]	[備完 4]			
		[洗淨 7]	[淨洗 5]			
		[下降 5]	[降下 2]			
		[嫌憎 4]	[憎嫌 4]			
		[洩漏 8]	[漏洩 1]			
		[尋找 6]	[找尋 14]			
		[尋遍 1]	[遍尋 2]			
		[掩藏 1]	[藏掩 2]			

		AB - BA 型			AB - BA 型	
		AB 型	BA 型		AB 型	BA 型
品詞	動詞	[魘鎮 12] [驗看 13] [央懇 4] [引導 3] [應承 23] [應酬 1] [早起 23] [增添 4] [折墮 9] [折損 4] [掙扎 1] [轉動 2] [住歇 7] [阻攔 1]	[鎮魘 2] [看驗 2] [懇央 2] [導引 8] [承應 1] [酬應 1] [起早 7] [添增 1] [墮折 1] [損折 5] [扎掙 9] [動轉 3] [歇住 5] [攔阻 18] [查盤 7] [傳流 2] [達到 1] [擔承 2] [等守 2] [工完 3] [供招 3] [過度 2] [唬嚇 2] [加增 2] [亮炤 1] [裂破 1] [磨研 2] [扭別 3] [迫脅 1] [棄捨 2] [清結 2] [求懇 1] [傷損 4] [受享 3] [睡熟 10] [替代 5] [玩賞 1]			

品詞		AB‐BA 型		品詞	AB‐BA 型	
		AB 型	BA 型		AB 型	BA 型
品詞	動詞		[聞見 10] [養贍 2] [長成 16] [照依 20] [置添 2] [制限 1]			
品詞	副詞	[便就 50] [當即 2] [凡百 30] [方纔 216] [姑且 5] [即便 5] [加倍 3] [盡都 7] [且又 19] [情管 65] [情願 43] [却便 1] [完全 3] [時常 46] [又復 8] [暫且 5] [早已 1]	[就便 10] [即當 1] [百凡 4] [纔方 1] [且姑 3] [便即 3] [倍加 2] [都盡 2] [又且 8] [管情 1] [願情 2] [便却 1] [全完 1] [常時 31] [復又 2] [且暫 4] [已早 1] [且亦 1]	形容詞	[悲傷 2] [卒急 7] [暢快 9] [高大 3] [狠心 6] [浹洽 1] [年高 2] [暖和 5] [悽慘 5] [蹊蹺 2] [齊備 6] [齊整 115] [熱鬧 12] [善良 2] [少年 40] [喜歡 85] [心焦 11] [要緊 77]	[傷悲 1] [急卒 1] [快暢 1] [大高 6] [心狠 2] [洽浹 1] [高年] [和暖 2] [慘悽 1] [蹺蹊 12] [備齊 1] [整齊 2] [鬧熱 1] [良善 5] [年少 5] [歡喜 43] [焦心 1] [緊要 3] [促急 6] [利便 2] [嗇吝 1] [嚴威 1] [小膽 3] [窄狹 2]
品詞	代詞	[如何 119]	[何如 45]	接続詞	[雖然 83]	[然雖 1]

《醒世》では出現する逆序語は AB‐BA 型（AB 型と BA 型両方とも存在する）は 169 組である。品詞としては動詞が最も多く、79 組である。名詞は 53 組、副詞は 17 組、形容詞は 18 組、代詞と接続詞は各 1 組である。BA 型だけの用語は

40個である（表4を参照）。それと対をなすAB型は《醒世》にはないが、現代漢語には存在するため、BA型も取り上げ、《醒世》の時代の語彙の特色を反映させた。40個のBA型のうち殆どが動詞、次に多いのは形容詞である。

表4

BA 型									
動詞	[査盤 7] [傳流 2] [達到 1] [擔承 2] [等守 2] [工完 3] [供招 3] [過度 2] [唬嚇 2] [加增 2] [亮炤 1] [裂破 1] [磨研 2] [扭別 3] [迫脅 1] [棄捨 2] [清結 2] [求懇 1] [傷損 4] [受享 3] [睡熟 10] [替代 5] [玩賞 1] [聞見 10] [養贍 2] [長成 16] [照依 20] [置添 2] [制限 1]	名詞	[灰骨 1] [曆日 1] [丸藥 15] [章奏 2]	副詞	[且亦 1]	形容詞	[促急 6] [利便 2] [嗇吝 1] [嚴威 1] [小膽 3] [窄狹 2]

2.3 《醒世》における各逆序語組の比較（現代漢語との比較を含む）

本節は《醒世》における逆序語を中国語では、①どちらか一方が継承され

ているもの、②どちらも継承されているもの、③どちらか一方が方言として残っているもの、④どちらも消失したものという四種類に分けた。さらに特徴を容易に把握するため、上記四種類について中に動詞、副詞、形容詞、接続詞、名詞の順でまとめた。その上で、逆序語相互間の出現箇所別、意味別、構造別、品詞別、会話文と地の文の別、使用環境別、時代の差異、方言性の有無、発音の異同、類義語の比較さらに交替状況などを分析し逆序語を考察する。

2.3.1 どちらか一方が継承されているもの

現代中国語ではどちらか一方が継承されているものは以下のようになる。

	AB - BA 型			AB - BA 型	
	AB 型	BA 型		AB 型	BA 型
動詞	[安慰 2] [報答 1] [查點 3] [懺悔 18] [遲疑 2] [簇擁 3] [怠慢 10] [放鬆 12] [奉陪 2] [講明 1] [敬愛 1] [敬奉 2] [救濟 2] [懼怕 8] [考察 13] [咒罵 26] [認識 7] [殺害 12] [釋放 4] [説笑 6] [聽錯 1] [脱漏 1] [洗淨 7] [嫌憎 4] [尋遍 1]	[慰安 2] [答報 1] [點查 1] [悔懺 1] [疑遲 1] [擁簇 1] [慢怠 1] [鬆放 8] [陪奉 1] [明講 1] [愛敬 4] [奉敬 3] [濟救 1] [怕懼 10] [察考 2] [罵咒 1] [識認 1] [害殺 1] [放釋 1] [笑説 26] [錯聽 1] [漏脱 1] [淨洗 5] [憎嫌 4] [遍尋 2]	名詞	[長壽 2] [大小 16] [盜賊 3] [婦女 58] [古今 9] [鬼神 20] [禍福 4] [吉凶 4] [價錢 19] [見證 1] [朋友 44] [輕重 4] [日後 3] [深淺 5] [神鷹 10] [生死 11] [始終 5] [手脚 15] [湯藥 6] [鑰匙 28] [音信 1] [衆人 362] [重傷 4] [嘴臉 6]	[壽長 1] [小大 1] [賊盜 1] [女婦 1] [今古 3] [神鬼 10] [福禍 1] [凶吉 1] [錢價 2] [證見 19] [友朋 1] [重輕 2] [後日 34] [淺深 3] [鷹神 8] [死生 2] [終始 1] [脚手 3] [藥湯 1] [匙鑰 3] [信音 2] [人衆 13] [傷重 3] [臉嘴 1] [灰骨 1]

第二章　《醒世》における逆序語

	AB‐BA型			AB‐BA型	
	AB型	BA型		AB型	BA型
動詞	［掩藏1］ ［駭看13］ ［央懇4］ ［折損4］ ［阻攔1］	［藏掩2］ ［看駭2］ ［懇央2］ ［損折5］ ［攔阻18］ ［查盤7］ ［工完3］ ［供招3］ ［加增2］ ［亮炤1］ ［裂破1］ ［磨研2］ ［扭別3］ ［棄捨2］ ［清結2］ ［求懇1］ ［傷損4］ ［受享3］ ［玩賞1］ ［聞見10］ ［養贍2］ ［置添2］ ［制限1］	名詞		［丸藥15］ ［章奏2］
副詞	［當卽2］ ［方纔216］ ［姑且5］ ［卽便5］ ［暫且5］	［卽當1］ ［纔方1］ ［且姑2］ ［便卽3］ ［且暫4］	形容詞	［暢快9］ ［高大3］ ［年高2］ ［悽慘5］	［快暢1］ ［大高6］ ［高年3］ ［慘悽1］ ［促急6］ ［嗇吝1］ ［嚴威1］
接続詞	［雖然83］	［然雖1］			

　　上記の表に基づいて、動詞、副詞、接続詞、形容詞、名詞に分類して各品詞類を以下のAB‐BA型（両方）とBA型だけの用語（片方）の面から分析する。尚、以下の逆序語の関係にある二語において、AB型の語を前に、BA型の語を後順

とする。例えば、"安慰-慰安"の"安慰"はAB型で、"慰安"はBA型である。

　動詞（両方）

　安慰-慰安［ānwèi-wèi'ān］

　釈義：慰める、安心させる＝"使心情安适"①。

《醒世》の例。

［安慰2②］

定到珍哥房門口站住，叫他出來，説幾句好話安慰他。（醒世14.7a.1）

大家着實解勸了一番，安慰了晁夫人。（醒世15.13b.1）

［慰安2］

這侍郎原做山東提學，晁秀才在他手内考過案首。見了晁秀才，敘了些間闊，慰安了幾句。（醒世1.3b.4）

慰安了一頓，各人散了回家。（醒世20.11a.4）

上掲例により、"安慰""慰安"は「慰める、安心させる」の意味に使用される。あえて区別すれば、"安慰"は他動詞として後ろに目的語が置く。他方、"慰安"は自動詞として用いられる。

現代語で"安慰"はよく見られるが、"慰安"は使われない。ちなみに《現汉》《汉方大》に"慰安"は未収。また、"安慰"は動詞の用法の他に、形容詞と名詞の用法もある。

有女儿在身边，她感到很安慰。（《現汉》p8）-形容詞「心が和んでいる」

女儿的话对我是最大的安慰。我一直主张家长对子女不能放任自流。（CCL）-名詞「慰め」

　報答-答報［bàodá-dábào］

　釈義：報いる＝"酬谢恩惠"。

《醒世》の例。

---

① 見出し語の釈義：語彙に対して《現汉》での解釈を「＝"○○"」の如く簡体字を用いて挙げた。
② 見出し語の数字：当該資料における出現回数。

［報答1］

只是想説：老天爺可憐見的生了這个孩子，使晁家有了後代，可怎樣報答天地才好。（醒世21.5b.2）

［答報1］

一個道士領過了齋供説道：擾了施主厚齋無可答報。我有一個好方相送，你可將娃々斷下的臍帶，‥（醒世49.6b.4）

明清時代では"答報"より"報答"の使用頻度が高い。"報答"は《水滸》《西遊》《三言二拍》《金瓶》《聊齋》《紅樓》《儒林》《品花》《康熙》《二十》《歧路》に用例がある。"答報"は一般に北方で使用されていたとみられる。"答報"は南方作品《西遊》《三言二拍》《儒林》《官場》及び《二十》において未検出。一方で北方作品《金瓶》には3箇所、清代中期の北方作品《紅樓》には2箇所、清代後期《兒女》において7箇所検出した。

現代中国語でも"報答"の使用が一般的。"答報"は《現汉》《汉方大》にも載っていない。

查點 - 點查 [chádiǎn - diǎnchá]

釈義：数を調べる＝"检查清点数目"。

《醒世》の例。

［查點3］

開庫查點，按了庫中舊冊，剛剛的少了三百萬。（醒世34.2b.8）

魏氏説：這不好，你去請了金亮公來，偺屋裡查點，叫他外頭上單子也是個明府。（醒世41.6a.5）

正在苦楚，恰是八月丁祭；祭完了，取過那簿，查點那些秀才，但有不到的懶人，都是他的納戸，每人五六錢的鱉銀子。（醒世25.8a.2）

［點查1］

狄家也照依歁待，照禮単點查了一應奩具，收到房中，賞賜了來人。（醒世44.5a.9）

"查點""點查"は「数を調べる」の意味に用いる。明清時代は"查點"の

用例が多く見られ、現代語にも継承されている（《现汉》に収録）。

一方、"點查"は明清時代にはあまり見られない。ただ明代南方作品《西遊》において3箇所検出した。これらが現代南方方言に反映されており、《汉方大》によれば、"點查"は"查點；清點；盤貨"の意味として呉語と広東語にまだ使用されている。

《醒世》に同義語"查理""查看""查究""查驗""查考""查盤""查勘"の使用も見られるが、"查點""點查"は"對人或物進行數目清點"「人や物の数を数える」という使い方が主である。

懺悔 - 悔懺 [chànhuǐ - huǐchàn]
釈義：懺悔する＝"佛教用语，表悔过"。
《醒世》の例。
［懺悔18］
大嫂，你纔懺悔了幾日，像打世人的一般狠毒。你嫌不好，叫大哥與你另買就是，何必恁樣的。（醒世65.11a.5）
又要請姑子念經懺悔，説報與狄員外知道。（醒世63.12a.10）
但只要那本人在菩薩面前，着實的懺悔，虔誠立誓‥（醒世64.4a.9）
着實的懺悔，虔誠立誓，改革前非，自己料得是‥（醒世64.4a.10）
［悔懺1］
可見：孝順既有天知，忤逆豈無神鑒。惡人急急回頭，莫待災來悔懺。（醒世36.14a.1）

"懺悔""悔懺"は意味、機能とも同一。二語とも動詞として「過去の罪を告白し、神に許しを求める」の意味に使用される。"懺悔"は現代まで使用されているが、"悔懺"は殆ど使用例が見られない。古代中国語コーパス（CCL）によっても、"悔懺"は《醒世》の一例しかない。《白话》《中国語》《愛知日中》《汉方大》《现汉》においては未収。

遲疑‐疑遲［chíyí‐yíchí］
釈義：ためらう＝"犹豫"。
《醒世》の例。
［遲疑2］
狄希陳道：凡事依我做得主，倒都沒事了。我剛才略略的遲疑了一遲疑，便就發了許多狠話。他却是説得出話，便就乾得出事來的主子。我流水倒口應承，方纔免了眼下的奇禍。（醒世96.6b.9）

単音節動詞の重ね型と"了"・"一"のパターン（"A了一A"型）は明清時代でも現代語でもよく見られる。例えば、"試了一試""看了一看""想了一想""説了一説""聽了一聽"などである。前者のAは動詞で、後者のAは動詞の名詞化である。"A了一A"型のAは一般的に単音節動詞であり、例文の"遲疑了一遲疑"のような二音節語の重ね型はあまり見られない。

［疑遲1］
素姐疑遲作難的時候，只見韋美提着一个大篾絲燈籠，跟了个十一二歲丫頭，忙忙的來到‥（醒世86.10b.1）－形容詞「ためらっている」

用例の"疑遲"は"遲疑"と同じ意味だが、形容詞の用法である。文脈により釈義「ためらっている」と解すべきである。

《醒世》の時代までは二語が並存している。《西遊》《初拍》にも双方使用されている。しかし、清代初期以後になると"疑遲"は見られない。《聊齋》《紅樓》《儒林》《品花》《康熙》《兒女》《二十》《官場》において未検出。

現代語では"遲疑"は一般に形容詞の用法である。《現汉》によれば、"遲疑"は形容詞"拿不定主意；犹豫"の意味に用いている。"疑遲"は未収。

簇擁‐擁簇［cùyōng‐yōngcù］
釈義：ぐるりと取り囲む＝"许多人紧紧围着"。
《醒世》の例。
［簇擁3］
盡出來脅肩諂笑，爭前簇擁大官人‥（醒世1.12a.9）

兩個快手一人守候一人跑去喚了兩頂有輿小轎，簇擁兩個道婆坐在裏面。(醒世96.3a.9)

[擁簇1]

狄希陳換了青衣，單完、惠希仁擁簇着，跟進投文牌去。(醒世81.13b.10)

明清時代では"擁簇"より"簇擁"の使用が顕著。《水滸》《平妖》《封神》《金瓶》《紅樓》《儒林》《品花》《兒女》《二十》《官場》《野叟》のいずれも"簇擁"は検出されるが、"擁簇"はない。現代中国語でも"簇擁"の方が用いられている。《現汉》《汉方大》において"擁簇"は未収。

怠慢 - 慢怠 [dàimàn- màndài]

釈義：粗略にする、冷淡にする ="客套话，表示招待不周"。

《醒世》の例。

[怠慢10]

自此一日兩湌上供，再不敢怠慢。(醒世11.7a.8)

胡相公一路都仗賴你兩人挈帶，家中管待不周，莫怪怠慢。(醒世5.9a.3)

薛三省娘子不敢怠慢，隨即到了蓮華菴中。(醒世63.13a.3)

管庄人仰體晁夫人的美意，不敢怠慢，前後十二日之期，盡將一千三百十四石五斗八升之米，陸續交完。(醒世90.5b.3)

[慢怠1]

大凡奴僕待人，都看主人的意旨，主人没有輕賤人客的心，家人便不敢萌慢怠之意。(醒世92.7a.5)

"怠慢""慢怠"は一般に"不敢"の後ろに置き、謙譲語として敬意を表す。近世語には"待慢""慢待"もみられる。意味は"怠慢""慢怠"と変わらない（以下の用例を参照）。

虧不盡來合賢弟商議，差一點兒没慢待了他，等我請過了他，我將着他來會賢弟。(醒世85.3b.7)

邢夫人接了進去，敘了些閒話。那來人本知是個誥命，也不敢待慢。(紅樓118.5a.8)

第二章　《醒世》における逆序語

　　明清時代で"怠慢"が圧倒的に使用頻度高い。"慢怠"はあまり使用されていない。《水滸》《西遊》《三言二拍》《金瓶》《聊齋》《紅樓》《儒林》《品花》《康熙》《二十》《官場》《老殘》に"怠慢"はみられるが、"慢怠"はない。

　　現代中国語では"怠慢""慢待"はあるが、"慢怠""待慢"はあまり見られない。

　放鬆 - 鬆放 [fàngsōng - sōngfàng]
　釈義：力を抜く、（綱、帯などを）緩める、自由にする＝"松懈；（將捆綁）松开；使自由"。
　《醒世》の例。
　[放鬆12]
　素姐自此也曉得這幾日相大妗子日日要來，礙他幫手，也便放鬆了，不來搜索。(醒世61.2a.1)-「力を抜く」
　"放鬆對狄希陳的搜索"の文脈より"放鬆"は「力を抜く」と解すべきである。また、下の用例もある。
　一日五六頓吃飯，遇酒就飲，遇肉就吃，都叫程謨認錢；晚間宿下，把程謨繩纏鎖綁，脚鍊手扭，不肯放鬆。(醒世51.5a.3)-「（綱、帯などを）緩める」
　"放鬆繩纏鎖綁，脚鍊手扭"の文脈により"放鬆"は釈義「（綱、帯などを）緩める」である。なお、下記の用例のように「自由にする」の意味もある。
　毎人也是五十，交付捕官，發下牢固監候，听另牌提審不許死又不許放鬆。(醒世12.4b.6)-「自由にする」
　逆序語"鬆放"にも「（綱、帯などを）緩める」と「自由にする」の意味がある。
　[鬆放8]
　晁源、珍哥到了這個田地，也覺得十分敗興，仍同差人到了下處。晁源央那差人要他鬆放了鈕鐐。(醒世13.6a.4)-「（綱、帯などを）緩める」
　禁子稟説：此係晁鄉官的兒婦。因鄉官差人分付，小的們不敢把他難爲，所以只得將他鬆放。
　(醒世14.2b.1)-「自由にする」
　しかしながら、"鬆放"には「力を抜く」の意味はない。そこから、《醒世》

では、"放鬆"の使用範囲はもっと広いと考えられている。

明清時代では"放鬆"の使用頻度が高い。"鬆放"の用例は少ない。特に清代中期以後になると用例があまり見られない。《紅樓》《儒林》《品花》《康熙》《兒女》《二十》《官場》において未検出。現代中国語でも"鬆放"はあまり見られない。"放鬆"は継承され、《現汉》では"対肌体、精神等的控制或注意由緊到松"と説明されている。

奉陪‐陪奉［fèngpéi‐ péifèng］
釈義：お供をする＝"陪伴"。
《醒世》の例。
［奉陪2］
粗飯也沒上了，這粗妓也還沒奉陪一陪。（醒世66.5b.7）
趙杏川方無可不可的收訖。狄員外又盛設送行，請了陳少潭、相棟宇崔近塘一夥親友奉陪，盡歡而散。（醒世67.10b.8）
［陪奉1］
明水鎮住的鄉紳、舉監、秀才、耆老都穿了吉服衣巾，先在興工處所迎接陪奉縣官。（醒世52.12b.3）

"奉陪""陪奉"は意味、機能とも同一。《現汉》には"陪奉"はなく、"奉陪"だけが見られる。"陪奉"も一時使用されていたと推測され、明代《水滸》《西遊》《恒言》《明言》には"陪奉"の用例も見られる。清代になると"奉陪"が多く使用され、現代語に継承されたものと思われる。

講明‐明講［jiǎngmíng‐ míngjiǎng］
釈義：はっきりと話をする＝"明白说出"。
《醒世》の例。
［講明1］
這保他不妨。他已經入籍當差，赤歷上有他父親綢糧實戶的名字，怕人怎的。就與宗師講明，也是不怕。（醒世37.3b.7）

［明講1］

俺主人家七十的人了，只有這一個小主人家，甚麼是大事。你要錢，明講，怎麼耽誤着人家的病哩。（醒世66.13b.7）

上記例文により、"明講""講明"は"説清楚"（「はっきりと話をする」）の意味に用いる。"明講""講明"は《醒世》において各1箇所検出した。明清時代はあまり常用されていない。とくに"明講"は用例が極めて少ない。《金瓶》《醒世》1箇所のみ。"講明"は清代中期になると用例が多数見られる。《紅樓》《品花》《康熙》《兒女》《二十》《官場》《老殘》において用例がある。現代漢語に継承されている。"明講"は死語となっているようである。

敬愛 - 愛敬 [jìngài- àijìng]
釈義：敬愛する＝"尊敬爱慕"。
《醒世》の例。
［敬愛1］
舒忠道：我這樣的寒士，怎與他富家結得親。論這兩個學生倒是我極敬愛的。（醒世23.10b.8）

文脈により、"敬愛"は「敬愛する」の意味として使用され、敬愛する相手は"学生"である。一方、"愛敬"は、

［愛敬4］
我也極知道公婆是該孝順的、丈夫是該愛敬的。（醒世59.7b.3）- 丈夫

久聞的狄大嫂甚是賢德，孝順翁婆，愛敬丈夫，和睦鄉里，怎麼得遭這們顯報。（醒世64.5b.4）- 丈夫

但素姐費了這許多銀物，對了佛前發了這如許的大咒，不知果然回轉心來孝順公婆愛敬丈夫不曾。（醒世64.14b.8）- 丈夫

程樂宇的妻兄連舉人，叫是連才，常到程樂宇書房，看得薛如卞清秀聰明，甚有愛敬之意。（醒世37.3b.1）- 薛如卞

上掲例のように、敬愛する相手は一般的に"丈夫"になっている。

"愛敬"は明代白話において用例が少なくない。《水滸》《三言二拍》《金瓶》

に用例が見られる。しかし、《醒世》の時代以後になると用例が少ない。《聊齋》《紅樓》《儒林》《品花》《康熙》《兒女》《二十》《官場》《老殘》において未検出。比べて"敬愛"は多数検出。明代白話にも用いられ、清代の白話にも用いられる。清代後期《品花》《兒女》にも用例も見られる。現代語に継承され、その意味と機能は《醒世》の時代とさほど変わらない。現代語では"愛敬"の使用頻度は少ない。

敬奉 - 奉敬 [jìngfèng - fèngjìng]
釈義：差し上げる、献上する＝"恭敬尊奉"。
《醒世》の例。
［敬奉 2］
但前日兒子進學送他的那謝禮，原不應與他那許多，我一爲實是怕他無頼，二爲敬奉先生不嫌過厚，不料被他大罵一頓將帖撩出門來。(醒世 42.1b.5)
［奉敬 3］
家中果然沒了大米，我這回去，正要去糶大米奉敬哩。(醒世 29.11b.8)
又想吃甜酸的果品，狄希陳尋到刑部街上，買了蜜梅奉敬。(醒世 79.12b.6)
"敬奉""奉敬"は意味、機能とも同一。《白話》は"奉敬"を"敬酒"（「お酒を差し上げる」）の意味で用い、目的語が「お酒」に限られるが、《醒世》では「米、梅を差し上げる、献上する」の用法も見られる。これは《白话》の補充になると考えられる。

"敬奉""奉敬"は明代白話において用例がしばしば見られる。清以後はあまり見られない。《紅樓》において"敬奉"は 1 箇所のみ検出され、"奉敬"は用例がない。《现汉》には"敬奉"のみ載っている。"奉敬"は現代中国語において死語と思われ、《现汉》《汉方大》のいずれも未収。

救濟 - 濟救 [jiùjì - jìjiù]（"助濟 - 濟助"の項参照）

懼怕 - 怕懼〔jùpà- pàjù〕

釈義：怖がる、恐れる＝"害怕"。

《醒世》の例。

［懼怕8］

他如今自身難保，懼怕他做甚。(醒世15.3a.4)

您打夥子義義合合的，他為您勢衆，還懼怕些兒。(醒世22.12a.5)

但雖是瞞了漢子作孽，畢竟也還懼怕那漢子三分。(醒世73.1b.2)

［怕懼10］

如今主母行動不得，他還怕懼何人。(醒世56.8a.8)

上掲例の"懼怕""怕懼"は動詞として「怖がる、恐れる」の意味に用いている。また、"怕懼"は"有"と組み合わせ"有怕懼"の用例でしばしば検出される。ここで"怕懼"は動詞の名詞化の用法である。

老婆了説：這一定倒在那裏睡覺，被人把酵子都拿將去了尋着他老實打他幾下也叫他知有怕懼〈＝懼〉。(醒世57.5b.1)-動詞の名詞化

尋着他老實打他幾下，也叫他知有怕懼〈＝懼〉。(醒世57.10b.2)-動詞の名詞化

這顧繡衣裳，你要是沒曾與人，還在那裡放着，你就該流水的取了來與我；你要是與了婊子去了，你是個有怕懼〈＝懼〉的，你就該鑽頭覓縫的另尋一套與我。(醒世65.1b.8)-動詞の名詞化

老婆子説：休慣了他，投信打己他兩個巴掌，叫他有怕懼。(醒世57.5b.1)-動詞の名詞化

"懼怕""怕懼"は会話文にも用いられる。《醒世》では"懼怕"は全用例8箇所のうち3箇所会話文に用いられている。"怕懼"は全用例10箇所のうち4箇所で会話文に用いられている。また、《醒世》では同義語"懼怯""怯懼"も見られる。

［懼怯2］

素姐道：説起他爹來，我倒不作他；説他妗子，我還有二三分的懼却〈＝怯〉。(醒世65.12a.1)-動詞の名詞化

若是懼怯我的素行，不妨當官交價，文契着兵馬用了印，我便歪憋，也沒處使。(醒世82.13a.6)‐動詞

［怯懼1］

若到其間，略有個怯懼的心腸，却不把棄家修道幾年苦行的工夫可惜丢掉了。(醒世32.6a.5)‐動詞の形容詞化

上記例文により、"懼怯"は動詞としても名詞としても使えるが、"怯懼"は形容詞"膽小"の意味に用いられる。"怯懼""懼怯"の"怯"は"膽小；膽怯"の意味であるため、"怯懼""懼怯"は"因膽小而不敢不做某事"と解釈される。例文の"略有個怯懼的心腸‥"「気が弱く怯える心があれば‥」からもわかる。

明清時代には"怕懼""怯懼""懼怯"いずれも用例が少ない。特に清代中期以後はあまり見られない。《儒林》《品花》《康熙》《兒女》《二十》《官場》《老殘》においては、その三語とも未検出。

現代語では"懼怕"は見られるが、"怕懼""怯懼""懼怯"はあまり見られない（《現漢》《汉方大》において未収）。しかも、"懼怕"は現代中国語では書面語として用いられている。現代中国語においては"怕"が最も多く用いられている（香坂1995:23）。

なお、《醒世》では同義語"小膽"もある。"小膽"は形容詞「肝の小さい」の意味に用いられる。《醒世》では"膽小"は見られない。現代語では"膽小"が使用多。明清時代では"小膽"は一般に北方作品で使用されている。《金瓶》《聊齋》《紅樓》《兒女》に用例が見られる。南方作品《西遊》《三言二拍》《儒林》《兒女》《二十》には用例が見られない。"小膽"は現代語ではあまり見られないが、方言として用いられる。《汉方大》ではこの語を河南方言としている。

［小膽3］

晁大舍道：你姜五老婆好小胆＜＝膽＞。(醒世8.6b.10)－形容詞「肝の小さい」

小膽的唬得喪膽忘魂的亂跑。倒是大膽的踏住不動。(醒世42.4b.2)－形容詞「肝の小さい」

晁邦邦是个小膽的，他一定害怕，極少也‥(醒世53.8b.2)－形容詞「肝の小さい」

例文によって、名詞フレーズ"小膽的"は"的"の後ろの被修飾語"人"が省略され、地の文に用いられる。会話文になると、"小膽"は"～兒"を接続し、名詞化して"小膽兒"①のように使う用例が近世白話ではしばしば見られる。《醒世》では用例がないが、《金瓶》《兒女》からの例をあげておく。

玉樓笑道：我是小膽兒，不敢惹他，看你有本事和他纏。（金瓶26.8a.3）

婦人道：你好小膽兒，明知道和來旺兒媳婦子七箇八箇‥（金瓶28.7a.8）

西門慶罵道：你這奴才不要說嘴，你好小膽子兒。（金瓶35.8b.5）

安老爺道：‥他見了人請安磕頭，低心小膽兒，偺們高了興‥（兒女35.8b.5）

考察 - 察考［kǎochá - chákǎo］

釈義：調べる＝"观察调查"。

《醒世》の例。

［考察13］

後來這書辦選了四川彰明縣典史，正在那裡作惡害民，可可的繡江縣官行取了御史，點了四川巡按，考察的時節，二十個大板，即時驅逐了離任。（醒世23.13b.5）-「官吏の業績などに対する調査、検討」

因考察王官，薛教授因與長史合氣，被他暗地裏開了個老疾，准了致仕。（醒世25.5a.9）-「官吏の業績などに対する調査、検討」

阻一日，繡江縣的典史因鹽院按臨省城，考察了回來，一條腿歪跨在那馬上，到了狄家客店歇住，下了馬，要吃了飯去，一瘸一瘸的往裏走，走到正房坐下。（醒世48.2b.7）-「官吏の業績などに対する調査、検討」

今日天寒雨雪，我要將各官考察一番，不是考察官評，特考某人懼内，某人不懼内，以見懼與不懼的多寡。（醒世92.12b.1）-「官吏の業績などに対し、調査、

---

① "～兒"の接辞は近代初期になってはっきり北方語の一つの特徴になった（香坂2011:317）。近世語では"～子""～麼""～們"などの接尾辞もある。それを伴う語は軽声が多く見られる。本稿では《現漢》を軽声の基準とする。

検討する」

　"考察"は一般に「調べる」の意味に用いられる。《醒世》の"考察"は上掲例文の文脈により、官吏の業績などに対する調査、検討である。旧白話ではこの用法は《金瓶》にも見られる。

　當廳夏提刑拆開，同西門慶先觀本衛行來考察官員照會，其略曰：兵部一本，尊明旨，嚴考核，以昭勸懲，以光聖治事。(金瓶70.1b.1)

　先該金吾衛提督官校太尉太保兼太子太保朱題前事，考察禁衛官員，除堂上官自陳外，其餘兩廂詔獄緝捕、内外提刑所指揮千百戶、鎭撫等官，各挨次格，從公舉劾，甄別賢否，具題上請，當下該部詳議，黜陟升調降革等因。(金瓶70.1b.2)

[察考2]

　素姐見了，不由的將喜容漸漸消去，怒氣勃勃生來，津津乎四六句兒罵將出來，將那察考狄周事體，一樁樁一件件從頭勘問。(醒世85.9a.4)-「細かく追及する、尋ねる」

　故意粧了不知，察問寄姐是甚的人，原何得在衛内；又察考小京哥合小成哥兩個孩子是何人所生。(醒世95.1a.8)-「細かく追及する、尋ねる」

　"考察"も一般に「調べる」の意味に用いられる。《醒世》の"察考"は上掲例文の文脈により、「細かく追及する、尋ねる」の意味に用いている。旧白話ではこの用法は《紅樓》にも見られる。

　你果然囬老娘家去，倒是我們的造化了，只怕你捨不得去。你去了，叫誰討主子的好兒，調唆着察考姑娘、折磨我們呢。(紅樓74.14b.1)-「細かく追及する、尋ねる」

　明清時代では比べて"考察"の方が多数検出される。"察考"はあまり見られず、現代中国語にも継承されていない。また、《醒世》では同義語"考查"が見られる。以下の例文のように、一般に会話文に用い、「細かく追及する、尋ねる」の意味に用いている。

[查考19]

　先生查考他，自家又會支吾，狄周又與他蓋抹，從未敗露。(醒世38.4a.8)-「細

かく追及する、尋ねる」

生生的拿着養漢老婆的汗巾子，我查考查考，認了說是他的。(醒世53.6b.4)-「細かく追及する、尋ねる」

他没有老狄婆子跟前查考，通像心風了的一般。(醒世54.12a.3)-「細かく追及する、尋ねる」

狄員外道：…。你叫他來，俺查考他查考。(醒世67.12b.5)-「細かく追及する、尋ねる」

現代中国語では"查考"も使われる。《现汉》では"调查研究；弄清事实"の意味で、一般に書面語として用いられる。

なお、《醒世》では同義語"查勘"も見られる。

[查勘1]

水官大帝極是個解厄赦罪的神靈，也替這些作禍的男女彌縫不去，天符行來查勘，也只得直奏了天廷。(醒世28.9b.10)-「現地調査をする」

"查勘"は「現地、現場に行って実際に調査をする」の意味に用いられる。旧白話では"查勘"の用例が少ない。現代語では"勘查"の方が多く用いられる。

咒罵‐罵咒 [zhòumà‐màzhòu]

釈義：咒罵する＝"诅咒；谩骂"。

《醒世》の例。

[咒罵26]

也有念佛中帶咒罵的。(醒世6.2b.7)

往往人為了這財便就不顧了性命，且莫說管那遺臭萬年，千人咒罵。(醒世34.1a.10)

狄希陳聽他咒罵，眉也沒敢皺一皺，出來了。(醒世52.8b.7)

[罵咒1]

千惱萬恨，不罵咒那猴精，只咒罵狄希陳。(醒世76.10b.6)

"咒罵""罵咒"は意味、機能とも同一。"咒罵"は一般的。《金瓶》《聊齋》《紅樓》においては"咒罵"は検出されるが、"罵咒"は見られない。現代語では"咒

罵"は継承されるが、"罵咒"は死語と考えられる。

認識 - 識認［rènshí - shírèn］
釈義：知っている＝"相识；认得"。
《醒世》の例。
［認識7］
這雍山前面，我都是認識的人家，那裡來這個美女。(醒世1.13b.3)
海會既已認識的那一個你還不認得他是姑子。(醒世12.14b.2)
又是契友之妻，都認識的熟，二人歡喜相見。(醒世63.3b.4)
［識認1］
街上不論親戚朋友，但聞得晁夫人預備後事，就如他的娘老子將死一般，親朋都來看望，不識認的，都來探聽。(醒世90.11a.4)

"認識""識認"は意味、機能とも同一。明代では二語とも並存する。清代では"認識"が一般的。"識認"の用例はあまり見られない。《聊齋》《紅樓》《品花》《康熙》《兒女》《二十》《官場》《老殘》《歧路》においては"認識"は検出されるが、"識認"は見られない。現代語で"認識"は継承されているが、"識認"は使われていない（《現漢》《汉方大》において未収）。

殺害 - 害殺［shāhài - hàishā］
釈義：（人を）害する＝"杀死"。
《醒世》の例。
［殺害12］
你却哄他到跟前，殺害他的性命。(醒世3.2a.7)
總然遂了志，女人殺害丈夫，不是好事。(醒世9.1b.5)
公公寵愛了他縱容他，把我個強盜般的婆婆生生被他氣成癱瘓，與我百世之仇；我不是將他殺害，我定是將他藥死。(醒世56.11a.1)
［害殺1］
呌我每日心昏，這孩子可是怎麼變得這們等的。原來是這奴才把着口教的。

你説這不教他害殺人麼。(醒世48.11a.7)

　　"殺害"と"害殺"の構造は違う。"害殺"は動補構造の補充式[①]で、"殺害"は並列構造の聯合式である。香坂1995:270も"殺害""害殺"について"害殺"は"害死"で動補構造、"殺害"の"害"は"殺"と同義語であるから同義複合語と認められると述べている。

　　明清時代は"殺害"は一般に通用語として使用されている。"害殺"については一時期のみ用いられたと思われるが、明代には用例が少なくない。すなわち《水滸》《西遊》《二拍》《金瓶》に用例が検出される。しかし《醒世》の時代以後は用例が見られない。《紅樓》《儒林》《品花》《康熙》《兒女》《二十》《官場》《老殘》《歧路》において未検出。

　　現代語では"殺害"はあるが、"害殺"は死語と考えられる。"害殺"は《現汉》《汉方大》において未収。また、"害殺人"の言い方が現代語では一般に"害死人"となる。

釋放 - 放釋 [shìfàng- fàngshì]
釈義:（犯罪者を）釈放する＝"恢复被拘押者人身自由"。
《醒世》の例。
［釋放4］
把那里長打了十板，把嚴列宿釋放回家，限三日完糧。(醒世28.3a.6) -「（犯罪者を）釈放する」("賓語前置")
各將那挑激起釁的小人解赴轅門，每人打了二十五板，釋放寧家。(醒世99.8a.2) -「（犯罪者を）釈放する」("賓語前置")

[①] 中国語には、合成語の構造として「聯合式」、「偏正式」、「陳述式」、「支配式」、「補充式」などがある。聯合式：意味の近いまたは逆の二つの語素の組み合わせで構成される。偏正式：前の語素は後の語素を修飾する。陳述式：前の語素は主語で、後の語素は述語である。支配式：前の語素はある動作や行為を表し、後の語素はその動作や行為の対象である。補充式："証明"のように後の語素が前の語素を意味的に補充する関係にある語の複合形式をいう。

［放釋1］

但想聖姆在生之日，直是螻蟻也不肯輕傷一個；既是不曾盜去，若再送官配刺，也定是聖姆所不忍的。不若仰體聖姆在生之日的心，放釋了他去。（醒世93.11b.5）-「（犯罪者を）釈放する」

上掲例の"釋放""放釋"は同じく「（犯罪者を）釈放する」の意味に用いるが、用法の違いはある。用例のように、"釋放"は目的語が動詞よりも前にくる（"賓語前置"）。しかし、"放釋"は目的語が動詞の後ろにくる。もう一つの違いは、"釋放"が"松開；解開"という意味にも用いられる点である。

龍氏放聲哭叫，強逼薛如卞兄弟，懇央縣官釋放薛再冬的枷號。（醒世89.5b.4）-"松開；解開"

旧白話における"放釋"の用例は少ない。《水滸》《西遊》《封神》《三言二拍》《金瓶》《聊齋》《紅樓》《儒林》《品花》《康熙》《二十》《官場》《老殘》《歧路》において"釋放"は検出されるが、"放釋"はない。"釋放"の使用頻度が高かったと考えられる。清代後期作品《兒女》においては"釋放"は検出されていないが、代わりに"放（了）"の方が一般的で、31箇所検出されている。

現代語では"釋放"は見られるが、"放釋"は継承されていない。"釋放"は「（犯罪者を）釈放する」の意味と「（エネルギーなどを）放出する」の意味で使われる。

説笑-笑説［shuōxiào-xiàoshuō］

釈義：笑いながら話す。

《醒世》の例。

［説笑6］

一邊説笑，一邊同到‥（醒世4.5b.10）

兩親家婆合巧姐，請了妹子崔近塘娘子來陪，倒喜歡，説笑了一日。（醒世52.9b.1）

［笑説26］

沒的放他那撅尾巴騾子屁。砍頭的那臭聲。大家笑説了一同。（醒世2.11a.1）

上掲例により、"説笑""笑説"は釈義「笑いながら話す」と解される。

"笑説"は一般に後ろに話す内容が続く。例えば、

縣官笑説：你這文章還早哩。囘去用心讀書，到十四歳‥(醒世37.5a.3)

看了狄希陳的，笑説：這差了書旨，定是不取的了。(醒世37.12b.7)

薛教授也笑説：這小廝沒家教，只是慣了。(醒世40.2b.10)

また、"笑説"は助動詞の"會"と組み合わせて、そうする能力あることを表す用例もある。"説笑"にはこのような用例がない。

調羹母子、童奶奶娘女、小虎哥、狄周媳婦、小珍珠，都在一處居住。小翅膀漸會説笑，喫的白胖一个娃娃。問小玉兒，説已嫁人去訖。一家熱熱鬧鬧，和和氣氣，倒似有个興旺長進之機。(醒世52.9b.1)

また、"説笑"の畳語の"説説笑笑"もあるが(下記の用例を参照)、"笑笑説説"という言い方はない。

幫他們捍薄餅、潦水飯、蒸饃饃、切食卷子，説説笑笑，狂個不了。(醒世19.3b.7)

在相于廷肐膊上扭了兩把，説説笑笑，二人不覺‥(醒世58.11a.5)

明清時代では"説笑"がよく使用されている。現代語でも"説笑"がよく見られる点、明清時代と変わらない。しかし、"笑説"はあまり使用されていない。《現汉》《汉方大》には未収。

聽錯－錯聽 [tīngcuò- cuòtīng]

釈義：聞き間違う＝"没听对"。

《醒世》の例。

［聽錯1］

媒婆道：只怕是我聽錯了，説是上個知州。(醒世18.3a.8)

［錯聽1］

他要是錯聽了怪俺們麼，狄老爺，你務必替俺辨白辨白。(醒世93.9b.2)

"聽錯""錯聽"は「聞き間違う」の意味に用いる。"錯聽"は明代において一般的で多数用いられ、《水滸》《西遊》《封神》《三言二拍》《金瓶》に用例がある。清代になると用例が少ない。一方、"聽錯"は清代後期になると、用例

が増え、《品花》《康熙》《兒女》《二十》に用例が見られる。"錯聽"は全く検出されない。

現代語には"聽錯"は継承されているが、"錯聽"は死語となっていると思われる。

脱漏－漏脱［tuōlòu－lòutuō］
釈義：漏らす＝"漏掉；遺漏"。
《醒世》の例。
［脱漏1］
‥齊喊説道：照了天符冊籍，逐門淹沒，不得脱漏取罪。（醒世29.2a.6）
［漏脱1］
狀上有名犯証不許漏脱一名。（醒世12.6a.9）
"脱漏""漏脱"は「漏らす」の意味に用いる。"脱漏"は「（危険などを）脱する、逃れる」の意味にも用いるが、《醒世》には用例がない。ここでは《恒言》からの用例をあげておいた。

‥身子坐在獄中，怎麼各處關節已是布置到了。若此番脱漏出去，如何饒得我過。一不做，二不休，若不斬草除根，恐有後患。（《恒言》）－「（危険などを）脱する、逃れる」

明清時代は二語とも用例が少ない。《中国語》によると、"脱漏"は旧白話語彙では「（危険などを）脱する、逃れる」の意味を表す（p3142）。現代語においてはこの種の意味はあまり見られない。《現汉》によると"脱漏"は"漏掉；遺漏"の意味で使われる。一般に生硬な書面語として使用される。"漏脱"は死語と思われる。《現汉》《汉方大》に未収。

洗淨－淨洗［xǐjìng－jìngxǐ］
釈義：きれいに洗う＝"洗干净"。
《醒世》の例。

［洗淨7］

那艾前川將瘡用水洗淨，說：要上加蝕藥。（醒世66.12a.3）

自從艾前川去後，狄希陳那瘡疼的見鬼見神，殺狼地動的叫喚，只得將膏藥揭去末藥洗淨。（醒世67.1a.7）

次日，揭開看，把那些敗肉漸次化動；又用湯藥洗淨，從新上了藥。（醒世67.10a.4）。

［淨洗5］

每日早起，光梳頭，淨洗面，催着女壻〈＝婿〉早往書房讀書。（醒世44.6a.10）

每日替他光梳淨洗，穿着了上蓋衣裳。（醒世56.10a.5）

次早起來，淨洗了面，細細的搽了粉，用靛花擦了頭，綿胭脂擦了嘴，戴了一頂青緯羅瓢帽。（醒世64.6b.6）

"洗淨""淨洗"の構造は異なる。"洗淨"は動補構造の補充式で、"淨洗"は修飾構造の偏正式である。また、《醒世》の"洗淨"は一般に"膏藥洗淨"「膏藥を洗う」、目的語は"膏藥"。"淨洗"は一般に"淨洗了面"「顔を洗う」、目的語は"面"。

明清白話では"淨洗"の用例は少ない。"洗淨"の用例は多い。《水滸》《西遊》《三言二拍》《金瓶》《聊齋》《紅樓》《品花》《康熙》《二十》《歧路》に"淨洗"は見られないが、"洗淨"は検出される。現代中国語では"洗淨"＝"洗幹淨"は継承されているが、"淨洗"はあまり見られない。

嫌憎－憎嫌 [xiánzēng· zèng- zèngxián]

釈義：嫌い憎む＝"厌恶憎恨"。

《醒世》の例。

［嫌憎4］

原是一个寡婦婆婆，有五十年紀，白白胖胖的个婆娘，養着一个三十多歲的後生，把些家事大半都貼與了他，还〈＝還〉恐那後生嫌憎他老，怕拿他不住，狠命要把一个兒婦牽上與他。（醒世12.10b.1）

所以邢皋門到一毫也沒有嫌憎他的意思。（醒世 16.7a.5）

有學生的父兄，略略知些好歹，嫌憎先生荒廢了子弟的學業。（醒世 35.5a.5）

［憎嫌4］

不惟不憎嫌那方的百姓，倒越發看顧保祐起來。（醒世 24.1b.3）

家人婢妾，個個憎嫌。（醒世 49.14d.7）

只是陳恭度雖是个秀才，其人生得村壯雄猛，年紀三十歲以下，在婦人行中大有強敵之名，致得那婦人們千人吐罵，萬人憎嫌。（醒世 73.4b.2）

"嫌憎""憎嫌"は意味、機能とも同一。《白话》には"嫌憎"の"憎"を［zèng］と発音。これは《现汉》《中国語》《愛知日中》と異なる。《现汉》《中国語》《愛知日中》では［zēng］と発音。

明清時代では二語とも用例が少ない。現代漢語では"嫌憎"は継承されているが、共通語としては"嫌憎"はあまり用いられない。現代中国語コーパス（CCL）によれば、"嫌憎"の用例は 9 箇所。しかも、生硬な非会話文のみに使用している。現代語では一般に"討厭；厭惡"の方が常用されていると考えられる。一方、"憎嫌"は死語のようである。《现汉》《汉方大》には未収。

尋遍 - 遍尋［xúnbiàn - biànxún］

释義：くまなく探す＝"全部找过"。

《醒世》の例。

［尋遍1］

差人説：各處尋遍没有，一個小丫頭説他跑進晁奶奶卧房去了，小人進去又尋不着。（醒世 20.14a.1）

［遍尋2］

偷兒先把那精美的物件卷了一包，又在房内遍尋那銀子不見，放出那兩隻賊眼的神光，在白姑子床上席背後揭開一看，只見墻上三個抽斗，都用小鍍銀鎖鎖住外用床席遮嚴。（醒世 65.4a.4）

次日置了祭品，接了巧姐同到狄員外夫婦墳上祭掃；又開進自己門去遍尋狄員外夫婦的神主喜神不見‥（醒世 77.10a.2）

文の中の構成：
"尋遍"＋"没有"
"遍尋"＋"不見"

《醒世》において"尋遍"と"遍尋"の後に全て打消しの語を伴って探してるものや人が見つからないことを表す。

明代白話では二語の用例が少なくない。《西遊》《三言二拍》《金瓶》に二語ともある。しかし、清代では用例が少なくなる。とくに"遍尋"の用例はあまり見られない。清代の《聊齋》《儒林》《品花》《康熙》《兒女》《二十》《官場》《老殘》《歧路》には見られない。現代中国語では"遍尋"は用いられていない。"尋遍"は継承されている。また、下記の用例のように"尋遍"の後ろに打消しの語だけではなく、肯定文としても使用される。

我寻遍各地就是为了找到这些书，好不容易才在威莱斯的大法师之塔找到了这一本。(CCL) – 肯定文

掩藏 - 藏掩 [yǎncáng - cángyǎn]（"躲藏 - 藏躲"の項参照）

驗看 - 看驗 [yànkàn - kànyàn]
釈義：調べて観る＝"检验查看"。
《醒世》の例。
［驗看13］
差人尋了地方保甲來到驗看了。(醒世13.6b.9)
傳梆報了縣官。即時催辦夫馬，縣官親來仔細驗看。(醒世28.6a.1)
我天明合你當官講話，使穩婆驗看分明。(醒世72.4b.3)
［看驗2］
縣官將銀包合汗巾俱仔細看驗了一會。(醒世23.12b.8)
喜是有了這套衣服拿到家中，但得看驗中意，完了一天大事是誠可喜。(醒世65.9b.8)
"驗看""看驗"は意味、機能とも同一。なお、"驗看""看驗"の"驗"は"驗"

とも表記。明代では二語が並存する。どちらか一般的であるかは判断できない。しかし、清代後期になると"驗看"が一般的。清代後期の《二十》《官場》《康熙》《老殘》において"驗看"の用例はあるが、"看驗"の用例は見られない。《現汉》に"看驗"は載っていない（《汉方大》にも未収）。"驗看"は継承され、その意味と機能は《醒世》の時代とあまり変わらない。

央懇 - 懇央 [yāngkěn - kěnyāng]
釈義：お願いする、懇願する＝"恳求"。
《醒世》の例。
［央懇4］
這却得了那徒弟們的大力，再三央懇。（醒世35.8a.1）
他再三央懇。那三个老婆是嘗过惡味的，怎還肯來。（醒世39.12a.1）
我再三央懇先生，只當借一半給我，湊着退銀子還人。（醒世41.11a.1）
［懇央2］
龍氏放聲哭叫，强逼薛如卞兄弟，懇央縣官釋放薛再冬的枷號。（醒世89.5b.4）

"央懇""懇央"は意味、機能とも同一。ただし、"央懇"の全用例は"再三"と組み合わせて"再三央懇"の形で用いられる。管見では、近世白話としては二語とも《醒世》のみに出現する。現代語にはいずれも見られない。また、当時は同義語"求懇"も使用されている。
［求懇1］
舒秀才再三推辭，李大郎再三求懇，後來只得許了親。（醒世23.10b.9）
例文のように、"求懇"も"再三"と組み合わせて"再三央懇"の形で用いられる。

現代語では"求懇"はあまり見られないが、"懇求"は使用されている。用法は"求懇"と変わらないようで、"再三懇求"の言い方もある。
《醒世》において相手にお願いする表現の中で"央懇4""懇央3""求懇1"の用例は比較的少ない。ちなみに、単音節言語"央"は207箇所も検出された。

我要在縣裏遞張首狀央你寫得詳細。(醒世89.1b.5)-「お願いする、懇願する」

折損 - 損折 [zhésǔn - sǔnzhé]
釈義：安値で銭に換える＝"贱卖抵换"。
《醒世》の例。
［折損4］
師娘也且休要折損首飾，待我合同窓們説去，要斂不上來，師娘再花首飾不遲。(醒世1.6b.10)
這藥都是貴物，還得到家折損些甚麼纔好修合哩。(醒世66.12a.7)
［損折5］
計氏笑了一笑，説道：誰家的好老婆損折了衣裳首飾換嘴吃。(醒世3.8b.4)
或當借了銀錢，或損折了器服，買了禮，都來與晁大舍接風，希圖沾他些資補。(醒世66.12a.7)
文脈により"折損""損折"は釈義"賤價抵換"(「安値で銭に換える」)と解するしかない。《醒世》では"損折"は全て"賤價抵換"(「安値で銭に換える」)の意味として使用される。"折損"は「人を失う」の意味としての用例もある。
兩土官再三辯説：先是小人挑激起釁官兵卒臣止是退避免禍，並無阻拒之情。見今俱在山中屯住，並不敢致折損一人。(醒世99.7b.5)-「人を失う」
明清時代には"損折""折損"のいずれも用例が少ない。《水滸》には"損折"だけが見られない。意味は全て「人を失う」である。
自從渡江以來，如此不利，連連損折了我八箇弟兄。(水滸93.1a.9)-「人を失う」
《现汉》には"折損"は載っているが、"損折"はない。現代語の"折損"は「人を失う」の意味として用いられているのみで。しかし、《醒世》の時代における「安値で銭に換える」の意味は継承されていない。

阻攔 - 攔阻 [zǔlán - lánzǔ]
釈義：阻止する ＝ "阻止"。
《醒世》の例。
［阻攔 1］
你是知道的您必欲阻攔。（醒世 78.2b.6）
［攔阻 18］
倒也落得没人攔阻，得以與那些管家相見。（醒世 33.4a.10）
你待謝他些甚麼，這却在你，這个我不攔阻。（醒世 34.6a,6）
狄希陳若是個有正經的人，把那義正詞嚴有綱紀的話攔阻他，難道他會捕翅飛去不成。（醒世 68.8a.8）

"阻攔""攔阻"は意味、機能とも同一。"阻攔"は1箇所のみ検出。《水滸》《三言二拍》《西遊》《金瓶》《紅樓》《儒林》《二十》《老殘》《歧路》《康熙》のいずれも"攔阻"は見られるが、"阻攔"はない。旧白話では"攔阻"が一般的なようである。
《现汉》に"阻攔"は載っているが、"攔阻"はない。"攔阻"は《汉方大》にも未収。現代語では"阻攔"が一般的であることは間違いない。

動詞（片方）
査盤 [chápán]
釈義：審査する ＝ "检查盘点"。
《醒世》の例。
［査盤 7］
把査盤推官的皂隸都使了銀子，批打時，好叫他用情。（醒世 51.12b.1）
遇着査盤官點閘，驛丞僱了人替他代點。（醒世 88.7b.4）
李驛丞站在傍邊，等他裏完了話，過去跪下，把從前這以往的實話，對査盤官裏了個明白。（醒世 88.15a.5）
‥弄得庫吏手裏沒了憑據，遇着査盤官到，叫那庫吏典田賣捨的賠償，傾家不止一個。（醒世 17.5a.2）
一日，淮安府推官査盤按臨，審錄囚犯，點到呂祥跟前。（醒世 88.15a.1）

吳推官查盤公出，那邊衙內沒了招災攬禍的本人，頗極安靜。（醒世 97.4b.10）

吳推府查盤完畢，回到衙中，素姐也絕不囘避。（醒世 97.5a.1）

"查盤"は釈義「審査する」と解釈すべきである。また、誰が審査するかというと、文脈により、全て官吏に限られる。そこから、派生した"查盤官""查盤推官"は当時の専門用語だと考えられる。"查盤"は旧語になっていて、現代語には継承されていないが、"盤查"は存在し、現代語の"盤查"は"警察執法用語，對人進行盤問檢查"の意味に用いる。

工完 [gōngwán]
釈義：工事が終わる＝"完工；竣工"。
《醒世》の例。

[工完 3]
又携了酒肉犒勞那些夫匠，絡繹不絕，直待的工完後止。（醒世 72.1a.10）
也還有皂隷可使，修得那城上頗是堅固，工完又早。（醒世 97.12a.4）
太守見他的工完得甚遲，又修得不好，着實把那大使呵斥了一頓。（醒世 97.12b.1）

"工完"は「工事が終わる」の意味で用いている。"完工"は"工完"と同じく「工事が終わる」の意味に用いられる。《醒世》では"完工"の用例がないので、他の旧白話の資料から用例を挙げておく。

寶玉已見過這香囊，雖尚未完工，却十分精巧，無故剪了‥（紅樓 17.14a.10）

盤桓了幾日，等裱匠完工，果然裱得煥然一新。（《二刻》）

明清時代では"完工""工完"が並存する。ただし、現代語では"完工"が継承され、"傷損"は死語のようである。

供招 [gòngzhāo]
釈義：（犯した罪を）白状する＝"承认罪过"。

《醒世》の例。

［供招3］

把狄希陳的雙手栲＜＝拶＞上，叫他供招。栲＜＝拶＞得狄希陳喬聲怪氣的叫喚。（醒世63.5b.3）

從頭至尾，一一供招，許多穢褻之言‥（醒世72.3b.2）

上記例文の"供招"は動詞として「白状する」の意味に用いる。また、名詞として用いられる用例もある。

落得騙了些果子喫在肚裏，且又做了行財買免的供招。（醒世66.5a.3）-動詞の名詞化「白状すること」

以下は"招供"の用例である。

夥伴答道：可不是，他原參奏來着。上諭甚怒，將他兒子招供摔下來了。（忠烈16.4b.8）-動詞「白状する」

また、"招供""供招"には名詞"書面供詞"（「自供書」）の意味としても使われる。

又見武松只是聲冤，延挨了幾日，只得朦朧取了供招，喚當該吏典并忤作里、隣人等，押到獅子街，檢驗李外傳身屍，塡寫屍單格目。（金瓶10.2b.7）-名詞"書面供詞"

老爺立刻叫公孫策打了摺底看過，並將原呈招供一齊封妥，外隨夾片一紙，請旨補放知府一缺，即日拜發，賚京啟奏去了。（忠烈11.30a.7）-名詞"書面供詞"

なお、"招供"は"招了供"の言い方もある。

周順已經招了供，你說巧語我不聽‥（《小五儀》）

例文のように"招了供"の"供"は名詞「自供」になる。一方で、"供了招"の言い方はない。"供招"の"供"と"招"いずれも動詞「白状する」の意味である。そのため、"供招"は並列構造であるが、"招供"は動賓構造だと考えられる。

明代では"供招"の方が一般的だと考えられる。《水滸》《西遊》《金瓶》《三言二拍》には"供招"はあるが、"招供"は見られない。清代になると二語とも用例が少ない。《聊齋》《儒林》《兒女》《康熙》《二十》《官場》《老殘》《歧路》

· 048 ·

のいずれにおいても未検出。現代語として"招供"はあるが、"供招"は継承されていない（《现汉》《汉方大》ともに"供招"は未収）。なお、"招供"は一般に書面語で動詞の用法に限られる。

加増［jiāzēng］（"增添-添增"の項参照）

亮炤［liàngzhào］
釈義：明るくして（見る）＝"提供光亮"。
《醒世》の例。
［亮炤1］
我接來朝了日頭亮炤看，那朱判的日子底下有五百二字。（醒世11.12b.1）
"亮炤"＝"亮照"は「明るくして（見る）」の意味に用いる。他の資料では"照亮"の用例もある。

只見正西道上，遠遠的火把照亮，一簇人馬飛撲將來‥（《野叟》）

上記例文のように"照亮"は"亮炤"と同じ意味で使用される。また、次の用例のように「ご高配」＝"亮察；用於書信的敬辭"の意味にも用いる。

今因便鴻，謹候起居，不勝馳戀，伏惟炤亮。（金瓶67.5b.2）-「ご高配」

旧白話ではその二語いずれも用例が少ない。《水滸》《西遊》《三言二拍》《紅樓》《儒林》《兒女》《官場》《二十》において未検出。

現代語には"照亮"は継承されているが、"亮炤"は廃語と思われる。（《现汉》《汉方大》ともに未収。）

裂破［lièpò］
釈義：裂ける＝"开裂"。
《醒世》の例。
［裂破1］
‥後來甕裏邊有琴瑟笙磬之聲。一日間，那瘦豁的聲裂破，跳出一个猴來。（醒世27.3a.10）

"裂破"は「裂ける」の意味に用いられる。近世白話では用例が少ない。とくに清代にはあまり見られない。《聊齋》《儒林》《品花》《康熙》《兒女》《二十》《官場》《老殘》《歧路》において未検出。現代語において"裂破"は死語になっている。(《现汉》《汉方大》において未収。)

　　明清時代では"破裂"という語もある。"破裂"は「裂ける」の意味の他に「意見がまとまらず、交渉などがもの別れになる」の意味にも用い、現代語にも継承されている。ここに《孽海》からの用例をあげておく。

　　不想這個電報發去後，好象石沈大海，消息杳然，倒是兩國交渉破裂的消息，一天緊似一天。(《孽海》)-「意見がまとまらず、交渉などが物別れになる」

　　"裂破"にはこのような意味はあまり見られない。

磨研［móyán］
釈義：ものを擦りつぶす＝"(用工具)研成粉末"。
《醒世》の例。
［磨研 2］
　　復將他惡蹟申報，方纔拿到酆都，碓擣＜＝搗＞磨研，油炸鋸解，遍下十八層地獄，永世不得人身。(醒世 64.4a.2)
　　若是甚麼上刀山，下苦海，碓擣，磨研的惡趣，當眞就象那亡過的人在那裏受苦一般，哭聲震地好不悽慘。(醒世 69.10a.1)

　　文脈により"磨研"は釈義「ものを擦りつぶす」と解釈すべきである。《中国语》《白话》は未収。《醒世》に"研磨"の用例はないため、ほかの資料から用例をあげる。

　　凡墨戶不工於制作，而工於研磨。(晁貫之《墨經·研》)-「ものを擦りつぶす」
　　要驗學問工夫，只看所知至與不至，不是要逐件知過，因一事研磨一理，久久自然光明。(《朱子》)-「研鑽する」

　　上掲例のように、"研磨"は「ものを擦りつぶす」の意味以外に、「研鑽する」の意味にも用いられる。

　　明清時代ではその二語いずれもあまり見られない。《水滸》《西遊》《金瓶》《三

言二拍》《紅樓》《儒林》《兒女》《官場》《二十》において未検出。

現代語には"研磨"は継承されているが、"磨研"は死語のようである。(《現汉》《汉方大》ともに未収。)"研磨"は"用工具研成粉末；用磨料摩擦器物使变得光洁"と釈義されている（《现汉》p1497）。

扭別 [niǔ· bie· bié· biè]

釈義：拘禁する、縛る、ひねくれている、従順でない＝"拘押；捆扎；不协调；不顺从"。

《醒世》の例。

[扭別3]

晁老被差人扭別住了，出去迎接不得。(醒世17.8b.5)－動詞「拘禁する、縛る」[niǔbié]

你以後順頭順腦的，不要扭別，你凡事都順從着，別要違悖了他的意旨。(醒世58.6b.7)－形容詞「ひねくれている、従順でない」[niǔ· bie· biè]

是呀。你兄弟媳婦兒待怎麼樣着就怎麼樣着，我敢扭別一點兒麼。(醒世58.7a.4)－形容詞「ひねくれている、従順でない」[niǔ· bie· biè]

上記のように、"扭別"は動詞として「拘禁する、縛る」の意味に用いられる他に、形容詞として「ひねくれている、従順でない」の意味にも用いられる。管見では、明清白話としては"扭別"が《醒世》に2箇所検出される他に、《紅樓》に1箇所見られる。

孫姑爺也還是年輕的人，各人有各人的脾氣，新來乍到，自然要有些扭別的。(紅樓81.2a.4)－形容詞「意見が合わない」[niǔ· bie· biè]

現代共通語に継承されないが、山東方言として残っている。また、清代において"別扭"という語もあるが、用例は少ない。古代中国語コーパス（CCL）によれば、清代後期の《孽海》において1箇所のみある。

我說這句話，仿佛有意和陸大人別扭似的。(《孽海》)－形容詞「意見が合わない」[bièniǔ]

"別扭"は民国から後用例が多くなる。老舍の《四世同堂》に23箇所、張

恨水の《金粉世家》に 27 箇所検出される。現代共通語にも継承されている。《現汉》では"扭別"を形容詞として"不順心；不順畅""不順从；不投合""不通順；不流畅""不自然；拘謹"とする。

棄捨 [qìshě]
釈義：棄てる＝"抛弃"。
《醒世》の例。
［棄捨2］
誰知晁大舍棄捨了計氏，用八百兩取了珍哥，瞞得兩個老渾帳一些不知。（醒世6.3b.9）
你做了半生孝子，不能中舉中進士，顯親揚名，反把稟受父母來的身體髮膚棄舍了去做和尚道士。（醒世93.1b.6）
"棄捨"は「棄てる」の意味に用いる。《醒世》では"捨棄"はない。同義語に"丟弔5""撇下3""捨弔3"がある。
旣是前邊失了主意，待他來罵的時候，捨弔了這幾兩財禮。（醒世63.2a.9）
你倒伸了腿，伴長不管去了，撇下叫我活受。（醒世73.11a.3）
他不知那裏拾了人家丟弔的東酉＜＝西＞拿來給我。（醒世65.11b.1）
それぞれをあえて区別すれば、"棄捨"は「人を捨てる」に用いられ、"丟弔""捨弔"は「物を捨てる」に用いられる。"撇下"も「人を捨てる」に用いられ、口頭語として会話文に用いられる。
"棄捨""丟弔""撇下""捨弔3"二音節語で用いられる。「棄てる」の意味を表す場合、当時では単音節語"棄"を最も多く用いている。《醒世》では"棄"は42箇所検出した。
後來又陪了晁老來到通州，見晁源棄了自己的結髮。（醒世16.7a.10）
近世白話では"棄捨"の用例は少なく、もっぱら明代に出現する。《西遊》《金瓶》に用例が見られる。清代にはあまり使用されていない。《聊齋》《紅樓》《儒林》《品花》《康熙》《兒女》《二十》《官場》《老殘》《歧路》において未検出。現代語に"棄捨"は継承されていない。一般に"捨棄""抛弃"を使う。

清結［qīngjié］

釈義：清算する、決算をする；（裁判が）終わる・片付く、結審する＝"清理結算；清理了結"。

《醒世》の例。

［清結2］

童七家預先擺酒送行，借了調羹做菜。狄員外將前後房錢都一一找算清結。（醒世56.1a.7）－「清算する、決算をする」

我們且要跟了隨衙聽審，不知幾時清結，倒誤了作莊家的工夫，後來州官又説我們不是淳良百姓。（醒世17.9a.9）－「（裁判が）終わる・片付く、結審する」

《醒世》において"清結"は2箇所検出される。前者の用例は「清算する、決算をする」の意味に用いる。後者の用例は「（裁判が）終わる・片付く、結審する」の意味に用いる。明清時代には"結清"はあまり見られない。《水滸》《西遊》《金瓶》《三言二拍》《紅樓》《儒林》《兒女》《官場》において未検出。清代後期《二十》には2箇所見られる。ここでは《二十》からの用例をあげる。

到了年下，非但結清欠帳，還些少有點存放在裏面。（《二十》）－「清算する、決算をする」

例文のように、"結清"は「清算する、決算をする」の意味に用いられる。これは現代語とあまり変わらない。ところが、現代語で"結清"には「（裁判が）終わる・片付く、結審する」の意味項の用例がない。また、現代語では"清結"は廃語のようである。（《現漢》《汉方大》ともに未収。）

求懇［qiúkěn］（"央懇 - 懇央"の項参照）

傷損［shāngsǔn］

釈義：損なう＝"损害；损失"。

《醒世》の例。

［傷損4］

就是使壞你的騾馬，傷損你的農器，還要糾合了佃戶‥（醒世26.10a.9）

所以到〈＝倒〉都保全，不曾傷損了一个。（醒世11.14a.6）

老爺身上不安，正是氣血傷損的時候，極要寬心排遣，不可着惱，使氣血凝滯不行。（醒世96.6b.5）

曾否遇害，官兵有無傷損，你還着幾個人同來回我的話‥（醒世99.5a.1）

"傷損"は「損なう」の意味で用いている。"損傷"は"傷損"と同じく「損なう」の意味に用いられる。《醒世》では"傷損"の用例がないので、他の旧白話の資料から用例を挙げておく。

趕到水邊，亂箭射來，船上却有傍牌遮護，不能損傷，慌忙把船掉到鴨嘴灘頭‥（水滸55.9a.5）

況且兩人雙雙同去，如何偏揀我丈夫吃了，他又全沒些損傷。（《恒言》）

湯總鎭得了大勝，檢點這三營、兩協人馬，無大損傷，唱着凱歌，囬鎭遠府。（《儒林》）

明清時代になると"損傷""傷損"が並存する。ただし、清末から後は"傷損"の用例が少ない。例えば、老舎の《四世同堂》に"損傷"は10箇所があるが、"傷損"の用例はない。現代語では"損傷"が継承され、意味は《醒世》の使い方とあまり変わらない。"傷損"は死語のようである。

受享［shòuxiǎng］

釈義：幸福などを受ける＝"安享（幸福等）"。

《醒世》の例。

［受享3］

且不要説那富貴大人家受享那太平的福分，只説一个姓游的秀才，名字叫做游希酢，年紀也將四十歲了。（醒世24.6a.8）

"受享""享受"は「幸福などを受ける」の意味に用いる。後ろの目的語は一般に抽象的である（お金以外）。例えば、"福分／富貴／安康／榮華"などである。《醒世》には"享受"は検出されない。

また、以下の用例のように"受享"の目的語は人でも、具体的なものでもよい。

貴哥道：夫人倒肯作成你撰百十兩銀子，只怕那人没福受享着夫人。（《恒言》）－"受享夫人"

春月買得韭菜來，將那韭菜上截白頭盡數切下，用麻汁香油加上蒜醋，自己受享，止將那韭葉定小菜偵豆腐。（醒世54.10b.3）－"受享菜餚"

明代では二語いずれの用例ともに少なくない。清代になると二語ともに用例が少ない。とくに清代後期になるとあまり見られない。清代後期の《品花》《康熙》《二十》《官場》《老殘》において未検出。"受享"は徐々に消失したと思われる。現代語に"受享"は継承されていない。一方、"享受"は清末から後用例が増え、多数用いられている。張恨水の《金粉世家》において14箇所出現する。現代語に継承されている。用法は明清時代とあまり変わらないが、"享受美食"のような言い方もある。

玩賞 [wánshǎng]
釈義：観賞する＝"观看欣赏"。
《醒世》の例。
[玩賞1]
又在大寺内搭了高台，唱目蓮救母記，與衆百姓們玩賞。（醒世5.2b.8）
"玩賞"は「観賞する」の意味で用いる。他の小説には"賞玩"もある。
因鏡臺兩邊都是粧奩等物，順手拿起來賞玩。（紅樓21.2b.10）
"玩賞""賞玩"は意味、機能とも同一。明代は二語とも少なくない。《西遊》《三言二拍》《金瓶》には二語とも見られる。清代になると"玩賞"は少ない。現代語では"賞玩"が継承され、用法は明清時代とあまり変わらない。一方、"玩賞"はあまり検出されない。《現汉》《汉方大》ともに未収。

聞見 [wénjiàn]
釈義：動詞「聞く、耳にする」、名詞「見聞」＝"听到；见识"。
《醒世》の例。

[聞見10]

难〈=難〉道這事你不曾聞見麼。(11.11b.5) – 動詞「聞く、耳にする」

誰知那些惷物聞見了嚴列星兩口子這等的報應，一些也沒有怕懼。(28.6b.5) – 動詞「聞く、耳にする」

吳推官道：此等的事，我如何道不曾聞見。(91.14b.1) – 動詞「聞く、耳にする」

惟是那耳目不曾聞見詩書，處的俱是那窮愁怫鬱‥(52.11b.3) – 動詞「聞く、耳にする」

這聞見必〈=畢〉竟不廣。遂收拾了‥(16.3a.7) – 名詞「見聞」

這關聖帝君顯靈，與那聞見不廣的說。(28.6a.8) – 名詞「見聞」

上掲例文の"聞見"は動詞として「聞く、耳にする」の意味にも用いれ、名詞として「見聞」の意味にも用いられる。

また、"聞見"は以下の例文のように、動詞として「においを嗅ぐ」の意味にも用いられる。《醒世》では「においを嗅ぐ」の意味の用例がないため、ほかの資料から用例をあげる。

好妹妹，饒了我罷。再不敢了。我因為聞見你的香氣，忽然想起這個故典來。(紅樓19.16a.5) – 「においを嗅ぐ」

小弟性情，是和婦人隔着三間屋就聞見他的臭氣。(《儒林》) – 「においを嗅ぐ」

《白话》では"聞見"を"嗅到"としている。《醒世》では"聞見"は動詞の「聞く、耳にする」と名詞の「見聞」の用例があるため、《白话》の"聞見"に対して意味項の補充になると考えられる。

"聞見"は明清時代において用例が少なくない。《水滸》《西遊》《聊齋》《紅樓》《儒林》《品花》にも用例がある。しかし清代後期になると、用例としてはあまり見られない。清代後期の《兒女》《二十》《官場》《老殘》においては未検出。しかし現代共通語では"聞見"は継承されていない。その代わりに、現代語では「聞く、耳にする」を表す場合、"聽説"がよく見られる。「においを嗅ぐ」を表す場合、"聞到"がよく見られる。「見聞」を表す場合、そのまま"見聞"

がよく見られる。

一方、明清時代になると"見聞"という語も検出される。意味としては、動詞の「聞く、耳にする」と名詞の「見聞」ということである。「においを嗅ぐ」の意味は持っていない。

話聲未絶，只見聞氏淑女説道：官人説那裏話。(《明言》) -動詞「聞く、耳にする」

請先生彈兩聲，以廣見聞，何如。(《老殘》) - 名詞「見聞」

現代語では"見聞"が継承されているが、動詞の「聞く、耳にする」の意味はあまり見られず、名詞の「見聞」が用いられる。

養贍 [yǎngshàn]
釈義：養う、扶養する＝"抚养"。
《醒世》の例。
[養贍2]
把這八十畝地官買了，養贍儒學的貧生，原約存卷。(醒世22.17b.1) -「養う、扶養する」

無騺道：本寺的養贍，還支用不了，盡有贏餘，無用再有別項。(醒世93.6b.3) -「養い」

"養贍"は動詞の用法も名詞の用法もある。"養贍儒學的貧生"の"養贍"は学生を養う。明清時代の"養贍"は「年寄りを扶養する」の意味で多く使われている。《水滸》で全用例8箇所のうち、6箇所は「年寄りを扶養する」の意味である。《兒女》にも"養贍"は1箇所出現し、意味も「年寄りを扶養する」である。

公孫勝道：干碍老母無人養贍，本師羅真人如何肯放。(水滸53.10b.4)

父親既死，就仗我一人奉養老母，萬一機是不密，我有個短長，母親無人養贍。(兒女8.9a.3)

また、"贍養"は《醒世》にはないが、他の作品にある。

又如王某，穿破衣，吃藿食，終日勞苦，力掙家業，不舍分文贍養父母，越

掙越窮。(《東度記》) - "贍養父母"

　　偶因舉祖宗官制沿革中，説祖宗時州郡禁兵之額極多，又有諸般名色錢可以贍養。(《朱子》) - "贍養禁兵"

　　"贍養"は"養贍"と同じように年寄り以外の人にも用いる。ただし、《醒世》のような名詞の用法はあまり見られない。

　　明代では"養贍"が一般的。《水滸》《西遊》《三言二拍》《金瓶》に"養贍"はあるが、"贍養"はない。清代になると二語とも用例が少なく、どちら一般的であるかは判断できない。《儒林》《品花》《康熙》《二十》《官場》《老殘》《歧路》には二語とも見られない。現代語に"贍養"はあるが、"養贍"は死語のようである。《現汉》《汉方大》ともに"養贍"は未収。また、現代語の"贍養"は年寄りに限られる。"赡养指子女对父母在物质上和生活上的帮助"(《現汉》p1134)。

置添 [zhìtiān]
釈義：手に入れる、買う＝"增购"。
《醒世》の例。
[置添2]
　　議將晁夫人原先的五十畝地仍歸還晁夫人管業，將晁思才自己置添的地與那城裏宅都賣了。(醒世57.12a.7)

　　狄希陳的好處，將小翅膀分就的產業之外，又與他置添了千把東西，鄉里們倒也敬他的友愛。(醒世100.16a.6)

　　文脈により"置添"は釈義のように「手に入れる、買う」と解釈すべきである。明清時代になると"置添"は用例が少ない。古代中国語コーパス (CCL) によれば、"置添"は《醒世》の2箇所を入れても3箇所の用例しかない。また、《中国語》《白話》には未収。《醒世》には"添置"の用例はないので、ほかの資料からあげる。

　　就這幾年裏頭，彌補以前的虧空，添置些排場衣服，還要外面應酬，面子上看得是極闊。(《二十》)

　　上記例文のように"添置"は"置添"と同じ意味で使用される。

現代語に"添置"は継承されているが、"置添"は死語のようである。《現汉》《汉方大》ともに未収。

制限 [zhìxiàn]
釈義：抑える＝"抑制"。
《醒世》の例。
［制限1］
幸得秀才家物力有限，不能供晁源揮洒，把他這飛揚泄越的性子倒也制限住幾分。(醒世1.3a.8)

複合語"制限"の"制"は"抑制"「抑える」の意味で、"限"は"指定範圍，不許超過"(「範囲を定める」)の意味である。《中国語》によれば、"制限"＝"限制"、範囲や程度を超えないようにする。この解釈は"限"の方に偏ることになる。ところが、文脈の"把他這飛揚泄越的性子倒也制限住幾分"(「彼が勝手なことをしようとする心も幾分かは抑えられる」)のように、"制限"は釈義"抑制；壓下去"のように解釈すべきである。ここの"制限"は"制"の方に傾斜している。

明清時代には"限制"も見られるが、用例は少ない。ここでは《儒林》の用例をあげておく。

至於後世，始立資格以限制之。(《儒林》)

明清時代では二語ともあまり見られない。明代の《水滸》《西遊》《金瓶》《三言二拍》と清代の《紅樓》《兒女》《官場》《二十》において未検出。

現代中国語に"制限"は継承されていない。《現汉》《汉方大》ともに未収。

副詞（両方）
當即 - 即當 [dāngjí - jídāng]（"便就 - 就便"の項参照）

方纔 - 纔方 [fāngcái - cáifāng]
釈義：たった今＝"刚刚"。

《醒世》の例。

［方纔216］

大尹方纔下轎，兩个就跪在面前。(醒世21.6b.2)

魏三說：你方纔生下，徐氏就抱得你去了，誰得細看。(醒世46.10b.5)

縣官赴廟行香，方纔拜倒，一個在旁扯擺摺的小門子失了色，竪了眼睛附說起話來。(醒世93.13b.5)

［纔方2］

學宗師說道：世間怎有這等忘恩背本的畜物。纔方進學，就忘了這等的恩師。(醒世39.9a.7)

"方纔／纔方‥就‥"(＝"剛一‥就‥")の形で、ある動作に引き続いて別の動作が発生することを示す。例文の"方纔""纔方"は「動作が起こって間もないこと」の意味に用いる。しかし、

運退的人，那裏再得往時的生意，十日九不發市，纔方發市，就來打倒。(醒世70.4b.5)

上掲例と同じく"方纔／纔方‥就‥"の形であるが、"十日九不發市，纔方發市，就來打倒"＝"好不容易發了市，可一發市，就被打倒"の文脈により、"纔方"は事態の発生が遅いこと、「ようやく」の意味も含まれる。一方、"你方纔生下，徐氏就抱得你去了，誰得細看""大尹方纔下轎，兩个就跪在面前"の文脈により、"方纔"はただ動作が起こって間もないことを示す。

《醒世》に"纔方"の用例は2箇所しかない。"方纔"は一般的で216箇所ある。"方纔"は「たった今」の意味の他に、「やっと、ようやく」の意味にも用いる。

那晁無晏合晁思才兩個頭目方纔放了季春江。(醒世20.10b.5)－「やっと、ようやく」

只昨日點名発＜＝發＞落的時候，方纔認得是他。(醒世39.8b.5)－「やっと、ようやく」

上記例文のように、"方纔"＝"纔"("纔"より語気がやや重い)、「やっと、ようやく」の意味を表す。また、《醒世》では"方纔"の「やっと、ようやく」の意味の用例は、全用例216例のうち210例を検出した。「たった今」の意味を

表すとき、同義語"剛纔94""剛剛35"が一般的。

明清時代では"纔方"より、"方纔"が一般的。現代語でも"方纔"は見られる。用法は《醒世》の時代とあまり変わらない。"纔方"は明代には用例が少なくない。しかし、清代になるとあまり見られない。清代の《聊齋》《紅樓》《儒林》《品花》《康熙》《兒女》《二十》《官場》《老殘》《歧路》において未検出。現代語にも継承されていない。

姑且 – 且姑 [gūqiě – qiěgū]（"暫且 – 且暫"の項参照）

卽便 – 便卽 [jíbiàn – biànjí]（"便就 – 就便"の項参照）

暫且 – 且暫 [zànqiě – qiězàn]
釈義：暫く＝"暫时；权且"。
《醒世》の例。
［暫且5］
念了十來個經，暫且閉了喪，以便造墳出殯＜=殯＞。（醒世18.10b.9）

他還有些不信，自己走到他家，方知是實。過了一晚，跟了母親回去。姑子也暫且回家，約在十月初四日差人來接他。（醒世40.15a.10）

暫且回家，說徐宗師再三致問，許了進學。（醒世46.2b.6）
［且暫4］
又說：我且暫退，限你二日畫像擎神，我來到任：如違了我的欽限，決不輕饒。（醒世42.5b.8）

宗師說：與他地的時候，我還在那邊。你且暫回家去，待四五日來看案。（醒世46.2b.4）

‥碍了你的路，我又吃了虧。你且暫出去罷。（醒世43.5b.3）

白師父，你且暫回菴去，待我發落了這事，消消氣，‥（醒世64.10b.2）

"暫且"と"且暫"は意味、機能とも同一。当時は並存していた。

現代語では"且暫"は廢語のようである。"且暫"も一時使用されていた。

特に明代、《水滸》《西遊》《三言二拍》《金瓶》に用例が見える。しかし、清代中葉には、"暫且"が一般的になり、現代語に継承されている。《紅樓》《兒女》《官場》《二十》に"暫且"はあるが、"且暫"は未検出。"且暫"が"暫且"に交替したのはいつであろうか。その傾向が比較的顕著に見られるものに《紅樓》がある。《紅樓》には"暫且"は66箇所あるが（前80回：35箇所、後40回：31箇所）、"且暫"は一箇所も出現しない。

また、《醒世》では同義語"姑且；且姑"もある。意味は「とりあえず、相手を許す」である。

《醒世》の例。

［姑且5］

張瑞風道：我且看你們的分上，姑且寬着他再看。(醒世43.3a.7)-「とりあえず、相手を許す」

太守説：既是个武生，姑且饒打，革退代書，不許再與‥(醒世74.9a.7)-「とりあえず、相手を許す」

本等該桉，還該一百敲，姑且饒你。(醒世82.11a.4)-「とりあえず、相手を許す」

如今你兩兄與你求饒，姑且寬恕，以後再要主使薛氏出來越理犯分，定是不饒‥(醒世89.7a.1)-「とりあえず、相手を許す」

衆人方道：姑且饒恕，快快即刻過江，不許在此騷擾，也不許再坐轎子。(醒世96.10a.8)-「とりあえず、相手を許す」

［且姑2］

且姑舉他一兩件事：人説吃了僧道一粒米，千載萬代還不起。(醒世26.5b.3)-「とりあえず、相手を許す」

要盡改前非，自許如不悛改，任憑休棄，於是衙中衆人再四的勸經歷在老大人上乞恩，且姑止其事。(醒世98.14a.3)-「とりあえず、相手を許す」

"且姑"は他の明清白話にも出現する。

若論小官愚意，且姑存此二人性命。(水滸63.2b.8)-「とりあえず、相手を許す」

知縣説：看你衆人面上，且姑恕他這一次。(《明言》)-「とりあえず、相手を許す」

玉帝傳旨道：那孫悟空乃下界妖仙，初得人身，不知朝禮，且姑恕罪。(《西遊》)-「とりあえず、相手を許す」

我看翁面，且姑恕之。(《三國》)-「とりあえず、相手を許す」

"姑且""且姑"は意味、機能とも同一。現代語では"姑且"のみ継承されている。"且暫；暫且"との違いは、"姑且；且姑"が「とりあえず」の意味により、相手を許し、譲歩の語気に重点があるのに対し、"且暫；暫且"は時間が短いことを強調するところにある。

形容詞（両方）

悲傷 - 傷悲 [bēishāng - shāngbēi]

釈義：悲しい＝"伤心难过"。

《醒世》の例。

[悲傷2]

計氏也只妝耳聾，又是生氣，又是悲傷。(醒世3.8a.8)-地の文

[傷悲1]

這個悽慘光景，想將來也甚是傷悲，却不知怎生排遣有那旁人替他題四句詩道。(醒世13.14a.2)-地の文

"悲傷""傷悲"は意味、機能とも同一。ただし、"悲傷"は以下のように会話文にも用いられる。"傷悲"は地の文に用いる。

衆人説道：宗兄哭得這等悲痛，或者為是先生成就了他的功名，想起先生有甚好處，所以悲傷。(醒世41.10b.5)-会話文

他の資料に会話文に用いる用例もある。《恒言》の会話文では"悲傷"の用例は、全用例4のうち3例を検出している。

全体的に言えば、明清時代では"悲傷"が一般的。"傷悲"は清代中期以後用例が少ない。その傾向が比較的顕著に見られるものに《紅樓》《儒林》がある。《紅樓》には"悲傷"は18箇所あるが（前80回：5箇所、後40回：13箇所）、

"傷悲"は4箇所で、《儒林》においては"悲傷"のみ検出した。現代語で"傷悲"はあまり用いられない。《現汉》には未収。ただし、"悲傷"は慣用句"老大徒傷悲"として用いる。一方、現代語では"悲傷"が存在し、一般に書面語として使用される。

暢快‐快暢［chàngkuài‐kuàichàng］
釈義：気が晴れる、痛快である＝"痛快"。
《醒世》の例。
［暢快9］
若不是縣官處得叫他暢快，他畢竟要報仇的。（醒世39.4a.10）
叫他一些無事，只怕也沒有這般天理，打頓兒也暢快人心。（醒世60.6a.3）
狄希陳被智姐的母親林嫂子痛打了一頓，‥。素姐着實暢快。（醒世63.1a.9）
狄希陳唬得不敢出頭，童寄姐氣得篩糠鬥戰。薛素姐甚是暢快。（醒世99.10b.6）
［快暢1］
知是素姐因狄婆子打了他，又恨打的狄希陳不曾快暢，所以放火燒害。（醒世48.9a.4）

"暢快"と"快暢"は意味、機能とも同一。文脈により、"暢快"と"快暢"の二語とも願いや目的を果たした嬉しさを表す。現代語の"痛快"に相当する。ここの"暢"は本義"暢通；無阻礙"からの引申義"痛快；盡情"に用いられる。《醒世》では"痛快"の用例は一度も出現していない。全体的に言えば、明清時代では"暢快"が一般的。"快暢"は清代中期以後あまり用いられず、《紅樓》《兒女》《康熙》《二十》《歧路》において"快暢"は見られるが、"快暢"は未検出。

現代語で"暢快"は継承されているが、"快暢"はあまり見られない。また"暢快"は次の用例のように"直爽；直率"の意味にも用いる。

晚上你要好好跟大贵说话，要暢快点，他是个梗直人，刚性子脾气梁斌。（《播火记》）

高大‐大高 [gāodà‐dàgāo]

釈義：非常に高い＝"非常高"。

《醒世》の例。

［高大3］

今因母年紀高大，行路艱難，於是甘謝功名，三次不赴科考。（醒世90.8a.5）

陳先生年漸高大，那有精神氣力合他抵鬥，只得要尋思退步，避他的兇鋒。（醒世92.3a.8）

一个李照，捨了一床萬喜大紅宮錦帳幔；一个高瞻，捨了兩根高大船桅，竪作旗竿，懸掛了二十四幅金黄布旗。（醒世90.10a.5）

［大高6］

立逼住狄希陳叫他在外面借了幾根杉木條，尋得粗繩，括得画板，札起大高的一架鞦韆。（醒世97.4b.3）

打大廳旁過道進去，衝着大廳軟壁一座大高的宅門，門外架上吊着一个黑油。（醒世71.3b.1）

這日見了晁住，把臉揚得大高的。晁住作揖，‥（醒世43.6a.8）

晁梁放倒頭鼾鼾的睡到日頭大高的。（醒世48.4a.9）

我到了那裏，亭子上擺着一桌酒，張大爺還合一个大高鼻樑的漢子。（醒世66.5a.3）

焌黑的頭髮，後边扯了一个大長的雁尾，頂上札了一个大高的鳳頭。（醒世73.8a.3）

上記の"高大""大高"は「高い」の意味に用いる。明清時代は二語の違いとして、"高大"は並列構造の聯合式で基本的に年齢などの抽象的な語彙を修飾する。例えば、《封神》《金瓶》《水滸》の全用例は"年紀"を修飾する。また、清代中期以後、具体的な語彙を修飾するようになる。例えば、《紅樓》《兒女》の全用例は具体的な語彙を修飾する。

趁月色見準一個穿紅裙子梳鬅頭高大豐壯身材的，是迎春房裏的司棋。（紅樓71.14a.8）－"身材"を修飾する

左右兩邊排列着那二十八棵紅柳樹，裡面房間高大，屋瓦鱗鱗，只是莊門緊

閉‥（兒女14.6b.8）-"房間"を修飾する

　一方、"大高"の"大"が副詞「とても、非常に」の意味であるため、"大高"は修飾構造の偏正式になり、基本的に具体的な語彙を修飾する。現代語になると、"大高"はあまり見られない。"高大"は具体的な語彙を修飾し、現代語に継承されている。

年高－高年 [niángāo- gāonián]

釈義：高齢の＝"岁数大"。

《醒世》の例。

[年高2]

這衆人裏面，推出二位年高有德公正官賈秉公合李雲庵替他代書了伏罪願退的文約。（醒世72.7a.1）

我看這位老爺子也是年高有德的人，你兩句濁語喪的去了。（醒世80.10a.9）

[高年3]

郷黨中有那不認得的高年老者，那少年們遇着的。（醒世23.3a.2）

晁夫人重那陳先生方正孤介，又高年老成，‥。（醒世92.3a.1）

童奶奶道：‥。得他老人家高年長命，替你管着家。（醒世75.7a.6）

　"年高""高年"は意味、機能とも同一。ただし、《醒世》には"年高"の全用例は"有德"と組み合わせて"年高有德"の形で用いられる。明代では二語が並存する。しかし、現代語に"年高"は存在する。一方、"高年"はあまり見られない。

悽惨－惨悽 [qīcǎn- cǎnqī]

釈義：悲惨だ＝"悲伤凄惨"。

《醒世》の例。

[悽惨5]

老朱問其所以，知道郭氏已經跟人逃走，與了小璉哥些飯吃，合小璉哥到了家中，前後看了一遍，一無所有，冷灶清鍋，好不悽惨。（醒世53.11b.8）

當眞就像那亡過的人在那裏受苦一般，哭聲震地，好不悽慘慘慘。（醒世69.8a.2）

弄得個刑厠衙門，成了七十五司一樣，人號鬼哭，好不悽慘。（醒世91.7a.6）
［慘悽1］
與晁梁在家庭之内，與晁夫人説起這慘悽的情状，母子兩人，着實動念籌計，要將這催不完的糧米替這些窮人包了。（醒世90.3b.1）

"悽慘""慘悽"は意味、機能とも同一。ただし、"慘悽"は近世白話では用例が少ない。特に清代にはあまり用いられず、《紅樓》《儒林》《兒女》《官場》《二十》において未検出。《現汉》には未収。現代語ではあまり用いられなくなったものと思われる。"悽慘"の方が一般的。

形容詞（片方）
促急［cùjí］（"卒急－急卒"の項参照）

嗇吝［sèlìn］
釈義：錢を惜しむ＝"过分爱惜财物；小气"。
《醒世》の例。
［嗇吝1］
這郷約見他嗇吝，又素知他欺軟怕硬，可以降的動他。（醒世42.12a.2）
"嗇吝"は「錢を惜しむ」の意味で用いる。近世白話での"嗇吝"の用例は少ない。一方、"吝嗇"の方は比較的多い。《三言二拍》《儒林》《紅樓》《兒女》には"吝嗇"の用例が見られる。現代語に"嗇吝"は継承されていない。"吝嗇"だけ存在する。

嚴威［yánwēi］
釈義：威厳＝"威武而严肃"。
《醒世》の例。

［嚴威1］

扞冥室之嚴威，神鷹受敕。（醒世64.13a.10）

"嚴威"は文言箇所での使用が一般的。"威嚴""嚴威"は同じ意味で用いられる。明清白話では"威嚴"の方が一般的。現代語では"嚴威"は廃語のようである。

名詞（両方）

長壽－壽長 [chángshòu－shòucháng]

釈義：寿命が長い＝"寿命长"。

《醒世》の例。

［長壽2］

誰知好人不長壽，這晁近仁剛々活到四十九歲，得了个暴病身亡。（醒世53.3a.2）

好人不長壽，禍害幾千年。（醒世43.12a.8）

［壽長1］

今年九裏這倆冷天，只怕你老人家就是壽長，也活不成。（醒世92.6b.1）

"長壽""壽長"は「寿命が長い」の意味に用いる。また、"好人不長壽"は俗語として固定されて現代語でも用いる。現代語として"長壽面"の言い方があるが、"好人不壽長""壽長面"の言い方はない。

近世白話で"壽長"は少ない。資料を調べても、《醒世》のみに検出される。"長壽"の方は明代でも清代でも使用され、《西遊》《聊齋》《紅樓》《康熙》に用例が見える。現代語に継承されている。一方、"壽長"は現代語では廃語のようである。《現漢》《汉方大》ともに未収。

大小－小大 [dàxiǎo－xiǎodà]

釈義：尊卑、上下＝"尊卑；高低"。

《醒世》の例。

第二章　《醒世》における逆序語

[大小16]

城中這些大小鄉宦，也都是小的至親。(醒世10.9b.6)

若是那六科給諫、十三道御史、三閣下、六部尚書、大小九卿、勳臣國戚合天下的義士忠臣‥(醒世15.1a.10)

天子大臣囬家还喫着全俸，地方大小官員都还該朔望祭見。(醒世23.6b.7)

[小大1]

所以説那君子要無衆寡、無小大、無敢慢。(醒世29.15a.8)

上例の"大小""小大"は「尊卑、上下」の意味に用いられる。近世白話では"小大"はあまり見られない。また、《醒世》では、"大小"は「大人や子供」、「上着と下着」の意味にも用いられる。

那三分存剩的人家，不惟房屋一些不動，就是囤放的糧食一些也不曾着水，器皿一件也不曾衝去，人口大小完全。(醒世29.2b.2)－「大人や子供」

第五要你兩人的頭髮，體裏大小衣裳，你能弄得出來麼。(醒世61.7b.4)－「上着と下着」

なお、"大小"の畳語の"大大小小"(「大人も子供も」)もあるが（下記の例を参照)、"小小大大"の言い方はない。

那孔家大大小小不知怎麼相待。(醒世11.3b.6)

淮安城裏城外，大大小小，没有一個不曉得唾罵的。(醒世27.10b.8)

現代語には"大小"は継承されている。"小大"は死語のようである。

盜賊‐賊盜 [dàozéi‐zéidào]

釈義：強盗、泥棒＝"強盜竊賊"。

《醒世》の例。

[盜賊3]

十月天氣，也還不十分嚴冷，離冬至還有二十多日，不怕凍了河；那時又當太平時節，沿路又不怕有甚盜賊兇險。(醒世18.1b.5)

如狄經歷沿途凡有盜賊水火，都要監生承管。(醒世99.12a.6)

嘆息道：這等一個強盜在地方，怎得那百姓不徹骨窮去，地方不盜賊蜂起哩。

(醒世12.12b.1)

　[賊盜1]

　遷移宮天異失陷，不利出行，路逢賊盜或遇惡人。(醒世61.4b.6)

　《醒世》では"盜賊""賊盜"は「強盗、泥棒」の意味に用いる。意味機能が同一。

　《醒世》では同義語"強盜"もあり、34箇所検出した。"強盜"の方が一般的。あえて区別すれば、"強盜"は当時では一般に口頭語として会話文に用いられた。会話文では"強盜"の用例は、全用例34のうち29例を検出した。"盜賊""賊盜"は一般に地の文に用いられる。

　現代語に"盜賊"は存在する。用法は《醒世》とあまり変わらない。一方、"賊盜"はあまり見られない。

　婦女 - 女婦 [fùnǚ- nǚfù]

　釈義：女性＝"成年女子"。

　《醒世》の例。

　[婦女58]

　不惟哄得那本村的婦女個個出頭露面，就是‥(醒世56.4a.4)

　老侯老張看着正面安下聖母的大駕，一羣婦女跪在地下。(醒世69.3a.6)

　告示寫道：濟南府為嚴禁婦女入廟燒香，以正風俗，以杜釁端事。(醒世74.10b.5)

　但是有過來的婦女，閧的一声，打一個圈，圍將攏來。(醒世73.7a.10)

　上掲例の"婦女"は成人女子に対する通称である。会話文でも地の文でも用いられる。《醒世》では全用例56箇所のうち20箇所は会話の文、34箇所は地の文に用いられる。また、"妻妾；妻室"の意味の用例もある。"女婦"はこの種の意味に使用される。

　我雖不是甚麼官宦人家的婦女，我心裏一像明白的。(醒世85.1a.9) –「奥さん」

　[女婦1]

　却説童寄姐自從跟了狄希陳往西川任上，當初在家，他的母親童奶々雖不是

甚麼名門大族的女婦，他却性地明白，心不糊塗。（醒世91.1a.9）-「奥さん」

　明清時代には"女婦"は少ない。《金瓶》に1箇所あるのみ。他の近世白話の資料には用例が見えない。"婦女"が極めて一般的である。現代語では"女婦"は継承されていない。"婦女"は一般に書面語として用いられる。

古今 - 今古 [gǔjīn - jīngǔ]
釈義：昔と今＝"古代和現代"。
《醒世》の例。
［古今9］
　懼内怕老婆，這倒是古今來的常事。惟獨這繡江‥（醒世23.3a.10）
　一个秀才叫是麻從吾，不要説那六府裏邊數他第一个没有行止，只怕古今以來的歪貨也只好是他第一个了。（醒世26.5b.2）
　氣的个素姐掙掙的，一聲也沒言語。這也是古今天地的奇聞。（醒世60.14a.1）
［今古3］
　這樣的事，萬分中形容不出一二分來，天下多有如此，今古亦略相同。（醒世36.4b.4）
　兄弟同枝夫並穴，赤縄紫荊相結。恩義俱関切今古不渝如石鉄。（醒世74.1a.2）

　"古今""今古"は「昔と今」の意味に用いる。明清時代や現代語でも"古今"の方が一般的。その理由として、張巍2010:159-165 の"聯合式復合詞語素次序原則"（「聯合式複合語の語素順序の規則」）の一つは"先後次序"であるためだと考えられる。"古今－今古"はこの規則に相応しい。"生死－死生"も同じである。

鬼神 - 神鬼 [guǐshén - shénguǐ]
釈義：霊魂と神霊＝"鬼怪和神灵"。
《醒世》の例。

［鬼神20］

那有鬼神，是我病得昏了。（醒世17.10a.2）

人切不可説天地鬼神是看不見的，便要作惡。（醒世22.18a.10）

那公論清議只當耳邊之風，雷電鬼神等于弁髦之棄。（醒世62.2a.1）

姐姐没怪。我看你如此狠惡，天地鬼神都是震怒，特遣鷹神拿你，這斷然懺悔不得的了。（醒世63.11a.8）

［神鬼10］

怎不叫那天地不怒，神鬼包容。只恐不止變壞民風，還要‥（醒世26.12a.6）

仍舊把房門與他関＜＝關＞得嚴緊，眞是神鬼不知。（醒世63.7a.10）

若是叫他曉得，自然當不起的，還好筭得手叚＜＝段＞。這事神鬼莫測的事，怕他甚的。帮在小人身上老爺壯了胆只管做去。（醒世96.7b.8）

"鬼神""神鬼"はともに"靈魂と神靈"の意味に用いられている。現代語には"鬼神"だけが継承され、"神鬼"は死語のようである。それで、"鬼神"が一般的になったのはいつか。その傾向が比較的顕著に見られるものに清代末期の白話があると考えられる。清代中期《紅樓》と《儒林》には2語とも見られるが、清代後期《二十》《官場》《老殘》《品花》《兒女》には"鬼神"だけが見られる。

禍福‑福禍［huòfú‑fúhuò］

釈義：幸せと災い＝"吉凶"。

《醒世》の例。

［禍福4］

鬼神自有先知，禍福臨期自見。（醒世3.13b.2）

若別的禍福倒不可知，這關院的計較，這心裏弔桶一般，怎麼放得下。（醒世7.11a.2）

［福禍1］

他又附魏氏叫他掛出招牌，要與人有報説休咎，也只得依他掛出招牌。未免也就有問福禍的人至。（醒世42.6b.10）

"禍福""福禍"はともに「幸せと災い」の意味に用いる。

対義語の語彙を重ねた複合語は"緩急"("急"に重点)、"异同"("异"に重点)のように一方の意味に偏るものが多い（香坂1995：258）。

"禍福"の場合は、"禍"の方に大きく偏っている。近世白話資料では"禍福"の方が一般的で、"福禍"は《醒世》のみに出現する。現代語としては、"福禍"は死語のようである。

吉凶－凶吉［jíxiōng－xiōngjí］

釈義：吉事と凶事＝"吉利和凶险"。

《醒世》の例。

［吉凶4］

況又不是悖謬，其實匡人圍的甚緊吉凶未料，夫子且説大話。(醒世38.3b.4)

却説狄希陳自從娶了這素姐的難星進宮，生出个吉凶的先兆。(醒世60.9b.9)

［凶吉1］

青龍白虎同爲伴凶吉災祥未可知且看後來怎的。(醒世14.12b.9)

明清白話では"吉凶"の方が一般的。文脈により"吉凶"は"凶"の方に大きく偏っている。現代語で"凶吉"は死語のようである。なぜ交替になったかは"長短－短長"の項で参照のこと。

價錢－錢價［jiàqián－qiánjià］

釈義：金額、値段＝"金額；价钱"。

《醒世》の例。

［價錢19］

那日廟上賣着雨＜＝兩＞件奇異的活宝，圍住了許多人看，只出不起價錢。(醒世6.7b.4)

訳：その日、廟では、二つの奇妙な生きた宝物が売られていた。たくさんの人が取り囲んで見

ていたが、値段（商品の金額）が高くてだれも買えなかった。

你若與他講講價錢，他就使个性子去了。（醒世26.11a.2）－「値段」

周嫂兒道：奶奶，你許的這是中等的價錢。（醒世55.10b.3）－「値段」

狄陳希向李旺請問價錢。（醒世65.13b.3）－「値段」

例文の"價錢"は宝物の金額を指す。現代語の"價錢"と変わらない。一方、《醒世》では"錢價"は2箇所ある。以下の例文のように"錢價"はつけ買いをする物の金額を指す。

［錢價2］

‥悄々説：他慣賒人的東西不肯還人的錢價，要得緊了還要打人。（醒世51.3a.8）

訳：‥こっそりと言った。「あいつはね、人の物をつけ買いしてばかりいて、お金（商品の金額）を払おうとしない男だよ。きつく催促すると、殴りかかるよ。」

有本事的吃飯，為甚麼要賒人的東西，又不還人的錢價。（醒世51.4a.1）

訳：働いて飯を食うことができるのに、どうして人の物をつけ買いし、お金（商品の金額）を払わないのだ。

二語とも商品の金額である。区別すれば、"價錢"は商品の単価を指す。"錢價"はまとめた商品の総額を指す。

近世白話には"價錢"はあまり出現しない。官見では、《醒世》のみに見られる。現代語では"錢價"は廃語のようである。

見証 - 証見 [jiànzhèng - zhèngjiàn]

釈義：証拠＝"证据"。

《醒世》の例。

［見證1］

素姐道：我是他的老婆，再有我知的眞麼。漢子謀反，老婆出首，這也還另要見証麼。（醒世89.2a.6）

訳：素姐は言った。「私はあいつの妻なのですよ。私以上によく知っている者はいません。夫が謀反を企てて、その妻が自首するんですよ。まだほかにも

証拠が必要なのですか。」

例文の"見証"は名詞として「証拠」の意味に用いられる。証人または物的証拠を指す。

"証見"は次の用例のように"見証"と同じく「証拠」の意味に用いられる。ただし、"証見"は一般に証人かあるいは物的証拠かを区別されている。

［證見19］

晁監生被計都父子糾領了族人，打得傷重，至今不曾起床，且是那告的婦女多有詭名，證見禹承先又往院裡上班去了，所以耽閣了投文。（醒世10.2b.8）－証人を指す

訳：晁監生は、計都父子が一族の人を集めてやってきたので、ぶたれて重傷を負い、今でも床から起き上がることができない。それに、告訴をした女も、多くは偽名で、証人の禹承先も、屯院に務めにいってしまったので、文書を提出するのが遅れたのである。

老婆説：你看這小廝，倒好叫你做証見，他養活咱甚麼來。（醒世27.9a.10）－証人を指す（日本語訳省略）

他老婆怎麼説，我纔拿的來了。他老婆不是証見麼。（醒世67.13b.9）－証人を指す（日本語訳省略）

他説：徐老娘見在，與我的三兩銀子也原封沒動，這都不是証見麼。（醒世46.5b.10）－物的証拠を指す

訳：彼は言った。「徐婆さんはまだ生きており、私がもらった三両の銀子もそのままで手を触れていません、これは物的証拠ではありませんか。」

明清時代では"見証""証見"が並存する。ただし、民国から後は"証見"の用例が少ない。例えば、巴金の《激流三部曲》には"見証"が5箇所出現するが、"証見"は見られない。現代語では"見証"が継承されている。意味は「証拠」の他に、動詞の用法もある。それは"当場目睹可以作証"（「目撃して証言できる」）（《现汉》p636）。"証見"は死語のようである。

朋友‐友朋〔péngyǒu‐yǒupéng〕

釈義：友達＝"友人"。

《醒世》の例。

［朋友44］

看那人倒是個四海和氣的朋友。（醒世4.4b.4）

我聽説多有親戚朋友，他却不去投奔我們。（醒世15.3b.5）

程先生考過無事，也便不在下處閑坐或是去尋朋友，或是朋友尋他，未免也在各處閑串。（醒世38.8b.8）

一个相知的朋友乘着那桔槹起落的身勢，兩个無所不爲。（醒世54.8a.10）

［友朋1］

所以靠山也不必要甚麽着己的親戚至契的友朋。（醒世94.2a.1）

"朋友""友朋"はともに「友達」の意味に用いている。二語とも上古時代には既に出現していた。"朋友"が一般的。明清時代は"友朋"の出現使用頻度が少ない。南方作品《二拍》に1箇所、《明言》に1箇、《儒林》に1箇所検出されるのみ。現代共通語には"友朋"は見られない。BA型の"友朋"は南方語であろうか。これにはどういうものがあるか。またなぜ清代北方の《醒世》に検出されるという疑問がでるが、現状用例が少ない為、今後の検討課題としたい。

軽重‐重軽〔qīngzhòng‐zhòngqīng〕

釈義：適度、軽重＝"程度的深浅；説話做事的合适限度"。

《醒世》の例。

［軽重3］

你頭裏説的那些罪惡，不知也有輕重麼。（醒世64.4b.3）

駱校尉道：你姑夫只這們躁人，凡事可也權個輕重。領憑到是小事，炸飛蜜果子倒要緊了。（醒世85.6a.4）

［重輕2］

一些也沒有重輕。兩口子妄自尊大，把那一條巷裏的人家，他不論大家小戶，

看得都是他的子輩孫輩。（醒世51.2b.1）

　　那陽間的人或是被人告發，或是被官訪拿，看那事的重輕。（醒世64.3a.8）

　　《醒世》では"輕重""重輕"は「適度、軽重」の意味に用いられる。"輕重""重輕"は一般に"重"の方に大きく偏っている（張巍2010：115）。明清時代には二語とも並存していたが、現代語では"重輕"はあまり見られない。なぜであろう。語彙の語素はよく「平」と「仄」の一定の順序で配列される（張巍2010：244）。"輕重"は「平仄」で、"重輕"は「仄平」であるため、"重輕"はあまり使用されないと考えられる。現代語としては"重輕"は死語のようである。

　　日後 - 後日 [rìhòu- hòurì]

　　釈義：後日、今後＝"往后；以后"。

　　《醒世》の例。

　　[日後3]

　　畢竟虧禹明吾走過來評處，將那三兩定錢就算了這幾日空閒草料，即使日後再僱頭口，這三兩銀也不要算在裏面。（醒世5.2a.9）－"往後；以後"

　　[後日34]

　　胡梁二人後日有許多的顯應，成了正果，且放在後邊再説。（醒世17.14a.8）－"往後；以後"

　　把此錢作為後日俸祿。仍叫人依舊掩埋，上面壘了墻界。（醒世34.4a.6）－"往後；以後"

　　奶奶合他商議，他的主意看是怎麼。省得他後日抱怨娘老子。（醒世36.11a.1）－"往後；以後"

　　上掲例の"日後""後日"は現代語の"往後；以後"に相当する。《醒世》では、同義語"往後61""以後109"がある。"往後61""以後109"が一般的。

　　また、"日後""後日"はそれぞれ違う意味をもっている。

　　"日後"は「死後」の意味の用例も見られる。

　　還有寫了遺囑，把他收執，日後任他所為，不許那兒子説他。（醒世36.4a.2）－「死後」

也不消等他甚麼日後，只要你把腿一伸，他就把翅膀一晾。（醒世（36.4a.3）－「死後」

《醒世》では"後日"＝"後天"は 17 箇所検出した。

明日遞了訴狀，後日准出來，大後日，出了票咱次日就合他見，早完下事來伶俐。（醒世81.9b.10）－"後天"

你替我上覆奶奶，你説我只沒的甚麼補報奶奶，明日不發解，後日准起解呀。（醒世51.12a.2）－"後天"

"後天"を表す"後日"は明清時代には多く見られる。しかし、清代後期になると用例が少ない。その代わりに"後天"が一般的になる。その傾向が比較的顕著に見られるものに《官場》《老殘》がある。《官場》に"後天"は 4 箇所、《老殘》に"後天"は 3 箇所検出された。"後日"は一箇所も出現していない。現代語としては一般に"後天"を使う。

深淺 - 淺深 [shēnqiǎn - qiǎnshēn]

釈義：分別、ほど＝"分寸"。

《醒世》の例。

[深淺5]

我就打聽有了人，那人的肚子裏的深淺，我也不知道甚麼。（醒世84.11b.8）

你是個異姓之人，不知他家深淺長短，扯淡報那不平。（醒世98.5a.9）

南瓜是新來晚到，不知深淺，乾教他打了兩下，不該叫人看的所在，都叫他看了個分明，含忍了不敢言語。（醒世91.5a.4）

[淺深3]

狄員外道⋯。我不知道你京裏的淺深罷了，你童奶奶甚麼是不曉的。（醒世55.11a.8）

這素如若是個通人性的東西，乍到的時節，也略看個風熱，也要試試淺深，再逞你那威風不遲。（醒世95.8a.7）

《醒世》では"深淺""淺深"は「分別、ほど」の意味に用いる。"深淺""淺深"は一般に"深"の方に大きく偏っている（張巍2010：115-116）。明清時代

は二語とも並存しているが、現代語には"淺深"はあまり見られない。このような対立的な意味をもつ語彙を並列して一つの単語を構成している"深淺""淺深"は積極性のあるものが前に来ている（香坂1997:266）。

神鷹‐鷹神［shényīng‐yīngshén］
釈義：神のタカ＝"佛教语，表神一般的鹰"。
《醒世》の例。

［神鷹10］
方纔差了神鷹急脚，帶了水＜＝本＞家的家親，下了‥（醒世64.3b.10）
扞冥室之嚴威，神鷹受敕。（醒世64.13a.10）
要入在俺這教裏，休説是甚麼神鷹，你就是神虎神龍也不敢來傍傍影兒。（醒世69.3b.7）

［鷹神8］
‥，所以帶領急脚鷹神，來取娘娘的魂魄。（醒世63.9b.2）
我看你如此狠惡，天地鬼神都是震怒，特遣鷹神拿你。（醒世63.11a.8）
我且有尺水行尺船，等甚麼鷹神再來，我再做道理。（醒世65.11b.3）

"神鷹""鷹神"は「神のタカ」の意味に用いる。"神鷹"という語は隋唐時代に既に出現した。

神鷹夢澤，不顧鴟鳶。（《李白全集》）

一方、古代中国語コーパス（CCL）によれば、"鷹神"はただ《醒世》の8箇所だけある。

現代語では"神鷹"は継承されているが、"鷹神"は死語のようである。《白话》《中国語》《愛知日中》《汉方大》《现汉》においては未収。

生死‐死生［shēngsǐ‐sǐshēng］
釈義：生と死＝"生和死"。
《醒世》の例。

[生死11]

這個楊古月，你也該自己忖量一忖量，這個小産的生死是間不容髮的，豈是你撞太歲的時候。（醒世4.8b.7）

不止管南贍部洲的生死，還兼管那四大部洲的善惡。（醒世42.8b.10）

且是這泰山奶奶掌管天下的生死福祿。（醒世68.6b.8）

[死生2]

我合你聚散死生，都只有明朝半日定了。（醒世13.7b.2）

就是這魏氏，你雖與他夫妻不久，即是娼婦子弟暫嫖兩夜，往往有那心意相投死生契結的。（醒世29.2b.10）

"生死""死生"は同じ意味で用いられる。明清白話では"生死"の方が一般的。現代語では"死生"は廃語のようである。なぜ死語になったかについては"古今‐今古""長短‐短長"の項参照する。

始終‐終始［shǐzhōng‐zhōngshǐ］

釈義：始めから終わりまで＝"自始至終"。

《醒世》の例。

[始終5]

叫：把這積穀濟貧的功果千萬要成个始終。（醒世21.3a.7）－名詞「始めから終わりまで」

這必須還得用我商議才好，我何忍不全始終。（醒世84.13a.1）－名詞「始めから終わりまで」

[終始1]

把這墳上庄子留看，僧兄妹二人攪計。你爽利告了衣巾，全了終始。（醒世93.2b.4）－名詞「始めから終わりまで」

上掲例の"始終""終始"は名詞として「始めから終わりまで」の意味に用いている。

また、以下のように、"始終"は副詞として「結局」の意味にも用いる。

這賊始終不曾拿住。白姑子湊處那應捕的盤纏，‥（醒世65.7a.3）－副詞「結

局」

　明清時代では"始終"の方が一般的。明代の《水滸》《西遊》《三言二拍》と清代の《紅樓》《兒女》《官場》に"始終"の用例はあるが、"終始"の用例はない。

　現代語では"始終"が継承され、明清時代とあまり変わらない。"終始"はあまり見られない。《现汉》《汉方大》ともに未収。

手脚 - 脚手 [shǒujiǎo- jiǎoshǒu]
釈義：手足＝"手和脚"。
《醒世》の例。
[手脚15]
　那丫頭起來，那丫頭的手脚都是綑縛住的。（醒世48.6b.2）-「手足」
　訳：薛教授は小間使いを引っ張ったが、小間使いの手足は縛られていた。
　一時間性氣起來，或是瞪起眼睛，或是攛起手脚，有時自己忽然想起那鷹神的利害，‥（醒世65.1a.8）-「手足」
　訳：腹を立てて、目を剥いたり、手足を挙げることはあっても、鷹の神の恐ろしさを思い出した。
　素姐‥縮轉了手脚，丟下了棍子，止于臭罵幾句，便也罷了。（醒世65.1b.1）-「手足」（日本語訳省略）
　上記の"手脚"は「手足」の意味に用いている。この意味の他に、「小細工（を弄する）」の意味にも用いられる。
　陳驛丞道：我與你同桌而坐，同器而食，如何偏我中毒。這不是你的手脚，更是何人。（醒世88.14a.9）-「小細工（を弄する）」
　訳：陳駅丞は言った。「俺はおまえと同じテーブルに座っていて、同じ食器で食事をしたのに、どうして俺だけが中毒を起こしたのだ。おまえの仕業でなくて、だれの仕業だというのだ。」
　童奶奶合調羹看了這一弄衣服，約也費銀二兩有餘，豈是一个窮皂隸家拿得出來的，也都明白曉得是狄希陳的手脚。（醒世79.9a.1）-「小細工（を弄する）」

訳：童奶奶と調羹はその服を見たが、銀二両余りの品物で、貧しい皂隷の家で作れるものではなかったので、明らかに狄希陳の細工に違いないということが分かった。

《醒世》では"脚手"という逆序語もある。

［脚手3］

計氏起來，又使冷水洗了面，緊緊的梳了個頭，戴了不多幾件簪環戒指，纏得脚手緊緊的。(醒世9.4a.10)－「足」

訳：計氏は起き上がると、ふたたび冷水で顔を洗い、きちんと髪を梳かし、幾らもない簪、耳輪、指輪を着け、足にきつく布を巻いた。

那新媳婦自然也有三日勤，又未免穿件新衣纏縛脚手。(醒世54.5a.8)－「足」

訳：新婦は誰でも三日はまめまめしくするものであった。彼女は新しい服を着け、足に布を巻いた。

上掲例の如く、"脚手"の意味は「足」に大きく偏っている。また、"脚手"は「脚布」の意味にも用いる。次のようである。

把箱櫃鎖了，衣架上的衣服舊鞋脚手都收拾在一個厨裏上了鎖叫小玉蘭跟着。(醒世73.10a.8)－「脚布」

訳：箱と箪笥に鍵を掛け、衣桁の上の服、古い靴、脚布を箪笥に入れ、鍵を掛け、小玉蘭を付き従える。

現代語では"手脚"が継承されている。用法は《醒世》の時代とあまり変わらない。"脚手"はあまり見られない。ただし、"脚手架"という語は《現汉》に採られている

［補］"脚手"には「小細工（を弄する）」の意味にも用いていた。《醒世》は用例がないので、他の資料からの用例を挙げておく。

因此累累寄書與梁中書，教道且留盧俊義、石秀二人性命，好做脚手。(水滸66.1b.4)－「小細工（を弄する）」

この意味の場合、《水滸》で"脚手""手脚"とも並存するが、《醒世》では交替完了だと考えられる。《醒世》の時代以後は"脚手"という単語があまり見られない。

湯藥 - 藥湯 [tāngyào - yàotāng]

釈義：煎じ薬＝"用水煎服的药物"。

《醒世》の例。

［湯藥6］

‥研化了，等煎好了湯藥，灌下‥（醒世4.13a.3）

那郎中叫他就在那湯藥裏邊小解。（醒世39.13a.9）

把那些敗肉漸次化動，又用湯藥洗淨，從新上了藥。（醒世67.10a.4）

［藥湯1］

又用藥湯洗淨，另上生肌散，另換膏藥。（醒世67.10a.4）

文脈によって、二語とも「煎じ薬」の意味に用いている。明清白話資料では"湯藥"の方が極めて一般的。《水滸》《西遊》《三言二拍》《紅樓》《儒林》《兒女》《康熙》《二十》《官場》には"湯藥"の用例はある。しかし、"藥湯"は見られない。

現代語では"湯藥"が継承されている。意味は明清時代と変わらない。

鑰匙 - 匙鑰 [yàoshi - shiyào]

釈義：鍵＝"开锁用的东西"。

《醒世》の例。

［鑰匙28］

那婆娘心裏有些着忙，端開門，只見鑰匙丟在門内。（醒世82.8a.3）

素姐要了鑰匙，陪着侯、張兩個，要出去看。（醒世96.5a.9）

他偷了鑰匙，自家開出門來，趕了人個不穿褲。（醒世97.3a.8）

［匙鑰3］

‥鎖了倉門，交還了匙鑰，走到陳柳家‥（醒世48.2a.2）

素姐將衙門匙鑰看在眼内，臨睡取在身邊，約得人俱睡定‥（醒世95.11a.7）

‥悄悄的拿了一個應手棒椎，拿了匙鑰，自己將衙門開將出去，尋到狄希陳的書房。（醒世95.11a.9）

"鑰匙""匙鑰"はいずれも「鍵」の意味に使用される。"鑰匙"の方が一般的。"匙鑰"は明代にはしばしば見られるが、清の白話資料ではあまり検出されない。

清代の《儒林》《紅樓》《品花》《康熙》《兒女》《二十》《官場》《老殘》《歧路》には未検出。

"鑰匙"は現代語には継承され、"匙鑰"は死語のようである。《现汉》《汉方大》ともに未収。

音信‐信音［yīnxìn‐xìnyīn］
釈義：便り、音信＝"音讯；消息"。
《醒世》の例。
［音信1］
晁夫人起先等那官府有甚賑濟的良方，杳無影響，又等那鄉宦富室有甚麼捐輸，又絕無音信，只得發出五千穀子來零糶與人，每人每日止許一升。（醒世32.3a.8）

［信音1］
韋美各處替他打聽，只沒有眞實的信音，將近半月期程。（醒世86.13a.8）

"音信""信音"は名詞として「便り、音信」の意味に用いる。意味と機能が同一。明清白話資料では、"音信"の方が一般的。"信音"は明代の《封神》に1箇所、《通言》に1箇所、《平妖》に1箇所と清代初期の《聊齋》に2箇所だけ検出された。清代初期以後は用例が見られない。清代中期の《紅樓》《儒林》と清代後期の《二十》《官場》《老殘》《品花》《康熙》においては"信音"は未検出。しかし、"音信"は各作品に用例がある。

"音信"は現代語には継承され、用法は《醒世》と変わらない。"信音"は死語のようである。《现汉》《汉方大》ともに未収。

衆人‐人衆［zhòngrén‐rénzhòng］
釈義：人々＝"群众"。
《醒世》の例。
［衆人362］
衆人圍住了房門説道：剛攛〈＝纔〉進去的那位嫂子。（醒世51.6b.8）

‥跟了衆人一同亂闖，後來便不能洗出青紅皂白。(醒世53.1a.9)

衆人没了，晁思才也就行不將去了，陸續溜抽了開交。(醒世53.4a.10)

老七，你且將了他去，看怎麽的同着衆人立个字兒也不差。(醒世57.4b.1)

兩口子不和，情願退回另嫁。衆人道：就只你伶俐。(醒世72.6b.6)

[人衆13]

如今那一條街上的居民，擁着的人衆。(醒世20.17a.10)

"衆人""人衆"は「人々」の意味に用いる。"衆人"の方が一般的。《醒世》では"人衆"は13箇所検出した。"一干""一行"と併用して、"一干人衆5""一行人衆4"の組み合わせが多く見られる。"衆人"にはこのような組み合わせが見られない。

一行人衆，出了東門，望東行走，倒也是：鞭敲金鐙响，‥(醒世37.13b.6)

一干人衆還在那前日住下的‥(醒世13.12b.2)

また、《醒世》では、"人衆"は「人が多い」という意味にも用いている。

太守道：你雖是上廟燒香，你又可惡。你是少婦，該結了伙伴才去，你的人衆，光棍自然不敢打你。(醒世74.9b.9)－「人が多い」≠"衆人"

人衆擁擠的時侯，你這少婦爲甚不由別路。你倒是上廟燒香這還是行好其情可恕。(醒世74.9b.6)－「人が多い」≠"衆人"

原來這人是剃頭的待詔，又兼剪絡為生，專在渡船上乘着人衆擁擠之間。(醒世93.10b.8)－「人が多い」≠"衆人"

二語とも上古時代には既に出現していた。明清時代まで2語とも並存していたが、"人衆"は現代語ではあまり見られない。いつから使われなくなったのか。その傾向が比較的顕著に見られるものが清の後期の作品にある。清代後期の《品花》《康熙》《兒女》《二十》《官場》《老殘》には"人衆"は一度も出現してしない。

重傷‐傷重 [zhòngshāng‐shāngzhòng]

释義：重傷＝"严重的创伤"。

《醒世》の例。

[重傷4]

程樂宇也隨即赴縣遞呈。縣官驗得他面目俱有重傷，又久曉得汪爲露的行止，都准了呈子，差了快手拘人。(醒世35.12b.5)

素姐受了重傷，將養了三個多月，方纔起床。(醒世76.10b.2)

他怒程英才搶了他的館，糾領了兒子，又僱了兩個光棍，路上把程英才截住，毆成重傷。(醒世39.7b.5)

《醒世》では"重傷"は"受重傷""有重傷""成重傷"の組み合わせで、文の中に目的語として用いられている。現代語の"重傷"の用法と変わらない。

[傷重3]

晁監生被計都父子，糾領了族人打得傷重，至今不曾起床。(醒世10.2b.8)

一个秀才被人打得這般傷重，倒不同仇，還出來與人和息。(醒世35.13a.6)

外邊一個上宿的書辦隔窓稟道：老爺被打傷重，小人們在外邊暗数，打過六百四十棒椎。(醒世95.12b.6)

上例のように、"傷重"は"被打傷重"の形で受身文に用いている。明清白話資料では"傷重"の用例は少ない。《金瓶》には２箇所、《水滸》には２箇所、《二拍》においては２箇所のみ検出した。そこから推測されるのは、"傷重"が明代の一時期使用されていたのでは、ということである。しかも、すべて受身文に用いられている。

《醒世》では"重傷"も受身文に用いられる。

英才説：生員被打得這般重傷，豈願和息。(醒世35.13a.2)

以上の説明によって明清時代では"重傷"が一般的で、使用範囲がもっと広いと考えられる。"重傷"は現代語に継承されている。"傷重"は見られない。《現汉》《汉方大》ともに未収。

嘴臉 - 臉嘴 [zuǐliǎn - liǎnzuǐ]

釈義：顔つき = "面貌；面目"。

《醒世》の例。

［嘴臉6］
未免弄得个嘴臉丰韻全消，骨高肉減。（醒世64.12b.3）－「顔、容貌」

訳：その豊かだった顔の肉が全く消え失せ、骨のみ目立ってくるのも免れないところであった。

上記の"嘴臉"は"臉"と同じく「顔、容貌」の意味に用いられている。ここの"嘴臉"は褒め言葉でも貶し言葉でもない。しかし、以下の"嘴臉"は使用環境により、釈義「かっこう、なりふり、つら」の悪い意味で解すべきである。

脱不過是晁大娘是晁二哥晁二嫂做的，你們有甚麼嘴臉分得去。（醒世92.10a.6）

訳：すべて晁大娘か晁二哥、晁二嫂が作ったものなのに、どんな顔をして分け前に預かる積もり。

また、《醒世》では"臉嘴"は1箇所検出される。意味も「つら」である。

［臉嘴1］
老計道：看這光景是勢不兩立了，我有甚麼臉嘴去勸他。（醒世8.17a.9）

訳：計老人は言った。「もう勢は両立せず、わしだって、どの面さげて出ていくのか。もうだめだよ。」

以上のように、"嘴臉""臉嘴"は字面通りの「顔」だけではなくて、引申義「つら」の意味にも用いられる。つまり、貶し言葉としても用いられる。

明清白話資料では"嘴臉"が一般的。"臉嘴"はあまり使用されず、《西遊》に2箇所、《二拍》に1箇所、《金瓶》に1箇所、《官場》に1箇所だけ検出された。

現代語には"嘴臉"が継承されている。それは"醜惡嘴臉"（「醜い顔つき」）の意味である。"臉嘴"という逆序語は《現汉》《汉方大》ともに見られないから、現代語では逆序語の関係がないと考えられる。

名詞（片方）
灰骨［huīgǔ］
釈義：火葬後の灰＝"骨灰"。

《醒世》の例。

［灰骨1］

把兩口棺材放成一堆，燒成灰骨，洒的有影無蹤。(醒世94.9a.10)

"灰骨""骨灰"は意味、機能とも同一。明清は二語とも少なくない。現代語では"骨灰"が継承される。一方、"灰骨"はあまり検出されない。《現汉》《汉方大》ともに未収。

丸薬［wányào］

釈義：丸薬＝"制成丸状的药"。

《醒世》の例。

［丸藥15］

晁大舍拿倒牀前，將珍哥扶起，靠了枕頭坐定，先將化開的丸藥呷在口裡。(醒世4.13a.6)

蕭北川開了藥箱，又取出一丸藥，說道：拿進去用溫酒研開，用黑砂糖調黃酒送下。我還吃着酒等下落。(醒世4.13b.2)

又與丸藥一丸，名為爛積丸，是个海藏裏邊的神方。(醒世57.9b.6)

"丸藥"は現代語の"藥丸"と相当する。明清時代において、"丸藥"は常用され、会話文にも地の文にも用いられる。一方、"藥丸"はあまり見られない。《水滸》の"盡日藥丸難下肚"の一例だけ。"丸藥"は現代語に継承されているが、主に書面語として用いられている。"藥丸"は会話文の場合、儿化する"藥丸兒"の形でよく用いられる。

章奏［zhāngzòu］

釈義：上奏書、上奏する＝"大臣向皇帝奏事的章疏；上奏章疏"。

《醒世》の例。

［章奏2］

有甚麼章奏，都在宮中低答出來。皇后想道：‥(醒世23.2a.1)－名詞「上奏書」

上記の"章奏"は名詞の「上奏書」として用いられている。また、"章奏"は動詞として「上奏する」の意味でも用いられる。

適間章奏天廷，俯候許久，不見天旨頒行。(醒世64.13b.5) - 動詞「上奏する」

明清白話資料では、"奏章"という語もある。《醒世》には用例がないので、他の資料から用例をあげておく。

不一日，奏章準了下來，一一依準。(《通言》) - 名詞「上奏書」

"奏章"は名詞の用法のみである。動詞の用法はない。

明清では二語とも並存する。明代では用例が多く見られる。清代は用例が少ない。《聊齋》《紅樓》《儒林》《品花》《康熙》《兒女》《官場》《老殘》には2語とも未検出。清代後期の《二十》には"奏章"は見えるが、"章奏"は見られない。現代語では"奏章"だけ継承されている。

接続詞（両方）

雖然 - 然雖 [suīrán - ránsuī]

釈義：‥だけれども＝"用在上半句，下半句多用'但是''可是''却'等与它呼应，表示承认前边的为事，但后边的并不因此而不成立"。

《醒世》の例。

[雖然83]

雖然沒有名色，却是一朵嬌艷山葩。(醒世19.2b.3) - 「‥だけれども」

雖然拿到縣前，綁到十字街心，同他下手的兒子都一頓板子打死。(醒世31.3a.6) - 「‥だけれども」

如今雖然也還不曾斷了書香，只是不像先年這樣蟬聯甲第。(醒世37.1b.9) - 「‥だけれども」

‥雖然做了一年多的秀才，文理願不曾通。(醒世50.1a.7) - 「‥だけれども」

雖然使肥皂擦洗，胰子退磨，也還告了兩個多月的假。(醒世62.10a.6) - 「‥だけれども」

狄希陳辭了囘家，説知所以。寄姐那幾日雖然嘴裏挺硬，心裏也十分害怕。(醒世82.4a.10) - 「‥だけれども」

[然雖1]

於是這梁生、胡旦也還沒奈何容他藏在裏邊。然雖是説不盡得了夫人解勸的力量，其實得了那跨灶乾蠱的兒子不在跟前。(醒世15.3b.10) -「‥だけれども」

例文の"雖然"と"然雖"は接続詞として「‥だけれども」の意味で、既成の事実をあげ、そのあとで普通はこれと矛盾すると思えるようなこと述べるのに用いられる。"雖然"の用例が83箇所で多い。用法は次の用例のように一般に文の前節に用い、後節にはふつう"但；也；却；倒"などを用いて呼応させる。

雖是孤恓冷净，枕冷衾寒，但有了盼頭，却也‥ (醒世55.13a.8) -「‥だけれども」

雖是相戲，也未免説得張茂實將信將疑。(醒世62.10b.3) -「‥だけれども」

‥比菊花欠貞，雖然沒有名色，却是一朶嬌艶山葩。(醒世19.2b.2) -「‥だけれども」

又説道：你媳婦計氏雖然不賢惠，倒也還是個正經人。(醒世3.2a.9) -「‥だけれども」

この用法は現代語の"雖然"とあまり変わらない。

"現代汉语中，"虽然"用于前一小句，后一小句常用'但是、可是、还是、仍然、可、却'等呼应"(《八百词》に拠る)。しかし、現代語では"然雖"は用いられない。

なお、《醒世》では"雖然"は「‥だけれども」の意味の他に"既然"(「‥する以上」)の意味にも用いられる。"然雖"にはこのような用法がない。"然雖"は「‥だけれども」の意味のみである。

鄧蒲風掐算了一會，説道：你二人俱是金命，這五行裏面，只喜相生，不喜相剋。這雖然都是金命，二命相同，必然相妒。(醒世61.5a.3) -「‥する以上」

他の資料にも用例が見られる。

今上兩個表子，一個李師師，一個趙元奴。雖然見了李師師，何不再去趙元奴家走一遭。(水滸72.8b.5) -「‥する以上」

現代語にはこのような用法はない。

明清時代では"雖然"が一般的。《醒世》ではそれぞれ二語の検出箇所から分かれる。明代の《西遊》《平妖》《封神》《金瓶》と清代の《聊齋》《紅樓》《儒林》《品花》《康熙》《二十》《官場》《老殘》《歧路》に"雖然"はあるが、"然雖"はない。

2.3.2 どちらも継承されているもの

現代中国語ではどちらも継承されているものを以下のように作る。

	AB - BA 型			AB - BA 型	
	AB 型	BA 型		AB 型	BA 型
動詞	[成事 3]	[事成 2]	名詞	[半夜 48]	[夜半 2]
	[出賣 2]	[賣出 1]		[長短 4]	[短長 1]
	[對答 1]	[答對 3]		[費用 2]	[用費 1]
	[躱藏 9]	[藏躱 3]		[機關 5]	[關機 1]
	[喊叫 3]	[叫喊 3]		[脊背 2]	[背脊 2]
	[結交 5]	[交結 1]		[見識 53]	[識見 9]
	[來到 183]	[到來 6]		[空閑 7]	[閑空 7]
	[來往 44]	[往來 34]		[力氣 4]	[氣力 13]
	[料理 33]	[理料 4]		[靈魂 1]	[魂靈 9]
	[埋葬 4]	[葬埋 6]		[悶氣 8]	[氣悶 4]
	[難爲 55]	[爲難 1]		[名聲 4]	[聲名 1]
	[牽掛 1]	[掛牽 1]		[人犯 28]	[犯人 8]
	[勸解 10]	[解勸 17]		[事故 16]	[故事 11]
	[筭計 150]	[計筭 1]		[響聲 1]	[聲響 4]
	[吞併 3]	[併吞 1]		[心願 1]	[願心 10]
	[托付 4]	[付托 2]		[性氣 13]	[氣性 2]
	[外出 1]	[出外 4]		[兄弟 144]	[弟兄 30]
	[完備 24]	[備完 4]		[言語 91]	[語言 1]
	[下降 5]	[降下 2]		[樣式 1]	[式樣 2]
	[洩漏 8]	[漏洩 1]		[運氣 5]	[氣運 2]
	[引導 3]	[導引 8]		[旨意 12]	[意旨 4]
	[應承 23]	[承應 1]			
	[應酬 1]	[酬應 1]			
	[增添 4]	[添增 1]			
	[尋找 6]	[找尋 14]			
	[轉動 2]	[動轉 3]			
		[傳流 2]			
		[達到 1]			
		[過度 2]			

	AB - BA 型			AB - BA 型	
	AB 型	BA 型		AB 型	BA 型
動詞		［睡熟 10］ ［替代 5］ ［長成 16］	名詞		
副詞	［便就 50］ ［加倍 3］ ［完全 3］ ［又復 8］	［就便 10］ ［倍加 2］ ［全完 1］ ［復又 2］	形容詞	［齊備 6］ ［狠心 6］ ［暖和 5］ ［蹊蹺 2］ ［齊整 115］ ［善良 2］ ［少年 40］ ［喜歡 85］ ［心焦 11］ ［要緊 77］	［備齊 1］ ［心狠 2］ ［和暖 2］ ［蹺蹊 12］ ［整齊 2］ ［良善 5］ ［年少 5］ ［歡喜 43］ ［焦心 1］ ［緊要 3］ ［窄狹 2］
代詞	［如何 119］	［何如 45］			

上記の表に基づいて、動詞、副詞、形容詞、接続詞、名詞から各語彙を分析する。

動詞（両方）

出賣 - 賣出 [chūmài - màichū]

釈義：売り出す＝"出售"。

《醒世》の例。

［出賣 2］

住的到是自己的幾間房子，也還值五六十兩不止，貼了招子出賣。（醒世 82.12a.7)

夏麥不收，秋禾絶望，富者十室九空，貧者挨門忍饑，典當衣裳，出賣兒女。（醒世 90.2b.7）

［賣出 1］

妹子有幾畝粧奩地斷了回來，掯望賣出上官。（醒世 12.15b.9）

《醒世》"賣出""出賣"はいずれも「売り出す」の意味に用いている。用法

は違うように思われる。

　"出賣"は他動詞の使い方である。"出賣兒女"の"出賣"の目的語は"兒女"で、"貼了招子出賣"の"出賣"の目的語は"幾間房子"である。一方、"賣出"は自動詞の使い方である。"揩望賣出上官"の文脈により、"賣出"の後ろに対象を導く"給"が省略されている。

　近世語では二語が並存する。現代語では二語とも継承されている。ただし、"出賣"は「売り出す」の意味以外に、「裏切る」の意味もある。例えば、"出卖朋友"（《现汉》p189）。

　成事 - 事成［chéngshì- shìchéng］
　釈義：事を成し遂げる＝"办成某事"。
　《醒世》の例。
　［成事3］
　這是剛纔領來的一个孩子，爺，你看看好麼。偺留下他試他兩日，合他講錢成事。（醒世55.8b.10）
　直待回家，畢竟奶奶許了，方敢合你成事。（醒世55.13a.1）
　［事成2］
　只是老爺要假小人便宜行事只管事成。（醒世5.4a.2）
　"成事""事成"はいずれも「事を成功させる」の意味に使用される。それぞれの構成は異なっている。"成事"は支配式で、"事成"は陳述式である。また、"成事"は"謀事在人，成事在天""因人成事""成事不說""成事不足，敗事有余"で慣用語として固定し、現代漢語にも残っている。

　對答 - 答對［duìdá- dáduì］
　釈義：返事する、答える＝"回答"。
　《醒世》の例。
　［對答1］
　幸得狄周對答的説話，預先迎着，都對狄希陳説了，所以狄希陳囬的話，都

與狄周一些不差。（醒世85.9a.4）

［答對3］

如他要了這拿去的，一天的事便罷了；若拿回來還了，必定要買顧繡，你可這等這等，如何如何，將話來隨機應變的答對。（醒世65.11b.8）

你叫他問我，我自有話答對他。（醒世34.8a.5）

你往外不拘到那裏都依着這話答對就好。（醒世34.9a.4）

"對答""答對"はともに「返事する、答える」の意味に用いている。文脈により、"對答"は文の成分に状語として使用される。しかし、"答對"はすべて述語として使用される。

香坂1995:233は"對答""答對"の相違について以下のように述べている。

"答對"は否定で用いる傾向が極めて強い。たとえば"无言答對""沒法答對"のように慣用語とも考えられる言い方がある。これに対し"對答"は肯定・否定を問わずに用いる。

《醒世》では"答對"を全て肯定で用いている。このように、否定で用いる傾向が極めて強いという特徴は《醒世》には見られない。

近世白話ではそれぞれ二語とも並存し、現代漢語に継承されている。ただし、"對答"は"對答如流"の構造としてよく見られる。また、共通語では、同義語"回答"の方が常用されていると思われる。現代中国語コーパス（CCL）によれば、"對答"の用例は15箇所、"答對"の用例は10箇所、"回答"は1329箇所挙げられている。

なお、"答對"には現代方言として①"接待；伺奉；伺候（東北、河北東部方言）"②"打發；應付；支應（東北、天津、河北東部方言）"の意味もある。（《汉方大》に拠る）

躱藏 - 藏躱 ［duǒcáng - cángduǒ］

釈義：隠れる、姿を隠す＝"隐藏"。

《醒世》の例。

［躲藏9］

狄希陳來到，便關門閉戶的躲藏不迭。（醒世25.12a.5）

又道了一日，晁大舍把一本報後邊空紙內故意寫了个廠衛的假本，說訪得胡君寵，梁安期躲藏通州知州晁思孝衙內，請旨差人捉拿。（醒世15.7b.5）

你躲藏着還怕他尋着你哩，他却自家尋進房內。（醒世56.12a.6）

［藏躲3］

不曾剩一毫人欲之私。幸得人口藏躲得快，所以到都保全不曾傷損了一个。（醒世11.14a.6）

上碾子，推豆腐，怎在那一間房裏藏躲得住。（醒世19.3a.4）

"躲藏"と"藏躲"は意味、機能とも同一である。一般に地の文として使用されている。会話文の場合、"躲"が単独で用いられる用例が多く見られる。《現汉》には両語ともあり、明清時代と変わりはない。また、《醒世》では同義語"掩藏""藏掩"もある。以下の用例の通りである。

［掩藏1］

小鴉兒也不消查考，晁大舍也不消掩藏，唐氏也不用避諱。（醒世19.11b.3）-「やったことを隠す」

［藏掩2］

見了三位同僚，雖把些言語遮飾，那一肚皮的冤屈悶氣，兩個眼睛，不肯替他藏掩。人説得好，但要人不知除非己不為，這吳推官懼內行，徑久已聞知於人，況這些家人那一個是肯向主人，有嚴緊口嘴的。（醒世91.11b.9）-「悪行を隠す」

狄希陳只道他出去拿他，將身只往周相公身旁藏掩，要周相公與他遮護。（醒世98.12a.4）-「姿を隠す」

用例から"掩藏"の目的語は抽象的である。"藏掩"は《醒世》に2箇所、一つは抽象的、もう一つは具体的である。"躲藏""藏躲"は一般に具体的な物に用いる。

"藏掩""掩藏"は近世白話では用例が少ない。特に《醒世》の時代以後はあまり見られない。"藏掩"は死語になっているが、"掩藏"は民国からまた用いられてきて現代語に継承されている。老舎の《四世同堂》に5箇所、張恨水

の《金粉世家》に2箇所検出される。用法は《醒世》の時代とあまり変わらない。

喊叫 - 叫喊 [hǎnjiào - jiàohǎn]
釈義：大声で叫ぶ＝"大声呼喊"。
《醒世》の例。
［喊叫3］
有一個長長大大六十多歲的個老頭子，掐着頟子，往東行走。那孩子喊叫，地下打滾。那老頭兒提留着那孩子的頂頟，揪去了。(醒世53.13b.7)
口裏罵着：賊忘八，賊強人，喊叫：杜鄉約打良人家婦人哩‥(醒世89.10a.8)
［叫喊3］
那夜有逃在樹上的，有躲在樓上的；看見那電光中神靈的模樣，叫喊的說話，都與那道士蘇步虛說的絲毫無異。(醒世29.2b.1)
那一副急性狠心取出來甚是快當，叫喊道：不好，嚇殺孩子了‥(醒世80.2b.5)
"喊叫"と"叫喊"は意味、機能とも同一。明清時代は二語が並存する。現代語に継承され、意味もあまり変わらない。

結交 - 交結 [jiéjiāo - jiāojié]
釈義：付き合う＝"交往"。
《醒世》の例。
［結交5］
縷析為皇上陳之：結交近侍者有禁，思孝認閹宦王振為之父‥(醒世17.6b.10)
你猜說這是件甚麼生意，却是結交官府。(醒世33.3a.2)
這無邊恃着財多身壯，又結交了廠衛貴人，財勢雙全，貪那女色，就是個殺人不斬眼的魔君。(醒世93.4b.3)

[交結1]

素姐那乖脣蜜舌，又拿着那沒疼熱的東西交結得童奶奶這夥子人。（醒世100.6b.5）

上記の"結交""交結"は動詞として「付き合う」という意味に用いているが、文脈により"交結"は"巴結"の意味が強い。また、"結交"は名詞として「付き合い」という意味にも用いている。

你就合他打結交。他自來治人，必定使毒藥把瘡治壞了，他才合人講錢，一五一十的摳着要。（醒世67.2b.9）- 名詞「付き合い」

文脈により"結交"は"交道"と同じく、名詞の用法である。"打結交"＝"打交道"

明清時代は"結交""交結"が並存している。現代語にも継承されている。ただし、"打交結"の言い方はない。また、《現汉》には"結交"は動詞としての用法のみである。《醒世》の時代のような名詞の用法はない。また、現代中国語コーパス（CCL）によれば、"結交"の用例は1261箇所、"交結"の用例は114箇所。現代中国語では"結交"が常用されていることが分かる。

來到 - 到來 [láidào - dàolái]

釈義：やってくる＝"到达"。

《醒世》の例。

[來到183]

我們既然來到此處，伺候參見了蘇爺，方好叨擾。（醒世5.7b.4）－「やってくる」

也把驢腿解開，扶他上了驢子，同了眾人同來到縣前。（醒世53.13b.10）－「やってくる」

在婆婆家又行動不得，來到娘家又不叫他動彈，你別＜＝憋＞死他罷。（醒世56.4b.6）－「やってくる」

他嗔黃舉人不留他在房裏，來到楊家，百口良舌。（醒世66.10a.7）－「やってくる」

［到來6］

次早三日，請了和尚唸經，各門親戚都陸續到來。(醒世60.10a.9)-「やってくる」

‥説道：第四日準準的望你到來。(醒世66.13a.2)-「やってくる」

上記の"來到""到來"は「やってくる」の意味に用いる。《醒世》では、"來到""到來"の主体は全て「人」である。区別すれば、"來到"は他動詞で後ろに場所を表す名詞が来る。しかし、"到來"は自動詞で、目的語を必要としない。

もう一つの差異としては"到來"は「やってくる」の意味の他に、「かえって」の意味にも用いられることである。この場合の"到來"は"倒來"の仮借である。

我倒一個眼睜着，一個眼閉着，容過你去罷了，你到來尋我。我要看體面，等着老沒廉恥的挺了脚，我賣你這淫婦。(醒世56.11b.8)-「かえって」

現代語ではその二語とも使われている。"來到"は変わらず、他動詞として「やってくる」の意味に用いられている。しかし、現代語の"到來"の主体は一般に「物」である（《中国語》p648）。

新时代到来了！(《中国語》p648)

なお、名詞の用法もある。

他只有等待灭亡的到来。(《中国語》p648)

來往-往來 [láiwǎng-wǎnglái]

釈義：付き合う、行き来する＝"交際往來；来去"。

《醒世》の例。

［來往44］

晁大舍見他不稱大爺不說話，不稱晚生不開口，又說合許多大老先生來往，倒將轉來又有幾分奉承他的光景‥(醒世4.4a.2)-動詞「付き合う」

‥老鴇子都做了親戚來往，人都稱他做老娘。(醒世11.1b.6)-動詞「付き合う」

擇了吉日，彼此來往通了婚書。(醒世25.13a.4)-動詞「付き合う」

你聽我説：你流水到家，脱不了你是府學，不時可以來往。(醒世38.11b.10)-動詞「付き合う」

［往來34］

京中這些勢要的權門多與他往來相識。(醒世17.9a.3)-動詞「付き合う」

後來，兩家越發通家得緊，裏邊堂客也都時常往來。(醒世25.12a.2)-動詞「付き合う」

‥只除了修儀不送，其餘尋常的餽遺，該請的酒席，都照舊合他往來。(醒世35.12a.7)-動詞「付き合う」

張茂實的妻家與狄希陳是往來相厚的鄰居，沒有丈人。(醒世62.10a.10)-動詞「付き合う」

上掲例の"來往""往來"は動詞として「付き合う」の意味に用いる。そして、「行き来する、往来する」の意味にも用いられる。

我這們大老婆子，躺在十字街上，來往的人正眼也不看哩。(醒世22.4a.10)-動詞「行き来する、往来する」

那嶧山原是天下的勝景，燒香的男婦，遊觀的士女，絡繹往來的甚多。(醒世22.4a.10)-動詞「行き来する、往来する」

また、二語は基本的に動詞の用法であるが、各1箇所は名詞として「付き合い」の用法もある。

沒的為孩子們淘氣，俺妯娌們斷了往來。(醒世48.12b.3)-名詞「付き合い」

狄賔〈=賓〉梁是个不識字的長者，看長的好人，不因那兒子不跟他讀書，便絶了來往。(醒世93.10a.5)-名詞「付き合い」

また、

又着人往來説合，媒人打夾帳、家人落背弓、陪堂講謝禮‥(醒世1.9a.4)-「行く」

上掲例の文脈により"往來"は釈義「行く」の意味である。そのため、"着人往來説合"は「人を遣わし、仲介に行かせる」になる。

なお、

媒婆端菜斟酒，來往走動。(醒世72.12b.2)

那人道：你這是不送的話説了，誑着只管叫我來往的走。(醒世39.5b.2)

上記例文のように、"來往"は"來回走動"という意味で使われている。

なお、"往來"の慣用句がある。たとえば、"禮尚往來"である。"禮尚來往"はない。"禮尚往來"は"往而不來非禮也；來而不往亦非禮也"に由來する。

你往時有娘在堂，你不便相離遠去；今娘既辭世，禮尚往來，你只當去回望他。（醒世93.2a.5）

料理 - 理料 [liàolǐ - lǐliào]
釈義：処理する＝"办理；処理"。
《醒世》の例。

[料理33]
晁大舍次早起身，便日日料理打圍的事務，要比那一起富家子弟分外齊整，不肯與他們一樣。（醒世1.11a.4）
晁源也便日逐料理出喪的事體。（醒世18.11a.2）
連春元擬了十个經題，十个四書題，叫他四个料理進道。（醒世38.3a.5）
[理料4]
又叫調羹做魚炒蟹，理料晌飯，又着人去請相棟宇。（醒世58.2a.2）
又皆淨所在另搭一棚安頓家下女人，好理料廚子置辦品肴。（醒世72.1b.3）

文脈より、"料理""理料"は釈義「処理する」と解釈すべきである。また、"料理"は、

後來婆婆得了老病，不能動履，穿衣喂飯，纏脚洗臉，梳頭解手，通是這兩個媳婦料理嬰兒的一般。（醒世52.10b.5）-「面倒を見る」

自從母親病死，那十來歲的孩子，自己會得甚麼料理，還虧不盡有个外婆娘舅勉強照管，不致墮折身死，長成了个大人。（醒世82.6b.10）-「面倒を見る」

用例のように用いられており、「面倒を見る」の意味になっている。

"理料"は「処理する」の意味のみである。基本的に地の文に用いられる（《醒世》では全て文章語）。ところが、"料理"は会話文に使用される用例もある。

晁夫人道：… 我既許過他三月十五日子時辭世，這不過十來日的光景，你可凡事料理，不可臨期無備一時卒忙卒急了。（醒世90.10a.1）- 会話文

明清時代では"料理"が一般的。"理料"は用例が少ない。《水滸》《封神》《三

言二拍》《金瓶》《聊齋》《紅樓》《儒林》《品花》《康熙》《兒女》《二十》《官場》に"料理"はあるが、"理料"は未検出。現代語には継承されていない。《現汉》《汉方大》ともに未収。

現代共通語で"料理"は「処理する」の意味として用いられる。「面倒を見る」の意味ではあまり使用されていない。また、「料理」の意味にも用いる。例えば、"日本料理／韓国料理"などである。なお、"料理"は方言にも用いられている。《汉方大》における"料理"についての解釈は次のようになる。① 作料。吳語。浙江寧波。② 菜餚。閩語。臺灣。③ 拾掇。江淮官話。安徽蕪湖。④ 按理。膠遼官話。山東榮成。⑤ 管理。閩語。海南瓊山。

埋葬 - 葬埋 [máizàng - zàngmái]
釈義：(死体を) 埋葬する ＝ "掩埋尸体"。
《醒世》の例。
［埋葬 4］
埋葬了四段臭尸。這等奇事，豈不是從洪濛開闢以來的創見。(醒世28.6a.6)
我仔細查實，實是害病死的，沒有別的違礙，埋葬了由他。(醒世80.8b.4)
用了四百買了一口蘇皮棺材裝在裏面，扛抬埋葬。(醒世92.14a.10)
［葬埋 6］
縣尹道：把兩個頭都交付與他，買棺葬埋。(醒世20.5b.7)
尸親領出葬理〈＝埋〉。天網不疏，致被捉獲。(醒世51.10a.1)
放了三日，穿心檛子抬到墳上葬埋。(醒世53.9a.6)

"葬埋""埋葬"は「(死体を) 埋葬する」の意味に用いる。《醒世》の時代は二語とも並存して用いられていた。どちらが一般的であるのかは判断できない。現代語に二語ともあるが、"埋葬"の方が常用される。(《常用同素反序语辨析》p164)

また、現代語では"埋葬"は抽象的なものを客語として比喩的にも用いる。
我的童年已被他埋葬了。(《中国語》p2035)

難爲 - 爲難 [nánwéi - wéinán]
釈義：（対処に）困る ＝"难以应付"。
《醒世》の例。

[難爲55]

有來問病的，他就說道：這病不十分難爲，閻王那裏已是上過牌了。（醒世42.7a.6）- 形容詞「（対処に）困る」

狄希陳換了折錢囘去，心猿意馬，甚是難爲。（醒世50.9a.2）- 形容詞「（対処に）困る」

[爲難1]

別的我倒也都不爲難，只這個女人的替身，這却那裏去尋。（醒世61.6b.5）- 形容詞「（対処に）困る」

上掲例の"難爲""爲難"は同じく形容詞として「（対処に）困る」の意味で用いる。《醒世》では"爲難"は1箇所検出されたが、"難爲"になると55箇所ある。"難爲"は形容詞の用法の他に、動詞の用法もある。動詞として「困らせる、酷い事をする」、「ありがたい」の意味に用いられ、接続詞として「‥なので、（そんなに）申されては」の意味に用いられる。

若是那兩個差人不要去十分難爲他。（醒世10.14a.1）-「困らせる」

難爲他六家子的体面就不好看哩。（醒世22.11a.5）-「酷い事をする」

倒是各人自己的心神下老實不依起來，更覺得难＜＝難＞爲人了。（醒世23.8b.3）-「困らせる、苦しめる」

素姐道：雖是你姐夫我管教的略嚴些，也還不筭甚麼難爲他。（醒世63.9b.8）-「ひどい目に遭わせる」

依了他吃素，心裏又甚是疼愛得緊，也甚覺難爲。（醒世36.13b.9）-「ありがたい、すまない」

那人道：相公眞是個好心的人，甚是難爲。但我這橋上‥（醒世62.8b.8）-「めったにない、ありがたい」

難爲俺那賊強人殺的也寧＜＝擰＞成一股子，瞞得我住住的。（醒世68.5b.6）-「ご親切にも」

難為這三家子都不是俺兩个的主顧。(醒世55.6b.7)－「‥なので、何しろ」
　白姑子道：我本待不去，難為你這等請得緊。(醒世64.2a.9)－「‥なので、（そんなに）申されては」

　《醒世》の"難爲"の特徴といえば、以下の用例のように"把‥難為"の構造がある。

　幸得晁大舍家法不甚嚴整，倒也不曾把李成名難為，只說可惜了那好皮幾聲，丟開罷了。(醒世3.1b.1)

　此系晁鄉宦的兒婦。因鄉宦差人分付，小的們不敢把他難為，所以只得將他鬆放。(醒世14.2a.10)

　上記の"難為"は動詞として「困らせる、ひどい目に遭わせる」の意味に用いる。明清白話資料ではこのよう構造はあまり見られない。《金瓶》《儒林》《紅樓》《官場》《兒女》には未検出。また、現代中国語ではあまり用いない。

　明清時代は"難為"の方が一般的。明代は"爲難"の用例は少ない。《水滸》《西遊》《金瓶》には"為難"は1箇所もないが、"難為"は存在する。"為難"は清代中期から多くなる。《紅樓》には19箇所、《官場》で10箇所、《兒女》で17箇所検出した。清代は二語とも並存し、現代中国語に継承されている。

牽掛－掛牽 [qiānguà- guàqiān]
釋義：気がかりになる＝"心中挂念"。
《醒世》の例。
［牽罣1］
　再說薛夫人因素姐蹺蹊作怪，又大吃燒酒雞蛋，心中甚是牽罣〈＝掛〉，叫了薛三省娘子來。(醒世45.12b.8)
［掛牽1］
　不料晁家的男子婦女倒都是没有掛牽的。(醒世19.7a.1)

　"牽罣""掛牽"は意味、機能とも同一。明清時代では"牽罣"が一般的。《三言二拍》《金瓶》《聊齋》《紅樓》《品花》《康熙》《兒女》《二十》に"牽罣"の用例はあるが、"掛牽"はない。《現汉》には"牽掛""掛牽"とも収録。現代中国

語コーパス（CCL）によれば、"掛牽"の用例は45箇所、"牽掛"の用例は1176箇所。明清時代と同じく、現代中国語でも"牽掛"の方が常用されている。

勸解-解勸［quànjiě- jiěquàn］
釈義：宥める＝"宽解劝慰"。
《醒世》の例。
［勸解10］
當不得各人的妻子也在枕頭這一頓勸解，憑你甚麼的‥（醒世59.10a.1）
自己的母親與婆婆再三勸解，同張茂實三个輪流晝夜看守。（醒世62.13b.9）
白姑子就待走，狄希陳望着白姑子擠眼鈕嘴，叫他別要回去，勸解素姐替他做个救命星君。（醒世64.10b.3）

［解勸17］
然雖是説不盡得了夫人解勸的力量，其實得了那跨竈幹蠱的兒子不在跟前。（醒世15.3b.10）
幸得縣官上東昌臨清與府道拜節事忙，夫人又時時的解勸。（醒世36.7b.2）
又再三向魏才面前委曲解勸，留下這口材。（醒世41.4b.8）
那禁子們做剛做柔的解勸，説到張師傅，你是刑房掌案。（醒世43.2b.9）
有人解勸，越發加惱，一氣一个發昏，舊病日加沉重。（醒世59.10b.4）
"勸解""解勸"は意味、機能とも同一。二語とも文章語として使用される。会話文として単音節語"勸"は多く用いられる。明清時代は双方とも並存する。現代漢語に二語とも継承されている。意味は明清時代と変わらない。

筭計-計筭［suànjì- jìsuàn］
釈義：目論む＝"打算；盘算"。
《醒世》の例。
［筭計150］
筭計自己、夫人、大舍乘坐。（醒世1.6a.4）
我合你實説：他合我算計來，開口每人問你要五十兩。（醒世34.10a.5）

長解與他筭計，把查盤推官的皂隷都使了銀子。(醒世51.12b.1)

算計邀了薛家弟兄合相家表弟，再約幾位‥(醒世65.12b.2)

算計要等他婆婆死了，務要調羹償命。(醒世59.10b.6)

這灶上的調羹，是狄爺算計要留着房裏使用‥(醒世55.13a.6)

[計筭1]

更兼暴怒，多計筭，少安眠。(醒世30.1a.4)

上掲例の"筭計""計筭"は動詞として「目論む」の意味で用いられている。"計筭"は文言に用いられている。"計筭"は一例しかないので、他の資料から引用する。

因為大魔來説合，同心計算吃唐僧。齊天大聖神通廣，輔正除邪要滅精。(《西遊》)－「目論む」

鳳姐兒自恃强壯，雖不出門，然籌畫計算，想起什麽事來，便命平兒去囘王夫人‥(紅樓55.1a.4)－「目論む」

明清時代では"計算"は一般に「計算する、数える」の意味として用いられる。

燒火的無數，打柴的也無數，共計算有四萬七八千。(《西遊》)－「計算する、数える」

收點人馬，計算又折了四五千軍卒。(《封神》)－「計算する、数える」

便喚酒保計算了取些銀子筭還，多的都賞了酒保。(水滸39.5b.9)－「計算する、数える」

柴進還穿了依舊衣服，喚燕青和酒保計算了酒錢，剩下十數貫錢，就賞了酒保。(水滸72.5a.8)－「計算する、数える」

止知合着地價計算租子，再不想這一畝地有多大出息兒。(兒女33.13b.2)－「計算する、数える」

這倒難為你長了。只是我計算，多也不過二千余金，終究還不足數。(兒女12.17a.1)－「計算する、数える」

ところが、"筭計"は「目論む」の意味の他に、「騙す、陥れる」と「計算する、数える」の意味にも用いられる。

我自不小心，被你筭〈＝算〉計了。(醒世45.10b.8)－「騙す、陥れる」

着實有個筭計之意。(醒世14.7a.7)－「騙す、陷れる」

當不起這個惡弟要來筭計，不如順路住在明水那裏。(醒世25.5b.2)－「騙す、陷れる」

若要丁一卯二的筭計起來，這二十一兩多的本兒，‥(66.2a.9)－「計算する、數える」

商量算記＜＝計＞，講到上下使用。(醒世10.3b.1)－「計算する、數える」

只在小的去處筭計。(醒世4.6b.6)－「計算する、數える」

しかも、"筭計"には名詞の用例もある。

事事倚薛教授如明杖一般，況且這個筭計又未嘗不是。(醒世50.2a.4)

明清時代は"筭計"の方は使用範圍が廣い。現代語には二語とも繼承されている。意味はあまり變わらない。

吞併‐併吞 [tūnbìng‐bìngtūn]
釋義：(財産を)奪って自分のものにする＝"侵占別人的財物而占為己有"。
《醒世》の例。
［吞併3］
異姓數萬金的家產應他吞併。(醒世94.5a.2)
霸佔良家婦女，吞併產業，毆死嫡妻。(醒世94.5b.4)
監生強霸人家良婦，吞併人家產業，以致逼死了嫡妻。(醒世99.11b.9)
［併吞1］
逼得個半夥子老婆從新嫁了人去。晁無晏併吞了晁近仁的家財，正當快活得意的時節，那曉得鑽出一歌女奚篤的老婆郭氏來，不惟抵盜的他財物精光，且把個性命拐得了去。(醒世57.2a.2)

"吞併""併吞"は意味、機能とも同一。二語とも上古時代には既に出現していた。明清時代には二語とも存在する。"併吞"は《三國》《明言》《醒世》《兒女》に用例が見られる。"吞併"は《三國》《初拍》《二拍》《水滸》《金瓶》《明言》《醒世》に用例が檢出される。現代中國語の"吞併""併吞"とあまり變わらない。《現漢》《汉方大》に二語とも收錄。

托付 - 付托 [tuōfù - fùtuō]

釈義：委託する＝"委托；交付"。

《醒世》の例。

［托付4］

晁夫人過了首七閉了喪，收拾封鎖了門，別的事情盡托付了季春江，晁夫人進城去了。(醒世20.9a.6)

連我這身子都要托付給你哩。(醒世39.15a.8)

他把我事事看做外人，銀錢分文也不肯托付。(醒世41.5a.6)

［付托2］

把那銀錢付托與他收管，過十朝半月，筭那總撒，分文不差。(醒世56.8b.7)

你剛纔一番説話，又甚是有理，我倒有了兒子，可以付托，得以出家。(醒世93.2b.8)

"托付""付托"は意味、機能とも同一。明代では二語が並存する。どちらが一般的であるかは判断できない。しかし、清代後期は"托付"が一般的。清代後期の《兒女》《康熙》《二十》には"托付"はあるが、"付托"はない。現代中国語には二語ともあるが、"托付"の方が一般的である。"托付""付托"の他に"委托"もある。"委托"は《醒世》には未検出。《現漢》では"委托"を"把事情托付给别人或别的机构办理"と説明している。"委托"は"托付""付托"とあまり変わらないが、物だけ任せる。"托付""付托"は物の他に人にも用いられる。例えば、

千百年来对伯乐颂声不绝的结果，是把天下人才付托给层层领导。(CCL) - "把天下人才付托"

同村另一小学生父母外出打工，托付给爷爷奶奶照管。(CCL) - "把小学生付托"

外出 - 出外 [wàichū - chūwài]

釈義：出かける＝"到外面去"。

《醒世》の例。

［外出1］

教狄希陳托了事故不回家中，每七日一到房内，晚入早出，入則就寢，起卽外出。(醒世61.8b.6)

［出外4］

那婆娘回到家門，只見街門使鐵鎖鎖住，只道劉敏出外做甚，可以就回‥(醒世82.7b.8)

舍親冒了個富家子弟，從不曾出外，小弟極愁他，放心不下。今得周爺這們開心見誠，久在江湖走的，況且又有郭爺結了相知，小弟就放心得下了。(醒世84.14a.8)

"外出""出外"の構造は異なる。"外出"は修飾構造の偏正式で、"出外"は支配式である。明清時代では二語とも並存し、現代中国語に継承されている。用法は《醒世》の時代とあまり変わらない。

完備－備完［wánbèi‐bèiwán］

釈義：準備する、用意する＝"准备"。

《醒世》の例。

［完備24］

一邊把那八分去的王意番將轉來成了八分不去的主意了。狄希陳緊着完備了祭品，墳上搭了席布大棚，擺了酒席。(醒世85.11a.3)－動詞「準備する、用意する」

［備完4］

須臾，晁鳳備完了騾子，來到窗下，説道‥(醒世20.2b.9)－動詞「準備する、用意する」

過了幾日，又問薛教授化一件布衫，一件單褲。薛教授又一一備完送去。(醒世29.12b.2)－動詞「準備する、用意する」

過了一宿，清早起來，吃了飯，備完了行李，同了狄員外，辭了家堂合老狄婆子，待要起身。(醒世52.8a.2)－動詞「準備する、用意する」

大家都商議停當，狄希陳照單備完了衣巾等物，用十八兩銀、兩套衣服，包

了魁姐兩个月。(醒世61.8b.1)－動詞「準備する、用意する」

上記例文の文脈により、"完備""備完"は釈義として「準備する、用意する」とすべきである。《醒世》では二語の用例を見ると、"完備"は全用例24箇所のうち、動詞「準備する、用意する」の用例は1箇所である。一方、"備完"は全用例とも動詞「準備する、用意する」の用法である。《醒世》では"完備"は以下の用例のように一般に形容詞"齊全；齊備"(「完備している」)と"完成；完畢"(「終える、できる」)の意味に用いる。

做朝祭服，色色完備。(醒世1.6a.3)－「完備している」

該炒的炒，到了晌午，置辦的一切完備。(醒世55.10a.5)－「完備している」

覓漢拿着皮襖囬到趙杏川家，恰好趙杏川收拾完備。(醒世67.9a.10)－「終える、できる」

素姐梳洗已完，老侯婆兩個也都收拾完備。(醒世69.4b.10)－「終える、できる」

明清時代では"完備"の方が一般的。明代の《水滸》《西遊》《三言二拍》《平妖》《封神》《金瓶》と清代の《聊齋》《紅樓》《康熙》《品花》《二十》《歧路》に"完備"はあるが、"備完"はない。また、"完備"は現代語では継承されている。形容詞"应该有的全都有了"(「完備している」)の意味に用いる(《現汉》p1338に拠る)。

《醒世》では同義語"完全3""全完1"もある。"完備"が優勢。

《醒世》の例。

［完全3］

内中建了五間正殿，東西各三間配房正，殿兩頭各建了道房兩間，厨房鍋灶俱各完全。(醒世90.12b.6)－「すべてそろっている」

［全完1］

斷氣之後，粧老的衣裳，附身的棺槨，陳家一戶人等的孝衣，靈前的孝幛孝帳，都是晁夫人在生之時備辦得十分全完，盛在一個櫃子捲箱之内，安置樓上。(醒世92.9b.6)－「すべてそろっている」

"完備"は一般に"梳洗；安排；置辦；整理；擺設；收拾"などの語を修飾し、

ものごとがすべて完備している状態を表す。上掲例の"完全""全完"はこのような用法である。さらに、以下の用例のように"完全"は"保全"の意味が含まれる。

　那三分存剰的人家，不惟房屋一些不動，就是囤放的糧食一些也不曾着水，器皿一件也不曾衝去，人口大小完全。(醒世29.2b.2) - "保全"

　訳：残った三割の家々は、少しも変化していなかったばかりでなく、蓄えてあった食糧も水に浸からず、器も流されず、家族は年とった者も若い者も無事であった。

　如今轉向別人借十兩銀子給你，仗賴你把這件事完全出去。後來他娘老子有甚話說，也還要仗賴你哩。(醒世80.7a.4) - "保全"

　訳：今十両借りますから、それを差し上げます。この事が無事すむように、後で先方の親から何か文句が出たときは、よろしくお願いしますよ。

　なお、"完全"の重ね型"完完全全1"もある。意味は「完全に」である。

　那晁夫人看一看，丈夫完完全全的得了冠帶閒住‥ (醒世18.1b.2) -「完全に」

　現代語では二語とも継承されている。"完全"は形容詞"齊全"と副詞"全部"の意味として使用されている(《現汉》p1339)。"全完"は俗語で「全部だめになる」の意味に用いる(《中国語》p2517)。また、《汉方大》によると、"全完"は形容詞"肢體或行為完整，無可指摘"の意味であり、山西西南部の方言とする。

下降 - 降下 [xiàjiàng - jiàngxià]

釈義：下降する = "落下"。

《醒世》の例。

［下降5］

　却説素姐自從鷹神下降，白尼姑建齋懺悔之後，‥(醒世65.1a.7) - "落下"

［降下2］

　從天降下這們一個妗子，不惟報了大姑子的仇，且‥(醒世60.3b.7) - "落下"

　上記の"下降""降下"は"落下"の意味に用いる。各自の特徴といえば、まず、"下降"の全ての用例を見る。

一个縣官親臨其地，就如天神下降一般。(醒世52.12b.1) -「(天神の)ご降臨」

天上的沴氣下降，掩翳得那日月不陰不晴，不紅不白。(醒世32.3a.4) -「(天の災の気が)下降する」

有山水的去處，又兼之風雨調和，天氣下降，地氣上升。(醒世24.3a.5) -「(温度が)下がる」

上例のように、"下降"は自動詞として用いられ、現代語と変わらない。

一方、"從天降下這們一個妗子"の"降下"は目的語が"妗子"で他動詞の用法である。これも現代語の"降下"と変わらない。

なお、《醒世》では"降下"は「降伏させる、やっつける」の意味にも用いている。この場合の"降下"の"降"は[xiáng]と発音する。

我家的姑娘，也是個數一數二的主兒，我怕他降下他去不成。(醒世84.2b.7) -「降伏させる、やっつける」

洩漏 - 漏洩 [xièlòu - lòuxiè]

釈義：漏れる ＝ "透露出去"。

《醒世》の例。

[洩漏8]

還有一説：我來家把爺的機密事洩漏了，我又跟奶奶趕了去，奶奶合爺合起氣來，爺不敢尋奶奶，只尋起我來‥(醒世86.4b.7)

這事也做得周密。只是要謹言，千萬不可對裏邊家人們説。泄漏了機關，不當耍處。(醒世97.2a.10)

且是機事不密，被人泄漏了消息，他却再三的悔罪，賭了誓願，要盡改前非，自許不悛改，任憑休棄，於是衙中衆人再四的勸經歷在老大人上乞恩，且姑止其事。(醒世98.14a.2)

[漏洩1]

狄希陳道：老丈，你試説一説我聽，萬一我的力量做得來也不可知。鄧蒲風道：這第一件最要避人，防人漏洩，相公自己忖度得能與不能；第二要一個潔靜嚴密的處所，你有麼；第三得六七十金之費還不止，你有麼。(醒世61.6b.1)

"洩漏""漏洩"は意味、機能とも同一。《醒世》に"洩漏"の"洩"は"泄"とも表記している。活字本の《醒世》では"洩漏"と"漏洩"の"洩"は全て"泄"と表記している。近世語の"洩漏"の目的語は一般に抽象的である。例えば"機密／情報／事實／風聲／消息／秘密"などである。上記例文のように"機密事洩漏"の目的語は"機密事""防人漏洩"が省略される目的語は"鄧蒲風が話したこと"で、両方とも抽象的である。明清時代では"洩漏""漏洩"とも並存する。現代語に継承されているが、明清時代と異なっている所もある。現代語の"洩漏""漏洩"の目的語は抽象的だけではなく、具体的なものにも用いている。例えば"石油大量泄漏""煤气管道漏泄"（《现汉》p1443）

　引導‐導引 [yǐndǎo‐dǎoyǐn]
　釈義：案内する、引率する＝"带领"。
　《醒世》の例。
　[引導3]
　擺着十二對五色彩旗，上面都是連春元做的新艷對聯，樂入鼓手，引導前行。（醒世38.13a.2）
　叫了許多人，抬了桌子，前邊鼓樂引導，家人薛三省薛三槐壓禮。（醒世44.5a.8）
　[導引8]
　先用鼓樂導引，後面狄希陳衣巾乘馬，送到丈人家裏。（醒世44.14a.4）
　臨去時秋婆也不轉一轉，洋洋得意，上了轎子，鼓樂喧天的導引而去。（醒世42.3a.9）
　又跟了那夥婆娘，前邊導引了無數＜＝數＞的和尚道士，‥（醒世56.7a.4）
　叫你本官也不必多差人役迎接，只是你兩個人迎至半路，導引前行不可有悞。（醒世99.7a.5）
　"引導""導引"は意味、機能とも同一。近世語では一般に「具体的に道を案内する」の意味である。明清時代では二語が並存する。《现汉》には二語ともある。"導引"は"用儀器指揮運動物體按一定路線運行"の意味にも用い

いる。また、"引導"はある目的に導く、抽象的にも用いている。例えば、"引导劳动人民走上幸福生活的道路"（《中国語》p3725）。このことから、現代語の"引導""導引"の使用範囲はもっと広いと考えられる。

應承‐承應〔yìngchéng‐chéngyìng〕
釈義：仕える、世話する＝"照管；伺候"。
《醒世》の例。

［應承23］

又因他有這十件好處；起先這狄婆子病了，上前伏事，都是巧姐應承，自從有了調羹，就替了巧姐一半，除做了大家的飯食，這狄婆子的茶水都是調羹照管。(醒世56.8b.5)

［承應1］

這些請過的鄉紳舉監挨次獨自回席，俱是這班戲子承怎＜＝應＞。(醒世5.2b.10)

"應承"は23箇所、"承應"は1箇所のみ。"應承"は「仕える、世話する」の意味として使用される用例は2箇所である。

凡是道場所用之物，都問狄員外要，俱當一一應承。(醒世64.11b.6)－「仕える、世話する」

他の21箇所は以下のように用いられ、「承諾する」の意味になっている。

晁大哥作個東道主人方好晁大舍遂滿日＜＝口＞應承。討出一本曆日，揀了十一月十五日宜畋獵的日子。(醒世1.10a.1)－「承諾する、承知する」

曾問人借件衣裳，他沒應承我。如今怎麼也有了錢。(醒世34.6a.2)－「承諾する、承知する」

宗昭見了他拿定主意，再説也徒有變臉而已，沒奈何，只得應承。(醒世35.10b.5)－「承諾する、承知する」

小的実＜＝實＞是窮的謊＜＝慌＞了，應承了他。(醒世47.8b.2)－「承諾する、承知する」

又寫與他講過要賒。那賣麪的滿口應承。(醒世51.3b.1)－「承諾する、承知する」

明清時代は"承應""應承"が並存する。現代語では二語どちらもあり、「承諾する、承知する」という意味に用いる。また、双方とも常用されずに、地の文として使用される。

應酬 - 酬應 [yìngchóu - chóuyìng]
釈義：応対する＝"应对"。
《醒世》の例。
［應酬1］
日用雜費也有一班開錢鋪的願來供給，所以不甚着急。應酬少有次序。（醒世1.6a.1）
［酬應1］
若是這一个敗子只有一个勢豪筭計，也還好叫他專心酬應，却又有許多大戶‥（醒世26.1b.10）

文脈より"應酬"は名詞として「応対」の意味に用いているが、"酬應"は動詞として「応対する」の意味に用いている。"酧"は"酬"の異体字である。《醒世》では両語とも各1箇所検出した。

現代語では"應酬"は「応対する」の意味の他に、"指宴会聚会等社交活动"の意味にも用いる（《现汉》p1564）。
今天晚上有個應酬。-「"宴会聚会等社交活动"を指す」
一方、"酬應"は「応対する」の意味の他に"應答；應對"の意味にも用いている。たとえば、"酬应如流"（《现汉》p185）。

《醒世》の時代と比べて、現代漢語の"應酬""酬應"は使用範囲がもっと広いと考えられる。

増添 - 添増 [zēngtiān - tiānzēng]
釈義：増える、加える＝"增加"。
《醒世》の例。

［増添4］

若是如今這樣加派了又增添。（醒世24.2a.10）

兩年來又無時無日不置辦增添，叫他打扮得‥（73.1b.7）

原只該六十歲的壽限，每々増添，活了一百五歲。（醒世93.9a.9）

［添増1］

越發祈得天昏地暗，沙捲風旺，米價日日添增，水泉時々枯涸。（醒世93.12a.9）

"增添""添增"は意味、機能とも同一。"添增"は明清時代に用例が少ない。管見では、《醒世》の1箇所のみ。一方、《醒世》では同義語"加增"は2箇所あり、"增加"は未検出。

縣官恐怕那饑民餓得久了，乍有了新麥，那飯食若不漸漸加增，驟然吃飽，壅塞住了，胃口這是十个定死九个的，預先刊了，條示各處曉諭。（醒世31.12a.1）-「増える、加える」

"加增"は「増える、加える」の釈義で使用される。また、次の用例を見る。

外甥又等他不到，姐夫的病又日漸加增，舊時只有外甥一人，不拘怎樣罷了；如今又添了這个小外甥兒，這家事就該分令的了。（醒世76.2b.10）-「重くなる」

上掲例の文脈より"加增"は単に「増える、加える」という意味ではなく、"加重""重くなる"の意味となる。"增添""添增"にはこの意味はない。

現代語には"增添""增加"はあるが、"添增""加增"はない。また、"增添""增加"には「重くなる」という意味はない。

尋找 - 找尋 [xúnzhǎo - zhǎoxún]（事例研究を参照）

轉動 - 動轉 [zhuǎndòng - dòngzhuǎn]

釈義：動かす＝"活动"。

《醒世》の例。

［轉動2］

只是一个病重將危的人，怎能終日終夜合轉睡得。翻身轉動，小獻賽‥（醒

世39.13b.3)

如法調灌，狄希陳漸漸的眼睛轉動，腹内通响，吐了許多痰涎，漸覺省得人事。(醒世95.1b.6)

［動轉3］

又怕他使手撏開逃走了開去，將手也使鐵靠子靠住，絲毫不能動轉。(醒世82.5a.9)

問他不能做聲，推他不能動轉，竟像是被人釘縛住的一般。(醒世93.10b.7)

"轉動""動轉"は意味、機能とも同一。"轉"は"動"と同義語。[zhuǎn]と発音。

明清時代は二語が並存する。現代語に継承されている。意味は《醒世》とあまり変わらないが、"轉動"の"轉"は[zhuǎn]の発音の他に、[zhuàn]の発音もある。[zhuàn]と発音する場合、"轉動"は"物体以一点为中心或以一直线为轴作圆周运动；使转动"の意味になる(《现汉》p1711)。

動詞（片方）

傳流［chuánliú］

釈義：伝わる＝"传下来或传播开"。

《醒世》の例。

［傳流2］

這本村裏有一個大財主人家，姓李，從祖上傳流來，只是極有銀錢，要個秀才種子看看也是沒有的。(醒世23.8b.10)－「財産は伝わってくる」

只是土地沒有賣的，成幾輩傳流下去，眞是世業。(醒世25.3b.5)－「土地は伝わってくる」

"傳流"の目的語は「財産、土地」で具体的なものが用いられる。また、これは褒め言葉でも貶し言葉でもない。しかし、明清時代では"流傳"の目的語は"謠言；疾病"などのマイナスの意味の語彙としても用いられる。なお、"謠言"は抽象的なものである。他の資料からの用例をあげておく。

且説遼東起初聞得江西寧王反時，人心危駭，流傳訛言，紛紛不一。(《二

拍》)-「噂は伝わってくる」

此女只顧把那毒蟲流傳國内，以致向種木棉之家，大半廢了祖業，無以為生。(《鏡花》)-「毒虫は伝わってくる」

《醒世》に"流傳"はないが、他の資料にはある。明清時代では並存する。現代漢語に継承されている。用法は《醒世》とあまり変わらない。

達到［dádào］
釈義：着く、到着する＝"到了某一地点"。
《醒世》の例。
［達到1］
雖然舉意是為你合那狐仙念的，不曾明説，沒有疏文達到佛前，如今那一千卷經還懸在那邊。(醒世30.6a.3)

文脈により"達到"は釈義「着く、到着する」と解釈すべきである。ここの"達到"の目的語は具体的場所である。これは現代語と異なっており、現代語では一般に、目標（抽象的なもの）を達成するという意味で使われる。

这样，他们自己既可达到发财的目的，又可以使军人的声势在他们国内继长增高。(CCL)

明清時代は"達到"の用例が少ない。《水滸》《西遊》《金瓶》《三言二拍》《紅樓》《儒林》《兒女》《官場》《二十》において未検出。又、"到達"という語も用例が少ない。行き先に辿り着くという意味を表すとき、一般に"到"を選び、単独で多く用いる。

他手下軍官，多有曾到京師的，愛兒子使槍棒，何不逃去投奔他們。(水滸2.8a.6)

過度［guòdù］
釈義：暮らす、過ごす＝"度日"。
《醒世》の例。

［過度2］

你説囚在冷房，有何憑據。不給他衣食，你那女兒，這幾年却是怎麽過度。(醒世10.10a.8)-動詞「暮らす、過ごす」

夜晚尋思千條路，惟有開墾幾畝硯田，以筆為犁，以舌作耒，自耕自鑿的過度。(醒世33.5a.4)-動詞「暮らす、過ごす」

《醒世》では"過度"は動詞として「暮らす、過ごす」="度日"の意味に用いる。《汉方大》によると、山西沁県と福建廈門の方言に見られるという。

"過度"は形容詞として「度を過ごす、極端になる」という意味にも用いる。ここでは、《金瓶》《紅樓》からの用例をあげておく。

官人乃是酒色過度，腎水竭虛，太極邪火聚于慾海，病在膏肓，難以治療。(金瓶79.20b.7)-形容詞「度を過ごす、極端になる」

況且姑娘這病，原是素日憂慮過度，傷了血氣。(紅樓67.5a.2)-形容詞「度を過ごす、極端になる」

明清時代では"過度"は一般に形容詞「度を過ごす、極端になる」の意味で常用されている。《西遊》《三言二拍》《三國》《金瓶》《紅樓》《老殘》のいずれにも出現する"過度"は全て形容詞「度を過ごす、極端になる」の意味である。これは《醒世》での使い方と異なっている。

現代語としての"過度"には動詞「暮らす、過ごす」の意味は一般的にないようである。《现汉》には動詞「暮らす、過ごす」の意味は未収。

また、明清時代でも現代でも逆序語"度過"という語彙は使われている。動詞として「時間を過ごす」の意味に用いる。"過度"とあえて区別すれば、"度過"は一般に自動詞として使用され、"過度"は一般に他動詞として使用される。例えば、"度過假日""度過歲月""度過光陰""度過一天"などである。

睡熟［shuìshú］
釈義：ぐっすり寝る="睡得很沉"。
《醒世》の例。

[睡熟10]

晁夫人漸漸安穩，昏昏的睡熟了去。(醒世36.13b.3)

哄的程捉鱉老婆吃醉了酒，睡熟在珍哥炕上。(醒世51.9b.7)

狄希陳枕着相于廷的腿，呼呼的睡熟。(醒世58.11a.7)

素姐跟了侯、張兩个道婆，吃齋念佛，講道看經，説因果，講古記，合老尼通着脚，講頌了半夜，方纔睡熟。(醒世86.11b.5)

"睡熟"は「ぐっすり寝る」の意味に用いる。構造は動補構造の補充式である。"熟睡"という語は修飾構造の偏正式である。《醒世》では未検出のため《西遊》からの用例をあげておく。

我們趁此深夜，人皆熟睡，寂寂的去了罷。(《西遊》)

"睡熟"と"熟睡"は明清時代並存。《醒世》の時代は"睡熟"が一般的。なお、《醒世》には"睡不熟"の用例もある。

兩個睡在床上，都如芒刺在背的一般，番來覆去再睡不熟。(醒世45.11a.3)

しかし、清代後期になると用例が少ない。清代後期の《品花》《兒女》《二十》《官場》《老殘》のいずれも"睡熟"がない。 現代語には二語とも継承されているが、"熟睡"が一般的。現代中国語コーパス（CCL）によれば、"睡熟"の用例は48箇所、"熟睡"の用例は843箇所である。

替代［tìdài］

釈義：身代わり＝"替身"。

《醒世》の例。

[替代5]

只除了有了替代，方許托生，且還不知托生的好與不好(醒世30.3b.5)

植田2015:57は以上の用例の"替代"について次のように述べる。

"替代"と"代替"のいずれも使用されている。しかし、"代替"の方が常用されている。一般に動詞として多く使用されているが、上記用例は名詞（身代わり）である。

［補］《醒世》では"替代"は全て名詞の用法である。他の4箇所は下記

である。

適得相報之平，還有甚麼饒舌。弔死鬼魂，法應等候替代；既有佛旨早准許免代托生，無可再説。(醒世100.11b.10)

若是没有替代，這是整幾輩何得出世。(醒世30.3b.6)

弔死鬼魂，法應等候替代；既有佛旨早准許免代托生，無可再説。(醒世30.3b.6)

我只得央那宅神，訴我的冤苦，求他容我尋个替代，好去出世。(醒世30.6a.1)

《醒世》には"代替"は未検出だが、他の資料に"代替"の用例がみられる。調査したところ明清時代には"代替"の名詞としての用法はあまり見られない。また、現代共通語では二語とも動詞として使用されている。

長成［zhǎngchéng］
釈義：成長して‥になる＝"长到‥"。
《醒世》の例。
［長成16］
起先都是附在人家學堂裏讀書，從八歲上孝，讀到這一年長成了十二歲。(醒世33.6a.9)

虎哥已長成十五歲，出條了個好小厮。(醒世71.13a.8)

原來陳先生有一男一女，那兒子已長成四十多歲，百伶百俐，無所無知。(醒世92.3a.4)

"長成"は「成長して‥になる」の意味に使用される。上掲例のように「"長成(了)"＋年齡」の構造は旧白話では多く見られる。ところが、"成長"はこのような用法はあまり見られない。明清時代には"成長"の用例は少ない。"長成"が一般的だと考えられる。

また、"長成""成長"は"長大成人"(「大人になる」)の意味にも用いる。

一日，對他老婆說道：僭當初也生過幾個孩兒，因你無有乳食，不過三朝都把與人家養活，如今都也長成。(醒世53.2b.4)－"長大成人"(「大人になる」)

稷男叔泰，時年五歲，郡人宋忠獻匿之獲免，乃收養之，今已成長。(《舊唐書》) – "長大成人"（「大人になる」）

"長成"の「成長して‥になる」の意味においても、"長大成人"（「大人になる」）の意味においてもいずれも動作の結果を強調する。

現代語には二語ともあるが、「"長成（了）"＋年齢」の構造は少ない。例えば、"長成了十二歲"は不自然である。"成長"は"向成熟的階段發展"の意味を表し、大きくなるという過程を強調する。下記の用例のようである。

受精后兩星期至八星期为胚胎期，在这一阶段中，小生命在迅速成长。(CCL)

副詞（両方）
便就 - 就便 [biànjiù - jiùbiàn]
釈義：すぐに ＝"就"。
《醒世》の例。

［便就 50］
畢竟那狼合狽拆開了兩處，便就動不得了。(醒世 20.9a.4)
如正走中間，猛然一个鷂鷹飛過，便就雙睛暴痛。(醒世 63.7a.1)
如遇那強盜响馬，便就點差應捕番役，私下‥(醒世 64.3a.10)
爭奈這樣混帳戴綠頭巾的漢子，沒等那老婆與他一點好氣，便就在他面前爭妍取憐，外邊行事漸次就要放肆。(醒世 66.3a.5)

［就便 10］
若是進去了，衙門規矩，就便不出來了，那時纔是小珍子作難哩。(醒世 6.5b.4)
他便走到自己睡的房内收拾幹淨，却又酒醉飯飽了，還有甚麼掛彈，就便上床睡了。(醒世 19.13b.3)
誰知他極有記性，果然從此以後就便再也不說，也就再不叫他扎〈＝紮〉媳婦、剪人兒，諸般的瑣碎。(醒世 36.12a.8)

"便就""就便"は単音節語"就""便"と同じく、「すぐに」の意味で、前に述べたことの後、あることが相次いで発生することを表す。また、"就便"は"順便"の意味にも用いる。

這是我心舉了一舉意，他怎麼就便曉得。(醒世29.10a.3) — "順便"

近世白話では"便就""就便"は並存して用いられ、ほとんどその区別がつかない。《白话》《中国語》《愛知日中》いずれも二語とも収録。李1997は"便就"は一つの単語ではなく、"就便"は副詞であると指摘する。その理由としては次のように述べる。

就便不好和他說，一個錢也不給，安心要強留下我，他也不敢不依。(李戦1997)

"便就"中"便""就"之間結合較松，兩個詞意義上仍相對獨立；而"就便"的組合則不然，在句法功能上算作一個成分，在意義上表示假設，與後文的"也"搭配呼應共同在一個復句裏起關聯作用，"就便"已失去了其組成成分各自自身的意義。(李戦1997:131-132)（訳："便就"では、"便"と"就"の組み合わせが緩くなり、2つの単音節語の意味は比較的独立する。一方、"就便"という組み合わせはそうではない。文法上では構成要素として見なされ、意味上では仮設の意味をし、後ろの"也"と合わせて、複合文の相関関係として機能する。そのため、"就便"という言葉は、それ自体が構成要素としての意味を失う。）

筆者はこの理由だけでは不十分であると考える。なぜなら、"便就"も「たとえ‥としても」の仮定・譲歩を表すからである。以下の用例を見る（《白话》からの用例）。

我最忍耐，他便就打我四百頓，休想我問他一拳。(《金瓶》) — 仮定・譲歩を表す。

便就是有緣法的，那緣法盡了，往時的情義盡付東流，還要變成‥(醒世79.3b.6) — 仮定・譲歩を表す。

便就殺一刀，也説不得了。(《石點頭》) — 仮定・譲歩を表す。

明清時代は二語が並存し、現代語でも、どちらも存在する。使用状況も明清時代とあまり変わらない。なお、《醒世》に同義語"即便；便即；當即；即當"も用いるが、"便就"が一般的。

《醒世》の例。

［即便5］

晁大舍回家的行李，也將次收拾完了，只等這件事有了商量，即便起身不提。（醒世7.13a.7）-「すぐに」"＋VP"構造

所以晁大舍略略參商即便開手。（醒世8.12a.4）-「すぐに」"＋VP"構造

‥聞了這個氣味，即便鼾鼾睡去，手脚難擡，口眼緊閉。（醒世65.3b.1）-「すぐに」"＋VP"構造

［便即3］

‥只當耳邊之風，但是兒子做出來的，便即欽遵欽此，不違背些兒。（醒世16.12a.10）-「すぐに」"＋VP"構造

我朝戚太師降得那南倭北敵望影驚魂，任憑他幾千幾萬來犯邊，只遠遠聽見他的炮聲，遙望見他的傳風號帶，便即抱頭鼠竄，遠走高飛。（醒世62.2a.9）-「すぐに」"＋VP"構造

［當即2］

死了也完了這殷子帳，只是死得苦些。當即叫晁鳳。（醒世43.11b.1）-「すぐに」"＋VP"構造

驚醒轉來，恰是一夢。當即與寄姐說知。（醒世77.4b.6）-「すぐに」"＋VP"構造

［即當1］

晁大舍道：待我奉一杯，即當依命。（醒世4.12b.8）-「すぐに」"＋VP"構造

"即便；便即；當即；即當"は後ろに動詞が続く。即ち、「"即便；便即；當即；即當"＋VP」の構造である。"便就"の用法はもっと広く、「＋VP」の構造の他に、「＋介詞フレーズ＋VP」の構造の用例も少なくない。

狄員外家裏叫人做了飯預備着，從那日西時便就在大門上走進走出，又叫兩個覓漢迎將上去等。（醒世41.3a.2）-「＋介詞フレーズ＋VP」

また、前述の用例の"即便"は「すぐに」の意味に用いるが、次の用例のように「たとえ‥としても」の仮定・譲歩も表す。"便即；當即；即當"にはこのような用法がない。

即便是父輩的朋友，鄉黨中有那不認得的高年老者，那少年們遇着的，大有遜讓，不敢輕薄侮慢。(醒世23.3a.1) - 仮定・譲歩を表す。

現代漢語に"即便""當即"は継承されているが、"便即""即當"は死語となっている。また、共通語では"即便"は「たとえ‥としても」の意味として用いられる。「すぐに」の意味は方言に残る。《汉方大》には粤語としている。

加倍 - 倍加 [jiābèi - bèijiā]

釈義：なお一層＝"程度比原来深得多"。

《醒世》の例。

[加倍3]

如今二十五日，災難只在眼前，所以加倍小心，要一奉十，不敢一些觸犯。(醒世100.7a.2) - 副詞「なお一層」

[倍加2]

北京近邊的地方，天氣比南方倍加寒冷，十月將盡，也就是別處的數九天寒，一家大小人口，沒有一個不穿了棉襖棉褲，還都在那煤爐熱炕的所在。(醒世79.5a.3) - 副詞「なお一層」

從此寄姐與小珍珠倍加做對，沒事罵三場，半饑半餓，不與飽飯，時時刻刻防閒狄希陳合他有帳。(醒世79.10b.3) - 副詞「なお一層」

上掲例の"加倍""倍加"は副詞として「なお一層」の意味に用いている。用法上の相違：次の用例のように"加倍"は「"加倍"＋"的"」の形もある。"倍加"はあまり見られない。

當下大家上廳來，連那在塲的諸位，也都加倍的高興。(兒女16.3a.8) - "加倍"＋"的"

また、以下の用例を見る。

晁老兒却聽了戶房書辦的奉承，將那朝廷的內帑一萬餘金運的運，搬的搬，都抬進衙裏邊，把些草豆加倍的俱派在四鄉各裏，三日一小比五日一大比。(醒世17.4b.5) - 動詞「倍増する、倍にする」

文脈により"加倍"は動詞として釈義「倍増する、倍にする」のように解

釈すべきである。"倍加"にはこのような用法がないという点も二語の違いの一つだと思われる。現代語には二語ともあり、明清時代とあまり変わらない。

完全 − 全完 [wánquán − quánwán]（"完備 − 備完"の項参照）

又復 − 復又 [yòufù‧ fū − fùyòu]
釈義：また再び＝"又；再"。
《醒世》の例。
［又復8］
衙内又復安穩。到了次年正月，麻從吾被漕撫參劾回籍。（醒世27.12b.10）− 地の文
　等到二十二日又復投了一牒文，竭誠祈懇。（醒世31.11a.10）− 地の文
　兩個睡在床上，都如芒刺在背的一般，翻來覆去，再睡不熟。狄希陳仍來桌上睡了，素姐就不曾穿衣，又復睡去。（醒世45.11a.3）− 地の文
［復又2］
　那時狄家還該興旺的時節，家宅六神都是保護的，有這樣怪物進門，自然驚動家堂，轟傳土地，使出狄員外不因不由，復又撞了個滿面。（醒世68.3b.7）− 地の文
　拜祝已畢，眾人暫辭出殿，觀看山景。囬店吃了午飯，復又進殿，辭了聖姆下山。（醒世93.10b.2）− 地の文
　上掲例の"又復""復又"は地の文として「また再び」の意味に用いる。"又復""復又"の"復"は [fù] と発音するが、《白话》は"又復"の"復"を [fū] に発音する。《醒世》には"復又"は2箇所あるが、全て地の文に用いられる。"又復"の方が一般的で8箇所検出した。さらに、会話文に用いられる用例もある。《醒世》で会話文としての"又復"の用例は、全用例8件のうち3件を以下のように検出した。
　寄姐説道：眞有此事。我又復問了他們一番。（醒世98.3b.4）− 会話文
　主僧説道：今日黎明時分，小僧已待起身，覺身不爽，又復睡着‥（醒世

93.9a.1)－会話文

薛三槐娘子道：… 只得叫了姐夫往狄大娘屋裏去了。狄大娘又復回身來叫門。(醒世45.4a.6)－会話文

現代語では二語とも死語となっている。《現汉》《汉方大》ともに未収。現代語では一般に単音節言語"又"が使用される。中国語は古代の単音節言語から現代の二音節言語へと変化してきたが、"又復""復又"は上古、中古時代の単音節言語（"又""復"）→明清時代の単音節言語と二音節言語の並存（"又""復""又復""復又"）→現代の単音節言語（"又"）へと変化した。

形容詞（両方）
齊備－備齊 [qíbèi－bèiqí]（"齊整－整齊"の項参照）

狠心－心狠 [hěnxīn－xīnhěn]
釈義：ひどい仕打ちをする＝"心地残酷"。
《醒世》の例。
[狠心5]
我臨老沒了結果，我的狠心的兒啊。(醒世20.3b.3)－「ひどい仕打ちをする」
寄姐那副好臉當時不知收在何處，那一副急性狠心取出來甚是快當。(醒世80.2b.4)－「ひどい仕打ちをする」
[心狠2]
我是恨他心狠，打脫了主顧，正合他為這个合氣哩。(醒世67.9a.3)－「ひどい仕打ちをする」

二語とも形容詞として「ひどい仕打ちをする」の意味に用いている。区別すれば、二語の構造が違う。"狠心"は修飾構造の偏正式である。"心狠"は主述構造の陳述式である。また、"狠心"は文の中で"下"の目的語としても用いられる。
你難道下得這等狠心。(醒世4.3b.4)
誰是他着己的人，肯用心服事。虧你也下得狠心。(醒世6.5a.5)

明清時代は二語とも並存し、現代語ではその二語とも継承されている。意味は明清時代と変わらない。

暖和 – 和暖 [nuǎnhuo- hénuǎn]
釈義：暖かい＝"温暖，不冷也不太热"。
《醒世》の例。
［暖和5］
那天又暖和了，你把那‥(醒世8.6b.6)‐形容詞「天気が暖かい」

那年立的春早，天又暖和，連墻都泥得乾淨。(醒世33.10a.9)‐形容詞「天気が暖かい」

這是幾甕常酒酵子，那幾日狠暖和，我怕他過了‥(醒世34.12b.5)‐形容詞「天気が暖かい」

［和暖2］
又是甚晴明和暖，就喚了一个平日長剃頭的主顧來與小和尚剃胎頭。(醒世21.10b.4)‐形容詞「天気が暖かい」

那按院他原籍湖廣的地方，天氣和暖，交了正月，過了二月以後，麥子也將熟了滿地都有野菜，儘就可以度日。(醒世31.7b.3)‐形容詞「天気が暖かい」

"暖和"の発音は [nuǎnhuo]、"和暖"の発音は [hénuǎn] である。上記例文では"暖和"の3箇所と"和暖"の全用例は形容詞として「天気、気候」を修飾する。また"暖和"は、

陳公呌人把艾虎合八哥用心收着，讓童奶奶到炕房暖和，好生待飯。(醒世71.9a.7)

你放心，做成了，情管呌你二位暖和。(醒世75.12b.6)

上掲例のように動詞として「暖める」の意味に用いる。明清時代は"和暖"は一般に「天気、気候」を修飾する。しかし、"暖和"は衣類などの修飾にも用いられる。

以下の用例は他の資料から挙げる。

我們從小不穿皮袍子的人，這棉袍子的力量恐怕比你們的狐皮還要暖和些呢。

(《老殘》）

他素日又不要湯壺，俗們那薰籠上又煖<＝暖＞和，比不得那屋裡炕冷，今兒可以不用。（紅樓51.5b.8）

明清時代は"暖和""和暖"が並存する。《現汉》に2語とも収録。現代語では"暖和"が一般的。現代中国語コーパス（CCL）によれば、"暖和"の用例は1718箇所、"和暖"の用例は180箇所である。しかも、一般に生硬な非会話文に使用する。

蹊蹺－蹺蹊 [qīqiāo- qiāoqī]
釈義：不思議な、奇怪な＝"奇怪"。
《醒世》の例。
［蹊蹺2］
誰知蹊蹻<＝蹺>古怪的事說不盡這許多：適纔到了北城下，一個大鬍子從那姑子庵裏出來。（醒世14.4b.3）
晁夫人說：做的夢蹊蹺多着哩。（醒世30.13a.6）
［蹺蹊12］
只是會念經，沒的不蹺蹊。（醒世6.12b.9）
可這裏再說甚麼蹺蹊哩。（醒世30.12a.8）
狄希陳說：蹺蹊。你怎麼就知道我姓狄。（醒世37.10b.4）
調羹道：夢也雖不可信，但這夢也甚覺蹺蹊。（醒世77.4b.8）

"蹊蹺""蹺蹊"は意味、機能とも同一。《醒世》において"蹊蹺"は2箇所、"蹺蹊"は12箇所検出される。また、会話文では"蹺蹊"の用例は、全用例12のうち7例を検出した。当時は"蹊蹺"より"蹺蹊"の方が常用されていると推定される。"蹊蹺"の"蹊"は"蹻"とも表記。

《醒世》では同義語"奇怪6""古怪20"も見られる。三語の違いは次のようになる。

文法機能 ☞ "奇怪""古怪"の文法的機能は二つある。述語と連体修飾語として用いられる（"古怪"の用例を省略する）。

又説：公公托夢，甚是奇怪，且是我與你母親同夢一般。(醒世6.3a.8) – 述語

那個李驛丞生在濱州潦窪地面，又住在窮鄉遠村的所在，乍見了這等奇怪的東西‥(醒世88.13a.2) – 連体修飾語

しかし、"蹊蹺"は述語、連体修飾語の成分の他に、目的語、補語にも用いられる。

調羹道：夢也雖不可信，但這夢也甚覺蹊蹺。(醒世77.4b.8) – 目的語

不知添了小相公不曾。三則也為梁片雲死的蹊蹺。(醒世22.7a.6) – 補語

重ね型 ☞ 《醒世》では重ね型"奇奇怪怪2"もある。"古古怪怪""蹊蹊蹺蹺"の用例はない。

這狄希陳雖是有了相主事這般氣勢的書托了刑厯，要他另眼看待却有何難，怎禁得有這樣一個奇奇怪怪的小老婆‥(醒世91.4a.4) – 重ね型

組み合わせ ☞ "古怪"は"希奇古怪5""刁鑽古怪3""神奇古怪1"があり、"蹊蹺"は"蹊蹺作怪1"がある。また、"蹊蹺"と"古怪"は一緒に組み合わせて"蹊蹺古怪3"もある。しかし、"奇怪"は見られない。

明清時代は"蹊蹺""蹺蹊"が並存する。《现汉》に二語とも収録。現代語では、用法は《醒世》の時代とあまり変わらないが、"蹺蹊"より"蹊蹺"の方が一般的だと考えられる。現代中国語コーパス（CCL）によれば"蹊蹺"の用例は499箇所あるが、"蹺蹊"の用例は11箇所しかない。

齊整 – 整齊 [qízhěng-zhěngqí]（事例研究を参照）

善良 – 良善 [shànliáng-liángshàn]

釈義：善良である＝"和善；心地好"。

《醒世》の例。

[善良2]

且是出來的子弟，那市井嚻浮的習氣一些也不曾染在身上，所以又都忠厚善良，全不見有甚麼貴介凌岸態度。(醒世37.2a.5) – 形容詞「善良な」

[良善5]

説起狄寶<＝賓>梁良善務本。像那邊楊春的銀，送汪爲露的助喪，種々的好事這都是人所難能的。(醒世44.6a.3)－形容詞「善良な」

上掲例の"善良""良善"は形容詞として「善良である」の意味に用いる。

また"善良"は、

兼那勢宦強梁，欺暴孤弱，那善良也甚是难<＝難>过得緊。(醒世12.3b.9)－名詞「善良な人」

このように用いられており、名詞として「善良な人」の意味になっている。《醒世》では"良善"にこのような意味がない。

《白话》では"良善"を①"善良心地好"②"指善良的人"としている。"善良"は未収。《中国語》では"良善"を名詞「善良な人間」とし、"善良"を形容詞①「善良である」、②「善意である、心が純粋で悪意がない」としている。

《醒世》では"善良"は名詞の用例があるため、《白话》と《中国語》の"善良"に対して意味の補充になると考えられる。

なお、"善良"の用例は全て地の文に用いるが、"良善"は全用例5件のうち2件が会話文には用いる。

兩個媒婆慌忙出去，説道：這們好良善人家，給你的銀子又不少。(醒世84.6a.2)－会話文

他老子道：好良善人家。(醒世84.6a.3)－会話文

明清時代では"善良""良善"が並存する。現代語に二語とも継承されている。"良善"は《醒世》とあまり変わらない。一方、"善良"は名詞「善良な人」ではなく、形容詞"心地纯洁没有恶意"の意味項だけ継承されている（《现汉》p1134）。しかも、一般に書面語として用いられる。

少年 - 年少 [shàonián - niánshào]

釈義：年が若い＝"年轻"。

《醒世》の例。

[少年40]

喫雞蛋，攢燒酒，也絕不像个少年美婦的家風。（醒世56.3b.3）-「年若い」
終是少年血氣旺的人，調養得壯壯實實的个人。（醒世67.10a.9）-「年若い」
全不似半老佳人，飽撐撐兩隻妳膀，還竟是少年女子。（醒世72.11b.3）-「年若い」

［年少5］
何必要那年少的冰輪。偸兒抖搜那強盜的威風，‥（醒世65.5a.5）-「年若い」
就只俺媳婦兒又年少，又脚小，又標致。（醒世58.7b.2）-「年若い」

上記の"少年""年少"は形容詞として「年が若い」の意味に用いる。会話文にも地の文にも用いられる。《醒世》では、"年少"は全て形容詞の用法である。"少年"は「若者」という名詞にも用いる。多くは若い男性を表す。名詞の用法では全用例40件のうち7件を検出した。つまり、当時は、形容詞「年若い」の意味としてよく使用されていたと考えられる。

少年說道：這個所在是我的秘密室，偶然因賢姪在此，‥（醒世29.5a.4）-「若者」

現代語は二語とも継承されている。意味は《醒世》とあまり変わらない。ただし、現代漢語では、"少年"は"十岁左右到十五六岁的阶段"とし、"少年时代"の言い方で、よく用いられる（《现汉》p1144）。

喜歡-歡喜 ［xǐhuān- huānxǐ］（事例研究を参照）

心焦-焦心 ［xīnjiāo- jiāoxīn］
釈義：いらだつ＝"着急"。
《醒世》の例。
［心焦11］
從頭裡就號啕痛了，怕你心焦，我沒做聲。（醒世3.9b.8）
單等晁鳳領了頭來，竟不見到，晁夫人好不心焦。（醒世20.4a.9）
等到第四日，狄員外就像臥不定的兔兒一般，走進走出，甚是心焦。（醒世67.1a.10）

這童爺童奶奶見這光景不大得好，也不免有些心焦，大大自在。（醒世71.10a.4）

［焦心1］

這都不是焦心的事么，你可還笑他。（醒世83.14a.5）

"心焦""焦心"は意味、機能とも同一。構造が違う。"心焦"は主述構造で"焦心"は動賓構造である。《醒世》では"焦心"は1箇所検出された。"心焦"の方が一般的。《醒世》では同義語"焦躁1""焦燥1""着急1""着忙13""着極23"もある。"着極23"が一般的。管見では、"着極"は《醒世》のみに見られる。違いを言えば、"心焦"は文の中で述語、定語、補語として使用され、狀語の用法はない。つまり動詞の前に置かれない。一方で、以下の用例のように"着忙""着極"はそれが可能である。

狄希陳着極奪鐮砍肱膊說了一遍。（醒世66.6b.6）－狀語

寄姐着極說道：事到其間，也就顧不得體面，叫衙役來弄開門罷。（醒世95.12a.9）－狀語

また、"着了極4""着了忙3"の言い方もある。"焦了心"の言い方はない。

着了忙的人，沒看見腳底下一塊石頭，絆了個番張跟斗‥（醒世41.2a.5）

狄員外着了極，只得去央薛夫人來解救。（醒世63.6a.4）

明清時代は"心焦""焦心"が並存し、現代語に二語とも継承されている。用法は《醒世》の時代とあまり変わらない。ただし、定語の場合、被修飾語は"人"に用いられない。"心焦的人"の言い方は不自然である。一般に"事"と共に用いられる。例えば"心焦的事"のように用いられる。《醒世》では定語の場合、"心焦"は"人"を修飾する用例がある。

童奶奶道：這姑娘眞是孩子氣。一個心焦着極的人，你可笑他。（醒世83.14a.3）－「"人"を修飾する」

二語とも方言として継承されている。《汉方大》によると"心焦"の釈義 ① 形容詞"寂寞；冷清"としての方言は浙江嘉興で、② 動詞"挂念"としての方言は山西長子、廣東陽江で、③ 動詞"批評；訓斥"としての方言は山東淄博、桓臺においてである。"焦心"の釈義 ① 動詞"操心"としての方言は四川自貢、

四川儀隴で、③ 名詞 "心事" としての方言は四川成都においてである。

要緊 - 緊要［yàojǐn - jǐnyào］（事例研究を参照）

形容詞（片方）
窄狹［zhǎixiá］
釈義：狭い = "寛度窄小"。
《醒世》の例。
［窄狹2］
又聽見郭總兵説道：你兩個不要嚷了，這是我的不是，原因戴家的牀上寬些，睡的不甚窄狹，所以在戴家的床上多睡了幾夜。（醒世87.7a.1）- 会話文

還得叫兩個小唱，席間還得説幾句套話，説該扮個戲兒奉請，敝寓窄狹，且又圖淨扮好領教。（醒世85.1b.10）- 会話文

"窄狹" は "狹窄" に相当する。「幅が狭い」の意味に用いる。明清時代は二語の違いとして、"狹窄" は基本的に地の文として用いられ、"窄狹" はよく口頭語として会話文に使用されている。"窄狹"：《西遊》《金瓶》の全用例は会話文に用いられ、《水滸》の4例のうち2例は会話文に用いられている。"狹窄"：《三言二拍》《紅樓》の全用例は地の文に用いられている。

明清時代では "狹窄""窄狹" が並存しており、現代語に二語とも継承されている。現代語では二語とももっぱら書面語に用いられている。また、「幅が狭い」の意味の他に、「（度量や見識などが）狭い」の意味にも用いる。

名詞（両方）
半夜 - 夜半［bànyè - yèbàn］
釈義：真夜中、深夜 = "深夜"。
《醒世》の例。
［半夜48］
這是你爹那半夜教道你的。快別如此。（醒世44.14a.9）-「真夜中、深夜」

薛教授與狄婆子同是七月十五日起,半夜得病,‥(醒世56.7a.7)-「真夜中、深夜」

起了半夜,眼還不曾醒的伶俐,‥(醒世69.7a.3)-「真夜中、深夜」

起先吐的,不過是那半夜起來吃的那些羹饌佳餚。(醒世69.7a.6)-「真夜中、深夜」

小人們在老爺房內上宿,種上了火,待半夜起來再把血竭調灌一服,通常無事。(醒世95.14a.8)-「真夜中、深夜」

[夜半]

却說那片雲、無翳這夜半的時節,見一个金盔金甲的神將,手提了一根鐵杵,到他兩个面前。(醒世17.3b.5)-「真夜中、深夜」

《醒世》においては使用頻度は明らかに"半夜"が圧倒的に一般的である。この2語は「真夜中、深夜」という意味では同義語と見られる。しかし、

還道他深夜必定回來,等了半夜那有童七的影兒。(醒世71.12a.10)

尋思了半夜,要把這草豆銀子散與那些百姓,要他不認科斂。(醒世17.7b.8)

珍哥足足哭叫了半夜,次早住了雨,直一路緒緒叨叨的嚷罵到家。(醒世8.6a.5)

用例のように"等了半夜""尋思了半夜""叫了半夜"の文脈から、"等了半宿""尋思了半宿""叫了半宿"の意味になる。ここの"半夜"は本義「一夜の半分」の意味から引申義「長い時間」になり、主観的に長いと感じた場合に用いる。"夜半"はこの種の意味としては用いられない。

さらに、《醒世》には"半夜三更""深更半夜""半夜裏／裡""大半夜"のように固定したものもある。現代語にも継承されている。

狄婆子道:這半夜三更的不成道理。(醒世45.7b.2)

衆人道:深更半夜,有甚麼片雲敢進這裡來。(醒世21.3b.5)

後晌還是晴天,半夜裡驟然下這等大雨,‥(醒世62.10b.7)

這晁梁雖是吃奶子的奶,一夜倒有大半夜是晁夫人摟着他睡覺晚。(醒世49.1b.3)

現代語に二語ともあるが、"半夜"が一般的。使用状況は《醒世》の時代

とあまり変わらない。

　　長短 - 短長 [chángduǎn - duǎncháng]
　　釈義：良きも悪しきも＝"是非；好坏"。
　　《醒世》の例。
　　［長短4］
　　做的菜嫌他淡了，他再來不管長短，加上大把的鹽，‥（醒世54.9b.4）-「良きも悪しきも」
　　你是個異姓之人，不知他家深淺長短，扯淡報那不平。（醒世98.5a.9）-「良きも悪しきも」
　　［短長1］
　　因狄周不管他的閒帳，不説他的短長，只是狄周是个好人，二人甚是相厚。（醒世54.12a.6）-「良きも悪しきも」
　　上掲例の"長短""短長"は「良きも悪しきも」の意味に用いられる。また、"長短"は「長さ」の意味にも用いられる。
　　喜的還不甚大，剛只有半截稍瓜長短。（醒世54.12a.6）-「長さ」
　　明清時代でも現代語でも"長短"の方が一般的。なぜかというと、張巍2010：164の"聯合式復合詞語素次序原則"（「聯合式複合語の語素の順序の規則」）の一つは"好壞次序"であるためだと考えられる（張巍2010：164）。"長短－短長"はこの規則に従っている。"生死－死生""吉凶－凶吉"も同じである。

　　費用 - 用費 [fèiyòng - yòngfèi]
　　釈義：費用＝"花费；开支"。
　　《醒世》の例。
　　［費用2］
　　他衙内衣食費用却又甚是儉省。（醒世12.3a.2）- 名詞「費用」
　　上記の"費用"は名詞の用法である。現代語の"費用"と変わりはない。しかし、下の用例のように、"費用"は動詞として「（お金を）用いる、使用する」

の意味にも用いられる。

若老爺要走動，小人們有極好的門路也費用得不多，包得老爺如意。(醒世5.3b.2) – 動詞「（お金を）用いる、使用する」

訳：知事さまがつてを頼られるのでしたら、我々にはとてもいいつてがあります。あまり金も使わずに、旦那さまの思い通りになることは請け合いです。

逢時致時，逢節致節，往往來來，也不知費用了多少禮物。(《初拍》) – 動詞「（お金を）用いる、使用する」

若是一個不伏氣，到了官時，衙門中沒一個肯不要賺錢的，不要説後邊輸了，就是贏得來，算一算費用過的財物已自合不來了。(《二拍》) – 動詞「（お金を）用いる、使用する」

你雖費用了些錢財，却也安排得那厮好。(水滸31.3b.10) – 動詞「（お金を）用いる、使用する」

"費用"の動詞の用法は明代の白話に顕著。清代になると、用例が少ない。比較的多く見られるものに《紅樓》がある。"費用"は全用例8箇所全て名詞「費用」の意味として用いられている。現代語では"費用"は名詞の用法だけに残っている。

《醒世》では逆序語"用費"という語もある。動詞として「（お金を）用いる、使用する」の意味に用いる。

［用費1］

胡相公，我們來了這半月，事体也一些不見動靜，銀子又不見用費，却是怎生緣故。(醒世5.9b.2) – 動詞「（お金を）用いる、使用する」

訳：胡相公、私どもがこちらへきてから半月間、何の音沙汰もなく、銀子も使われないのは、どういうことでしょうか。

また、名詞の用法もある。《醒世》は用例がないので、ほかの資料からの用例をあげておく。

這棧裏夥食用費，待妹妹發給。(《女媧》)

明清白話では"費用"の方が一般的。《水滸》《三言二拍》《紅樓》《官場》に"費用"の用例が見られるが、"用費"の用例はない。また、現代語に"用費"は

見られるが、名詞の用法としてのみ残っている。

機關‐關機 [jīguān‐guānjī]
釈義：機密、謀略＝"计谋；心机"。
《醒世》の例。
［機關5］
大家倒笑了一場，只猜不覺是那个濫嘴的洩了機關，致他自己尋到這裏。(醒世77.9a.9)
素姐此番進京，因小隨童囬去對着他洩了機關，所以叫他來作踐了這們一頓。(醒世78.13a.7)
只是要謹言，千萬不可對裡邊家人們說。泄漏了機関，不當耍處。(醒世97.2a.10)
［關機1］
泄了關機，被他追究起那透露的人來，反教那梁胡兩個住不穩，晁書也活不停當了。(醒世16.10b.10)

二語とも「機密、謀略」の意味として用いている。明清白話では"機關"の方が特に一般的。《水滸》《西遊》《平妖》《封神》《三言二拍》《金瓶》《紅樓》《儒林》《康熙》《品花》《兒女》《二十》《官場》《老殘》《歧路》に"機關"の用例がある。しかし、"關機"という語は見られない。

現代語に"機關"は継承されている。「機密、謀略」の意味の他に「役所」、「機械のしくみ」、「機械じかけの」の意味にも用いる。一方、現代語の"關機"は《醒世》とは、意味が全く異なっている。"使机器等停车工作""影视片等拍摄工作结束"の意味である（《現漢》p476）。

脊背‐背脊 [jǐbèi‐bèijǐ]
釈義：背中＝"背部"。
《醒世》の例。

［脊背2］

對狄希陳問道：脊背上的火創都已盡愈了麼。世間怎得生這般惡畜，你做男子的，在父母跟前，也還要大杖則走，怎麼袖了手，憑他這般炮烙。（醒世98.2a.5）-「背中」

［背脊2］

這是堂上太尊見狄友蘇兩次告假，每次就是四五十日，所以刑廳說起，知初被你打了六七百的棒椎，今又被你使猛火燒他的背脊。（醒世98.13a.1）-「背中」

上記の"背脊""脊背"は「背中」の意味に用いられている。この意味では二語とも同じであるが、"脊背"は以下の用例のごとく、「陰で、こっそりと」という意味にも用いられている。この種の用法は《醒世》の特徴だと考えられる。他の資料には見られない。

昨日西門裏頭王奶奶家送的燒酒臘肉合粽子，我見你沒送布合錢去，你打脊背裏也都吃了去了。（醒世49.12a.2）

訳：先日、西門里の王奶奶の家で焼酎、臘肉とちまきを送られたが、あなたは布と銅銭を持っていかず、こっそりと食べてしまった。

明清時代では「背中」の意味は、二語とも並存していた。

‥搜着背脊，口裏說道：我的乖，我與你兩個商量件事體。（《初拍》）-「背中」

‥白須垂頷，兩目奕奕有神，背脊微傴，見着雯青。（孽海）-「背中」

三條繩把長老吊在梁上，却是脊背朝上，肚皮朝下。（《西遊》）　　-「背中」

李逵趕上，就勢一脚踏住脊背，手起大斧，却待要砍‥（水滸42.11a.4）

兩旁站着兩行雁翅的管家，管家脊背後便是執事上的帽架子。（《儒林》）-「背中」

二語とも現代語にも使用されているが、"脊背"の「陰で、こっそりと」の意味は見られない。

見識-識見［jiànshí-shíjiàn］

釈義：見聞、知識、見識＝"见闻；知识"。

《醒世》の例。

［見識53］

童生裏面有如此見識，又有才氣，待取案首。(醒世38.3b.2)

這縣官是个有見識的，只在珍哥口裡取了口辭，豈不眞切。(醒世51.8b.6)

這孟指揮若是个有見識的人，為甚麼拿了錢‥(醒世63.2a.7)

童奶奶雖是个女人，甚是有些見識，為人謀事極肯盡心。(醒世75.6b.5)

［識見9］

他平日相厚那些人又都不是那老成有識見的人，脫不了都是幾個暴發户初物犢兒。(醒世9.13b.5)

若是有那大識見的人，約得自己要升天的時節，打發了他們出門‥(醒世36.4b.7)

‥有那見識的人都説狄賓<=賓>梁不像个村老，行事合于古人。(醒世42.2a.1)

上掲例の"見識""識見"は名詞として「見聞、知識、見識」という意味に用いられている。明清時代は二語が並存する。また、香坂1995:417によると"見識"について旧白話は"心眼兒"と同義語にも用いられており、"不和你一般見識"は慣用語のようであると述べている。

"否定（不／休）＋和／合＋目的語＋一般見識"の構成は《醒世》では全用例53件のうち37例を検出した。"識見"にはこのような用法がない。

晁大舍道：我合你夫妻一場，也有好來，你休合我一般見識。(醒世11.7a.4)

二位凡事看我的分上，將就他，不合他一般見識罷。(醒世34.12a.1)

憑那嫂子恁般欺侮，絶不合他一般見識。(醒世59.9a.10)

似這幾日，我看菩薩的面上，不合你一般見識。(醒世65.1b.7)

明清時代は"見識"は名詞として「見聞、知識、見識」という意味で用いているが、その他に動詞として「見聞を広くする」という意味でも用いている。また、「方法、計略、手段」の意味もある。これは現代語の"見識"と違っていて、現代語の"見識"にはこの意味がない。

眼見得那廝慌了，便先來説破，使個見識。(水滸45.18b.4)－「方法、計略、

手段」

空閑‐閑空［kòngxián‐xiánkòng］
釈義：暇＝"閑暇"。
《醒世》の例。
［空閑7］
狄員外凡是空閑，便走到薛教授店裏坐了，半日的説話。（醒世25.12a.1）
又沒有甚麼狀子批來審問，未免多得空閑在家。（醒世91.3b.2））
你的五日都是實受，我的五日多有空閑。（醒世91.5b.4）
［閑空7］
我家裏閑空沒的做，頓了幾匹廠綢來賣，通賣不出去。（醒世47.6a.10）
這夜間快活，也還沒有工夫，那有閑空且與狄希陳尋鬧。（醒世61.10b.3）

上掲例の"空閑""閑空"は名詞「暇」の意味に用いられている。"閑"は"閒"とも表記される。二語の構造は異なっている。"空閑"は並列構造の聯合式である。"閑空"は修飾構造の偏正式である。

"閑空"は名詞「暇」の意味の他に、「使っていない」という形容詞にも用いる。

在他間壁新買得一所閑空地基蓋造書舍，俱已蓋完。（醒世34.4a.10）‐「空いている（土地）」

所以沒人敢來惹那惡鬼。鎖了街門，久已閑空。（醒世42.4b.6）‐「空家」

現代語に二語とも継承されている。会話文の場合、"閑空"は"～兒"を接続し、名詞化"閑空兒"として用いている。近世白話には用例が少なくない。《醒世》では用例が見られないので、《紅樓》からの用例をあげておく。

遇着閑空兒，我再慢慢的告訴你。（紅樓104.11a.9）

雖不擺酒唱戲，少不得都要陪他在老太太、太太跟前頑笑一日，如何能得閑空兒。（紅樓70.5a.7）

力氣‐氣力［lìqì‐qìlì］
釈義：力＝"力量"。

《醒世》の例。

［力氣4］

我且喫飽，有力氣可以制人。(醒世45.7b.2)

素姐住了罵，説道：你好讓呀，人的兩隻桵爛了的手，你使力氣攛人的。(醒世89.11b.10)

［氣力13］

那個舒秀才感李大郎的相待，恨不得把那吃妳的氣力都使將出來。(醒世23.9b.4)

吃了飽飯，便有了氣力，可以替人家做得活。(醒世32.4a.1)

他的身量又大，氣力又強。(醒世56.10a.6)

上掲例の"力氣""氣力"は"体力"(「体の力」)の意味として用いられる。《醒世》での二語の用法の特徴について次の用例を使って述べる。

若像往時不用本錢，將了力氣營利，倒也不管他遺臭罷了。(醒世33.2b.6)

訳：以前のように元手を用いず、一生懸命はたらけば利益が得られるのであれば、匂いなどどうでもいいでしょう。

上記例文の如く、"力氣"は「困難などに堪え、物事をやり通す強い精神力」の意味にも用いられる。また、以下の用例を見る。

狄周娘子故意把話激他，他説：憑他，有氣力只管説，理他做甚麼。(醒世56.9a.1)

訳：狄周の女房がわざと話しを伝えて彼女を怒らせようとすると、彼女は言った。「勝手にさせておきましょう。効果があると思うなら言わせておけばよいのです。あの人に構ってどうなさるのですか。」

"氣力"は"作用；効果"の意味にも用いる。

明代では"力氣"より、"氣力"の方が一般的である。明代の《三言二拍》において"氣力"の用例は43箇所、"氣力"は9箇所検出された。《水滸》においては"氣力"の用例は47箇所、"氣力"は2箇所検出された。

清代中期以後"力氣"の用例は増え、徐々に一般的になる。清代中期の《儒林》において"氣力"の用例は1箇所、"氣力"は4箇所検出された。現代語に

は二語とも存在するが、"力氣"の方が一般的。"氣力"は主に書面語に用いる。

靈魂 - 魂靈［línghún- húnlíng］
釈義：死者の霊魂＝"人死后的鬼魂"。
《醒世》の例。
［靈魂1］
你住了他的房屋，搜了他的妻子，用着他的資財，使着他的奴婢，只怕他父子的强魂，不敢去惹那惡盗，兩个靈魂的怨氣，殺在你的身上。（醒世94.3b.8）
［魂靈9］
晁思才與晁無晏夾打了那一頓，發下監裏，果然將息了一個月好了，取出來枷號通衢，兩個月滿放。從此之後，這夥人的魂靈也不敢再到晁家門上。（醒世21.1a.10）
偺來時，劉毛還在家裏沒起身，你和劉毛的魂靈説話來。（醒世38.4a.3）
面上失了顔色，身上弔了魂靈，兩步趕成一步。（醒世52.3a.10）
上記の"靈魂""魂靈"は「魂、霊魂」の意味に用いる。"靈魂"は会話文に用いられ、"魂靈"は会話文にも，地の文にも用いられる。香坂1995:232は"靈魂""魂靈"の逆序語関係以下のように指摘している。

逆序語の関係にある語の中には、口頭語対書面語、口頭語・書面語口頭語という関係を持っているものがある。热火／火热、埋葬／葬埋は前者の，唠叨／叨唠、灵魂／魂灵は後者の用例である。後者の中には口頭語の場合儿化するものがある。"魂灵"がそうであり、これが書面語では儿化しないのが普通である。

近世白話では"魂靈"の方が多く見られる。《醒世》では二語の出現箇所から分かれる。また、"魂靈"は明代白話《水滸》に3箇所、《金瓶》に3箇所、清代中期《紅樓》に2箇所、《儒林》に3箇所、清代中期後期《二十》に2箇所、《品花》に4箇所検出された。しかし、"靈魂"はいずれの作品にも出現していない。"靈魂"は民国から用例が増え、老舍の《四世同堂》に27件、巴金の《激流三部曲》に14件出現する。

現代語に 2 語とも継承され、共通語では"靈魂"の方がよく用いられる。

悶氣 - 氣悶 [mēnqì- qìmèn]
釈義：怒り＝"胸中的怨怒之气；气恼"。
《醒世》の例。
[悶氣 8]
楊春領了一肚子悶氣回去，仍去合狄員外商議。（醒世 34.10a.10）
狄婆子‥，去了許多悶氣，便就添了許多飯食。（醒世 56.10a.9）
素姐道：…。這分明是賊人胆虛，這悶氣，我受不的。（醒世 64.10b.1）
[氣悶 4]
魏三封也就隨機應變，聽衆人勸得回來，好生氣悶。（醒世 72.6b.10）
上記例文の"悶氣""氣悶"は"氣惱"の意味に用いられる。意味は同一であるが、品詞が異なっている。"一肚子悶氣"の"悶氣"は名詞としての用法である。"好生氣悶"の"氣悶"は形容詞としての用法である。
《醒世》で"氣悶"は形容詞として息苦しい、呼吸をするのが苦しいことを表す。
却説珍哥這一夜脹得肚如鼓大，氣悶得緊，眞是要死不活。（醒世 4.12a.8）
訳：さて、珍哥は、その晩、腹が太鼓のように膨れ、息苦しくて、本当に死にそうになった。
陳師娘不吃肚饑，待吃氣悶，一邊往口裏吃一邊痛哭。（醒世 92.5a.1）
訳：陳師娘はおなかを空かせていましたが、食べようとしても胸が苦しくなってしまったので、食べながら、悲しげに泣いた。
明清時代は二語とも並存し、現代語に継承されている。意味は《醒世》とあまり変わらない。

名聲 - 聲名 [míngshēng- shēngmíng]
釈義：評判、声望＝"名气；声誉"。
《醒世》の例。

[名聲4]

我們畢竟是讀書人，要顧名義。子弟告父母官，是薄惡的事，告得動，這个名聲已是不好了；若再告不動，越發沒趣。(醒世7.12a.2)

繼樓説：既是自家不希罕，我給他一少半，把一半給了官，也落個名声<=聲>。(醒世34.11a.6)

他這不賢惠潑惡的名聲，人所皆知，受了他罵，何足為辱。(醒世89.8a.6)

[聲名1]

人都不曉得這個訣竅，只説那番子手慣會拿賊；却不知那番子手拿賊的聲名久聞于外，那賊一見了他，自己先失魂喪智，舉止獐徨，這有甚麼難認。(醒世52.3b.5)

"名聲""聲名"は名詞として「世間の評判」の意味に用いられている。明清時代は"名聲"の方が一般的。また、"名聲"は口頭語の場合儿化するものがある。《醒世》では用例がないので、他の白話資料からの用例をあげておく。

不圖打魚，只圖混水，借着他這名聲兒纔好行事。(金瓶45.2b.1)

‥住家在山東茌平，也有個小小的名聲兒，人稱我一聲鄧九公。(兒女31.25a.4)

現代語に二語とも継承されている。"名聲"は軽声語。"名聲"の方が多く見られる。

人犯‐犯人 [rénfàn‐fànrén]

釈義：罪人＝"犯罪的人"。

《醒世》の例。

[人犯28]

本府分付把人犯帶囬本縣。(醒世13.13a.9)

公文上都是東昌府開拆，批上却注人犯帶囬東昌府收問。(醒世13.7b.3)

原差稟説：這是道裏的人犯。(醒世47.12a.7)

[犯人8]

別的解子們都説張雲趙祿的不是：這是人命的犯人，你沒的不叫他阿屎。這

叫他阿在這裡甚麼道理。（醒世51.5b.5）

你曾見監裏的犯人，夜間有出去睡的麼。（醒世60.11b.6）

素姐説：你見那監裏的犯人放出家裏去睡覺來。（醒世63.10b.9）

上記の"人犯""犯人"は「罪人」の意味に用いる。違いとしては、"人犯"は犯罪事件の被告を含む関係者を指し、一般に地の文に用いられる。《醒世》の地の文では"人犯"の用例は全用例28件の中に3例を検出した。また、基本に"一干"と結びつき、"一干人犯"（"指罪犯和有關的人"）の形としての用例を見る。全用例28箇所のうち、21例を検出した。

該東昌府理刑褚推官將氏等一干人犯拘提到官，逐一隔別研審前情明白。（醒世13.4a.8）

縣官又把一干人犯叫回，問説：汪為露，你前年佔住那侯小槐的墻基。（醒世35.13b.7）

一方、《醒世》では、"犯人"は8箇所検出し、罪を犯した本人を指す。また、会話文にも地の文にも用いられる。《醒世》の会話文では"人犯"の用例は全用例8件の中に4例を検出した。地の文は4箇所である。

現代語には二語とも存在する。《現汉》では"人犯"を"泛指某一案件中的被告人或牽連在内的人"とし、"犯人"を"触犯刑律而被法院依法判处刑罰、正在服刑的人"とする。

事故 - 故事 ［shìgù - gùshì］
释義：事柄、事情＝"事情；情况"。
《醒世》の例。
［事故16］
婆子將晁家來請的事故一一説了一遍。（醒世4.11b.9）-「事柄、事情」
胡旦進去見了妗母，留吃了飯。劉錦衣囘了宅相見過説了來京的事故。（醒世5.8b.7）-「事柄、事情」
［故事11］
那珍哥狂蕩了一日囘來，正要數東瓜，道茄子，講説打圍的故事。（醒世

2.1a.9)-「事柄、事情」

上例の"事故""故事"は「事柄、事情」の意味に用いられている。また、二語とも"故事"(「物語」)の意味にも用いる。

素姐問道：侯師傅，剛纔唱的是甚麽故事。(醒世69.9a.9)-"故事"(「物語」)

説這晁源姻縁事故，已完其餘人等，不用贅説。(醒世100.12b.8)-"故事"(「物語」)

なお、"事故"は"變故"(「災難、不幸なでき事」)、"借口"(「口実」)にも用いる。

後來還有許多事故，且聽逐段説來。(醒世48.13a.7)-"變故"(「災難、不幸なでき事」)

教狄希陳托了事故不囘家中，每七日一到房内，‥(醒世61.9b.5)

你看見有妓女在坐，你只該慌忙領他兩盃，托了事故走得囘家。(醒世66.3b.3)

現代語では二語とも継承されている。《現汉》は"事故"を"意外的损失或灾祸"とし、"故事"を軽声の場合([gùshi])、"旧日的制度；例行的事"とし、四声の場合([gùshì])、"真实的或者虚构的用作讲述对象的事情""文艺作品中用来体现主题的情节"とする。

響聲-聲響[xiǎngshēng-shēngxiǎng]

釈義：物音＝"声音"。

《醒世》の例。

[響聲1]

待不一會，渾身骨節，只聽得對湊般響。響聲已住，狄希陳説通身就似去了千百斤重擔的一般，住了噁心，也不眼黑。(醒世95.14a.5)

[聲響4]

只見鄭醫官打得牙把骨一片聲響。(醒世17.2a.2)

正梳着頭，只見晁家的一个家人外邊敲得門一片聲響。(醒世9.6a.3)

那禁子拿了一副大粗的夾棍，向月台震天的一聲響，丟在地下。(醒世

12.12a.9)

只聽得天塌的一聲響，狄寳〈＝賓〉梁合狄希陳震得昏去。(醒世54.12b.6)

《醒世》では"聲響""響聲"は「物音」の意味に用いられる。"聲響"は"一片""一"と併用して、"一片聲響""一聲響"の形として用いられている。

明清時代では"聲響""響聲"が並存し、現代語に継承されている。意味は《醒世》とあまり変わりない。

心願 - 願心 [xīnyuàn - yuànxīn]

釈義：願い＝"愿望"。

《醒世》の例。

［心願1］

你自己發心願與他爲子報恩，這是你的善念。出家人打不的誑語，你若不實踐了這句説話。(醒世2.2b.9) -「願（をかける）」

［願心10］

急得晁夫人告天拜鬥，許猪羊，許願心，無所不至。(醒世17.1b.8) -「願（をかける）」

選下了日子，要同狄希陳往關帝君廟許一愿〈＝願〉心，望路上往囘保護。(醒世52.3a.3) -「願（をかける）」

聽見父親喚他，想起要到廟中許願，匆匆起來，連忙穿衣梳洗，跟了父親同往關廟，許了愿〈＝願〉心。(醒世52.3a.6) -「願（をかける）」

《醒世》は、"心願""願心"全用例は「神仏に対して願いがかなったら必ずお礼をすると約束して掛ける願」の意味に用いている。"願心"は"許"と組み合わせて用いられる。全用例10箇所のうち、8箇所はその用法である。

明代では二語とも多数見られる。《醒世》の時代、"願心"は一般的であるが、それ以後、"心願"の方が徐々に増加。その傾向が比較的顕著に見られるものに《紅樓》がある。《紅樓》において"心願"の用例は12箇所であるが、"願心"は1箇所のみである。

現代語には二語とも継承されているが、"心願"の方が一般的。"願心"

書面語に用いる。

性氣 - 氣性 [xìngqì- qìxìng]
釈義：性格＝"脾氣"。
《醒世》の例。
［性氣13］
性氣不好，凌虐丈夫，轉世還該托生狐狸。(醒世30.12a.8) - "脾氣"
肝火勝了的人，那性氣日甚一日的乖方。(醒世39.5b,6) - "脾氣"
寄姐的性氣豈是叫人數落發作的人。(醒世79.9b.4) - "脾氣"
［氣性2］
這也怪不的孩子，他姓龍的長，姓龍的短，难〈＝難〉說叫那孩子沒點氣性。(醒世48.10b.4) - "脾氣"

上例の"性氣""氣性"は"脾氣"に相当する。《醒世》で、二語の区別をすれば、以下の"氣性"＝「根性」は褒め言葉だと考えられる。

剛才打過，若是个當眞有氣性的人，我就合他一千年不開口說話。(醒世95.8b.2) - 「根性」

訳：先ほどぶたれたときも、もしも本当に根性のある者なら、相手と一千年話しをしなかったでしょう。

一方、以下の用例の"性氣"は「かんしゃく」の意味にも用い、貶し言葉だと考えられる。

衆人說道：你既一時性氣做了這事，你放心打官司。(醒世51.4b.3) - 「（一時）カッとなる性格」

訳：人々は言った。「怒りにまかせて、このようなことをなさった以上は、安心して裁判をなさってください。」

一時間性氣起來，或是瞪起眼睛。(醒世65.1a.8) - 「（一時）カッとなる」

訳：腹を立てて、目を剥いたりする。

明清時代は二語とも並存する。現代語に二語とも継承されている。意味は《醒世》とあまり変わらない。

兄弟‐弟兄［xiōngdì‐ dìxiōng］

釈義：兄弟。

《醒世》の例。

［兄弟144］

在各部裡當差,俱與晁舍似通家兄弟般相處,也要先去拜。(醒世7.7a.7)－「兄弟」

我怕巧姐看了樣,嘔氣殺我,我還沒個娘家的兄弟‥(醒世60.6a.1)－「兄弟」

但有多少事情,對那父母兄弟說不得、見不得的事‥(醒世61.2a.10)－「兄弟」

朝廷的車輛可見君臣、父子、兄弟、夫妻、朋友,婢僕,無一不要緣法。(醒世79.4a.7)－「兄弟」

［弟兄30］

‥,姓程名謨,排行第三,原是市井人氏,弟兄六個,‥(醒世51.1a.6)－「兄弟」

狄員外道：‥,弟兄兩個吃到那答晚,我倒怪喜歡的。(醒世58.12b.4)－「兄弟」

外面弟兄們有些口過,當不得各人的妻子也在枕頭這‥(醒世59.9b.10)－「兄弟」

上記の"兄弟""弟兄"は「兄弟」の意味に用いられている。二語とも会話文にも用いられ、叙述文にも用いられる。また、《醒世》では、"兄弟""弟兄"は"兄"と"弟"のどちらか一方を指す用例も検出される。

兒還不認的老子,兄弟還不認的哥哩。(醒世15.6b.5)－「弟」

你也不是我的漢子,你就是我的親哥兒弟兄。(醒世74.6b.1)－「兄」

なお、親戚や友人にも用いられる。

不枉了是我們兄弟一場。(醒世11.12b.9)－「いとこ」

李旺道：有一個相厚的弟兄要問你囝一套。(醒世65.12b.8)－「（親しくしている）お方」

明清時代では二語とも並存し、現代語に継承されている。現代語では、"兄弟"は口頭語の場合、［xiōngdi］軽声語で、"弟弟""称呼年紀比自己小的男

子""謙称男子対輩分相同的人或対衆人説話時的自称"の意味になる(《現汉》p1462)。"弟兄"は"弟弟和哥哥"の意味である(《现汉》p286)。

言語 - 語言［yányǔ- yǔyán］
釈義：言葉＝"説出来的话"。
《醒世》の例。
［言語91］
看官自想。我這話不是過激的言語。北邊每一鄉科，每省‥(醒世35.2b.5)-「言葉」

見了狄員外，把狄周所托的言語不敢増減，一一上聞。(醒世40.4a.10)-「言葉」

晁夫人不待家尋他，將言語支開他去了。(醒世49.7a.9)-「言葉」

却説素姐的言語，又不是輕低言悄語説的。(醒世56.13a.7)-「言葉」

大約都是此等言語，哄那些呆獸的老婆，哄得那些呆獸‥(68.1b.6)-「言葉」

差人畢竟遵奉太太的言語，陪他大家睡了(70.9a.7)-「言葉」

［語言1］
張瑞風神色俱變，語言恍惚，左看右看，囘説：小珍哥燒殺了九年多了，沒的鬼在小的家裡。(醒世51.8a.6)-「言葉」

上例の"言語""語言"は名詞の「言葉」として用いる。また、次のように"言語"には動詞"説"の意味の用例も見られる。37箇所検出された。

薛夫人曉得是説這个，口裏沒曾言語。(醒世56.5a.2)-"説"

氣的个素姐掙掙的，一聲也沒言語。(醒世60.13b.10)-"説"

狄員外合狄希陳站在一旁，乾瞪着眼看，沒敢言語一聲。(醒世68.9b.5)-"説"

"語言"は"説"の意味にも用いられる。《醒世》では用例がないので、他の白話資料から用例を挙げておく。

那裏是怕他，恁説我語言不的了。(金瓶12.17a.8)-"説"

這喬俊驚得呆了半晌，語言不得。(《通言》)-"説"

近世白話では"言語"の方が多く見られる。現代語に2語とも継承されている。"語言"には名詞「言葉」の他に、「言語」の意味もある。動詞の用法は北京方言に残っている（《中国語》p3810）。"言語"の用法は《醒世》の時代とあまり変わらない。ただし、方言には動詞"説"の意味だけ継承されている。

様式 - 式様 [yàngshì - shìyàng]
釈義：模範、手本＝"例子"。
《醒世》の例。

[様式1]

四則日逐與那權奶奶、戴奶奶相處，京師女人，那不賢惠，降老爸，好吃嘴，怕做活，一千一萬，倒像一個娘肚裏養的，越發看了不好的樣式，且是因有前生夙仇，今生報復，於是待那狄希陳倒也不像是個夫主，恰像似後娶的不賢良繼母待那前窩裏不調貼的子女一般。（醒世91.1b.5）－"榜樣；例子"

[式様2]

這艾囤子就是个式樣。狄員外終不失个好人。再有甚事，另有後回分解。（醒世67.16a.1）－"標準；代表"

上記の文脈により、"樣式""式樣"は釈義を「模範、手本」とすべきである。《白話》は上記例文の"樣式"を"榜樣；例子"とし、"式樣"を"標準；代表"とする。

また、《醒世》では、"式樣"は「デザイン、様式」の意味にも用いられる。

那些後生們戴出那蹺蹊古怪的巾帽，不知是甚麼式樣，甚麼名色。（醒世26.3b.10）－「デザイン、様式」

なお、近世白話では"各式各樣"の言い方もある。一方で"各樣各式"の言い方はない。

劉老老因見那小麵菓子都玲瓏剔透，各式各樣，又揀了一朵牡丹花樣的。（紅樓41.5a.8）

"樣式"は「デザイン、様式」の意味にも用いられる。《醒世》には、用例がないので、他の白話資料から用例を挙げておく。

我舍侄他在京裏不知見過多少大老，他這帖子的樣式必有個來歷，難道是混寫的。(《儒林》)-「デザイン、樣式」

近世白話には、「模範、手本」の意味を表す"樣式""式樣"の用例はあまり見られない。一般に「デザイン、樣式」の意味に用いられる。

現代語では二語とも継承され、どちらの意味も「デザイン、樣式」である。

運氣 - 氣運 [yùnqì - qìyùn]

釈義：運命＝"运气；气数"。

《醒世》の例。

［運氣5］

誰知人的運氣就如白晝的日光一般，由早而午，由午而夜，‥(醒世70.3b.8)

但不知童七運氣何如，將來怎生結束，且看後囬再說。(醒世70.14b.1)

［氣運2］

大開親戚門的氣運，約略相同，童童買賣興頭，誰知童奶奶的父親駱佳才也好時運。(醒世70.3a.1)

"運氣""氣運"は名詞「運命」の意味に用いる。近世白話では"運氣"は多くの場合"不好""好"と組み合わせ、一時的、その時だけの運勢を表す。

況我的運氣好的時節，憑他怎麼歪打，只是正着。(醒世4.8b.9)

看誰釣得着就是他今年的運氣好，釣不着就是他今年運氣不好。(紅樓81.5a.2)

上例の"運氣好時節""今年的運氣好"の"運氣"は一時的である。ここでの"運氣"は"運勢"と解釈すべきであろう。

"氣運"は現代語の"命運"に相当する。

都是氣運領的無端的，弄出這樣大事來。(兒女81.5a.2)

宋朝氣運已將終，執掌提刑甚不公。(金瓶76.20a.6)

現代語に二語とも継承されている。意味は《醒世》とあまり変わらない。ただし、"運氣"は形容詞"幸运"の用法もある(《現汉》p1613)。

你真运气，中了头等奖。(《現汉》)

旨意 - 意旨 [zhǐyì - yìzhǐ]

釈義：意図、意志、命令＝"主旨意趣"。

《醒世》の例。

［旨意12］

奉了旨意叫法司提問。（醒世17.5b.7）

按院奉了旨意勘合，行到繡江縣來。（醒世52.12a.3）

奉了朝廷旨意，叫官與他蓋造牌坊哩。（醒世52.13a.9）

［意旨4］

你凡事都順從着，別要違悖了他的意旨。（醒世58.6b.8）

誰知此番奉了推官意旨，又兼他惡貫滿盈，閻王催符來至，禁不得三四日，斷了茶水。（醒世88,15a.9）

上掲例の"旨意""意旨"は「意図、意志、命令」の意味に用いられている。次の用例の"旨意"は"聖旨"（「天子の意図」）の意味で、多くの場合"旨意"と動詞"下／下來"が結びついている。

起先那些官員个个都要候了旨意下來，致他於死，後見聖恩寬宥，經過聖上處分，反不動手他了。（醒世30.9a.9）－"聖旨"

旨意下了禮部。禮部覆過了疏，奉了旨，‥（醒世52.11b.10）－"聖旨"

明清白話資料では、"旨意"の方が一般的。《西遊》に"旨意"の用例は56箇所検出されたが、"意旨"は未検出。また、《紅樓》に"旨意"の用例は27箇所検出され、会話文にも、地の文にも用いられている。"意旨"は未検出。

現代語に二語とも継承されている。意味は《醒世》とあまり変わらない。ただし、一般に書面語として用いられている。

代詞（両方）

如何 - 何如 [rúhé - hérú]（事例研究を参照）

2.3.3 どちらか一方が方言に残っているもの

現代中国語ではどちらか一方が方言に残っているものを以下のように作る。

	AB - BA 型			AB - BA 型	
	AB 型	BA 型		AB 型	BA 型
動詞	[剝脫 10] [猜疑 1] [挫折 1] [發生 1] [積趲 2] [攪擾 5] [勒揹 13] [念誦 5] [情願 43] [撒潑 35] [剩餘 1] [早起 23] [折墮 9] [掙扎 1]	[脫剝 3] [疑猜 2] [折挫 4] [生發 1] [趲積 1] [擾攪 1] [揹勒 1] [誦念 1] [願情 2] [潑撒 2] [餘剩 2] [起早 7] [墮折 1] [扎掙 9] [擔承 2] [唬嚇 2]	名詞	[道路 4] [客人 16] [泥沙 1] [泉水 2] [士兵 2] [蔬菜 1] [夜晚 22] [逐日 12]	[路道 2] [人客 5] [沙泥 2] [水泉 2] [兵士 1] [菜蔬 1] [晚夜 5] [日逐 19] [曆日 1]
副詞	[凡百 30] [情管 65] [時常 46] [早已 1]	[百凡 4] [管情 1] [常時 31] [已早 1]	形容詞	[熱鬧 12]	[鬧熱 1] [利便 2] [小膽 3]

　上記の表に基づいて、動詞、副詞、形容詞、接続詞、名詞から各語彙を分析する。

　動詞（両方）

　剝脫 - 脫剝［bōtuō- tuōbō］

　釈義：脱ぎ捨てる＝"脱掉"。

　《醒世》の例。

　［剝脫 10］

　薛如兼道：俺媳婦兒又沒跟着人上廟，叫光棍剝脫的上下沒綹絲兒。（醒世 43.12b.3）素姐‥把小玉蘭叫到房中，把衣裳剝脫了個精光。（醒世 48.5a.1）

　行在通仙橋上，被不知名一夥惡棍打搶首飾，剝脫衣裳‥（醒世 74.8a.10）

［脱剝 3］

事完囬到房中，脱剝了那首飾衣服，怒狠狠坐在房中。（醒世 68.9b.7）

"剝脱"の 10 箇所の文脈のまとめ：

宋明吾被人剝脱靴帽（醒世 63.2b.7）；

把小玉蘭叫到房中剝脱了個精光（醒世 48.5a.1）；

尤聰被剝脱了精光（醒世 54.11a.9）；

俺媳婦兒被光棍剝脱的上下沒綹絲兒（醒世 73.12b.2）；

兄弟兩個人在當街被剝脱了精光采打（醒世 74.4b.7）；

丈夫被不知名一夥惡棍打搶首飾，剝脱衣裳（醒世 74.8a.10）；

珍珠的棉襖衣裳被剝脱下來（醒世 79.10a.3）；

呂祥的衣服被揚州番役剝脱幹淨（醒世 88.6b.9）；

上下内外衣裳被剝脱罄盡（醒世 96.10a.2）；

狄希陳被剝脱了衣裳（醒世 97.10a.2）。

"剝脱"は"被‥剝脱"の形で強制的に他から何らかの作用を受ける。

"脱剝"の 3 箇所の文脈のまとめ：

a. 他攔街辱罵脱剝了衣裳（醒世 32.10a.2）；

b. 事完囬到房中，（素姐）脱剝了那首飾衣服，怒狠狠坐在房中（醒世 48.5a.1）；

c. 新人首飾衣服被脱剝了（醒世 28.3b.10）。

a と b の"脱剝"は主述述語文に使用され、動作主体は自主的に自ら行動をすることを表す。

つまり、"剝脱"は他動的、強制的に他から何らかの作用を受けること。"脱剝"は何らかの行為を強制される場合もあり、自ら行動をすることもある。

近世白話では二語とも用例が少ない。とくに清代ではあまり見られない。清代初期の《聊齋》、清代中期の《紅樓》《儒林》と清代後期の《品花》《康熙》《兒女》《二十》《官場》において二語とも未検出。双方とも用いられるのは《醒世》の特徴だと思われる。

現代共通語では二語ともあまり使用されない。《現汉》にはいずれも未收。

現代漢語では一般に"脱掉；脱下"を使う。《汉方大》に"脱剝"は収録され、冀魯官話区の山東淄博に残る。

猜疑‐疑猜［cāiyí‐ yícāi］
釈義：疑う＝"怀疑"。
《醒世》の例。
［猜疑1］
晁夫人只恐怕過了月分被人猜疑，直到了十二月十五日晚間，方覺得腰酸肚痛起來。(醒世21.4a.6)
［疑猜2］
把些衆人心裏胡亂疑猜，不曉得是爲甚的。(醒世20.15a.3)
"猜疑""疑猜"は意味機能が同一。また、"猜""疑"は単独でも用いられていた。

待了許久，珍哥方纔醒來，説道：再沒有別人，我猜就是張師傅。(醒世43.4a.8)

如有人疑在我的身上，狄奶奶，你務必誓也與我説个，替我洗清了纔好，也不枉了我為狄奶奶一塲。(醒世77.2b.4)

明清白話では"猜疑"が一般的。"疑猜"は清代中期まで使用されていた。清代中期の《紅樓》《儒林》に用例がある。清代中期以後はあまり見られない。清代後期の《品花》《康熙》《兒女》《二十》《官場》には用例がない。

《現汉》によると"猜疑"は一般に書面語として用いられており、会話文としては"懷疑；猜；猜想"が常用される。《現汉》に"疑猜"は載っていない。《汉方大》によれば"疑猜"は中原官話区の河南鄧県に残っている。

挫折‐折挫［cuòzhé‐ zhécuò］
釈義：痛めつける、ひどい目に遭う＝"压制；欺凌"。
《醒世》の例。

［挫折1］

這恰似千載奇逢的一般，只是當不起一个内官王振擅權作惡，挫折的那些内外百官，那一个不奴顔婢膝的。(醒世12.1b.7)‐他動詞

［折挫4］

往日恁般折挫，偏不生氣害病，晦氣將到身上偏偏的生起氣來。(醒世82.6b.1)‐自動詞

"挫折""折挫"は動詞として「痛めつける、ひどい目に遭う」の意味に用いる。"折挫"は"折剉"とも表記（以下の用例を参照）。

在家中受那素姐萬分折剉＜＝挫＞秦檜、曹操‥(醒世75.6b.1)

"折挫"は《醒世》に自動詞として使用されている。しかし、"挫折的那些内外百官，那一个不奴顔婢膝的"の"挫折"は他動詞である。また、「"挫折"＋"的"＋"从句"」構造のように"的"は後ろの"那些内外百官，那一个不奴顔婢膝的"とつながり、"挫折"の結果補語になる。この構造は"挫折"の特徴だと考えられる。《醒世》における同義語"折墮""墮折""折毒""折磨"にはこのような用例がない。

明代白話では二語とも用例がしばしば見られるが、清代以後になると用例が少ない。《聊齋》《紅樓》《儒林》《品花》《康熙》《兒女》《二十》《官場》には双方とも見えない。"挫折"は清代には用例があまり見られないが、民国から徐々に用いられるようになる。例えば、老舎の《四世同堂》に5件見られる。現代語に"挫折"は継承され、一般に名詞として用いられている。現代中国語コーパス（CCL）によれば、"挫折"は全用例28箇所のうち、26箇所が名詞の用法である。動詞としては一般に"折磨"の方が常用されていると考えられる。一方、"折挫""折剉"は現代方言に継承されている。《汉方大》によれば、"折挫""折剉"は冀魯官話が山東に現存する。

發生‐生發 [fāshēng‐shēngfā]

釈義：生ずる＝"滋生"。

《醒世》の例。

[發生1]

春時發生的時候，雨過三日，那麥苗勃然蒸變，日長夜生，擷莖吐穗。（醒世93.13a.3）

[生發1]

若是該雨不雨，該晴不晴，或是甚麼蝗蟲生發，他走去那莊頭上一座土地廟裏，指了土地的臉，無般不識的罵到。（醒世26.8b.3）

上記例文の"發生""生發"は「（物が）生ずる」という意味に用いられる。

明清時代、"發生"は「物が生ずる」という意味が一般的である。

地之神，只是萬物發生，山川出雲之類。（《朱子》）－「物が生ずる」

又經五千四百歲，醜會終而寅會之初，發生萬物，歷曰天氣下降，地氣上升；天地交合，群物皆生。（《西遊》）－「物が生ずる」

しかし、"生發"は「（物が）生ずる」という意味になると、一般に悪いことを指す。

如今四外好不盜賊生發，朝廷勅書上，又教他兼管許多事情；鎮守地方，巡理河道，提拏盜賊，操練人馬。（金瓶96.4a.6）

有司禁治不嚴，致有私茶生發，罪及官吏。（《元史》）

現代漢語では"發生"は多数見られるが、明清時代では"發生"はそんなに多く見られない。《水滸》《三言二拍》《紅樓》《儒林》《兒女》《二十》において未検出。

現代語の"發生"は一般に"原來沒有的事出現了"「なかったことが出る、起こる」の意味で用いられる。例えば、"发生变化""发生事故""发生关系"（《現汉》p350）。"發生"が一般的だと考えられる。現代共通語には"生發"はあまり見られない。だが、方言としては残っている。《汉方大》によると、"生發"は释義①名詞"生發出來的財物；收入"の方言は四川成都、②動詞"生利；獲取錢財"の方言は官話と吳語、③形容詞"興旺"の方言は北京である。

積趲－趲積［jīzǎn－zǎnjī］

釈義：蓄える＝"积蓄；积聚"。

《醒世》の例。
［積趲2］

農忙時月與人家做些短工，積趲了幾兩銀子，定了一个庄户人家周基的女兒周氏，擇了三月十五日娶親過門。(醒世28.1a.8)-動詞「蓄える」

那時尤聰積趲得幾兩銀子在手，絕不留戀，領了媳婦欣然長往，賃了人家兩間房子，每月二百房錢。(醒世28.1a.8)-動詞「蓄える」

［償積1］

但這樣人得了這樣利，源得的不難，看得也便容易，這手搵來，那手撒去，也不大有甚麼償積。(醒世88.8a.8)-動詞の名詞化「蓄え」

文脈により"積趲"は動詞「蓄える」の意味で用いられている。"趲"は"攢"の借字である。"償積"は動詞の名詞化「蓄え」の意味で用いられている。各自の品詞は異なっている。

近世白話では"積趲(攢)"の用例が多数見られる。"償(攢)積"はあまり見られない。《水滸》《西遊》《平妖》《封神》《三言二拍》《金瓶》《聊齋》《紅樓》《儒林》《品花》《康熙》《兒女》《二十》《官場》《老殘》においては未検出。

現代共通語には"積攢"はあるが、"攢積"はあまり用いられない。しかし、"攢積"は方言として継承されている。《汉方大》になると"攢積"は膠遼官話の山東平度方言に見られる。

攪擾-擾攪 [jiǎorǎo-rǎojiǎo]
釈義：人のお宅に邪魔をする＝"婉辞，指受招待"。
《醒世》の例。
［攪擾5］

算還了房錢飯錢，辭謝了店家的攪擾，大家往東昌回轉不提。(醒世13.12a.4)

文脈より、"擾攪"は先方で何かご馳走になることが多い。ご馳走に感謝する意が強い。しかし、"攪擾"は「人のお宅にお邪魔する」の意味以外に、「騒がす、かき乱す、かき回す」の意味もある。

· 159 ·

狄員外道：不敢。這一定是童奶々，請作揖。諸凡仗賴，只是攪擾不安。（醒世54.2a.4）-「騒がす、かき乱す、かき回す」

《醒世》では、逆序語"擾攪"もある。意味は「人のお宅にお邪魔する」である。

[擾攪1]

晁大舍出來相見，單只謝禹明吾的擾攪，禹明吾却不謝謝晁大舍的作成。（醒世10.12b.10）

"擾攪"は明清時代には用例が少ない。"攪擾"が一般的。《水滸》《西遊》《封神》《三言二拍》《金瓶》《品花》《兒女》《二十》には"攪擾"はあるが、"擾攪"は見られない。"攪擾"は現代語に継承されている。一方、"擾攪"という逆序語は現代共通語には見られないが、方言に用いられている。《汉方大》によれば、"擾攪"は贛語の江西新余、閩語の福建廈門、廣東潮州及び台湾においてまだ使用されている。

勒掯 - 掯勒 [lēikèn· ken - kènlè]

釈義：錢を取られる、難癖を付ける＝"勒索；強迫"。

《醒世》の例。

[勒掯13]

那有錢的富家，便多與他个把錢也不為過。只是可恨他齊了行，千方百計的勒掯。（醒世26.10b.2）

如今年成略好得一好，就千方百計勒掯起來。（醒世31.12b.2）

狄員外道：…。這是甚麼事。你且高枝兒上站着勒掯哩。（醒世67.2b.1）

你把人治的叫苦連天的，你可勒掯着人家不去。（醒世67.5b.9）

艾回子既然勒掯不去，另請了別人。（醒世67.7a.6）

你騙了人家的錢來，勒掯着不替人治療。（醒世67.8b.6）

‥往家跑的去了，叫人再三央及着，勒措〈=掯〉不來。（醒世67.14a.5）

[掯勒1]

那郎中叫他就在那湯藥裏邊小解，果然就不甚疼。不受了婦人的掯勒，又不

苦於溺水尿。(醒世39.13a.10)

　文脈により、"勒掯""掯勒"は「銭を取られる、難癖を付ける」と解すべきである。《〈醒世〉方辞典》によると"勒掯"を収録。動詞「圧迫する、わざと嫌がらせをする」＝"刁難；強迫"。北方方言とする。《醒世》では同義語"刁難；強逼；為難"も用いるが"勒掯"が一般的。

　"掯勒"は明清時代にはあまり見られない。《西遊》《金瓶》《紅樓》《儒林》《兒女》《官場》《二十》において未検出。現代方言に継承されている。《汉方大》によると、"掯勒"（釈義"剥削；克扣"）の方言は単なる官話である。一方、《现汉》には"勒掯"という語彙が収録されているが、軽声語で方言として使用されている。《汉方大》によると"勒掯"の釈義①"強制約束"の方言点は北京、②"刻扣；剥削"の方言点は山東寿光、③"刁難"の方言は山東萊陽、山東榮成、河南である。

　《醒世》には同義語"迫脅"もある。

［迫脅1］

　你們黨惡，倚惡要盟，倚眾迫脅，怎倒是他反覆。(醒世35.13a.5)

　"迫脅"は「強迫する」の意味に用いる。《醒世》には"脅迫"はない。明清時代には"迫脅""脅迫"いずれもあまり見られない。《水滸》《西遊》《金瓶》《紅樓》《儒林》《兒女》《官場》《二十》において二語とも未検出。《醒世》では"勒掯"が一般的。現代語において"迫脅"は死語のようであるが、逆序語"脅迫"はある。用法は明清時代とあまり変わらない。

念誦－誦念［niànsòng－sòngniàn］

　釈義：念仏を上げる＝"佛教語，指心念口誦佛經或佛名"。

　《醒世》の例。

［念誦5］

　素姐梳洗完畢，在佛前叩了首，口裏喃喃喏喏的念誦。(醒世86.11b.8)－「念仏を上げる」

　你就有這們些瓜兒多子兒少的念誦我。(醒世77.14a.4)－「念仏を上げる」

［誦念1］

狄希陳跪在佛前，俯伏在地，聽胡無翳與他誦念解冤神咒。（醒世100.10a.6）-「念仏を上げる」

上掲例の"念誦""誦念"は「念仏を上げる」の意味に用いている。

明清白話資料では"念誦"の方が一般的。《西遊》《三言二拍》《聊齋》《紅樓》《康熙》《歧路》に"念誦"の用例はあるが、"誦念"は検出されていない。また、"念誦"は「念仏を上げる」の意味以外に、引申義「気にかかっていて口に出す、話し込む」の意味にも用いられる。

《白话》からの用例を挙げておく。（《白话》p1100）

我往後只面紅耳熟的，都是你兩口子念誦的。（醒世32.11b.5）

剛纔老太太還念誦呢，可巧就來了。（《紅樓》）

一方、古代中国語コーパス（CCL）によれば、明清時代、"誦念"は《醒世》と《金瓶》においてそれぞれ1箇所のみある。

於是誦念了百十遍解經經呪。（金瓶100.12a.2）-「念仏を上げる」

現代語には二語とも見られないが、引申義「気にかかっていて口に出す、話し込む」の意味の"念誦"は東北方言に継承されている（《中国語》p2226）。

情願 - 願情 [qíngyuàn- yuànqíng]

釈義：自ら進んで‥する、甘んじて‥する＝"心里愿意"。

《醒世》の例。

［情願43］

論該別人上宿，他每次情願替人。（醒世43.4b.4）

説：我實是怕你，我情願打光棍躱出你來了。（醒世44.8b.4）

今鏡頗可過活，鏡男應斷歸宗。鏡情願出銀二十兩為謝。（醒世46.8a.8）

連個養漢老婆也就情願認在自家身上哩。（醒世52.6b.5）

縣官頭一个叫上程英才去，問説：你情願和息麼。（醒世35.13a.2）

［願情2］

那該吃的人也就願情許殺吃，説：總然不殺，脱不過也要餓死；不如早死了，

免得活受，又搭救了人。(醒世31.2b.5) - 活字本の《醒世》では"愿情"と表記している。

　"情願""願情"は意味、機能とも同一。二語とも動詞として「自ら進んで‥する、甘んじて‥する」の意味に使用される。"情願"の"願"は"愿"とも表記している。"願情"は明清時代、現代ともにあまり見られない。以下のように《醒世》において3箇所、《水滸》において1箇所、合計4箇所検出した。なぜ《醒世》と《水滸》の4箇所のみであるかと考えると、明清時代は"願情"の使用頻度が極めて低く、"情願"が一般的であるためではないかと思料する。現代共通語でも"願情"は見られず、"情願"が一般的である。

　莫説這板是二百二十兩，就是一千兩也是願情出的。(醒世9.7b.3) - 活字本の《醒世》では"愿情"と表記している。

　媳婦子聽了這席言語，方才允從；又兼小濃袋自己也願情待去，要跟着遙地裏走走，看看景致。(醒世94.11a.5)

　相國寺裏不曾見有師父。今日我等願情伏侍。(水滸7.2b.1)

　"情願"は現代語でも使用されている。また、

　他情愿死也不愿在敌人面前屈服。(《中国語》p2481)

　この用例のように、"情願"は"寧可"「むしろ‥したい、むしろ‥の方がよい」という意味にも用いる。

　なお、"願情"は現代共通語では用いないが、方言に継承されている。《汉方大》によると、"願情"は動詞"願意"の意味としては、晋語の山西沂州の方言に見られ、動詞"寛恕"の意味としては、閩語の台湾の方言に残る。

撒潑 - 潑撒 [sāpō - pōsā]
　釈義：だだをこねて暴れる＝"放肆横行；无理取闹"。
　《醒世》の例。
　[撒潑35]
　怒從心上起，惡向胆邊生，碰頭撒潑，叫一會，罵一會，説道：濃包忘八，渾帳烏龜，一身怎當二役‥(醒世3.12a.2)

‥這等一個郷宦大門内一個年少婦女撒潑〈＝潑〉。（醒世 8.17a.4）

只這在街上撒潑，也就休得過了。（醒世 10.6b.5）

晁大舍略有觸犯着他，便撒潑個不了。（醒世 11.1b.6）

龍氏就待撒潑。薛三省娘子道：狄大爺滿口的説‥（醒世 73.13b.10）

文脈により、"撒潑""潑撒"は釈義「だだをこねて暴れる」と解すべきである。"撒潑"は［sāpō］と発音される。また、"潑撒"も「だだをこねて暴れる」の意味に用いている。

［潑撒2］

説道：濃包忘八，渾帳烏龜‥千沒廉恥，萬沒廉恥，潑撒的不住。（醒世 3.12a.10）-「だだをこねて暴れる」

明清白話では"撒潑"の方が一般的。《醒世》では出現箇所から分かれる。そして、《水滸》《西遊》《通言》《金瓶》《紅樓》《儒林》《兒女》においては"撒潑"の用例はあるが、"潑撒"は未検出。

《白话》において「だだをこねて暴れる」は"潑撒"を［pōsǎ］と読音される。筆者は疑問を提したい。［sǎ］の場合は"傾潑"（「ぶっかける」）の意味になる。「だだをこねて暴れる」の"潑撒"の"撒"は"撒潑"の"撒"と同じ、「勝手気ままに行動する」の意味で、［sā］と発音すべきだと考える。

以下の用例を見る。

因他欺心胆大撒潑米麵，所以干天之怒，特遣雷部誅他。（醒世 54.13a.5）-［sǎpō］

雖是那主人家黒汗白流掙了來，自己掂斤估兩的不捨得用，你却這樣撒潑，也叫是罪過。（醒世 26.9a.2）-［sǎpō］

有庵裏使熟的個女厨老翟就好，他又不肯潑撒人家的東西。（醒世 64.8b.5）-［pōsǎ］

文脈により、"撒潑""潑撒"は"傾潑"（「ぶっかける」）と"傾潑"の引伸義「お金やものを無駄に使う」の意味になる。この場合の"撒"は［sǎ］と発音すると考えられる。

現代共通語では"撒潑"［sāpō］はあるが、"撒潑"［sǎpō］"潑

撒"［pōsǎ］"潑撒"［pōsā］はあまり見られない。方言では、"撒潑"［sǎpō］は冀魯官話区の山東寿光に"抛丟糧食"の意味としてまだ使用されている。"潑撒"［pōsǎ］は西南官話区の四川成都に形容詞"揮霍；大手大脚"の意味として継承されている（《汉方大》に拠る）。

剩餘 - 餘剩 [shèngyú - yúshèng]
釈義：残る＝"剩下"。
《醒世》の例。
［剩餘1］
那時年成又好，百姓又不像如今這般窮困，一莖一粒也没有拖欠，除了正數還有三四千金的剩餘。（醒世17.4b.9）- 名詞「残り、余り」
［餘剩2］
高相公見烏大王與那班群妖諸怪絶無蹤影，桃明了燈燭，將那餘剩的杯盤從新的大爵，一面問那女子的來歷。（醒世62.3b.7）- 動詞「残る、余る」

文脈により、"剩餘"は名詞として「残り、余り」の意味に用いられている。"餘剩"は動詞として「残る、余る」の意味に用いられている。各自の品詞は違う。

明清時代は"剩餘""餘剩"ともに用例が少ない。《金瓶》《紅樓》《兒女》《官場》《二十》には"剩餘""餘剩"の用例がない。一般に"剩下"を使う。

現代語では"剩餘""餘剩"ともにあるが、"餘剩"より"餘剩"の方が一般的だと考えられる。現代中国語コーパス（CCL）によれば、"剩餘"の用例は5674箇所あるが、"餘剩"の用例は22箇所のみである。"餘剩"は現代共通語ではあまり見られないが、呉語の上海でまだ使用されている。

早起 - 起早 [zǎoqǐ· qi - qǐzǎo]
釈義：動詞「朝早く起きる」＝"早上起得早"。
《醒世》の例。
［早起23］
二人説起夢來，都是一樣，也甚是詫異一番。早起寫了一封書與大舎。（醒世

6.3a.6)-動詞「朝早く起きる」

這們早起待怎麼，你在我脚頭再睡會子。(醒世49.4a.8)-動詞「朝早く起きる」

寄姐早起梳了頭，自己抱了小成哥，叫人領了小京哥，出到外面書房。(醒世96.1b.1)-動詞「朝早く起きる」

［起早7］

就是以上大人，雖是身子不動，也是要起早睡晚。(醒世24.4a.5)-動詞「朝早く起きる」

把那攙女婿、拒婆婆不起早，對着薛教授告訴。(醒世45.5b.10)-動詞「朝早く起きる」

我明日起早，你着人且送我家去。我安一安家，收拾些藥。(醒世66.12a.6)-動詞「朝早く起きる」

"早起""起早"の構造は異なる。"起早"は動補構造の補充式で、"早起"は修飾構造の偏正式である。また、文脈により、"早起""起早"は動詞として釈義「朝早く起きる」と解すべきである。

なお、"早起"は

只是薛夫人早起後晌，行起坐臥，再三教訓，無般不勸。(醒世48.11b.10)-名詞「朝」

用例のように名詞として「朝」の意味にも用いている。

名詞"早起"の"起"は軽声語[qi]と発音される。

"起早"は名詞として「朝」の意味にも用いられる。《醒世》には、用例がないので、他の白話資料から用例を挙げておく①。

這房做事，那房並不知道，況且起早，誰疑心有這件事來。(《西湖》)-名詞「朝」

現代共通語では"早起"は使うが、動詞としてのみの用法である。"起早"はあまり見られない。しかし、"早起"の名詞の使い方と"起早"の名詞、動

---

① 《白话小说语言词典》の1202ページに拠る。

詞の使い方はそれぞれ方言に継承されている。《〈醒世〉方辞典》によれば、"早起"は「やや早い朝」="早晨"。北方方言、過渡、閩語である。吳方言にも用いられる。《汉方大》によれば、"起早"は動詞「朝早く起きる」の意味として西南官話区の貴州沿河では使用され、名詞「やや早い朝」の意味として閩語の福建莆田、仙遊、閩侯洋裏、福鼎澳腰で使用されている。

折墮 - 墮折 [zhéduò - duòzhé]
釈義：痛めつける、虐げる = "摧残；折磨"。
《醒世》の例。
［折墮9］
這敢是你那一輩子與人家做妾，整夜的伺候那大老婆，站傷了。因你這般折墮，你從無暴怨之言，你那前世的嫡妻托生，見與你做了女兒，你後來大得他的孝順哩。（醒世40.8b.7）

姑子説：是折墮的小產了死的。（醒世40.12b.9）

有這們混帳孩子。死心踢地的受他折墮哩。（醒世52.5a.10）

丈夫就是天哩，癡男懼婦，賢女敬夫，折墮漢子的有好人麼。（醒世69.2b.3）

［墮折1］

自從母親病死，那十來歲的孩子，自己會得甚麼料理，還虧不盡有個外婆娘舅勉强照管，不致墮折身死，長成了個大人。（醒世82.7a.1）

《〈醒世〉方辞典》によれば、"折墮"は北方方言である。現代方言では、近似音語"折登；折蹬；折腾；折倒；折搗"も用いる。《醒世》では同義語"折挫；折磨"と共に"折墮"もよく使用。

"墮折"は《醒世》において1箇所のみ。他の明清時代の作品にはあまり見られない。《白话》には未収。

現代共通語には"折墮""墮折"2語ともにないが、"折墮"は方言として継承されている。《汉方大》によれば、"折墮"は"折磨"の意味を表す場合、山東省に継承され、"堕落"の意味を表す場合、"折墮"は西南官話区の雲南永勝に継承されている。また、"因幹壞事多而得到應有的報應"「悪事に対し報い

がある」の意味もあり、広東語に継承されている。

掙扎－扎掙［zhēngzhá-zházhēng］（事例研究を参照）

動詞（片方）
擔承［dānchéng］
釈義：責任を負うこと＝"承受担负（责任）"。
《醒世》の例。
［擔承2］
　誰知人的才氣全要有德量的擔承，若是沒有這樣德量擔承，這个單才字就與那貝字旁的財字一樣，會作祟害人的。（醒世30.8b.6）－動詞の名詞化
　上掲例の"擔承"は"有‥擔承"の形で動詞の名詞化として「責任を負うこと」の意味に用いる。"擔承"は一般に動詞として使用される。たとえば、
　老殘正在躊躇，卻被二翠一齊上來央告，説：這也不要緊的事，你老就擔承一下子罷。（《老殘》）－動詞
　只因這一番，有分教：梨園子弟，從今笑煞鄉紳；萍水英雄，一力擔承患難。（《儒林》）－動詞
　明清時代では"承擔"という語はないようである。《水滸》《西遊》《金瓶》《三言二拍》《紅樓》《儒林》《兒女》《官場》《二十》において未検出。曹廷玉2000：60は"'承擔'是地道的現代漢語詞"と指摘する。
　現代共通語では"承擔"はあるが、"擔承"はあまり使われない。"承擔"は動詞として近世語の"擔承"に相当する。"擔承"は方言に残っている。《汉方大》によると"承擔；擔負"の意味を表すとき、"擔承"は河南方言に残り、"擔待；包涵"と"擔名（承擔某種名分）"の意味を表すとき、福建廈門方言に残る。

唬嚇［hǔxià］
釈義：脅す＝"恐吓"。
《醒世》の例。

[唬嚇2]

我這衙裏，要是安靜的，這倒也可以唬嚇他，説刑廳利害，別要惹他，惹的他惱，不替人留體面。(醒世97.3b.9)

‥唬嚇道：若你們不出來強管，我們只得將就罷了；若你們出來管事説情，我們必定將這幾年詐害百姓的惡欵，上公憤民本了。(醒世7.11b.6)

現代語の"嚇唬"と同じ。《醒世》には"唬嚇"のみあり、"嚇唬"の用例は見られない。また、

説天冷唬他不住，又説路上滿路的響馬，劫了行李還要吃人‥(醒世88.2b.10)

上記例文のように現代語の"嚇"と同じく、《醒世》の"唬"も単独で用いられる。しかし、《醒世》では"嚇"は単独で用いられない。"嚇唬"の複合語を用いる。

現代共通語で"唬嚇"はあまり用いないが、方言には継承されている。"唬嚇"（釈義"誇大事實、虛張聲勢來使人害怕"）の方言は官話においてのみ（《汉方大》に拠る）。

副詞（両方）

凡百 - 百凡 [fánbǎi - bǎifán]

釈義：全て（の）、一切（の）＝"所有；一切"。

《醒世》の例。

[凡百30]

然後再把房產東西任我們兩個為頭的凡百揀剩了‥(醒世20.11a.9)－「全て、一切」

把媳婦看做外人，凡百偏心，衣食都不管照。(醒世36.1b.9)－「全て、一切」

凡百物件，經了他眼中一過，你就千年古代，休想‥(醒世65.9b.9)－「全ての、一切の」

凡百的瘡，疼的容易治。這疼一定是蝕淨了敗肉。(醒世67.3a.7)－「全ての、一切の」

［百凡4］

接風送行，及至任中，官囊百凡順意，這都不爲煩言碎語。(醒世1.6a.8)－「全て、一切」

百凡事務，足足忙到五更。(醒世44.10a.2)－「全ての、一切の」

上掲例の"凡百""百凡"は「全て(の)、一切(の)」の意味に用いている。《<醒世>方辞典》は二語に対して次のように解釈する（p5、58）。

"凡百""百凡"：形容詞。「全ての、一切の」＝"所有；一切"。山東方言、河北方言。《醒世》では、同義語"一切"が極めて一般的。副詞的修飾語の用法が多い。"凡百"は動詞としての用法もある。"凡百(的)"力を尽くす＝"尽力"。同義語"凡百；盡力"が多く使用。"凡百"は連用修飾される構造助詞"的"の附接が多い。

只是叫晁大哥凡百的成禮，替令愛出齊整殯<＝殯>，往後把這叫罵的事，別要行了。(醒世9.8b.8)－「力を尽くす」

原要專央老父母凡百仰仗看顧。(醒世14.5a.7)－「力を尽くす」

你既説是個族長，凡百的公平才好叫衆人服你。(醒世22.12a.1)－「力を尽くす」

上記によって、《醒世》では"凡百"は二つの意味があり、使用範囲が"百凡"より広い。また、二語とも現代共通語ではあまり用いられないが、山東方言、河北方言に継承されている。

［補］《近代汉语虚词词典》は"凡百"(釈義"務必")、"百凡"(釈義"一切")の品詞を副詞にする（p15、179）。《汉方大》は"凡百"(釈義①"一切")の品詞を代名詞に、(釈義②"盡力")の品詞を動詞にする。品詞分類に差異がある。"凡百""百凡"は形容詞、動詞を修飾するため、ここでは副詞にする。

情管－管情［qíngguǎn－guǎnqíng］（事例研究を参照）

時常－常時［shícháng－chángshí］（事例研究を参照）

早已‐已早 [zǎoyǐ‐yǐzǎo]

釈義：既に＝"早就"。

《醒世》の例。

[早已1]

童奶奶到得那裏，下了驢，打發了驢錢。任德前早已看見，撥開衆人，引得童奶奶竟進宅門。(醒世71.7a.6)

[已早1]

到了黃昏，靈前上過了供，燒過了紙，又同他父親表弟睡了。相大妗子娘媳兩个已早囬去了。(醒世60.10a.7)

"早已""已早"は意味、機能とも同一。二語とも副詞として「既に」の意味に用いる。明清時代は"早已"の方が一般的。《水滸》《西遊》《金瓶》《儒林》《紅樓》《兒女》《官場》《二十》いずれも"早已"の用例は多数見られる。しかし、"已早"は未検出。

現代語では"已早"は廃語のようである。"早已"は現代共通語において副詞として"很早已经；早就"の意味で明清時代と変わらないが(《现汉》p1624)、方言にも継承される。《汉方大》では名詞として、①"现在"②"从前；原先"と釈義し、①の場合の方言は山西榆社に、②の場合の方言は山東壽光、山西文水、江西贛州蟠龍に見られる。そのため、現代語の"早已"の使用範囲はもっと広いと考えられる。

形容詞（両方）
熱鬧‐鬧熱 [rènào‐nàorè]（事例研究を参照）

形容詞（片方）
利便 [lìbiàn]

釈義：てきぱきとする、きちんとする＝"动作麻利；灵活"。

《醒世》の例。

[利便2]

狄希陳甚是得意，以為寄姐過門，諸凡或不希罕，得這們利便丫鬟，無有不中意之理。(醒世76.1b.6)

訳：狄希陳は、彼女をとても気に入り、寄姐が嫁入りし、仮にあらゆることが気に入らなかったとしても、利発な小間使いだけは、とても気に入るだろうと思いました。

文脈により"利便"は釈義「利発で動作がてきぱきしていて、しっかりしている、きちんとしている」とすべきだと考えられる。機敏な動きを表す。以下の用例も同じように用いている。

蔣平這才把店媽媽細看，卻有五旬年紀，甚是乾淨利便。(《三俠》)

"便利"も機敏な動きを表す。《醒世》では"便利"は未検出。他の資料から用例を挙げておいた。

夫人生百體堅強，手足便利，聰明聖智，行道施德於天下，豈非世所敬慕為賢豪者與。(《东周列国志》)

"利便"はもっぱら明代南方作品に用いられる。明代の《水滸》《西遊》《三言二拍》に用例がある。北方作品には見られない。清代初期以後用いられない。清代初期の《聊齋》、清代中期の《紅樓》《儒林》と清代後期の《品花》《兒女》《二十》《官場》《老殘》において未検出。

現代共通語において"利便"は共通語としては継承されていないが、南方泉州方言ではまだ使用されている。また、共通語では"便利"の方がよく見られる。"交通便利"のように「都合がいい、便利である」の意味で用いる。

小膽 [xiǎodǎn] ("懼怕‐怕懼"の項参照)

名詞（両方）

道路‐路道 [dàolù‐lùdào]

釈義：道路＝"路"。

《醒世》の例。

[道路4]

道路不平旁人躧。打哩不是他拾得。(醒世23.11b.10)-「道路」

打聽了他賣豆腐必由的道路，他先在那林子邊等着。(醒世27.4a.8)-「道路」

凡是道路上有棄撩的孩子，都拾了送與那局内的婦人收養。(醒世31.6b.1)-「道路」

[路道2]

指與他回家的路道。新人走到半路，看見一个女人剁成兩塊。(醒世28.4a.10)-「道路」

上記の"道路""路道"は同じ意味で用いられる。また、相互間に違う意味もある。

"道路"は「隠している財物」の意味にも用いられる。

摸得一個姓針名友杏的香頭，腰間鼓鼓囊囊，有些道路。(醒世93.11a.4)-「隠している財物」

"道路"は"路途"(「道のり」)の意味にも用いられる。

素姐道：偺這裡到泰安州有多少路道。(醒世68.6b.1)-"路途"(「道のり」)

以上は《醒世》での"道路""路道"の用法である。他の近世白話資料と現代語での用法は次の通り。

香坂1995:242-243は《水滸》の"道路""路道"の用法を以下のように言及する。

"道路"は現代中国語の"路"と同じように用いられるほか、生活の道、職業・商売という意味としても用いられている（例①参照）。"路道"="路"は《水滸》では現代語の"道路"と同義語として解釈されているが、具体的な「道」ではなく、「道筋」という、やや抽象的なものとして多く用いられている（例②③参照）。以下の用例は香坂1995:263から引用する。

① 他既是仗義疏財的好男子，我們卻去壞他的道路，須吃江湖上好漢們知時笑話。(《水滸》)

② 得一個引領路道最好。(《水滸》)

③ 只怕路上錯了路道，教大小頭領分付去四路等候，迎接哥哥。(《水滸》)

以上の説明から、近世語では"道路"は「道路」「隠している財物」「生活の道、職業・商売」などの意味に用いられる。"路道"は「道路」"路途"(「道のり」)「道筋」などの意味に用いられる。

一方、現代語に"道路"は継承され、具体的な「道」に用いられる。"路道"は「人の行状」の意味として浙江温嶺の方言に継承されている。

客人‐人客 [kèrén‐rénkè]

釈義：客＝"客商；賓客"。

《醒世》の例。

［客人16］

有兩個過路的客人過了橋走上堤來，進到舗中坐下。(醒世23.5b.3)

客人道：俺有数〈＝數〉，二十日走一遭，時刻不爽的。(醒世25.11b.1)

狄員外與那些客人説起話來，講説那布行的生意。(醒世25.11a.2)

新近一个販珍珠的客人來，我換了他有半斤。(醒世66.12b.7)

這人也不及回避，當了席上許多客人高声通説，‥(醒世73.9b.1)

［人客5］

那人丈人家因人客不齊，上得座甚晩。(醒世29.7a.5) 行動就嚷，説管家是个眞奴才，他是央倩的人客。(醒世88.13b.1)

晁夫人又不頭痛腦熱，又不耳聾眼花，光梳頭，淨洗面，炤常的接待人客，陪茶陪飯，喜喜笑笑，那像一个將要不好的人。(醒世90.11a.6)

"客人""人客"は「客」の意味に用いられている。"客人"の方が一般的。"人客"は明代にはしばしば見られるが、清の白話資料ではあまり検出されない。清代の《紅樓》には１箇所見られるが、《儒林》《品花》《康熙》《兒女》《二十》《官場》《老殘》《歧路》には未検出。

現代語としては"客人"が多く見られる。"人客"は方言として用いられている。

泥沙‐沙泥［níshā‐shāní］

釈義：土砂＝"泥土沙石"。

《醒世》の例。

［泥沙1］

你洗澡便了，却爲何滿身都塗抹了泥沙。（醒世33.14b.1）

［沙泥2］

一日，放了晚學，走到那山溪裏边洗澡，遠々看見程樂宇走到，他把河底裏的沙泥帶頭帶臉塗抹得遍身都是。（醒世33.14a.9）

"泥沙""沙泥"は意味、機能とも同一。明清白話では"泥沙"が一般的。とくに明代南方作品に見られる。明代南方作品の《水滸》《恒言》《明言》には"泥沙"の用例がある。"泥沙"は現代語では一般に書面語として使用されている。一方で方言にも継承されており、呉語の浙江蒼南金郷、客話の廣東惠州、広東話の廣東信宜などの南方で現代も用いられている（《汉方大》に拠る）。"沙泥"の用例は少ない。

泉水‐水泉［quánshuǐ‐shuǐquán］

釈義：泉＝"从地里涌出的水"。

《醒世》の例。

［泉水2］

眾生諸惡，同於天下，獨又偏背了這一件作踐泉水的罪愆。（醒世28.10a.2）

山峪中，内中山果甚多，秋田成熟，泉水不缺，可以久住無妨，只是前後沒有出路。（醒世99.4b.7）

［水泉2］

你就掘一二萬丈，一滴水泉也是沒有的，往來百里，使驢騾馱運。（醒世28.7b.8）

越發祈得天昏地暗，沙卷風狂，米價日日添增，水泉時時枯涸。（醒世93.12a.9）

"泉水""水泉"は意味、機能とも同一。二語とも上古時代には既に出現し

ていたが、"泉水"が一般的。明清時代は"水泉"の出現使用頻度は少なくなる。《水滸》に1箇所、《通言》に1箇検出されるのみ。現代語においては"泉水"は継承されているが、"水泉"は晋方言に残っている。

士兵‐兵士 [shìbīng‐ bīngshì]
釈義：兵と下士官＝"军士和兵的统称"。
《醒世》の例。

［士兵2］
他也不被官兵殺去一個，左冲右擋，左突石攔，他只費了些招架。官兵前進士兵漸退。（醒世99.2a.7）

［兵士1］
學生另擇了先生，就如那將官處那叛逆的兵士一樣。若是果眞有些教法，果然有些功勞，這也還氣他得過，却是一毫也没有帳箅。（醒世35.2a.9）

現代中国語でも"士兵"は用いられる。明清時代は二語が並存していた。"兵士"について共通語としてはあまり使用されていないが、方言として継承されている。《汉方大》によれば、吴語区の浙江温州において"兵士"は現在も使用されている。

蔬菜‐菜蔬 [shūcài‐ càishū]
釈義：料理＝"菜肴"。
《醒世》の例。

［蔬菜1］
狄賓＜＝賓＞梁也賞了來人八十文錢，再三説了上覆。箅計要添些別樣蔬菜叫尤厨子做了，晚上等童七回家，請來同坐。（醒世54.4a.8）

《醒世》において"蔬菜"は1箇所検出。意味は「料理」である。「野菜」ではない。《醒世》では"菜蔬"も1箇所検出した。

［菜蔬1］
一日，鋪中没有過酒的菜蔬，叫家人去取來。（醒世23.5b.3）

"菜蔬"は「おかず」を指す。

また、"蔬菜"には「野菜」「漬物」の意味もある。"菜蔬"には「野菜」「料理」の意味もある。《醒世》では用例がないので、他の白話資料から用例を挙げておく。

果子隨山有，蔬菜更時新。(《西遊》)-「野菜」

酒餚蔬菜齊上，須臾堆滿桌席。(金瓶20.16a.4)-「野菜の漬物」

新鮮菜蔬是有分例的，在總管房裡支了去，或要錢要東西。(紅樓51.13b.2)-「野菜」

莊客托出一桶盤，四樣菜蔬，一盤牛肉，鋪放卓上。(水滸2.11a.3)-「料理」

現代語として2語とも存在するが、"蔬菜"における「料理」の意味がない(《常用同素反序語辨析》p207)。"菜蔬"は共通語には見られないが、閩南、揚州などの地方方言に継承されている（陳緒霞2013：69）。

夜晚 - 晩夜 [yèwǎn - wǎnyè]

釈義：夜 = "晩上"。

《醒世》の例。

[夜晚22]

又把晁住媳婦安排到裏面，叫晁住白日在監裏照管，夜晚還到外面看家。(醒世14.11b.3)

又在那各寺廟裏收拾了煖房，夜晚安頓那沒有‥(醒世37.7b.1)

連夜晚也不回來，叫狄周合尤廚子整夜的等。(醒世38.10b.8)

夜晚又當差，越發弄得不像個人模樣起來。(醒世39.5b.5)

夜晚還在街上，叫那光棍挾制着，不説是養和尚，‥(醒世64.2b.3)

[晩夜5]

今日晩夜你明明白白托夢與我，我好依了你行。(醒世30.5b.4)

若與你沒有緣法‥不是風雨，就是晩夜；不是心忙，就是身病。(醒世79.3b.1)

主僧和他説道：我一向敬重你，每見你晩夜時候從土地廟經過，都有兩盞紗

燈迎送，所以知你是個貴人。(醒世98.4b.9)

　　從此那個主僧，見陸秀才晚夜來往，土地依舊有紗燈迎送。(醒世98.6a.7)

　　素姐‥晚夜似有人跟捉之意，不敢獨行。(醒世100.9b.1)

　　当時は"夜晚"が一般的。"晚夜"は5箇所のみ検出。他の近世白話資料では"晚夜"の用例は見られず、現代語でも"晚夜"は廃語となっている。また、"晚夜"は全用例5箇所のうち3箇所は会話文として用いられている。

　　《醒世》では"夜晚"は一般に地の文に用いられる。現代語の"夜晚"の用法とあまり変わらない。しかし、明代南方では"夜晚"は一般に会話文に用いられる。明代の《初拍》《二拍》《西遊》は全用例会話文である。この用法は現代南方方言にも継承されている。広東語で"晚上"を表すとき、"夜晚"という語をよく使う。

逐日 - 日逐 [zhúrì - rìzhú]
釈義：毎日＝"每天；天天"。
《醒世》の例。

[逐日12]
鄧蒲風道：我一個行術的人，逐日要尋銀錢養家。(醒世61.8a.5) - "每天；天天"

着幾個洞房花燭，逐日周而復始，始而復周。(醒世64.12b.2) - "每天；天天"

縶縶的，一定不是合堂上就合那廳里鄰着，逐日炒炒鬧鬧打打括括的。(醒世84.2b.8) - "每天；天天"

[日逐19]
又兼父兄不良，日逐挑唆，監生何敢常凌虐他。(醒世10.8b.10) - "每天；天天"

白姑子雖然日逐家裝喬作媚，畢竟有了年紀。(醒世65.5a.1) - "每天；天天"

狄希陳將近兩年不曾回去，多叫匠人修理房舍，也日逐沒有工夫，便中打聽得劉舉人家大興土木，掘地拆牆，開下地去，得了一池大銀，約有五千之數。(醒世77.10a.7) - "每天；天天"

上記例文の"逐日""日逐"は「毎日」の意味に用いる。="每天；天天"
また、"逐日""日逐"は"按天進行"の意味が含まれる。

這楊代巡從九月二十日起，預先叫鄉約地方報了貧民的姓名，登了冊籍，方纔把四城四廂分為八日，逐日自己親到那裏，逐名覆審，給了吃粥的信票，以十月初一日為始，到次年二月終為止。(醒世31.7a.2) - "按天進行"("逐日"は後ろの"逐名"と呼応する。)

他道：從明日為始，逐日將本錢扣出，餘下的積趲上去。(《恒言》) - "按天進行"

晁源也便日逐料理出喪的事體，備了一分表禮，三十兩書儀，要求胡翰林的墓誌，陳布政的書丹姜，副使的篆蓋，俱收了禮應允了。(醒世18.11a.2) - "按天進行"

玉樓道：李嬌兒初時只說沒有，雖是錢日逐打我手使，都是叩數的。(金瓶21.6b.9) - "按天進行"

明清時代、二語が並存する。ただし、民国以後"日逐"の用例は少ない。例えば、張恨水の《金粉世家》において"逐日"は3箇所出現するが、"日逐"は一件も見られない。現代語では"逐～"は"逐年""逐月""逐个"と用い、"日逐"は用いられていない(香坂1995:252)。"日逐"は方言として継承されている。《汉方大》によれば、"日逐"(釈義"每天；天天")は晋語の山西文水、呉語の上海、蘇州、江陰と閩語の汕頭において現在も使用されている。

名詞（片方）
曆日 [lìrì]
釈義：日めくり="日历"。
《醒世》の例。
[曆日1]
晁大舍遂滿口應承。討出一本曆日，揀了十一月十五日宜畋獵的日子。(醒世1.10a.1)

上例の"曆日"は「日めくり」の意味に用いる。現代語の"日曆"に相当する。

· 179 ·

近世白話では「日めくり」を表す"日暦"は未検出。《醒世》では同義語"皇暦1""黄歴2"も用いられている。

  徒弟去拿黄歴來看，四月八就好，是洗佛的日子（醒世8.10b.8）

  皇歴上明日就是上吉良辰，先下一個定禮。（醒世75.13a.8）

  近世白話では"歴本"という語もある。"暦頭"は主に《金瓶》に出現する。

  吳月娘因教金蓮：你看看暦頭，幾苟是壬子日。（金瓶52.9a.10）

  家人剛才看過歴本，明天上好的日子，老爺好坐着上院。（《官場》）

現代語では一般に"日暦"を使う。"暦日"は共通語では使われないが、方言には継承されている。《汉方大》では山西稷山、江蘇南京、上海、江蘇蘇州、浙江紹興、福建廈門、廣東汕頭、廣東潮州、湖南江永の方言としている。

2.3.4 どちらも見られないもの

現代中国語ではどちらも見られないものを以下のように作る。

	AB - BA 型			AB - BA 型	
	AB 型	BA 型		AB 型	BA 型
動詞	［逼拷 7］ ［刺配 2］ ［斷離 7］ ［濟助 5］ ［嚷亂 2］ ［搜簡 11］ ［魘鎭 12］ ［住歇 7］	［拷逼 2］ ［配刺 1］ ［離斷 2］ ［助濟 1］ ［乱嚷 2］ ［簡搜 1］ ［鎭魘 2］ ［歇住 5］ ［等守 2］ ［迫脅 1］ ［照依 20］	副詞	［盡都 7］ ［且又 19］ ［却便 1］	［都盡 2］ ［又且 8］ ［便却 1］ ［且亦 1］
形容詞	［卒急 7］ ［浹洽 1］	［急卒 1］ ［洽浹 1］			

  上記の表に基づいて、動詞、副詞、形容詞、接続詞、名詞から各語彙を分析する。

動詞（両方）

逼拷 - 拷逼 [bīkǎo- kǎobī]

釈義：拷問して自白をせまる＝"逼打"。

《醒世》の例。

［逼拷 7］

素姐見他這等腔巴骨子，動了疑心，越發逼拷。（醒世 52.2a.3）

就像禁子臨晚點賊的一般，逼拷的鬼哭狼號。（醒世 52.5a.6）

做了強盜麼。受人這們逼拷。嫖來是養漢老婆的鞋。（醒世 52.5b.7）

魏三封又逼拷招來。程大姐受打不過，把在家與他母親八仙過海各使神通的本事‥（醒世 72.3b.2）

［拷逼 2］

這小獻寶從閉喪以後，日夜出去賭錢，輸了就來拷逼這個後母。（醒世 41.5a.4）

七十二般非刑，般般演試，拷逼得狄希陳叫菩薩，叫親娘。（醒世 52.2b.1）

"逼拷"と"拷逼"は意味、機能とも同一。管見では"逼拷"は《醒世》のみに出現する。他の白話には見られない。"拷逼"の用例も少なく、明代の白話《恒言》に2箇所、清代後期の《野叟》に3箇所検出。

現代中国語では双方とも死語となっている。《现汉》《汉方大》には採られていない。現代共通語で用いられるのは一般的に"逼供；逼迫；拷問"が用いられる。

刺配 - 配刺 [cìpèi- pèicì]

釈義：（逃亡を妨ぐために）罪人の額に入れ墨して流刑に処す＝"在罪犯脸上刺字，并送往远方充军"。

《醒世》の例。

［刺配 2］

江都縣將呂祥取出監來畫供，問了三年刺配，呈詳本府，轉詳解道。（醒世 88.7a.6）

訳：江都県では呂祥を監獄から出して自供書に書き判をさせた後、、入墨、三年の配流と判決しました。そして、上級機関に報告書を提出し、文書を上呈し、護送しました。

船家要捉他送官，問他配刺。(醒世93.11b.1)

訳：船頭は彼を掴まえて役所に送り、彼に入墨の上に、徒刑囚として流されりやいいんだ、としきりにいった。

［配刺1］

但想聖姆在生之日，直是螻蟻也不肯輕傷一个；既是不曾盜去，若再送官配刺，也定是聖姆所不忍的。(醒世93.11b.4)

訳：聖母は、生きていたときは、蟻すらも傷付けようとはしませんでした。盗まれていないのに、役所に送り、入れ墨をほどこし、徒刑にすることなど、聖母さまは、決して望まれないでしょう。

上記の"刺配""配刺"は同じ意味に用いられる。古代の刑罰の一つで、"刺配"は旧白話では用例が少なくない。《水滸》に23箇所、《二拍》に1個所、《金瓶》に2箇所検出した。"配刺"の用例は僅かである。古代中国語コーパス（CCL）によれば、《醒世》の1箇所のみである。

二語とも現代中国語では死語になっている。"刺配"は旧白話では一般的に用いられていたようである。その後（逃亡を妨ぐために）罪人の額に入れ墨して流刑に処すという意味から、社会の変化によって廃語となったものと思われる。

斷離 - 離斷 [duànlí - líduàn]

釈義：役所で離婚することを判断する ＝ "经官府判处断绝婚姻关系"。

《醒世》の例。

［斷離7］

狄希陳將太守所說言語，分付補呈，要將素姐斷離的事體悄悄與寄姐説知。(醒世98.2b.9)

這倒也天清地寧，太平有象。只怕斷離的不伶不俐，越發中了深恨。(醒世

98.3a.1)

又你見做着官，把個老婆拿出官去，當官斷離，體面也大不好看。(醒世98.3a.2)

又説：這要斷離的呈稿，我是必然不肯做的。(醒世98.8b.3)

[離斷2]

寄姐道：若果能把他離斷開去，這倒也天清地寧，太平有象。(醒世98.2b.10)

因此太尊曉得，所以説從古至今兇惡的好人七多從没有似你這般惡過狼虎的，所以差了人逼住狄友蘇叫他補呈，要拿出你去，如你的極刑，也要叫你生受，當官離斷，解你回去。(醒世98.13a.3)

"離斷""斷離"は意味、機能とも同一。文脈により、"離斷""斷離"は"使/讓‥離斷/斷離"と解すべきである。二語とも98回のみに出現する。なぜなら、98回は狄希陳と素姐の離婚の物語りに関わっている。《醒世》以外の資料では二語ともあまり見られない。《水滸》《西遊》《平妖》《封神》《金瓶》《聊齋》《紅樓》《儒林》《品花》《康熙》《兒女》《二十》《官場》《老殘》において未検出。双方とも検出されるのは《醒世》の特徴だと思われる。《白话》には未収。現代中国語では死語になっている。

濟助-助濟 [jìzhù- zhùjì]

釋義：生活が困難の人を金銭的に救済する、助ける＝"救济；帮助"。

《醒世》の例。

[濟助5]

如今只當濟助一般，萬一會試再有前進。(醒世35.10a.10)

恩縣鄉宦公爺濟助了二十兩，拿到臨清去買段子，浮橋上被人割了。(醒世36.8b.8)

你一个低錢沒有濟助的，一張紙也割捨不的‥(醒世53.10a.5)

[助濟1]

要趕五七出殯，止有三弔多錢做主，別的要仗賴徒弟們助濟。(醒世41.7a.5)

"濟助""助濟"は意味、機能とも同一。近世白話においては《醒世》以外の資料にはあまり見られない。現代語には継承されていない。

　同義語の比較：

"濟助""助濟"は一般に金銭面で救済するという意味である。《醒世》には"救濟""濟救"もあり、意味も「救済する」であるが、金銭面だけではなく物質的にも、法的も救済するという意味である。以下の用例を見られる。

［救濟2］

這秋成的時候尙且如此，若到了冬春，這些飢民若不設法救濟，必定半个不存。(醒世31.6b.6)－法的

將錢糧或是蠲免，或暫停征；還有發了内帑救濟災黎。(醒世32.1b.1)－金銭面

［濟救1］

他説與其被外人吃了，不如濟救了自己親人。(醒世31.2b.4)－物質的

《醒世》において"濟助""助濟""救濟""濟救"の用例は少ない。「相手を助ける」を表す表現としでは"搭救19""賑濟13"が多く見られる。

他再使出甚麼低手段來，這孩子可是難搭救了。(醒世67.4b.4)

所以上天都一視同仁的降了災罰。但別處的災荒俱有搭救‥(醒世32.1b.8)

那一年托他煮粥糶米，賑濟貧人，他沒有一毫欺瞞夾帳。(醒世53.2a.5)

上掲例のように"賑濟"は貧しい人に限って救済する意味であるが、"搭救"の使用範囲は広く、一般に相手が困っているところを助ける意味になる。

現代語には"濟助""助濟""濟救"はないが（《現汉》《汉方大》にも未収)、"救濟"は存在し、一般に書面語として使用される。

怯懼－懼怯 [qièjù- jùqiè]（"懼怕－怕懼"の項参照)

嚷亂－亂嚷 [rǎngluàn- luànrǎng]

釈義：大声でわめき立てる＝"吵闹"。

《醒世》の例。

［嚷亂2］

俺就一萬年沒漢子，俺也不要他。嚷亂得不休。（醒世8.12b.3）

［亂嚷2］

這監生恃了那幾個歪秀才的聲勢，那裏肯聽周相公的説話，只管在那江邊亂嚷，越發照了船丢泥撇石，撩瓦拋磚。（醒世99.11a.10）

"嚷亂""亂嚷"は意味、機能とも同一。"嚷亂""亂嚷"は明代の《三言二拍》《西遊》《金瓶》に用例があるが、清代中葉には"亂嚷"が一般的になる。清代中期の《紅樓》中、"亂嚷"は19箇所検出されるが、"嚷亂"は未検出。清代後期になると両語ともあまり見られない。《現汉》《汉方大》ともに両語とも収められていない。現代共通語では"吵鬧"が一般的。

搜簡－簡搜［sōujiǎn－jiǎnsōu］

釈義：探す＝"搜查"。

《醒世》の例。

［搜簡11］

大尹叫把這些婦人身上仔細搜簡。（醒世20.15a.1）

全是這夥婦人領了漢子穿房入戶的搜簡。（醒世20.16b.1）

典使領人進去，何消仔細搜簡＜＝檢＞，兩只大甕‥（醒世48.3b.9）

必有奸細潛藏，與我細加搜簡。只見一个鬼怪，一脚跨進‥（醒世62.3a.6）

［簡搜1］

忽然想起孫蘭姬的眠鞋，因起來忙迫，遺在床裏边褥子底下，不曾帶在身邊，恐怕被素姐簡搜得着，這與那汗巾又不相同無可推托其禍不小。（醒世52.3a.9）

"搜簡""簡搜"は意味、機能とも同一。"簡搜"より"搜簡"が一般的。"簡搜"は明清時代には用例が少ない。管見では、《醒世》の1箇所のみ。

機能について、"搜"は「探す」の意味で、"簡"は"檢"と同じく、注意深く調べる意となる。文脈により、"搜簡"の前に"仔細；強；細加"などの程度を表す語彙が置かれ、注意深く調べることを強調する。これも"尋找""找尋""尋""找"との区別だと考えられる。"尋找""找尋""尋""找"はただ「探す」

という動作を表す。

　明清時代には二語とも用例が少ない。《水滸》《西遊》《平妖》《封神》《金瓶》《聊齋》《紅樓》《儒林》《品花》《康熙》《兒女》《二十》《官場》《老殘》《歧路》のいずれも二語とも未検出。両語とも出現するのは《醒世》の特徴だと考えられる。

　現代中国語では"搜簡""簡搜"は用いられていないようである。その代わりに"搜查；搜尋"が常用されている。

魘鎮‐鎮魘 [yǎnzhèn‐zhènyǎn]
釈義：呪いをし人を殺す＝"用魘魔法术镇压"。
《醒世》の例。
［魘鎮12］
晁思才極的那一个眼越發凸暴出來，幾次家叫人魘鎮。（醒世57.11a.6）
素姐説：我沒叫你魘鎮漢子。你問我討錢，沒給你，你就撒潑放刁。（醒世57.12b.7）
史先説：你沒叫我魘鎮漢子呀。（醒世76.12b.8）
［鎮魘2］
素姐道：我合漢子不合，叫你鎮魘俺漢子，叫你魘鎮誰哩。（醒世76.12a.6）
狄家媳婦，許我一兩銀子，一領海青，央我行魘鎮，鎮魘殺他的丈夫，我不肯行這事，哄我進門來要打我，剝我的衣裳哩。（醒世76.12a.9）

　上掲例の"魘鎮""鎮魘"は二語とも動詞として「呪いをし人を殺す」の意味に用いている。"鎮魘"は全て動詞の用法であるが、"魘鎮"は名詞「人をひそかに殺すことのできる巫術」の用法もある。

　那魏氏悄悄的尋了一把笊籬，去了柄，做飯的時節，暗放火裡燒去，誰知這魘鎮不甚有效。（醒世39.13b.7）‐名詞"巫術"（「呪い」）

　那瞎子故意問説；你是誰呀。你叫我做甚麼魘鎮呢。（醒世76.11b.8）‐名詞"巫術"「呪い」

　"魘鎮"は《醒世》に特徴的に多く見られ、他の小説にはあまり見られない。《水滸》《西遊》《三言二拍》《金瓶》《紅樓》《儒林》《兒女》《官場》《二十》に未検出。

また、《西遊》において同義語"魘寐"を、《三言二拍》において同義語"魘魅""魘様"を、《金瓶》において同義語"魘昧""魘勝"を、《紅樓》において同義語"魘住"という語彙を使う。

"魘鎮"は《中国語》《白话》に収録されている。"鎮魘"はいずれにも未収。現代語においては二語ともあまり見られない。《现汉》《汉方大》ともに未収。

住歇‐歇住［zhùxiē‐xiēzhù］
釈義：休む＝"歇息"。
《醒世》の例。
［住歇7］
二人吃了齋，和尚收拾了一座淨室，叫他兩个住歇。（醒世15.10a.10）
留差人在衙内住歇，收拾了一二日，同差人投見了法司，收入刑部監内，先委了山東道御史、山東司主事，大理寺寺副會問。（醒世17.9a.1）
到了臨清，媒婆各自先去回話，晁書尋了一個下處住歇。（醒世18.5a.9）
［歇住5］
一日，繡江縣的典史因鹽院按臨省城，考察了回來，一條腿歪跨在那馬上，到了狄家客店歇住，下了馬‥（醒世48.2b.8）
文脈により"住歇""歇住"は「休む」と解釈すべきである。また、《醒世》では"住歇""歇住"は「（手や足を）止める」の意味の用例も見られる。

只是邢臯門正與一个袁山人在那裏着圍棋，見了老晁走到，歇住了手，從容坐定，把日來也先犯邊，要御駕親征的事，大家議論。（醒世7.8b.9）-「（手を）止める」
却是則天畢命之了一干人只得俱在路上歇住了脚差人尋了地方保甲。（醒世13.6b.9）-「（足を）止める」
狄希陳念成了一隻清江引，素姐把吳推官背地裏惡口涼舌，無所不咒；但只依舊頑耍鞦韆，
不肯住歇。（醒世97.6b.8）-「止める」
近世白話では二語とも用例が少ない。《白话》《中国語》に"住歇"はあるが、

"歇住"は見られない。現代中国語には二語ともあまり見られない。《現汉》《汉方大》に未収。

動詞（片方）
等守［děngshǒu］
釈義：待つ＝"等待"。
《醒世》の例。

［等守2］
晁夫人囬了，家夜間果又夢見計氏，還是穿前日的衣裳，謝晁夫人與他上墳燒紙，説他這十二年時刻還在那門樓底下等守，要尋一個替身相代。(醒世30.5b.8)

植田2015:57は以上の用例の"等守"について以下のように述べる。

"等守"は"守等"の逆序語である。意味は"守待、等待、等候"（待つ）を表す。"等守"と"守等"は《現汉》においていずれも未収。これは、現代共通語では既に使われていない事を表す。

［補］"等守"は《中国語》《白话》ともに未収。"守等"は《白话》には収録されているが、《中国語》には未収。旧白話では二語とも用例が少ない。《西遊》《紅樓》《儒林》《兒女》《官場》《二十》において未検出。旧白話でも現代語でも"守待、等待、等候"（待つ）を表す時に単音節語"等"が一般的。

迫脅［pòxié］（"勒揸-揸勒"の項参照）

照依［zhàoyī］（事例研究を参照）

副詞（両方）
盡都-都盡［jìndōu-dōujìn］
釈義：すべて＝"全部"。
《醒世》の例。

[盡都7]

‥親朋都來弔祭，各家親朋堂客也盡都出來。（醒世18.11b.1）

感不盡晁夫人數年相待周全，將送的禮盡都收了。（醒世46.13a.9）

又說：你已得了《金剛寶經》的功果，將你一切冤仇盡都解釋。（醒世100.12b.3）

[都盡2]

我開了十個童生上去，一個也沒遺，都盡取了。（醒世50.11b.8）

"盡都""都盡"の後ろに動詞が続き、副詞として「全部、すべて」の意味に用いる。

"盡都"は《醒世》で7箇所検出した。また、明代には用例が少なくない。明代の《水滸》《西遊》《三言二拍》のいずれにも用例がある。清代はあまり見られない。現代共通語には継承されていないが、方言としては残る。この語は《中国語》になると四川の方言とされる。

一方、副詞"盡都"は近世白話では用例が少ない。《水滸》《西遊》《三言二拍》《金瓶》《儒林》《紅樓》《兒女》《官場》《二十》において未検出。現代語には継承されていない。

且又－又且 [qiěyòu- yòuqiě]

釈義：そのうえに＝"而且；并且"。

《醒世》の例。

[且又19]

嗅得那個黑色老婆的奶純是奶香，頓的似豆腐塊相似，且又乳汁多。（醒世49.8b.1）

見那狄希陳叫不進去，自己且又不敢出來，差了小玉蘭回家，要弔了龍氏統領了薛三槐、薛三省兩個的娘子‥（醒世60.5b.3）

落得騙了些果子喫在肚裏，且又做了行財買免的供招。（醒世66.5a.2）

[又且8]

鄉莊人都敬服他。又且兒子是個秀才。（醒世48.4b.1）

後來潘氏不惟妬醜，又且衰老。（醒世72.13b.2）

吳氏父母俱無，只有一个親叔，又且度日貧寒，得了狄希陳如此判斷，甚是知感。（醒世94.4b.10）

上記例文の"且又""又且"は後節に用い、更に一歩つっこんで理由を追加する意である。《醒世》では二語の違いとして、"且又"は反語の文にも用い、"又且"はもっぱら肯定文に用いられる。

牽連着我，衙門受累費錢，且又誤了，生意這怎生了得。（醒世86.12b.2）－反語文

説：此牛牙口尚小，且又精壯，原何把他買去，做了殺才。（醒世79.2a.7）－反語文

季春江道我向日送鞋去上，見你住着自己的房子，且又精緻，如何又來前頭賃房。（醒世19.1b.10）－反語文

薛如卞道：這怎麼出的氣呀。年小的女人不守閨門，每日家上廟燒香，如今守道行文，禁的好不利害哩，説凡係女人上廟，本夫合娘家都一體連坐。且又跟着娼婦同走，叫人看着，還有甚麼青紅皂白，可不打打誰。（醒世74.5a.5）－反語文

"且又""又且"が旧語とされ、現代語では二語とも見られない。一般に"並且；而且；況且"を使う。

却便－便却［quèbiàn－biànquè］

釈義：それで＝"就"。

《醒世》の例。

［却便1］

你説得甚是有理，萬一冒冒失失推一個歪缺出來，却便進退兩難了。（醒世5.3b.7）－「それで」

［便却1］

兩個心裏還恨説道：這兩个差人只見我們兩个換了這襤褸衣裳，便却放不在眼裏。（醒世15.9a.3）－「それで」

上記の"却便""便却"は釈義「それで」の意味になる。ある情況の下では その結果をもたらすことを表す。《白话》に"却便"は"就"と釈義している。 明清時代は、二語とも用例が少なからず検出される。

　若得你令郎這樣一個，却便好了。(《恒言》)-「それで」
　等他船廠裡火發，我便却去城門邊伺候。(水滸80.8a.7)-「それで」
　また、"却便"は「却って」の意味にも用いている。逆説を示す。
　行者道：老孫的性命幾乎難免，却便説什麼行李。(《西遊》)-「却って」
　不料一經攪起，却便發現一件怪事。(《恒言》)-「却って」
　現代語中には二語ともあまり見られない。《现汉》《汉方大》ともに未収。

副詞（片方）
且亦 [qiěyì]
釈義：そのうえに＝"而且；并且"。
《醒世》の例。
[且亦1]
　又要回梁佐三千人馬，都使手本一一交付回去，不惟一人不殺，且亦不曾捆打一人。(醒世99.8a.8)
　　上例の"且亦"は「そのうえに」の意味に用いる。明清時代は"且亦"の用例が少ない。《水滸》《西遊》《平妖》《封神》《金瓶》《聊齋》《紅樓》《儒林》《品花》《康熙》《兒女》《二十》《官場》《老殘》《歧路》のいずれも二語とも未検出。"而且；并且"を表す時に単音節語"且"が一般的。

形容詞（両方）
卒急 – 急卒 [cùjí – jícù]
釈義：慌ただしい＝"匆忙"。
《醒世》の例。
[卒急7]
　天下的事大約只在起頭時節若立就了一個好名，你連連不好，將來這个好字

也便卒急去不了的。(醒世54.9a.4)

[急卒1]

若起初出了一個不好的名，你就連連改得好了，這個好字也便急卒來不到的。(醒世54.9a.5)

"卒急""急卒"は"匆忙""倉促"に相当する。形容詞として「慌ただしい」の意味である。例文から"卒急"と"急卒"は一般に反問文と否定文に用いられる（下の例文を見る）。しかも、否定文の場合は一般に"卒急／急卒‥不"の形で使用される。近世白話では二語とも用例が少ない。《水滸》《三言二拍》《西遊》《金瓶》《儒林》《紅樓》《兒女》《官場》《二十》においていずれも未検出。

後來姚少師死了，他那慣成的心性，怎麽卒急變得過來。(醒世30.9a.4) - 反問文

這心猿放了一向，卒急怎易收得回來。(醒世40.1b.3) - 反問文

馬嫂兒道：姑奶奶，你要好的，只怕卒急尋不着。(醒世55.4b.7) - 否定文

新年有來拜節的客，多有該留他坐的，卒急尋不着个會上竈的。(醒世88.11a.10) - 否定文

狄希陳正在七死八活不知人事，醫人又卒急不能前來，合家正當着急。(醒世95.1a.6) - 否定文

また、《醒世》中に同義語"促急"が6箇所もある。"促急"は全用例とも"促急‥不／没"の形で用いられ、"卒急""急卒"の否定文の用法と変わらない。

要伺候與童寅翁拜壽，一時間衣帶又促急脫不下，把个脊梁盡着叫他燒‥(醒世97.13a.9) - "促急‥不"

前向我進來的促急，還有海棠樓錦官樓兩個去處，我没曾到得‥(醒世97.7b.7) - "促急‥没"

なお、《醒世》中に同義語"卒忙卒急""促忙促急""急忙急促"も各1例ずつある。

你可凡事料理不可臨期無備一時卒忙卒急了。(醒世90.10a.1)

要早說還好騰那〈=挪〉，這促忙促急的，可怎麽樣着。(醒世59.4a.1)

今奶奶說，該預備的也都替預備下，省得急忙急促的。(醒世20.8b.4)

現代共通語には"卒急""急卒""促急"の三語いずれもあまり見られない。《現汉》に見えない。しかし、"急促"は一般に用いられる。《現汉》に見える(p606)。また、"卒急"は山東方言に継承されている（《〈醒世〉方辞典》p32)。

浹洽 - 洽浹 [jiāqià - qiàjiā]
釈義：打ち解け合う ＝"融洽；亲和"。
《醒世》の例。
［浹洽1］
飲酒中間，也便浹洽了許多。(醒世 4.6a.6)
［洽浹1］
冷冷落落，全不是向日洽浹的模樣。(醒世 1.7a.2)

　上記の"浹洽""洽浹"は意味、機能とも同一。明清時代では用例が少ない。《水滸》《西遊》《三言二拍》《金瓶》《儒林》《紅樓》《兒女》《官場》《二十》において二語とも未検出。現代語には継承されていない。

2.4 逆序語ではないAB型 - BA型（意味が完全に違う語彙）

　《醒世》には相互間に意味が完全に違う語彙もある。例えば"教領/領教"の"教領"は「連れる」の意味で、"領教"は「教えを請う」の意味である。この場合は逆序語ではない。語彙の意味を十分に把握するために、本節は《醒世》では語順が相反し、意味が完全に違う二音節複合語を考察する。考察したところ、以下のように合計35組を検出した。

報喜 - 喜報	當家 - 家當	房門 - 門房
夫馬 - 馬夫	夫人 - 人夫	官職 - 職官
回來 - 來回	脚根 - 根脚	節氣 - 節氣
力量 - 量力	領教 - 教領	看顧 - 顧看
木材 - 材木	女兒 - 兒女	女子 - 子女
平常 - 常平	氣血 - 血氣	千萬 - 萬千
前日 - 日前	前生 - 生前	人家 - 家人

日月 - 月日	散布 - 布散	世人 - 人世
説話 - 話説	算帳 - 帳算	孫子 - 子孫
逃難 - 難逃	天上 - 上天	堂上 - 上堂
土地 - 地土	脱離 - 離脱	下落 - 落下
下手 - 手下	張開 - 開張	咒念 - 念咒
子弟 - 弟子		

表によって、名詞が最も多く見られる。意味としては一体どのような差異があるかを次のように考察した。

報喜 - 喜報 [bàoxǐ - xǐbào]

[報喜16] 吉報を知らせる＝"报告喜讯"。

同了晁鳳去縣裡報喜。恰好那日學裡修蓋明倫堂。（醒世21.5b.9）

各家從厚打發報喜的人，都各管待酒飯。（醒世38.3a.8）

叫老娘婆驗看，叫人報喜起名。（醒世47.1b.8）

聲聲只叫喚：狄中書家打殺報喜的人了。（醒世83.4a.7）

京花子們知了這個信，星夜來到武城縣報喜。（醒世90.7b.6）

[喜報4] 吉報＝"喜讯"。

這個孩子有好處，怎麼可可的叫我穿了吉服迎你們的喜報。（醒世21.6b.5）

這個孩子有些造化，怎麼叫我穿了吉服迎你們的喜報。（醒世22.8b.4）

秀才進過三場，囘到家内，莊家凡百的周濟，洗了耳朵，等揭曉的喜報。（醒世98.7b.3）

當家 - 家當 [dāngjiā - jiādàng]

[當家32] 家の切り盛りをする、舵取りをする、主人＝"主持家务；丈夫"。

叫他出來隨人情當家理紀的。（醒世11.3a.9）-「家の切り盛りをする」

那一等自己當家銀錢方便的女人，就自由自在‥（醒世68.1b.7）-「家の切り盛りをする」

到了官衙裏，裏邊有了奶奶當家，米麵肉菜都有奶奶掌管。（醒世54.9a.10）-「舵取りをする」

把一個當家的人逼死了，愁那寡婦孤兒‥（醒世32.2a.7）-「主人」

他説：俺當家的姓吴，名字叫吴學顔。(醒世49.9a.9)-「主人」

你不過説當家的没在家，得空子看人家老婆呀。(醒世51.7a.7)-「主人」

［家當12］家の財産＝"家产"。

這是晁近仁的家當，您待分與不分，‥(醒世53.4a.4)

還幹多少的要緊事，替小璉哥還掙〈＝掙〉好些家當。(醒世53.8b.7)

素姐怒道：‥。他怕我使來他的家當，格住你不叫見我，‥(醒世68.5b.5)

房門－門房 [fángmén-ménfáng]

［房門53］とびら＝"房间的门"。

只是整兩日不曾吃飯，剛纔關了房門，又大哭了一場。(醒世15.12b.8)

孫蘭姬將房門扣了，用鎖鎖住。(醒世38.9a.2)

衆人圍住了房門説道：剛攙〈＝纔〉進去的那位嫂子。(醒世51.6b.8)

狄希陳雖被他娘推在房門之外，靠了門框。(醒世52.6a.4)

狄周媳婦把他房門推了一條縫，將衣裳遮的鷂鷹‥(醒世63.7a.9)

［門房2］門番小屋＝"设在大门内侧的小房，犹现在的传达室"。

故意拿了報，慌張張的走到梁生門房裏，故意教人躲開了。(醒世15.7b.6)

這大街上不便，奶奶請到門房，屈待略坐一會兒。(醒世70.12b.5)

夫馬－馬夫 [fūmǎ-mǎfū]

［夫馬8］人夫と馬＝"役夫与车马"。

不應付他夫馬，把他的龍節都失落了。(醒世9.10a.9)

不應付他的夫馬，連下程也不曾送他‥(醒世17.5a.8)

傳梆報了縣官。即時催辦夫馬，縣官親來仔細驗看。(醒世28.6a.1)

［馬夫4］馬方＝"饲养或照管马的人"。

罵道：仔麼。我是馬夫麼。你駰丞管着我雞巴哩。(醒世32.9a.1)

俺是馬夫，俺是徒夫。鱉俺些麼送你。(醒世32.9a.5)

夏駰丞説：我怎麼只打馬夫、徒夫。(醒世32.9a.6)

夫人－人夫 [fūrén-rénfū]

［夫人1036］奥様＝"对妻子的尊称"。

一位孟參政的夫人害了個奇病。(醒世27.3a.5)

適間不是夫人再三與你討饒，四十個大板，赶逐你出境哩。（醒世36.6b.4）
幸得縣官上東昌臨清與府道拜節事忙，夫人又時時的解勸。（醒世36.7b.1）
姜夫人説是好，説是天性。（醒世49.4a.10）
若不是後來撞見了一個喫生鐵的陳循閣老替高相公把那夫人教誨了一頓，‥（醒世62.6b.8）

［人夫9］人夫＝"受雇佣的民伕"。

自己雇了脚力人夫，起早進京。（醒世17.5b.5）
丁利國坐在店内呆等轎馬人夫。（醒世27.7a.9）
原差背了出來，與他貼了膏藥，雇了人夫，使門板抬了‥（醒世51.12b.6）

官職－職官［guānzhí－zhíguān］

［官職7］官職＝"官吏的职位"。

當不得那做妾的人剛剛授了這個官職。（醒世36.2b.8）
要選這等一個正人君子沒有，只得把我補了這個官職。（醒世42.8b.9）
金亮公道：先生説玉皇要補先生太子太師，這太子太師却是怎麽樣的官職。（醒世（42.9b.4）

［職官1］役人＝"官吏"。

本年八月内，假充職官，偽造勘合，帶領妖婦童氏，妖徒狄周，前往四川調兵，強氏同行入教。（醒世89.2b.1）

囘來－來囘［huílái－láihuí］

［囘來310］戻って来る＝"归来"。

到驢棚内喂上了馬草囘來。（醒世4.11b.2）
唐氏説：今日務必早些囘來。（醒世19.10a.8）
到日西時分囘來説：我到了門外頭，周嫂兒那老蹄子又出去了。（醒世55.6a.1）
怎麽把俺大嫂攔在家裏，不叫囘來與俺姑主喪。（醒世60.1b.8）
叫他即忙打發囘來。相旺出門走不上數步，恰好‥（醒世60.1b.10）

［來囘37］往復（の）＝"往返"。

這是二兩銀子，奶奶叫送與你來囘盤纏。（醒世51.11b.4）

・196・

會裏雇的長驢，來回是八錢銀子。要是騎自己的頭口，‥(醒世68.7a.8)

我足足叫你替我牽着頭口走個來回哩。(醒世69.2b.6)

要不是劉嫂子的話緊，我足足的叫他跑個來回。(醒世69.4b.2)

脚根 - 根脚 [jiǎogēn- gēnjiǎo]

[脚根1] 足元 = "脚下"。

店家聽說，嗔道：原來脚根不正。老爺預先分付過了，待你們到此，門上不許安桌，桌了要重責革役哩。(醒世27.8a.2)

[根脚1] 土台、後ろ盾 = "基础；底子"。

待那秀才百姓，即如有宿世冤仇的一般，當不得根脚牢固，下面也都怨他不動。(醒世5.2b.3)

氣節 - 節氣 [qìjié- jiéqì]

[氣節3] 気概節度 = "志气；节操"。

誰知那計三這時却大有氣節來。(醒世10.2a.1)

也還不止于學問上可以為師，最要有德有行，有氣節。(醒世35.1a.10)

雖不與夫家立甚麼氣節，也不曾敗壞了丈夫的門風。(醒世36.1b.6)

[節氣2] 節気 = "季节；气候"。

却說那年節氣極早，六月二十頭就立了秋，也就漸次風涼了。(醒世29.1a.8)

若依了節氣，這晚田也是可以指望得的。(醒世27.2a.5)

力量 - 量力 [lìliàng- liànglì]

[力量30]

終是受傷太重，力量不加，被人一頓刺<=刺>斫，‥(醒世62.6a.2) - "体力"

耕芸<=耘>鋤種，俱是狄家的力量。(醒世48.1b.6) - "作用；效果"

你力量來得，多賑幾時。自己力量若來不得了，止住就罷。(醒世31.10a.9) -「財力や物力」

我儘着力量治，治好了，我也不敢望謝，只結個相識。(醒世67.8a.10) - "本領"（「能力、腕」）

[量力1]

如今就是治生寫起，自己量力，多亦不能。(醒世31.9b.8) -「自分の力をは

かる、力に応じる」

領教 - 教領 [lǐngjiào- jiàolǐng]

[領教1] 教えを請う = "请教"。

還得叫兩個小唱,席間還得説幾句套話,説該扮個戲兒奉請,敝寓窄狹,且又圖淨扮好領教。(醒世85.1b.9)

[教領1] 連れさせる = "把‥帶領"。

周嫂兒道:待我合他説去。只怕他説丫頭大了,不教領出來也不可知的。(醒世55.7a.4)

看顧 - 顧看 [kàngù- gùkàn]

[看顧24] 面倒を見る = "照顾"。

那年水不沖我的,就是龍天看顧,還希圖這個做甚。(醒世34.5a.7)

‥與我送禮,又柘四爺屢屢托我看顧,凡事從寬罷了。(醒世43.2b.8)

晁無晏道:我一生只有這點子兒,你是自然看顧他的。(醒世53.7a.7)

天地間的人只該行些好事,做个好人,天老爺自然看顧看顧。(醒世57.2b.1)

[顧看1] 顧みる = "看看"。

却顧看那幾個都司,名雖是個武官,都是幾個南方納褲子弟。(醒世99.2b.8)

木材 - 材木 [mùcái- cáimù]

[材木1] 樹木 = "树木"。

一片仙山上邊滿滿的都是材木。(醒世24.1b.8)

[木材4] 棗の棺材 = "枣木做的棺材"。

那個魏才因彼此嚷鬧,魏才又不與他這棗木材使,這晚竟又不曾入殮,脹得那死尸肚子就如個死牛一般。(醒世41.4b.1)

女兒 - 兒女 [nǚér- érnǚ]

[女兒153] 娘 = "父母所生的女性孩子"。

只尋清門靜戶人家女兒才〈=纔〉是。(醒世8.4a.3)

他的女兒既歿有了。(醒世10.11a.10)

央了人再三求他兩個女兒與兩個兒子為婦。(醒世23.10b.7)

叫自己的女兒素姐形容的甚是賢惠。(醒世59.9b.3)

· 198 ·

誰知這素姐偏生不是別人家的女兒，却是執鼓‥（醒世68.2b.7）

[兒女53] 子女＝"子女"。

自來賣豆腐為生，只有一妻，從不曾見有兒女。（醒世27.4a.1）

令兄待我，就如待自己的兒女一般。俺可也沒敢錯待令兄。（醒世34.12b.9）

他又沒有兒女，又沒有着己的親人，就使‥（醒世57.12b.2）

只是挑唆漢子賣棄了兒女，是何主意。（醒世62.5b.1）

白姑子‥道：常言説得好：滿堂兒女，當不得半席夫妻。（醒世64.12b.4）

女子 - 子女 [nǚzǐ- zǐnǚ]

[女子19] 女性＝"女人；女孩子"。

到了十六歲，出洗了一個像模樣的女子。（醒世18.8b.1）

古人男子三十而娶，女子二十而嫁，使其氣血充足，然後行其人道。（醒世44.1a.7）

每年今月今日要合村的人選一个美貌女子，穿着的甚是齊整。（醒世62.2b.5）

女子又再三不肯囘他家去，高相公又不便帶他同行。（醒世62.6b.4）

[子女12] 子供＝"儿子和女儿"。

今五十二歲，尚無子女，所以‥（醒世25.3a.2）

因没有子女，凡那修橋補路，愛老濟貧的事，煞實肯做。（醒世27.4a.4）

明明白白没有子女，更是不消説得。（醒世36.1b.2）

家中妻妾子女、父母兄弟吸這六十日風，不餓殺了。（醒世61.7a.8）

平常 - 常平 [píngcháng- chángpíng]

[常平8] コメの価格を調整する、米価調整法、米価調整の為に建てられた倉庫、常平法を施行する為の資金＝"调节米价；常平法；常平仓、施行常平法的资金"。

晁奶奶也沒收，就捨在那寺裏買穀常平糶糴。（醒世47.7b.2）－「コメの価格を調整する」

地方官又不行常平之法，偏是好年成，人越肯費，糧食又偏不值錢。（醒世90.1a.10）－「米価調整法」

又叫他管理常平義倉糶糴，不得斷了晁夫人幾十年的善果。（醒世

93.7a.10)-「米価調整の為に建てられた倉庫」

　將寺中緊要事件，並晁夫人所發的常平資本，並見在積聚倉糧俱，一一交付晁梁代管。(醒世93.7b.6)-「常平法を施行する為の資金」

　[平常2] 平日＝"平時"。

　這兩个人也奇，你平常是見得我的，你臨去的時節，怎便辭也不辭我一聲，伴長去了。想是使了性子，連我也怪得了。(醒世15.12b.1)

　夜夢見晁夫人平常梳洗，説道‥(醒世90.14a.4)

　氣血－血氣 [qìxuè－xuèqì]

　[氣血6](体の)気血＝"人体内的气和血"。

　古人男子三十而娶，女子二十而嫁，使其氣血充足，然後行其人道。(醒世44.1a.7)

　呂德遠禀道：老爺身上不安正是氣血傷損的時侯，極要寬心排遣不可着惱使氣血凝滯不行。(醒世96.6b.5)

　[血氣6] 正直で頑張る性格＝"勇气或血性"。

　人類中或是那沒了血氣的強盜。(醒世16.11b.5)

　千萬－萬千 [qiānwàn－wànqiān]

　[千萬36] 是非とも、何度も、再三、絶対に、決して、千にも万にも、どんなに‥でも＝"务必；再三；无论如何；数以千万计，形容数目极多"。

　我到＜＝倒＞也不專為小二官兒，千萬只是為偺晁家人少，‥(醒世57.3a.10)-「是非とも」

　我待到家走走，我千萬的囑付，我説；這瘡只待的‥(醒世66.10b.5)-「何度も、再三」

　我去後，千萬不可行房，要是發了，這瘡就是‥(醒世66.10b.7)-「絶対に、決して」

　狄員外謝那薛如卞千萬不盡，見了狄希陳，‥(醒世63.12b.9)-「千にも万にも(礼を言う)」

　晁大舍道：高四嫂，你千萬受些委屈，我自有補報。(醒世12.7b.7)-「どんなに‥でも」

［萬千2］本当に＝"确实"。

望着素姐問信，説道：施主萬千大喜。（醒世64.13b.5）

前日 - 日前 ［qiánrì - rìqián］

［日前1］目前＝"目前"。

如今那一條街上的居民，擁着的人衆，萬口一詞，那一個不説徐大尹眞是個神明，眞正是民的父母，替那子孫幹事一般，除了日前的禍患，又防那後日的風波。（醒世32.6b.4）

［前日82］先日、この前＝"之前；前些日子"。

前日爺出殯＜=殯＞時既然沒來穿孝，這小口越發不敢勞動。（醒世20.8a.10）

待了一月，沈裁的婆子拿了一盒櫻桃，‥來看晁夫人，再三謝前日打擾。（醒世36.10b.5）

就喚了前日大尹荐的收生婆老徐日夜在家守住。（醒世21.4a.1）

筭定第三日起身，還是前日那十個人。（醒世38.3b.7）

你前日陪着審官司的時候説了那幾句閑指＜=話＞。（醒世47.5b.7）

前生 - 生前 ［qiánshēng - shēngqián］

［前生35］前世＝"上一輩子"。

他都是前生修的。（醒世3.8a.7）

前生，這是我半輩子積泊的。（48.6a.3）

誰知這個見面的緣法，也是前生注定。（醒世50.7b.5）

薛如下説：這是你前生遭際，没奈何，忍受罷了。（醒世52.8a.9）-

這豈不是前生應受的災厄。（醒世63.12b.5）

［生前14］生前の、在りし日の＝"死者还活着的时候"。

喜神就是生前品級。令尊在日。（醒世18.9b.8）

這些徒弟們雖然名是師徒，生前那一個不受過他的毒害。（醒世41.8b.10）

汪為露若是生前相處得好，果然教得那兒子益。（醒世42.1a.7）

晁近仁生前説要過他的兒子，豈不是名正言順的事。（醒世53.3a.4）

人家 - 家人 ［rénjiā - jiā - jiārén］

［人家636］あの人たち、家、家柄、オレ達、財産、‥という者、よその家、

住宅、お宅、人間社会。="他人；家庭；家世；対人称自己；家产；与名词连用表示身份；他人之家；住宅；人间"

未免人家便不能周到。(醒世4.3a.4)-「あの人たち」

況且見任鄉宦人家，難道不看些體面。(醒世10.3a.6)-「家、家柄」

計巴拉道：你這等上門凌辱人家。(醒世11.10b.1)-「オレ達」

這等平空抄搶人家，我拿出街上來打他。(醒世20.16b.2)-「財産」

那有勢力的人家廣布了鷹犬。(醒世26.1b.3)-「家庭、家」

狄希陳道：你是奶奶人家，你只可憐見，明白的說了。(醒世63.5a.9)-「‥という者」

凡在人家吃酒，惟恐有妓女引誘他的丈夫，把那‥(醒世66.3b.1)-「よその家」

他不知那裏拾了這人家丟弔的東酉〈=西〉拿來給我。(醒世65.11b.1)-「他人、よその人」

我在東頭住，偺是一條街上人家。(醒世69.2b.7)-「住宅、お宅」

倒只有素姐是人家的個正氣娘子。(醒世69.5b.3)-「人間社会」

這也是人家常事。(醒世8.4a.1)-「人間社会」

[家人233]使用人、召使い="仆人"。

晁書領了四個家人。(醒世1.6a.1)

晁鳳道：小的是晁鄉宦的家人，被人打的傷了。(醒世20.12a.7)

屋内安下桌橙，置了酒爐，叫了一個家人在那裡賣酒。(醒世23.5a.5)

年節將近，果然差了一個家人‥(醒世25.4a.9)

讓到客位裏邊與他賓〈=賓〉主坐下，叫家人去看茶。(醒世68.3a.8)

家裏放着家人小厮，偏不叫他經管，只着落在伊秀才身上。(醒世73.2a.2)

叫家人：掠了毛，送到縣裏去枷號這个光棍。(醒世77.4b.3)

我不是你家人，不受你的氣了。這也奇的緊。(醒世77.6a.6)

日月 - 月日 [rìyuè- yuèrì]

[日月8]太陽や月、日々="太阳和月亮；日子"。

日月俱有光華，星辰絶無愆伏。(醒世24.3a.8)-「太陽や月」

自然是天昏地暗，日月無光，陰風颼颼，冷氣颼颼，‥（69.10a.4）－「太陽や月」

這忙中的日月還好過得。後來諸事俱完，‥（醒世40.1b.2）－「日々」

［月日1］期日＝"日期"。

四方君子，用銀換去等物，不拘月日，如有毀壞者，執此帖赴鋪對號無差。（醒世70.1b.4）

散布－布散［sànbù-bùsàn］

［散布1］分け与える＝"发放"。

范文丞相能敦睦，置買公田，散布諸親族。（醒世22.1a.3）

［布散1］伝える＝"传播"。

‥起弄風波，布散蜚語。（醒世20.16a.3）

世人－人世［shìrén-rénshì］

［世人27］世間の人、社会の人、赤の他人＝"世间的人"。

若依了那世人的識見看將起來，這等守株待兔的。（醒世24.1b.1）

既是丫頭沒在這裏，俺還是俺，俺同的世人麼。（醒世44.8b.9）

世人曾有四句口號說得好：夫妻沒有隔宿怨，‥（醒世63.1b.8）

這幾位師父們沒的是世人麼。（醒世64.7b.8）

你纔懺悔了幾日，像打世人的一般狠毒。（醒世65.11a.6）

同會的人也都勸道：這不過是塑的泥像，儆戒世人的意思。（醒世69.10b.10）

［人世9］世の中＝"世间"。

怎麼人世間有這們希奇物件。（醒世6.10b.7）

怎來人世興妖。混亂陰陽，法难輕縱。（醒世27.12a.3）

‥不輕易差遣。這是人世間幾可裏沒有的事。（醒世64.4a.4）

說話－話說［shuōhuà-huàshuō］

［說話191］話す、喋る、ことば、文句が出る＝"讲话；言辞；指责"。

站住說話，說個不了。（醒世4.11b.7）－「話す、喋る」

外面対〈＝對〉了人造出宗師的許多說話。（醒世39.9a.6）－「ことば」

宗師問了他這許多家常說話。（醒世46.2a.6）－「話」

指着狄希陳叫寄姐是你妹妹，自己合狄希陳説話僭娘兒們。（醒世54.4b.10）−「話しぶり」

要把小璉哥致死，叫是斬草除根，免得後來説話。（醒世57.7a.4）−「（後で）文句が出る」

只這麽歇淡留下這條根，後來叫他説話。（醒世57.10b.6）−「文句が出る」

京中人不叫爺不説話的所在，山東人雖是粗濁，‥（醒世77.7a.8）−「話しかける」

[話説6] そもそも、さて；訴訟；こと＝"话本、章回小说等开头处的常用语；词讼；一回事"。

話説太監王振雖然作了些彌天的大惡。（醒世15.1a.7）−「そもそも、さて」
寄姐道：話説不話説，我怕他麽。（醒世80.3a.5）−「訴訟」（"詞訟"）
薛如卞問素姐道：這是怎麽話説。（醒世63.10b.4）−「こと」（"一回事"）

算帳 - 帳算 [suànzhàng - zhàngsuàn]

[算帳22] 決着をつける、責任を取ってもらう＝"报复；追究责任"。

另請了好先生，他不用心讀書，我只合你算帳。（醒世33.8b.5）−「決着をつける」

等審了錄回來，路上合他算帳。（醒世51.5a.9）−「（道中で）話をつけてやる」

你昨日後晌唬我這們一跳，我還沒合你算帳。（醒世60.12a.10）−「落とし前をつける」

素姐罵狄希陳道：‥。有人分我一點，只合你算帳。（醒世76.4b.1）−「話をつける」

叫他知道一點風信都是你，合你算帳。（醒世78.13a.10）−「責任を取ってもらう」

[帳算4] 勘定、計画＝"计算；算上"。

夜間沒他的帳算。後來小鴉兒也漸漸‥（醒世19.12b.8）−「勘定」

果然有些功勞，這也還氣他得過。却是一毫也沒有帳算。（醒世35.1b.10）−「計画」

第二章 《醒世》における逆序語

孫子 - 子孫［sūnzi - zǐsūn］

［孫子16］孫、一族の者＝"儿子的儿子；族人中一员"。

你孫子還道，喫得下飯去哩。（醒世3.5b.6）-「孫」

難得姜奶奶得了外孫，我得了孫子。（醒世49.5b.9）-「孫」

好不好，我撏頓毛給你。俺孫子兒沒了，連說也不合‥（醒世53.9b.1）-「孫」

孫子悶的慌，叫他出去散散心。（醒世56.4b.5）-「孫」

‥不係小事，如何不托孫子，倒托兩个家人。（醒世32.6b.4）-「一族の者」

［子孫12］子孫＝"子孙后代"。

致我子孫人亡家破。（醒世3.3a.2）

利不苟取，色不苟貪，和睦鄉裏，教訓子孫，尊敬長上，不作非為。（醒世42.8b.7）

‥，俱係足色紋銀，不摻分文低假，恐致後世子孫女娼男盜。（醒世70.1b.5）

逃難 - 難逃［táonàn - nántáo］

［逃難1］避難する＝"逃难"。

成幾百幾千的騙錢，又說什麼劫難的時候，把藥界在門前，可以逃難。（醒世28.12b.10）

［難逃6］逃げられない＝"难以逃脱"。

若不是有個救星，這個狗命，料想也是難逃。（醒世88.10b.1）

萬一走漏了消息，我這殘命定是難逃。（醒世97.1b.7）

我係旁人，尚蒙天譴；你是本人，罪過更是難逃。（醒世98.6a.5）

天上 - 上天［tiānshàng - shàngtiān］

［天上17］天上＝"天空"。

單單只記得天土＜＝上＞明星滴溜溜轉一句。（醒世35.12a.3）

他走了，只怕他走到天上，我晁老七有本事拿他回來。（醒世53.12b.6）

據在下看，這個星宮，貫星是天上的貫索，就是人間的牢獄。（醒世61.5a.9）

人要虔誠上頂燒香，從天上掛下紅來，披在人的身上。（醒世68.6b.9）

［上天14］天に迄登る、天の神様＝"登天；上帝"。

好憑他上天入地的作惡，通似沒有王子的蜜蜂一般。（醒世30.3a.7）-「天に

· 205 ·

迄登る」

你這杌杌<=杭杭>子要不着個老婆管着，你就上天。（醒世41.1b.6）－「天に迄登る」

説道：這兇年饑歳，是上天墮罰那頑民。（醒世31.10a.8）－「天の神様」

夫人説道：這是上天憐我母子孤寡，以此相周。（醒世34.4a.4）－「天の神様」

土地－地土 [tǔdì- dìtǔ]

[土地25] 土地神 ＝"土地神"。

約定大家俱要粧扮得齊整些，像個模樣。卯時俱到教場中取齊發脚也要得一副三牲祭祭山神土地，還得一副三牲祭旗。（醒世1.10a.4）

‥一座土地廟裏，指了土地的臉，無般不識的罵到。（醒世26.8b.4）

再不就拿了一張弓，挾了幾枝箭，常常把那土地射一頓。（醒世26.8b.5）

一座關聖帝君，他雖不照那土地去作賤。（醒世26.8b.9）

‥是我自己心裏舉念，再沒有人知，如何有此帖在地，只怕是土地顯神。（醒世36.13a.8）

下了天羅地網，取了本宅的宅神土地甘結，‥（醒世64.4a.1）

[地土19] 田畑 ＝"田地"。

有那中戶，人家情願將自己的地土，自己的房屋献與晁大舍充做管家。（醒世1.4b.10）

出鄉交割地土，就着與他們的糧食。（醒世22.11b.5）

只是地土沒有賣的，成幾輩流傳下去。（醒世25.3b.6）

麻中桂買許些地土，成了个富翁。（醒世27.13b.4）

説他世代務農，眼中不識一字，祖先地土不上四十畝。（醒世42.12a.6）

晁夫人除了這地土以外，要工錢有了五兩的銀，‥（醒世53.2a.9）

堂上－上堂 [tángshàng- shàngtáng]

[堂上54] 知府、法廷 ＝"官署長官；衙門"。

待我到外邊問聲人，看這堂上三廳合首領衙裏也有女人出來‥（醒世97.8a.1）－「知府」

堂上報了二梆，狄希陳謝了茶，辭別而出。（醒世98.2a.2）－「知府役所」

第二章 《醒世》における逆序語

倯不希罕他一點東西，盡情都呈到堂上去。(醒世50.11b.4)－「長官、閣下」
太守堂上打了二點，登時発了三梆，差人雪片般來請，‥(醒世91.11b.1)－「役所」
又不曾被奶奶打出堂上，又不求衙役代説人情，‥(醒世91.14a.10)－「執務室」
官坐堂，帶到堂土＜＝上＞見了。(醒世20.6a.10)－「法廷」
再説甚麼被人捏到堂上，央書辦門子説分上。(醒世97.14a.1)－「法廷」
[上堂13] 法廷に出る、役所に勤務する＝"登堂；升堂"。
伺候了多時，縣尹方纔上堂。(醒世10.4b.4)－「法廷に出る」
你要做了官，也叫娘跟着你同上堂。(醒世49.3b.10)－「役所に勤務する」
你梳了頭上堂，跟了行香，憑他在衙裏怎生發落，‥(醒世91.10b.10)－「執務室へ行く」
央央姑夫合童家的姑娘，叫姑夫上堂去央央太爺，‥(醒世98.11a.5)－「役所へ行く」

脱離‐離脱 [tuōlí‐lítuō]
[脱離6] 離れる＝"摆脱（某种牵制）"。
狄希陳在家裏守着素姐，‥，這就是脱離火池地獄的時節。(醒世75.6a.7) ＝"摆脱"
要脱離他開去，明見他把那張喫飯卓端在那描斗卓邊，幫成一處。(醒世45.9b.10) ＝"摆脱"
永世不進房來了。誰知你還也脱離不得這條路。(醒世60.10b.5) ＝"摆脱"
[離脱1] 別れる、離れる＝"离别"。
狄希陳又不能離脱，都是歡喜中又有這不遂心的事正也費處。(醒世99.9a.4) ＝"离别"

下落‐落下 [xiàluò‐luòxià]
[下落16] 結束、結果、姿、行方、結末になる、処理する＝"结果；去处；处理"。
倒是那大膽的踏住不動，看他的下落，他又不知沒了踪跡。(醒世42.4b.3)－

· 207 ·

名詞「結束、結果、姿」

　這晁無晏的下落還未説盡，且看后回，或有結局。(醒世53.14b.7) －名詞「結果、結末」

　你可也説個下落。像個秦賊似的，沒的我就罷了。(醒世63.5a.6) －名詞「結末」

　且莫説狄員外兒子不知下落，這一晚眼也不合，足足的‥(醒世60.11b.2) －名詞「行方（不明）」

　‥，燒得通成灰了。縣官問：屍後來怎麼下落了。(醒世51.8a.2) －動詞「結末になる、処理する」

　［落下5］残る；落とす＝"留下；掉下"。

　‥放在家裏開舖營運，撰的利錢，就彀了置辦草料，净落下他的本錢。(醒世34.1b.9) －「（元手は）残る」

　孫蘭姬拜了一拜，眼内落下淚來。(醒世50.6a.8) －「（涙を）落とす」

下手－手下［xiàshǒu-shǒuxià］

　［下手28］手を下す＝"动手"。

　不可令父母知道。如知道了，更反不好。筭計往那裏下手。(醒世36.13a.3)

　晁大舍幾番就要下手，那晁住合‥(醒世19.6b.4)

　‥要掘。只因有人巡視，不敢下手。(醒世27.12b.2)

　凡事也都是童奶奶你自己下手，叫我心裏何安。(醒世55.1b.7)

　［手下10］配下、手元＝"管辖下；手头"。

　在少師姚廣孝手下做小沙彌，甚是馴謹。(醒世30.8b.3) －「配下」

　那税課大使東不管軍，西不管民，匠人夫役在他手下的，都沒有甚麼怕惧。(醒世97.12a.5) －「配下」

　先是人手最不方便，幾個手下的巡攔‥(醒世97.12a.10) －「配下」

　兩老人家雖是貪生夫婦，竟是文王手下食肉的耆民。(醒世52.10b.1) －「治下（の）」

　從素姐手下鑽將過去，雙關把素姐抱住，説道：‥(醒世65.11a.5) －「手元」

張開 - 開張 [zhāngkāi - kāizhāng]
［張開3］（口を）開ける＝"打开"。
看了娃娃，喜得晁夫人張開口合不攏來。(醒世21.5b.6)
你張開口，待我出去。你也還有幾日命限，我兩個且離却這裏。(醒世27.12b.8)
［開張2］(貿易という店を)開く、開店する＝"开店"。
不日，同了那些人買了許多布，驢子馱了囘來，揀了日子開張布舖。(醒世25.11b.9)
收拾了幾百銀子，獨上南京，囘來開張貿易，‥(醒世63.3a.8)

子弟 - 弟子 [zǐdì - dìzǐ]
［子弟36］子女、若者＝"子女；少年"。
所以人家子弟，做父母兄長的務要從小葆養他那不忍的孩心。(醒世1.2b.3) -「子女」
我如今教他不過了，決要辭去，免得就閣人家子弟。(醒世23.9b.10) -「子女」
大略人家子弟在那十五六歲之時，正是那可善可惡之際。(醒世40.1a.8) -「子女」
同了無數<=數>的游閑子弟，立在橋中，但是有過來‥(醒世73.7a.9) -「息子ども」
張茂實平素又是个風飄子弟，必定席上有妓。(醒世66.3b.9) -「若者」
［弟子14］生徒＝"徒弟；学生"。
說道：我的佛爺，弟子不是一萬分着極。(醒世6.10a.10)
及門的弟子，怎得不是成才。(醒世35.2a.10)
那做弟子的也便不肯遵你這般拘束。(醒世37.1b.9)

咒念 - 念咒 [zhòuniàn - niànzhòu]
［念咒6］呪う＝"咒骂"。
千萬吩你兩個看奶奶分上，背後不要咒念他。(醒世16.12b.9)
素姐又在屋裏不住口的咒念，狄員外兩口子推不曾听<=聽>見。(醒世52.7b.9)

我抱着你們的孩子撩在井裏了麼。打夥子咒念我。(醒世69.8a.3)

［咒念1］呪文を念じる＝"特指念符咒"。

叫：取兩个罈來。法師仗劍念咒。(醒世27.12a.4)

第三章　事例研究

　　事例研究は、全体を考えるに当たって、全体を細かくは追えないことから、典型的な、あるいは特徴的な事例を記述して、全体の議論に「資する」ものである。量的な全体の1サンプルではなく、その事例の中にものごとの本質を見ることができるのである（宮内2005:29）。

　　本章は《醒世》より当時の言語の特徴を反映する10組の典型例を抽出。そのうえで、語彙の全使用状況や各自の特徴などに焦点を当て現代漢語と比較。問題点を絞り、《醒世》の語彙が現代漢語の中にどのように継承されているかを究明することにより、明末清初から現代中国語までの語彙の変遷について深く詳しく分析する。

　　本稿のねらいは《醒世》の言語の特徴と逆序語の源流及び消長の各時期を明らかにすることである。なぜ、"常時""齊整"と"整齊"、"喜歡"と"歡喜""情管"と"管情""照依"、"何如"と"如何"、"尋找""找尋""要緊""熱鬧"と"鬧熱""扎掙"と"掙扎"を事例にするか、以下の通り説明する。

　　① 各語彙には明清時代から現代まで各時期で意味、方言や書面語・口語、品詞などにおいて、語彙の発展、衰退、消滅がある。例えば、明清時代には"齊整"の使用頻度が"整齊"より比較的高く、明清時代の"強勢詞"である。しかし、現代普通話では"整齊"の方が常用語としてよく使用される。"齊整"は一般に用いられない。また、品詞、意味上で明清時代の"齊整"は"不亂合乎一定的形式＝不雜踏；不參差不齊"（「整然としている」）、"漂亮；俊俏"（「美しい、綺麗である」）、"齊全；完備"（「整える、揃う」）の意味があるが、現代普通話では"整齊"と"齊整"は形容詞として"東西不淩亂；外形規則完整"の意味で使用される。"常時"は"齊整""整齊"と同じように、上古・中世には"常""時"

は一般に単独で使用され、清代初期の《醒世》には"常時"は話し言葉として日常生活に用いられたが、現代語になると使われていない。方言に継承されている。しかも、当時は"常時"は"平日；往常"の意味である。しかし、現代方言では"平日；往常"と"時常"の意味として使われる。

②出現頻度が高く、《醒世》の言語の特徴を反映する。例えば、明代中葉の《金瓶》には"管情"は55箇所出現し、"情管"は一回も出現しない。しかし、《醒世》には"情管"が65箇所出現する。他の旧白話資料にも"情管"はあまり見られない。現代標準語では"情管"は継承されずに、山東方言として残っている。《醒世》は山東方言を背景にして作られたものであるため、"情管"は現代山東方言に継承されている。"照依"は"情管"と同じように、《醒世》に多数出現する。当時の"照依"が日常生活に話し言葉として使用されているのは普通である。"依照"は検出されていない。他旧白話資料中には"照依"はあまり見られない。また現代漢語にも継承されていないが、"依照"という語として使われる。

③各語彙組はそれぞれ機能が違う。例えば、明清時代と現代共通語の"挣扎"は一般に"在困境中奮力支撐以獲得解脱"の意味を持つ。使用場面：困難に向かって思い切って、まっしぐらに進んで行く時に多く使用される。強調内容："奮力"の意味が含まれ、困難を乗り越えるために工夫と努力を始め、目的に到達するまで、決してあきらめない、力の限りに努力する意志が強いことを強調する。しかしながら、明清時代の"扎挣"は一般に困難の束縛から脱出するが、否応なしにやらされるため、一生懸命に乗り越える強い意志、積極性な姿勢が感じられないと考えられる。使用場面："扎挣"は"勉強"の意義が含まれ、本人の意志を無視して強引に何かをさせる場面に多く使用される。強調された内容："扎挣"の動作の主体者は自ら望んでするのではなく、無理強いされることを強調する。もう一つの例は"何如"である。《醒世》では単独で使用される"何如"の語用機能は文脈により、断定を強調する。そのため、言いたいことと反対の内容を疑問の形で提示し、「あなたは間違っている。私の考えを認めなさい。」と注意を与える。このように、相手に対する不満や責

める気持ちを表す。

　他の組は語彙の歴史変遷をこの10組より容易に把握できる。例えば"輕重""重輕""深淺""淺深"の語用機能は現代漢語とまったく変わらない。次に出現頻度が比較的低く、意味が単一のものを多数検出。例えば"生死""死生"は意味が同じく「生と死」の意味を表す。"情願43""雖然83"は出現頻度は高いが、語用機能は現代漢語とはあまり変わらない。

　以上簡単に説明したが、なぜ以上10個の語彙を研究することにしたのか、詳しくは以下の各語彙に従う。

3.1　"常時"について
1. 問題の所在

以下の用例を見る。

1) 薛三省娘子説：可是這們古怪的事，常時只喝一口黄酒就醉得不知怎樣的，這燒酒是聞也不聞，他虎辣八的，從前日只待吃燒酒合白雞蛋哩。（醒世45.8b.10）

2) 小再冬説道：…。他如今做了這幾年官，前呼後擁，一呼百喏的，叫人奉承慣了的性兒，你還象常時這們作踐只怕他也就不肯依。（醒世94.9a.2）

3) 常時我們喫這兩壺沒事的，今日的酒利害，這兩壺有些喫他不了。（醒世23.7a.2）

4) 公子回來，飽了一日，心裏道：他還是個好人。沒些生意，便去尋他。後來也常時躲過，不十分招攬了。（《初拍》）

5) 後來寶玉明白了，舊病復發，常時哭想，並非忘情負義之徒。（紅樓113.12b.8）

6) 自此和婦人情沾意密，常時三五夜不歸去，把家中大小丟得七顛八倒，都不歡喜。（《金瓶》6.4b.5）

7) 还厚皮，老脸个常时来。（《沪语指南》）

8) 他説：不時常來，這一番來夠一月了。（醒世40.13a.3）

9) 時常閑了，大家都説，怎麽得也到薑兒上逛逛。想着那個書兒，也不過是

假的，那裡有這個真地方。(紅樓44.3a.1)

　　"常時"は《醒世》中に31箇所あり（付録1参照）、意味としては"平日；往常"（「ふだん、これ迄、以前」）の解釈になり、上記の《醒世》の例①～③の示すとおりである。しかしながら、《二拍》、の例④、《紅樓》の例⑤と《金瓶》の例⑥の"常時"は"經常"（「しょっちゅう」）の意味に解釈される。なお、"常時"は現代方言には残っているが（例⑥参照）、現代共通語ではあまり使用されない。

　　そこで、問題点を纏めると、以下のようになる。

　　ⅰ《醒世》においては"常時"の意味は全て"平日；往常"（「ふだん、これ迄、以前」）だが、《二拍》《紅樓》と《金瓶》においては"經常"（「しょっちゅう」）という意味もある。なお、上海話でも"經常"（「しょっちゅう」）の意味が使用されている。明清時代から現代漢語まで語義上の"常時"の歴史変遷は何か。さらに"常時"の"平日；往常"（「ふだん、これ迄、以前」）と"經常"（「しょっちゅう」）、それぞれ意味の形成原因は何か。

　　ⅱ《醒世》に31箇所検出された"常時"の特徴は何か。"常時"の《醒世》における全使用状況を究明する。さらに、当時の類義語"以前""從前""往常""往日""往時""平時""平素""平日""平常"との違いを検討する。

　　ⅲ"時常"は例⑧では"經常"（「しょっちゅう」）の意味になり、例⑨では"平日"（ふだん）の意味になる。"常時"と共通する意味もあり、"時常"と"常時"は逆序語になるが、両言葉の使用範囲は完全に同じか、あるいは異なる所があるのかを究明する。

　　管見では、《醒世》における"常時"に関する先行研究はない。

　　本節は《醒世》中の"常時"を中心に考察することにより、語義の形成過程について分析を行い、明清時代から現代漢語までの意味変遷の考察を進める。さらに類義語との比較を通し、《醒世》時代の"常時"の使用状況と特徴を明らかにする。

2. 問題解決

2.1. "常時"の"平日；往常"の意味と"經常"の意味の形成過程

近世漢語で"常時"には主に二つの意味がある。即ちa"經常"の意味とb"平日；往常"の意味である。"常時"のab意味の形成原因は具体的何かを以下のように考察する。

a "經常"（「しょっちゅう」）の意味形成

10) 樂易者常壽長，憂險者常夭折。(《荀子·榮辱》)

11) 孝王慈孝，每聞太後病，口不能食，居不安寢，常欲留長安侍太後。(《漢書·文三王傳》)

12) 漢王急，推墮孝惠、魯元車下；滕公常下，收載之，如是者三。(《史記·項羽本紀》)

上記の古代漢語の"常"は動詞の前に置き、狀語として行為または状態が多発することを表す。下記の"時"も"常"と同じような意味で使用される。

13) 蕭後憐某盡忠于主，因使殉葬。後改葬于雷唐側，不得從焉。時至此謁貴妃耳。(《靈鬼志》)

14) 每度清溪嘲短發，時容使席近芳樽。(《酬智叔見戲》)

15) 呂祿信酈寄時與出遊獵，過其姑呂續。(《史記》)

吳冰沁2016:65は漢語の複合語の形成について以下のように指摘する。

複音化是中古漢語發展的一個突出特點，從漢代開始，漢語大量出現雙音節詞彙。隨着漢語複音化的進程，兩個單音同義詞組合成同義語素的複音詞是順理成章的。(訳：復音化は、中古漢語の発展の中で最も顕著な特徴の一つである。漢の時代から、中国語には多くの復音語が存在する。漢語の復音化が進むにつれ、単音節の同義語が2つ組み合わせて同義語の複合語になるのは当然のことである。)

李臨定·周清海2002:8も同じようなことを述べる。

構成復合詞的詞素往往分別也是相同的，或者相近的。(訳：複合語を構成する単音節語は、多くの場合、同じ、あるいは似たようなものである。)

吳冰沁2016と李臨定·周清海2002について簡単に言えば、単音節語から

複音節語への変遷は古代漢語から近世漢語、現代漢語への発展の特徴であるということである。

古代漢語では"常""時"は単音節語として別々に使用され、特に動作や行為が多発するという意味で語彙変遷し、同義聯合式複合語"常時"になったと考えられる。

"常時"の"經常"(「しょっちゅう」)は宋代に初めて出現し(例⑯参照)、明清時代に發展をとげた。現代方言にも殘る。

16) 三藏進曰：臣在天竺，常時聞大唐西明寺宣律師持律第一，願往依止焉。(宋・《太平廣記》)

b "平日；往常"(「ふだん、これ迄、以前」)の意味形成

"常"の基本義は"恒定不變"(「いつでも変わらない」)の意味だ(《説文》参考)。

常，下裙也。本義是"下裙"，基本義是恒定不變的。(《説文》)

"常"の基本義からの派生義は以下の二つがある。

㊀ 普通的、日常的(「ふだんの、普通の」)

17) 韓子曰：布帛尋常，庸人不擇；爍金百鎰，盜跖不搏。(《韓非子》)

18) 王謂何曰：我今故與林公來相看，望卿擺撥常務，應對玄言，那得方低頭看此邪。(《世説新語》)

㊁ "嘗"と同じ、「かつて、以前に」の意味である。="往日""曾經"

19) 夫日月之有蝕，風雨之不時，怪星之黨見，是無世而不常有之。(《荀子・天論》)

20) 高祖常繇咸陽，縱觀，觀秦皇帝，喟然太息。(《漢書・高帝紀上》)

21) 無是既至，妻曰：汝常不外宿，吾恐汝犯夜，故誦經不眠相待。(《太平廣記》)

"時"の基本義は"‥的時候"(「‥とき」)の意味だ(《説文》参考)。

時，四時也。段玉裁注：本春秋冬夏之稱。引申之爲凡歲月日刻之用。(《説文》)

22) 始臣之解牛之時，所見無非全牛者。(《莊子・養生主》)

23) 諲時與妻兄顧況同宿。即覺，爲況說之。(《廣異記·呂諲》)

上記の分析を通して"常時"において"平日；往常"(「ふだん、これ迄、以前」)の意味は以下のように形成される。

㊀ 普通的、日常的(「ふだんの、普通の」)＋"‥的時候"(「‥とき」)＝平日(「ふだん」)

㊁ "嘗"(「かつて、以前に」)＋"‥的時候"(「‥とき」)＝往常(「以前」)

"平日；往常"(「ふだん、これ迄、以前」)意味の用例は初めて先秦時代に出現する（張巍2007：119）。

24) 大雨，堤防可衣者衣之。沖水，可據者據之。終歲以毋敗爲效。此謂備之常時，禍何從來。(《管子·度地》)

25) 飧之與宴，猶且異文，祭奠所陳，固不同矣。又按《周禮》，籩人、豆人，各掌四籩、四豆之實，供祭祀與賓客，所用各殊。據此數文，祭奠不同常時，其來久矣。(五代十國後晉·《舊唐書》)

"常"と"時"は各自基本義と派生した意味をもつため、複合した二音節語"常時"にも"經常"の意味と"平日；往常"の意味が含まれると考えられる。

2.2.《醒世》の"常時"の用法及び言語の性質

《醒世》中の"常時"の意味、文の成分の特徴、そして会話文と地の文の特徴：

《醒世》では全用例31箇所は全て名詞で"平日；往常"の意味になる。文節の働きにより主語、狀語、定語、目的語として使用される。語用機能により現在との対比を強調する。

主語場合

26) 但不瞞姜爺說：常時是窮光棍，自己弔着鍋子底，認他囘去，與他甚麼吃。如今托賴龍天看顧，賣着幾壺酒，扭那壺瓶嘴子；又開着個雜糧鋪，日求升合的，如今也頗頗的過得日子。(醒世46.6a.9)

☞ これまで：窮光棍(「独身貧乏男だ」)；現在：過得日子(「ようやく生活できる」)

文の中の狀語の場合

27）姐夫常時還是沒見天日的人，又且在家懼怕咱娘家有人説話，凡事忍耐就罷了。他如今做了這幾年官，前呼後擁，一呼百喏的，叫人奉承慣了的性兒，你還象常時這們作踐，只怕他也就不肯依。（醒世94.8b.9）

 ☞これまで：：凡事忍耐（「我慢する」）；現在：不肯依（「従わない」）

 文の前の状語の場合

28）常時我們喫了這兩壺沒事的，今日的酒利害，這兩壺有些喫他不了。（醒世23.7a.1）

 ☞これまで：喝了沒事（「飲んでも大丈夫」）；現在：不能喝（「飲めない」）

 定語の場合

29）童奶奶道：這要是我常時的日子，我一分財錢也是不要的；如今的日子不成話説了，又在兒手裡過活，打發女兒出門，也得幾兩銀子使；如今的年成又荒荒的，説不的硬話，只得把財錢也要收幾兩用。（醒世75.15a.5）

 ☞これまで：一分財錢也不要（「お金は要らない」）；現在：需要財錢（「お金が必要だ」）

 目的語の場合

30）從這日以後，唐氏漸漸的也就合晁大舍熟化了，進來出去只管行走，也不似常時掩掩藏藏的。（醒世19.6b.2）

 ☞これまで：掩掩藏藏（「こそこそとする」）；現在：出入自如（「堂々とする」）

《醒世》では全用例31箇所全て名詞で"平日；往常"の意味。しかし、《金瓶》では一般的に副詞で、"經常"の意味として使用される。

31）自此和婦人情沾肺腑，意密如膠，常時三五夜不曾歸去，把家中大小丢的七顛八倒，都不喜歡。（金瓶6.4b.5）

同じ北方作品でも語義に違いが見られるのはなぜか次の節で検討する。

会話文と地の文の違いの特徴：

《醒世》における"常時"は小説の会話文に多く使用されている。そこから《醒世》において"常時"は口語色が強いことが分かる（表1参照）。

表1

醒世	会話文	地の文
常時（平日；往常）	27/31	4/31

2.3. 明清各時期の發展変遷及び現代方言への継承

蔣紹愚1994は近世漢語について以下のように述べる。

近代漢語和現代漢語方言的關係非常密切。一方面，現代漢語各方言中的語言現象，有不少可以從近代漢語中找到來源。另一方面，近代漢語的一些語言現象，在普通話中已經消失了，卻能從方言中找到。（訳：近世漢語と現代中国語の方言の間には密接な関係がある。一方で、現代中国語の様々な方言の言語現象の多くは、現代中国語にまで遡ることができる。他方で、近世漢語の言語現象は、一部が北京語からは消えてしまったが、方言の中には見られる。）

すなわち、現代共通語や方言は近世漢語に由来があるということである。

現代方言に残る"常時"は明清時代にどのように変遷したのかを以下の表2、表3に作られる。

表2

時代		唐代		宋代		元代
文献		祖堂集	敦煌變文集新書	朱子語類	太平広記	全元曲
常時	平日；往常	1	1	10	15	7
	經常	0	0	0	1	2

表3

時代		明代						清代初期	清代中期		清代後			
地域		江南			南方	山東	山東	北京		江南	北京			江南
文献		水滸	西遊	平妖	封神	三言	二拍	金瓶	醒世	聊齋	紅樓（前80）	紅樓（後40）	儒林	品花	康熙	兒女	野叟	二十
常時	平日；往常	2	10	2	3	4	3	2	31	9	2	1	2	1	0	0	14	2
	經常	0	0	0	0	1	1	24	0	0	1	1	4	0	0	0	8	5
	合計	2	10	2	3	5	4	26	31	9	5	6	1	0	0	22	7	

"常時"は上古漢語から中古漢語まで"平日；往常"（「ふだん、これ迄、以前」）の意味においてのみ使用されている（張巍2007：118）。"常時"の"經常"（「しょっちゅう」）という意味は明清時代から現れる。表2、表3によると唐、宋、元、明、清に"常時"の用例がある。"平日；往常"（「ふだん、これ迄、以前」）の意味が一番多く使用されているから、"平日；往常"（「ふだん、これ迄、以前」）は"常時"の基本義だと考えられる。"常時"は元、明、清時代に發展をとげ、"經常"（「しょっちゅう」）の意味が使用されるようになる。

　　表から全体的に見て、明清時代に主な意味は基本義で"平日；往常"（「ふだん、これ迄、以前」）とされ、通用語として南方でも北方でも使用されていたことが分かる。しかしながら、北方白話小説中の"平日；往常"（「ふだん、これ迄、以前」）の意味は清代中期からあまり使用されなくなったが、南方白話小説では用いられている。一方、南方白話小説中の、"經常"（「しょっちゅう」）の意味項目は清代中期からの使用頻度において明代より高い。

　　"常時"の基本的意味は現代南方閩南話にも継承されている。表3の"常時"的文献分布で分けられる。清代中期以後、特に清代後期には、北方白話小説では"平日；往常"（「ふだん、これ迄、以前」）の意味はあまり使用されず、南方白話小説では用いられている。例えば、北方では清代後期《兒女》と《康熙》において"常時"の用例は未検出。南方では、清代中期《儒林》、清代後期《野叟》と《二十》に二つの意味が並存する。

　　"常時"の明清時代の文献分布（清代中期から南方では"平日；往常"の意味が使用されていること）と現代の方言分布（"平日；往常"の意味項目は南方閩南話に継承されること）から、"常時"の"平日；往常"の意味は清代中期以後、南方方言で使用される傾向にあったことがわかる。

　　明清時代は"常時"における"經常"（「しょっちゅう」）という意味は北方でも南方でも使用されたが、量的には多くないので、当時共通語であったとははっきり判断できない。ただ一つ言えることは、"常時"における"經常"（「しょっちゅう」）という意味は清代後期南方で多く使用されていた。北方では用例はあまり見られない。清代後期、江南の《野叟》に8箇所と《二十》に5箇

所檢出される。"常時"における"經常"(「しょっちゅう」)の意味は現代方言として多数南方方言に継承されている。例えば、廣西都安縣、上海、蘇州等の地域に"經常"(「しょっちゅう」)の意味は現在も使用されている。

表3に"常時"は北方作品《金瓶》中では一般的に副詞で"經常"の意味として使用されているが、同じ北方作品《醒世》と《聊齋》中ではに全て名詞で"平日；往常"の意味で使われている。このように、《醒世》と《聊齋》において"常時"は基本義として使用されているのは理解できるが、同じ北方作品である《金瓶》に一般的に副詞として"經常"の意味で使用されているのは何故であろうか。

張惠英1985によると、《金瓶》は主に山東方言を背景に作られているが、その上に他の方言を吸収する。例えば吳語、晉語及び北京方言などである。《金瓶》の言語は南方と北方の混合の言葉と言える。現代方言の吳語（上海話、蘇州話など）、晉語（山西吉縣）等の地区に"常時"はまだ使用されている。使用される意味は"經常"(「しょっちゅう」)の意味である。ここからは筆者は、《金瓶》の"常時"は吳語かあるいは晉語から吸収されたものと推測する。

2.4. 当時類語"以前""從前""往常""往日""往時""平時""平日""平素""平常"との差異

2.4.1. 当時"以前""從前""往常""往日""往時"との差異

以前4

32）計氏説道：你還説叫我管教他，我還是常時的我，他還是常時的他哩麼。投到娶這私窠子以前，已是與了我兩三遭下馬威，我已是遞了降書降表了。我還敢管他哩。（醒世2.4a.8）

33）只除了歇案的人命強盜，其外雜犯，在他到任以前的，俱免追論。（醒世12.4a.1）

34）這些孽種，那未荒以前，作得那惡無所不至，遭了這樣奇荒，不惟不悔罪思過，更要與天作起對來。（醒世31.5b.6）

35）眞是福無雙至，禍不單行，珍哥從去打圍一月之前，便就不來洗換了，却有了五個月身孕。（醒世4.7a.3）

"以前"の使用頻度は高くない。《醒世》中4箇所で「事件＋"以前"」の組み合わせで3箇所、「時間詞＋"以前"」の組み合わせで1箇所検出した。"以前"はこの二つの組み合わせに後置詞として使用されている。しかし"常時"は時間詞である。

從前6

36）狄希陳日漸平復，時刻與胡無翳、晁梁三人白話，將素姐從前已往的惡事，都盡情告訴與胡、晁兩人知道。（醒世100.8b.4）

37）李驛丞站在傍邊，等他裏完了話，過去跪下，把從前這以往的實話，對查盤官稟了個明白。（醒世88.15a.4）

38）又過了兩日，這丁利國夫婦都附了，説起從前以往的事來，或罵、或咒、或大哭，除了麻中桂的夫婦，其餘的人，沒有一個不附了作孽的。（醒世27.11b.6）

39）晁邦邦將從前以往的事告訴了詳細。（醒世32.9a.9）

"從前"は《醒世》に6箇所検出し、使用頻度も高くない。基本的に"從前以往""從前已往"の形で現れる。構造と機能は比較的単一的である。文の中で定語として用いられる。

往日11

40）這狄希陳往日莫説老婆説出的言語，不敢不欽此欽遵，就是老婆們放出像素姐那般的臭屁，也要至至誠誠捧着嗅他三日。（醒世72.7b.3）

往常3

41）這些街鄰光棍，不怕他還似往常臭硬撒潑，踹狗尾，拿鷙頭，往上平走。（醒世95.10a.1）

往時39

42）他往時外邊又沒處去，家中只得一間臥房，臥房中只得一床鋪蓋，不許入房不許同睡，這也就難為他了。（醒世1.8a.7）

"往日""往常""往時"との相違は主に会話文と地の文の差異である。"往日""往常"と"往時"は地の文に用いられる場合が多く、"常時"は口語として用いられる場合が多い（表4参照）。

表4

醒世	会話文	地の文
常時	27/31	4/31
往日	2/11	9/11
往常	1/3	2/3
往時	13/39	26/39

2.4.2. 当時"平日""平素""平時""平常"との差異

"常時"も「一般的、通常的」の意味があって"平日""平素""平時""平常"の意味に近い（例43、44参照）。

43）薛三省娘子説：可是這們古怪的事，常時只喝一口黄酒就醉得不知怎樣的，這燒酒是聞也不聞。(醒世45.8b.9)

44）我常時見他端端正正，還是黄花女兒，不像要尋野食吃的，怎生着了你的道兒。(《恒言》)

平時2

45）他平時相厚那些人又都不是那老成有識見的人，脱不了都是幾個暴發戶，初生犢兒。(醒世9.13b.5)

平日45

46）於是沾親帶故，平日受過賑濟，平糶過米糧，城裏城外的士民百姓，十分中到來九分九厘。(醒世90.8b.8)

47）晁梁仍把這兒孫婦女讓回家中，將陳師娘平日存下的衣裳，用過的鋪蓋，都盡數叫他們分去。(醒世92.10a.2)

平素10

48）飲到酣暢時節，素姐曉得酒在湖亭，張茂實平素又是个風飄子弟，必定席上有妓，差了小玉蘭，只説家中尋衣櫥的鑰匙不見，叫他去尋。(醒世66.3b.8)

平常2

49）這兩個人也奇，你平常是見得我的，你臨去的時節，怎便辭也不辭我一聲。(醒世15.12b.1)

"平時"は《醒世》中用例は僅かである。2例のみであり、地の文に用いら

れている。"平日"の用例は45件と多い。"平日""平素""平時""平常"との違い："平日""平素""平時"と"平常"は現在の状態の継続を強調する場合が多く、"常時"は"現在""如今""今天""目前"等の語彙と呼応し、現在との対比を強調する場合が多い。これも"常時"の"以前""從前""往常""往日""往時"との相違点の一つである（例49、50、51参照）。

50）常時我們喫了這兩壺沒事的，今日的酒利害，這兩壺有些喫他不了。（醒世23.7a.1）

☞これまで：飲める；現在：飲めない

51）我們説他雖不似常時這般精爽，却又沒有甚病，怎麽就會死哩。（醒世22.7b.5）

☞これまで：元気；現在：病気なし死んだ

52）珍哥説：我説叫他出去罷，儻如今同不得常時，又沒了錢，又沒了勢，官兒又嚴緊，專常的下監來査。（醒世43.7b.6）

☞これまで：お金も権力もある；現在：お金も権力もなく

前文に述べたが、"常時"における"平日；往常"の意味は清代中期以後、南方方言で使用されていた可能性が高い。それでは、清代中期以後、北方において"平日；往常"の意味を表す語彙の中で使用頻度が高いのは何故か。考察から清代中期以後、北方では"平日"と"從前"がよく使われていた。《兒女》からこの現象が分かる。

"平日"と"從前"は《兒女》にそれぞれ74箇所と36箇所がある。

53）豈知這位姑娘平日雖吃上看不破些兒，到了今日，心靜身安，已經了安老爺這番琢磨點化，霎時把一條冰冷的腸子泹了個滾熱，心裡的事情都來了，那裡還顧得到吃上。（兒女20.2a.9）

54）老爺道：從前年輕的時候渾喝，也不大知道甚麽叫醉；如今不中用了，喝到二三十斤也就露了酒了。（兒女15.7b.2）

現代漢語においても、口語、書面語ともに"平日"と"從前"が使用されている。

2.5 "時常"について

近代漢語に"時常"は二つの意味項目があり、"經常"(「しょっちゅう」)の意味(例55参照)と"平日；往常"(「ふだん、これ迄、以前」)の意味である(例56、57参照)。"時常"と"常時"は順序が逆の二音節の倒語になる。

55) 宋江公事之暇,時常出郭遊玩。原來楚州南門外,有個去處,地名喚做蓼兒。其山四面都是水港,中有高山一座。(水滸100.71b.1)

56) 就是時常宴會,皆同的是荊都監夏提刑一班官長,并未與敬濟見面。(金瓶97.3a.6)

57) 再説狄希陳在京住了一年有餘,時常在兵部窪當鋪掌邊料理生意,陰天下雨在自家下處守着寄姐頑耍,再與調羹、童奶奶,閑話三頭兩日看望母舅妗母,與相進士相聚,甚是快活,倒也絶無想家之心,只有得離素姐為幸。(醒世77.4a.2)

"時常"における"經常"(「しょっちゅう」)の意味は唐代に出現し始める。

58) 戴若思弟逝,則譚女婿也。譚平生時常抑若思而進逝,若思每銜之。(《晉書·卷五二·列傳·第二二》)

"時常"における"平日；往常"(「ふだん、これ迄、以前」)の意味は明代に出現し始める。

59) 及至到了門首,愧心復萌,想道：時常挑了擔子在他家賣油,今日忽地去做嫖客,如何開口。(《恒言》)

"常時"の出現は"時常"より早い。意味上は"常時"の名詞"平日；往常"(「ふだん、これ迄、以前」)の意味の出現は"時常"より早い。しかし、"常時"の副詞"經常"(「しょっちゅう」)の意味は"時常"より遅い。

"常時"を深く理解するために、"時常"を取り上げて考察する。明清時代における"時常"の使用状況と明代から清代後期までの歴史的変遷を検討する。

"時常"の使用状況を時代別、方言別に整理すると以下の表5のようになる。

表5

基礎方言		明代		清代初期	清代中期				清代後期	
		南方	山東	山東	北京			江南	北京	江南
資料		水滸	二拍	金瓶	醒世	紅樓（前80）	紅樓（後40）	儒林	兒女	二十
時常	平日；往常	3	1	2	1	1	2	0	0	0
	經常	23	2	11	42	39	26	11	10	15
	合計	26	3	13	43	40	28	11	10	15

　表5から見れば、"時常"は明清時代には通用語として南方でも北方でも使用されており、現代漢語とあまり変わらない。語義の分布では、"時常"は副詞"經常"（「しょっちゅう」）の意味としての使用が一般的であり、"平日；往常"（「ふだん、これ迄、以前」）の意味での使用は少なく、現代漢語にもあまり使用されていない。

　"常時"と"時常"の違いはどこにあるか。意味や使用範囲などの相違点の検討を、今後の課題としたい。

3. まとめ

　本節は《醒世》における"常時"を展開し、"常時"の形成過程、意味変遷及び語用機能を明らかにする。考察から以下のことが分かる。

　i "常"と"時"はそれぞれ基本義と派生した意味をもつため、複合した二音節語"常時"にも"經常"の意味と"平日；往常"の意味が含まれると考えられる。

　ii 明清時代には主な意味は基本義で"平日；往常"（「ふだん、これ迄、以前」）であり、通用語として南方でも北方でも使用されていた。清代中期以後は、南方方言として使用される傾向にある。一方、"常時"における"經常"（「しょっちゅう」）の意味の出現は基本義より遅く北方でも南方でも使用される。量的には多くないので、当時の共通語とはっきりとした区別ができない。ただ、"常時"における"經常"（「しょっちゅう」）の意味は清代後期南方でよく使用された。

iii 当時の類義語との比較を通し、《醒世》における"常時"は時間詞として会話文に用いられ、現在との対比を強調する。

iv "常時"の出現は"時常"より早い。意味上"常時"における名詞"平日；往常"（「ふだん、これ迄、以前」）の意味の出現は"時常"より早い。しかし、"常時"における副詞"經常"（「しょっちゅう」）の意味は"時常"より遅い。

v "時常"は明清時代通用語として南方でも北方でも使用されており、現代漢語とあまり変わらない。語義の分布において、"時常"において副詞"經常"（「しょっちゅう」）としての意味の使用が一般的であり、"平日；往常"（「ふだん、これ迄、以前」）の意味での使用は少なく、現代漢語にもあまり使用されていない。

3.2 "情管"と"管情"について
3.2.1《醒世》の"情管"と現代方言の"情管"について
1. 先行研究

"情管"に関する先行研究は、その多くが"情管"の意味に関する内容である。管見では、"情管"に関する先行研究には、以下のようなものがある。

1) 陳美芳 2015

陳美芳 2015 は、《聊齋》中の"情管"の意味を"必定、肯定"（「きっと」）とするが、現代方言の"情管"の意味を"儘管"（「思う存分にする」）とする。"情管"は言葉としては現在まで残っているが、意味が完全に変わったと主張する。意味だけ分析しており、使用範囲を全体的に研究していない。本節で詳しく述べる。

2) 閆克 2013

閆克 2013 は《西遊》《水滸》《金瓶》《三國》《歧路》《野叟》《儒林》《醒世》《紅樓》《兒女》《官場》《老殘》といった明清時代における 11 篇の小説を調査したものである。それによれば、"情管"は《醒世》（65 箇所）と《野叟》（3 箇所）にしか出現しない。《醒世》において用例が多い。閆克 2013 は用例だけ挙げており、"情管"の《醒世》における全使用状況には言及していない。

2. 問題の所在

近世語では"情管"が一般に"肯定；管保"(「きっと」)の意味で解釈される(例① 参照、訳は筆者。以下、同じ)。しかしながら、現代方言の"情管"は"儘管"(「思う存分にする」)の意味で知られている（例② 参照）。例② は陳美芳 2015 から引用する。

① 你且放寬了心，等我替你算計，情管也算計不差甚麼。(醒世 83.14a.10)

訳：まずは気を楽になさることです。あなたのために考えてさしあげましょう。きっと悪いようにはいたしませんよ。

② 出了問題我包着，你情管大膽地去。(山東濰坊話)

訳：問題があれば私は解決するから、(心配しないで) 勇気を出してやってみればいい。

以上の用例から"情管"は"肯定；管保"(「きっと」)の意味から"儘管"(「思う存分にする」)に変わっている。すなわち言葉自体は現在まで残っているが、意味が着しく変わったことがわかる。近世語と現代方言の"情管"の使用状況 (機能) に相違があるかどうかを考察したところ、現代方言の"情管"は"儘管"(「思う存分にする」)の意味だけではなくて、筆者の故郷連雲港市の贛榆県の方言[①]におけるように"情管"は"一直、總是、老是"(「いつも」)の意味も表す（例③ 参照）。これは現代方言"情管"に対して新たな意味の補充になる。

③ 你怎情管撅人的。

訳：何でずっと悪口を言うの。

以上の問題点を纏めると、以下のようになる。

1)"情管"の《醒世》における全使用状況はどのようになっているか。

2) 近世語と現代方言の"情管"の使用状況（機能）は変わったか、同じ所があるか。

3) 明代から清代後期における"情管"の歴史変遷にも言及したい。

---

① 贛榆方言は膠遼官話に属する。

本節は現代方言と《醒世》の"情管"の用法と意味について分析を行い、さらに、ニュアンスでの使い分けについても考察を進める。さらに、"情管"は《醒世》の時代と現代においてどのように使用されているのかを明らかにする。

3. 現代方言への継承

現代方言と近世語の"情管"を明らかにするため、《白话》《中国語》《汉方大》で調べた結果、それぞれ次のようになる。

○《白话》

情管：肯定（きっと）；管保（保証する）。

○《中国語》

情管：①白おそらく、たいてい（恐怕、大概）。②きっと（肯定）。＝"管情"

○《汉方大》

情管：［動］保證；管保（保証する；きっと）。冀魯官話。山東省淄博。清・蒲松齢《聊・墙頭記》第二回：你既飽了，且找个避風去處，且慢慢歸家。我着他兩个爭着事奉你。（訳：もうお腹がいっぱいですから、風を避ける所を探して、ゆっくり帰ってください。その二人に競って君に仕えるように言いつけることを保証します。）《醒世》第十八回：晁爺你不信，只叫大官替唐老爺做上女婿，待不的兩日就是个知州。（訳：お信じにならないのでしたら、大舎さまを唐さまの婿にしてみてください。きっと二日足らずで知州になれることでしょう。）

上記の解釈にて"情管"の意味をまとめると、以下の通りである。

近世語の場合

情管：［副］おそらく、たいてい（恐怕、大概）、［副］きっと（肯定）、［動］保証する（保證）＝管情。

現代方言の場合

情管：［副］きっと（肯定）、［動］保証する（保證）。

3.1.《醒世》の"情管"

《醒世》では"情管"が65箇所検出される(付録2参照)。考察したところ、《醒

世》の"情管"の特徴は前後文脈が相手を勧誘[①]する場合（主に"思維上的誘導"の場合）に用いられ（表1参照）、口語的で語気副詞として確実性を表すことである。

表1

前後文脈が相手を勧誘する場合		
	行為上的誘導	思維上的誘導
箇所数	17 / 65	48 / 65

《醒世》の"情管"は"行為上的誘導"として17箇所で使われている。

④ 我打和包雞子，你起來吃幾个，情管就好了。（醒世38.12a.10）

訳：目玉焼きを作ってさしあげます。起きて幾つか食べれば、きっと良くなりますよ。

例④について話し手は聞き手に目玉焼きを食べてもらう。動作は"吃"（「食べること」）である。"行為上的誘導"はこの動作をしてもらうことである。

⑤ 丫頭另取了一本《萬事不求人》書。墊着看了脈，説道：這病比昨日減動六七分了。今日再一帖下去，情管都好了。（醒世2.11a.7）

訳：女中は今度は『萬事不求人』という本をとってきた。それを敷き、脈を診ると、楊古月は言った。「病気は、昨日に比べると六七割良くなりました。今日、もう一服飲めば、きっとよくなられますよ。」

例⑤について楊古月は晁大舎の病気を診察した。もう一服飲んだら病気がよくなると思い、相手にそうさせたい、つまり一服飲むこと、この主張を相手に理解してもらうため、"情管"を用いる。動作は"一帖下去"（「一服飲むこと」）である。"行為上的誘導"はこの動作をしてもらうことである。

[①] ここの「勧誘」は自分の意見や意志を出して、相手に理解してもらい、自らの側に招く行為である。"行為上的誘導"と"思維上的誘導"の2種類に分けられる。"行為上的誘導"はこうしてほしい、こうしなさいとその動作をしてもらうことであるが、"思維上的誘導"はこう思ってほしい、自分の考えを理解してもらい、自らの側に招く行為である。（勧誘意思指主觀上勸説和誘導，即自己的想法能讓對方聽得進去，可分為行為上的誘導和思維上的誘導。行為上的誘導是希望對方這樣去做，思維上的誘導是希望對方這麼認為。）

⑥珍哥又道：‥路上冒了風寒。我叫人做些酸辣湯，你吃他兩碗，熱炕上發身汗出，情管就好了。(醒世2.1b.3)

訳：珍哥はまた言った。「‥たぶん道で寒い風に当たったのでしょう。酸辣湯を作らせますから、二碗飲んで、暖かい炕（オンドル）の上で汗を出せば、きっとすぐに良くなりますよ。」

例⑥について珍哥は晁大舎の病気の治療方法については酸辣湯を作らせ二碗飲んで汗を出せば、病気が治るという提案をした。相手に納得できるように"情管"を用いる。動作は"吃"（「飲むこと」）である。"行為上的誘導"はこの動作をしてもらうことである。

《醒世》は"思維上的誘導"の"情管"を48箇所で使用している。

①童奶奶道：雖這們説，你焦的中甚用。焦出病來，才是苦惱哩。車到沒惡路，天老爺自然給人鋪排。既是叫咱往那們遠去，自然送到咱地頭。你且放寬了心，等我替你算計，情管也算計不差甚麼。(醒世83.14a.10)

訳：童奶奶は言った。「焦っても仕方がありませんよ。病気になったりしたら、大変ですからね。車で行かれれば悪路はありません。神様がきっとうまく行くように計らってくれますよ。遠くへ行かれるのですから、私たちの土地の端まで往きつけますよ。まずは気を楽になさることです。あなたのために考えてさしあげましょう。きっと大丈夫ですよ。」

例①についてまずこの場面は勧誘文脈である。童奶奶は狄希陳が困っていることを解消するために相手に安心させ、まずは気を楽になさることです。あなたのために考えてさしあげましょう。きっと大丈夫ですよ、と相手にそう思わせ、自分の考えを理解してもらうために、"情管"を用い、相手を"思維上的誘導"する。

⑦晁老道：胡説。知府那有使銀子上的哩。媒婆道：只怕是我聽錯了，説是上个知州。晁老道：知州也沒有使銀子上的。媒婆道：知州從來使銀子上的。晁爺你不信，只叫大官人替唐老爺做上女婿，情管待不的兩日就是个知州。(醒世18.3b.10)

訳：晁老人は言った。「馬鹿をいえ。銀子を使っても、知事になれるはずが

あるまい。」媒婆は言った。「私の聞きまちがいでした。州知事にすると言っていました。」晁老人は言った。「州知事だって銀子を使ってなれるものではないぞ。」媒婆は言った。「知事は銀子を使ってなることはできないでしょうが、州知事は昔から銀子を使ってなるものです。お信じになれないなら、若旦那さんを唐さまのお婿さんになさってごらんなさい。きっと二日足らずで州知事になりますよ。」

例⑦について媒婆は銀子を使って州知事になれることを晁老人に信じてもらう。媒婆は自分の意志（「銀子を使って知州になれること」）を相手に理解してもらうため、観点が明確になるように"情管"を用い、私を信じておくれと強調し伝え、相手を"思維上的誘導"する。勧誘文脈で、強い推測を通して自分の話す目的に達する。

⑧ 大家都商量説：宅裡請咱，卻是為甚麼‥

晁無晏道：‥是那幾畝墳地，叫咱衆人攤糧‥

晁思才説：不是為這個‥

晁思才老婆跑將出來説道：你們不消胡猜亂猜的，情管是為你昨日賣了墳上的兩科柏樹，他知道了，叫了衆人去數落哩。（醒世22.3b.6）

訳：皆は相談して言った。「奥さんが俺たちを呼んだのは、何用かな‥」

晁無晏は言った。「‥あの数畝の墓地で、俺たちに分担させるつもりなんだ。」

晁思才は言った。「そうではないよ‥」

晁思才の女房が駆け出して言った。「勝手な想像をするはやめてくれ。きっと昨日あんたがこの前墓の二本の檜を売ったのを奥さんが知って、皆を呼んであんたを責めるつもりなんだよ。」

例⑧について奥さんが人々を呼んで晁思才の家に集める目的について皆の意見が様々であるが、晁思才の女房は人々に納得してもらうために自分の考えを強く出した。相手に自分の主張通り（「勝手な想像をやめよ、皆を呼んで来る理由はこの前墓の二本の檜を売ったので奥さんが晁思才を責めるつもりであること」）に思わせるために"情管"を用い、強い推測を通して、相手を自

分側に招く。相手を"思維上的誘導"する。

そして、"情管"は文章の中で以下のように存在する（表2参照）。

1）述語動詞の前に置き、述語成分を修飾する。

⑨ 晁無晏道：我一猜一个着，再沒有二話，情管是那幾畝墳地，叫咱衆人攤糧。（醒世18.3a.10）

訳：晁無晏は言った。「俺にはわかっているよ、はずれっこなしだ。きっとあの数畝の墓地で、俺たちに穀物を干させようというのだろう。」

⑩ 狄婆子說：那漢子我沒看眞，情管是个膿包。好漢子也依老婆降發麼。（醒世41.2b.3）

訳：狄夫人は言った。「私はその男を見てなかったけどね。きっとダメ男だよ。大の男が女房に侮辱されてじっとしているはずがないからね。」

2）文の前に置き、文全体を修飾する。

⑪ 唐氏道：情管你那輩子就是這們个老婆。（醒世19.5a.5）

訳：唐氏は言った。「きっとあなたは前世ではそんな女房だったのでしょうよ。」

表2

《醒世》の"情管"		
	述語動詞の前に置き、述語成分を修飾する	文の前に置き、文全体を修飾する
箇所数	56 / 65	9 / 65

また、《醒世》には"情管"の動詞の「保証する」の意味の用例がない。

以上は《醒世》には65箇所出現する"情管"の使用状況であるが、山東方言に多く含まれる《聊齋》の"情管"を調べると、"儘管"（「思う存分にする」）の意味もある（例⑫参照）。この点は《醒世》の"情管"と異なる。《白话》の"情管"に対して新たな意味の補充になると思われる。

⑫ 咱倆飲酒，添上個人才好。公子雲娘子差矣。人千裏來，恨不能兩個人弄成一個，怎麼還容的半個。‥ 江城云：情管添上此人，官人也未必嫌多。（《聊齋》）

訳：「私たちはお酒を飲むにはもう一人増やしたほうがいい。」公子は言っ

た。「違う。君が遠くから会いに来てくれて、君と一つにできないのを惜しんでいるから、もう一人増やすのは受け入れない。‥江城は言った。「安心してこの人を増やしてください。君はこの人が来ても多く思わないね。」

3.2. 近世語と現代方言の"情管"の同じ使用状況

現代方言の"情管"の意味はどうなるか。

陳美芳2015は山東濰坊方言には"必定；肯定"を表す時、"情管"を使わずに一般的に"保準"を使うようになったとする。"情管"は"儘管去做某事"（「思う存分にする」）の意味のみとして方言に残り、一般に"勸勉"（「励ます」）のニュアンスを表すことにも言及し、陳美芳2015から例⑬を挙る。

⑬ 家裏還有一大堆菜呢，你情管吃。（山東濰坊話）（勸勉義）―相手を励ますことを指す。

訳：部屋に野菜がまだいっぱいあるので、食べたいと思ったらどんどん食べてください。

以上の用例から見れば、現代方言の"情管"は"儘管去做某事"（「思う存分にする」）の意味で相手を勧誘し、"勸勉"（「励ます」）のニュアンスを表す。それでは、近世語の"情管"にも同様な機能があるか。

近世語の"情管"は前後文脈が相手を勧誘する場合に用いられ、語気副詞として相手に安心し行動をさせる強い主張も表す。例①の"情管"はそれである。場合によっては、確かにそうであるという強い主張を聞き手に納得してもらって必ず目的が達成できる気持ちを伝え、相手を励まし、心配なく勇気を出して行動をさせることもある。つまり前後の文脈が相手を勧誘する場合に使われ、"勸勉"（「励ます」）のニュアンスも強調する。この機能は現代方言の"情管"と同じであると思われる。目的は相手を勧誘し、相手を安心させ、安心感を与え、物事が順調に進むことである。例⑥と例④を見る。

⑥ 路上冒了風寒。我叫人做些酸辣湯，你吃他兩碗，熱炕上發身汗出，情管就好了。（醒世 2.1b.3）

訳：たぶん道で寒い風に当たられたのでしょう。酸辣湯を作らせますから、二碗飲んで、暖かい炕（オンドル）の上で汗を出せば、きっとすぐに良くなり

ますよ。

④ 我打和包雞子，你起來吃幾个，情管就好了。（醒世38.12a.10）

訳：目玉焼きを作ってさしあげます。起きて幾つか食べれば、きっと良くなりますよ。

例⑥について、相手を勧誘する場合に用いられ、聞き手は自分の身体の具合が悪くて心配になるが、話し手は心配を払いのけるために、酸辣湯を作らせ、二碗飲んで、暖かい炕（「オンドル」）の上で汗を出せば病気が治せるとのアドバイスをした。相手をうまく勧誘するように、相手に安心感を与え、"情管"を使って、その病気は大丈夫ですよ、すぐ治るよ、安心してねと強調し伝え、相手から自分の提案を受け入れてもらおうと前向きな姿勢で相手を説得する。例④の場合、"情管就好了"（「きっとすぐに良くなりますよ」）の後ろに"你就放心吧"（「心配しないでください」）が省略される。なぜ省略されるのか、"情管"はその代わりにこの語義の効果を行使することにかかわると推測する。この点についての研究を今後行いたい。

例④は例⑥と同じように、相手を勧誘する場合に用いられ、"情管"を用いることで相手から同意を得たいという気持ちがもっと強まる。

次に《醒世》の例①と例⑭はそれである。

① 你且放寬了心，等我替你算計，情管也算計不差甚麼。（醒世83.14a.10）

訳：まずは気を楽になさることです。あなたのために考えてさしあげましょう。きっと悪いようにはいたしませんよ。

⑭ 你放心，做成了，情管叫你二位暖和。（醒世75.12b.6）

訳：安心してくれ。うまくいけば、二人、この冬はきっと暖かく過ごせるよ。

例①と例⑭も前後文脈が相手を勧誘する場合に使用され、相手を説得できるように、"情管"を使って相手に安心させるという感じが更に強くなる。

前文で《醒世》の"情管"の機能は前後の文脈が相手を勧誘する場合に用いられ、相手を"思維上的誘導"することもあり、"行為上的誘導"することもあると述べた。現代方言の"情管"は同じような機能を持っている。

機能一：思維上的誘導

現代方言の"情管"も前後文脈が相手を勧誘する場合に用いられ、相手を"思維上的誘導"する。例⑮は陳美芳2015から引用する。

⑮ 有我在，孩子不會出啥事的，你情管放心。（山東濰坊話）

訳：私がいるから子供は大丈夫だよ。安心してください。

例⑮は勧誘文脈である。話し手は聞き手が子供の安全を心配することを解消するために"有我在"（「私がそばにいる」）と言って相手に安心させる。きっと大丈夫だよ、と相手にこう思わせるために、自分の考えを認めてもらうために、"情管"を用い、私を信じておくれと強調し伝え、相手を"思維上的誘導"する。

機能二：行為上的誘導

現代方言の"情管"も前後文脈が相手を勧誘する場合に用いられ、相手を"行為上的誘導"する。例⑯は贛榆方言で、例⑰は閆克2013から引用する。

⑯ 外頭大雪就不要去上課了，今天就情管待在家裏學習也沒事。

訳：外はひどい雪だから学校に行くのをやめなさい。今日はちゃんと部屋で勉強しても大丈夫だよ。

例⑯について、外は雪だから出かけるのは不便のため、学校をやめることになる。相手に自分の主張を受け入れてもらうために、部屋で勉強をするという提案をした。相手に納得できるように"情管"を用い、安心しなさいとの言外の意味が含まれる。動作は"待在家裏學習不要去上課"である。"行為上的誘導"はこの動作をしてもらうことである。

⑰ 你情管説了，我聽住哩！

訳：どんどん言ってください。私はちゃんと聞きますから。

例⑰について相手の気がかりのないようにするため、「（困る事を）どんどん言ってください」と伝える。自分の主張を相手に理解してもらうため、"情管"を用いる。動作は"説"（言う）である。"行為上的誘導"はこの動作をしてもらうことである。

以上のように近世語と現代方言の"情管"の機能はあまり変わらず、つま

り両方が前後の文脈が相手を勧誘する場合に用いられ、相手を"思維上的誘導"することもでき、"行為上的誘導"することもできるという機能が同じと思われる。そして、"情管"は確実性を表すが、"情管"を用い、その確実性を強調することで、自分の意志通りにやってもらうという勧誘語気がもっと強まるという点も同じと思われる。

3.3. 贛楡方言の"情管"

現代方言に"情管"のニュアンスを簡単に言えば、"勧勉"(「励ます」)の積極的なニュアンスはあるが、"勧誡"(「戒める」)の消極的なニュアンスはないと思われる。

閆克2013は河南省南陽方言の"情管"について一般に"勧勉"(「励ます」)のニュアンスとしても広く使われるが、"勧誡"(「戒める」)のニュアンスはないことも指摘している。そして、閆克2013は次の用例を挙げている。

⑱ 你情管鬧吧。

訳：盛り上がって騒ぎましょう。

○鬧鬧興許問題就解決了。(勧勉義)

訳：騒ぎを起こしたら問題が解決することになるのかもしれません。

×這事兒他死活也不管。(勧誡義)

訳：いい加減にしてください。このようにいたずらして大変なことに遭ったら、私に頼まないでください。

○：適格 ×：不適格

閆克2013でも、陳美芳2015でも"情管"は明らかに積極的な意味で用いられる。

しかしながら、筆者の故郷：連雲港市贛楡県の方言には"情管"は副詞として"儘管"(「思う存分にする」)の"勧勉"(「励ます」)のニュアンスを表す他に、"一直、總是、老是"(「いつも」)の"勧誡"(「戒める」)のニュアンスも表す。この点は"情管"の使用状況について新たな補充になるだろう。なぜ"一直、總是、老是"(「いつも」)が"勧誡"(「戒める」)のニュアンスになるか、用例を挙げて説明する。

⑲ 你情管耍吧。

現代共通語：你就這樣一直耍吧。

訳：おまえはずっとこのように遊び放題にしていなさい。

言外の意味：你不務正事，就知道天天玩，我也不管你了，隨你去吧。

訳：おまえ宿題もやらずに遊びばかりしていちゃだめだ。成績が悪くなったら、自分の責任だよ。

⑳ 你怎情管吃的。

現代共通語：你怎麼老是吃啊。

訳：何でそんなに食べるの。

言外の意味：你不能這樣吃，要註意分寸。

訳：なるべくそんなにいっぱい食べないように控えてください。

㉑ 你怎情管撅人的。

現代共通語：你怎麼一直罵人啊。

訳：何でずっと悪口を言うの。

言外の意味：沒素質，滿嘴胡言亂語。

訳：悪口を言うなんて、教養がない人間だ。注意してください。

㉒ 你情管鬧吧。

現代共通語：你就這樣一直瞎鬧吧。

訳：お前はずっといたずらをするね。

言外の意味：這事兒死活也不會管你。

訳：いい加減にしてください。このようにいたずらして大変なことに遭っても、私は助けてあげないよ。

例⑲について、"你情管耍吧"（「おまえはずっとこのように遊び放題にして」）の言外の意味：おまえ宿題もやらずに遊びばかりしていちゃだめだ。成績が悪くなったら、自分の責任だよ。相手にずっと遊ぶことをやめさせる。"情管"が無かったら、"你耍吧"（「遊んでください」）になる。この場合、相手の行動を警告するかどうかのニュアンスはわからない。つまり、相手に遊ぶことを厳しく注意させ、やめさせるニュアンスを把握できない。"情管"を使用す

ると、相手を厳しく戒め、毎日遊んだら駄目よ、ちゃんと勉強しなさいとの忠告を心に留めてほしい気持ちが強くなる。例⑳㉑㉒は例⑲と同じように、"情管"を用いると、相手への"勧誡"（「戒める」）のニュアンスが強くなる。

　上述の説明から、贛楡方言では"情管"を使うと、相手のやり方に反感を持ち、相手を嫌うことになったり、相手にやめるよう忠告したり、警告する意味も含まれる。ここから、贛楡方言の"情管"の使用範囲が更に広いことが分かる。

　贛楡方言の"情管"と他の方言の"情管"との差異を明瞭にするため、表3に示しておく。

表3

現代方言	"情管"の意味とニュアンス	
	"儘管"（「思う存分にする」）-"勧勉義"（「励ます」）	"老是、総是、一直"（「いつも」）-"勧誡義"（「戒める」）
贛楡方言（膠遼官話）	○	○
淄博方言（冀魯官話）	×	×
南陽方言（中原官話）	○	×
潍坊方言（齊魯官話）	○	×

○：適格　×：不適格

　そして、現代方言の"情管"の意味とニュアンスを分かりやすく以下の表4のようにまとめる。

表4

現代方言	"情管"の意味とニュアンス
贛楡方言（膠遼官話）	"儘管"（「思う存分にする」）-"勧勉義"（「励ます」）
	"老是、総是、一直"（「いつも」）-"勧誡義"（「戒める」）
淄博方言（冀魯官話）	"保證、保管"（保証する）←《汉方大》によれば
南陽方言（中原官話）	"儘管"（「思う存分にする」）-"勧勉義"（「励ます」）
潍坊方言（齊魯官話）	"儘管"（「思う存分にする」）-"勧勉義"（「励ます」）

　実は単音節語"情"を分析すると、副詞として"儘管"（「思う存分にする」）

の意味もある。その意味の"情"は現代方言に用いられ、"勸誡"(「戒める」)の消極的なニュアンスもある。

例㉓は陳美芳2015から、例㉔㉕は閆克2013から引用した。

㉓你情不聽話，等你爸爸來家看他怎麼收拾你。（山東濰坊方言）（勸誡義）―相手を戒めることを指す。

訳：話しをずっと聞かないので、お父さんが来たら、お前を懲らしめるぞ。

言外の意味：[你不要不聽話了，等你爸爸回家後，他會狠狠地收拾你的。]

訳：お前はちゃんと話を聞いてください。聞かないと、お父さんから処罰をするよ。

㉔你情胡吃海喝了，看你的身體都成啥了。（新鄉方言）（勸誡義）―相手を戒めることを指す。

訳：お前、いつもめちゃくちゃ食べたり、飲んだりしてしまったね。ほら見て体はどう変わったのか。

言外の意味：[你再不節制飲食，身體就垮了。]

訳：飲食を控えてください。そうしなければ、身体を崩します。

㉕你情看電視，考試考不好看你怎麼辦。（贛榆方言）（勸誡義）―相手を戒めることを指す。

訳：おまえテレビばかり見て、成績が悪くなったら、その時どうしますか。

言外の意味：[你再這樣天天看電視，考試成績差了，全是自己的責任。]

訳：おまえテレビばかり見ていちゃだめだ。成績が悪くなったら、自分の責任だよ。

4. 逆序語関係にある"管情"との比較

近世語には"情管"のほか、逆序語関係にある"管情"もある。"管情"は"情管"と同じように現代共通語にはないものの、近世語には使われる。"情管"を深く理解するために、"管情""管情"を取り上げて考察する必要がある。"情管"と"管情"の違いはどこにあるか。意味や使用範囲などは同じであるかを問題提起して、次に考察を行う。

《白话》《中国语》《汉方大》によれば、"管情"は「保証する」、「きっと、必ず」

の意味になる。前節近世語の"情管"の意味を調査したところ、「保証する」、「きっと」の意味以外に、"儘管"の意味もある。そして、現代方言では、"情管"の方が意味が広い。ここから見れば、近世語でも、現代方言でも、"情管"の使用範囲は"管情"より広いと言えるだろう。"管情"と"情管"の使用範囲についての深い考察は今後の課題としたい。

　　明清時代の"管情"と"情管"の使用状況は一体何なのか。明代から清代後期までの歴史変遷は一体何なのか。

　　"管情""情管"の使用状況を時代別、地域別に整理すると以下の表5のようになる。

表5

地域	明代							清代										
	江南				南方		山東	山東		北京		江南	河南	北京			江南	
文献	水滸	西遊	平妖	封神	三言	二拍	金瓶	醒世	聊齋	紅樓(前80)	紅樓(後40)	儒林	歧路	品花	康熙	兒女	野叟	二十
情管	0	0	0	0	0	0	0	65	13	0	0	0	0	0	0	0	2	0
管情	0	0	2	0	0	0	55	1	0	1	0	0	17	0	0	0	2	0

　　表5から見れば、"管情"は《金瓶》に一番多く見える。"情管"は《醒世》に一番多く現れる。近世語の"管情""情管"は一般に冀魯官話区に使用される。劉2011は"管情"の出現時点について、元代に初めて出現したと述べた。明末清初から清代中期まで使用されるが、清の後期になると、徐々に用いられなくなるようだ。現代の使用状況について、"國家語委現代漢語平衡語料庫"によれば、"管情"は現代作品にあまり使用されない。"情管"は《葡萄山上凱歌高》にのみ話し言葉で一回だけ現れる。この用例は次のようである。

㉖ 永謙斬釘截鐵地說："社長，你情管放心吧‥"

　訳：永謙斬ははっきり言った。「社長、安心してください。」

　　調べたところ、《葡萄山上凱歌高》の作者李樹橋は南陽出身である。相手をうまく説得するため、南陽方言の"情管"を使用したのだろう。

5. まとめ

本節は現代方言と《醒世》の"情管"の用法と意味について分析を行った。各々の特徴は以下のようである。

ⅰ《醒世》の"情管"の特徴は前後文脈が相手を勧誘する場合によく用いられ、口語的で語気副詞として確実性を表すことである。

ⅱ《聊齋》の"情管"を調べると、"儘管"(「思う存分にする」)の意味もある。この点は《醒世》の"情管"と異なる。《白话》の"情管"に対して新たな意味の補充になると思う。

ⅲ近世語と現代方言の"情管"の意味は変わったが、機能はあまり変わらず、つまり両方が前後の文脈が相手を勧誘する場合に用いられ、相手を"思維上的誘導"することもでき、"行為上的誘導"することもできるという機能は同じであると思われる。そして、"情管"は確実性を表すが、"情管"を用い、その確実性を強調することで、自分の意志通りにやってもらうという勧誘語気がもっと強まるという点も同じと思われる。

ⅳ連雲港市贛榆県の方言には"情管"は副詞として"儘管"(「思う存分にする」)の"勧勉"(「励ます」)のニュアンスを表す他に、"一直、總是、老是"(「いつも」)の"勧誡"(「戒める」)のニュアンスも表す。つまり、贛榆方言の"情管"の使用範囲が更に広いことが分かる。この点は"情管"の使用状況について新たな補充になるだろう。

ⅴ"管情""情管"は明末清初から清代中期まで使用されるが、清の後期になると、徐々に用いられなくなる。これはなぜなのか。また、"管情"はなぜ《金瓶》に最も検出されるかは次の研究課題にしたい。

3.2.2 《醒世》の"情管"と《金瓶》の"管情"について

1. 問題の所在

明代中葉の《金瓶》には"管情"は55箇所検出され、"情管"は一回も検出されない。一方、清代初期の《醒世》には"情管"は65箇所出現し、"管情"は一回しか出現しない。二語とも"肯定；管保"の意味に用いる。以下の用例のようである。

① 今日再一貼下去，情管都好了。(醒世2.11a.9)
② 若叫他跟着小的過幾時窮日子，管情就像小的了。(醒世47.8a.3)
③ 你吃上兩鍾熱酒，管情就好了。(金瓶30.7b.10)

上例の"情管"と"管情"は同じ山東省の作品であるが、なぜ逆序現象が発生するか。管見ではこれに関する先行研究がない。

本節は構成と組み合わせの方面から、《醒世》の"情管"と《金瓶》の"管情"を分析し、また、単音節語"情"と"管"の使用状況を把握し、"情管"と"情管"の逆序語関係を究明する。

2. 構成上

"管情"と"情管"は構成上では以下のよう特徴がある。

Ⅰ "管情"はもっぱら文頭に置かれる。文中の場合、主語は一般に第三人称"他"になる（例④参照）。第一人称と第二人称の場合、"我／你／你們"は常に省略される（例⑤参照）。

④ 你還不去，他管情往你屋裡去了。(金瓶31.11a.8) − 第三人称は"他"である。

−△你還不去，管情往你屋裡去了。

⑤ 只消一言半句，管情就替你説成了。(金瓶45.2a.7) − 第一人称"我"は省略される。

《金瓶》では文中の場合、主語"我""你"の用例が見えない。なぜかというと、"管情"は話し言葉として、文頭に置かれ、主語"我"は相手に行動させる強い主張を表す。この場合は、"我""你"は一般的に省略される。しかし、第三人称の場合は主語"他"は一般に省略できない。例④のように、"他"を抜いたら、意味は不自然になる。また、例②の場合、"他"は前文には一回出現し、重複を避ける為に、後文の"他"を省略することになる。

Ⅱ "情管"は文中に置かれるのが一般的である。主語は第三人称"他"のほかに（2箇所）、第一人称"我"（1箇所）、第二人称"你"（3箇所）、指示代詞（2箇所）と名詞フレーズ（6箇所）もある。主語が省略されないので、相手を安心させるという感じが更に強くなると考えられる。

⑥ 他情管喜歡你。(醒世71.2a.3) - 第三人称"他"
⑦ 我任從折損了甚麼，我情管打發的你喜歡。(醒世49.5b.9) - 第一人称"我"
⑧ 我叫人送還與他，你情管就好了。(醒世17.3a.1) - 第二人称"你"
⑨ 這情管是個《清江引》。(醒世97.6a.7) - 指示代詞
⑩ 這事情管有人挑唆。(醒世82.2b.5) - 名詞フレーズ

III《金瓶》では、「"管情"＋"是"」の構造は見えない。一方、《醒世》では「"情管"＋"是"」の構造は少なくない。例⑩のようである。

⑪ 狄周説：心忙頭暈，情管是餓困了。(醒世38.12a.9)

"是"は一体どのような役割を担うか。例⑩の"是"を抜くと、

○狄周説：心忙頭暈，情管餓困了。

上例のように文脈の意味はあまり変わらない。しかし、"是"が付くと、肯定の判断語気が一層強まると考えられる。《醒世》では65箇所のうちに14箇所は「"情管"＋"是"」の構造であるため、当時は基本構造だと考えられる。これは"管情"との区別の一つだと思われる。

以上のⅠ、Ⅱ、Ⅲの分析を通して、構成上から《醒世》の"情管"と《金瓶》の"管情"の特徴："管情"の主語は第一人称または第二人称の場合なら、"我""你"は一般的に省略される。一方、"情管"は文頭に置かれ、"我""你"は省略せず、肯定の語気が強まると考えられる。なお、「"情管"＋"是"」の構造は当時は一般的な表現であるが、「"管情"＋"是"」の構造は見えない。

3. 組み合わせ

《金瓶》では"管情"の後ろに"中意""喜事""就好""極好""好事"などの肯定的、積極的な意義を表す語彙がくる（例⑪参照）。一方、《醒世》では"情管"の後ろに"手段""挑唆""王八羔子""病根"などの消極的な意義を表す語彙がくる（例⑫参照）。なぜこんな差異が出るか。これは"管"と結び副詞類に係わると考えられる。明清白話小説では、「きっと」を表す"管必""管保""管定""管就"などの"管"と結び副詞を考察したところ、このような語彙の後ろには一般に積極的な意義を表す語彙がくる。例えば、《兒女》では"管保"は全用例15箇所のうちに10箇所は積極的な意義を表す語彙である。即ち10/15

となる。"管定"は1/1である。《紅樓》では"管必"は1/1で、"管保"は全用例5件は全て積極的な意義を表す語彙。以下の表1は《金瓶》の"管情"と《醒世》の"情管"の使用状況である。

表1

	積極的	消極的
管情	38/55	17/55
情管	23/65	42/65

⑫ 我有一件親事，來對大官人説，管情中你老人家意。（金瓶7.1b.5）-積極的な言語環境

⑬ 他罵了俉，情管還罵杜其思合宮直家去哩。（醒世89.9b.4）-消極的な言語環境

以上の分析から、《金瓶》の"管情"と《醒世》の"情管"は後ろにくる語彙の褒義と貶義に差異がある。"管情"の後ろに一般に肯定的、積極的な意義を表す語彙がくる。一方、"情管"の後ろに一般に消極的な意義を表す語彙がくる。

4. 成因について

近世語では"管"と結び二音節複合副詞は少なくない。例えば、"管情""管須""管必""管成""管定""管取""管許""管就""管要"などである。これらは可能または必然的な結果を推測すること、肯定的な判断を表す。"管必""管成""管定""管取""管許""管就""管要"などのように「"管"+一音節語」の組み合わせは逆序現象があまり見えない。しかしながら、"管情"と"情管"は逆序語関係にある。これは一体なぜだろうか。

筆者は2014年6月日本中国語学会九州支部冬季例会で「明清時代と現代の同義逆序語"熱鬧"/"鬧熱"の比較」を発表した。二音節複合語の一つの語素の新しい意味が出て使用も活発になることは逆序語の形成原因の一つという結論を得た。例えば、明清時代は"鬧"の意味は複雑で、多い。特に清代になってから、"鬧"はさらに発展した。複音節を形成するとき、"鬧"が作る複合語は、不安定性があるため、"熱鬧"/"鬧熱"のように、"鬧吵"/"吵鬧""鬧

亂"/"亂鬧""鬧嚷"/"嚷鬧""鬧哄"/"哄鬧"などの逆序語もできた。逆序語"懼怕"/"怕懼"の"怕"も同様に、明清時代は、"怕"の組み合わせは強くて、"怕不""聽怕""怕待""降怕""怕道""叫怕""怕敢""怕害""怕走""怕恐"などの複合語が出現した。

それでは、近世語の"情管""管情"はどうなるか。

《古汉》《中国語》《白话》《〈醒世〉方辞典》《现汉》に収められる"情"の解釈を以下の表2にまとめた。

表2

	古汉	中国語	〈醒世〉方辞典	白话	现汉
情	①感情；情緒②愛情③真情；實情④情況；情態⑤志向；意志	①感情②愛情③人情④実情⑤情欲⑥ひたすら、かまわず⑦［副］○白ただ⑧［副］明らかに⑨［動］受け取る	①［動］（財産などを）受け継ぐ②［副］構わず、平気で、どんどん	①賻受；承受②情面；人情	①感情②情面③愛情④情欲⑤情形；情況⑥情理；道理

"情"は中古時代と現代では名詞としてしか使えないが、近世語では意味も増え、副詞の使い方も普通であることがわかる。そこから、中古時代と現代より明清時代の方が使用範囲が広いと考えられる。即ち、近世語では"情"の使用が活発で新しい意味が出て、使用範囲も広くなる。特に副詞として使用されることが多い。これは"管情""情管"が逆序現象になる一つ要因だと思われる。詳細に説明するには《金瓶》と《醒世》の時代、"情"の使用状況は一体どのように変化したかを解明しなければならない。

《醒世》中で単独で用いられる"情"の用法は以下のようである。

名詞の場合

⑭姜副使説：這文字就沒有情也是進的。（醒世46.2b.8）－"情理"

⑮借牆與你蓋屋，原是為情。今呈告到官，這情字講不得。（醒世35.7a.10）－"人情"

副詞の場合

⑯ 人想不到的，他情想的到。（醒世89.10a.5）－"尽管"

⑰ 這秋千，我只在你身上，情不許拆了我的。（醒世97.7a.8）－"一定；表肯定"

動詞の場合

⑱ 我情四分，二官兒情兩分。就比別人偏一個錢。（醒世22.11a.3）－「（財産などを）受け継ぐ」

《金瓶》と《醒世》には出現する孤立語"情"（単音節の形）の使用状況を以下の表3に纏める。

表3

	"情"の単音節の形での使用状況		
	名詞の場合	副詞の場合	動詞の場合
金瓶	①感情②愛情③実情④情況⑤道理	×	×
醒世	①感情②愛情③実情④情況⑤道理	①ひたすら、かまわず、どんどん="尽管"。②「確かに」、肯定な判断を表す。	（財産などを）受け継ぐ

×：不適格

　《金瓶》には"情"の副詞と動詞としての用法がない。しかしながら、《醒世》には副詞と動詞としての用法は一般的に使われる。そこから見れば、《醒世》には"情"の意味が増え、使用範囲が更に広いことがわかる。また、《金瓶》と《醒世》に見られる"情"を精査したところ、《金瓶》にはただ"情"が作る二音節副詞だけがある。"只情"（「どんどん‥する」）と"管情"（「どんどん‥する」）である。二音節動詞もある。これは"情知"（「はっきり知っている」）である。しかし、"情"は単独で用いられない。この点は《醒世》と異なる。

　なお、"管"が作る副詞"管必""管成""管定""管取""管許""管就""管要"の"必""成""定""取""許""就""要"も以下のように考察した。

表4

	中古時代	近世時代	現代
必	①必ず‥する。②きっと‥だろう。③頼る。④もしも。	①必ずする。②きっと・だろう。	①必ずする。②きっと・だろう。
成	①完成する。②成長する。③‥になる。④ある程度の数に達する。⑤よろしい。⑥治める。⑦真心="誠"。	①完成する。②成長する。③‥になる。④ある程度の数に達する。⑤よろしい。	①完成する。②成長する。③‥になる。④ある程度の数に達する。⑤よろしい。
定	①必ず。②止める。③約束。④確定する。⑤安定している。⑥一体。	①必ず。②止める。③約束。④確定する。⑤注文する。⑥安定している。	①必ず。②止める。③約束。④確定する。⑤安定している。⑥一体。
取	①受ける。②採用する。③攻め落とす。④動詞の後ろに用い、その動作が確実に行われることを示す。⑤娶る="娶"。⑥ただ。⑦集める="聚"。	①受ける。②採用する。③攻め落とす。④動詞の後ろに用い、その動作が確実に行われることを示す。⑤娶る="娶"。⑥‥に向かって=向。	①受ける。②採用する。③攻め落とす。
許	①許す。②褒め称える。③承諾する。④与える。⑤だいたい‥いくら。⑥期待する。⑦何。語気を表す。	①許す。②褒め称える。③承諾する。④もしかしたら‥かもしれない。⑤だいたい‥いくら	①許す。②褒め称える。③承諾する。④もしかしたら‥かもしれない。⑤だいたい‥いくら
要	①いる。②求める。③‥すべきだ。④‥するだろう。⑤‥のようだ。⑥もしも。⑦大事な。⑧結局。⑨間もなく‥する。	①いる。②求める。③‥すべきだ。④‥するだろう。⑤‥のようだ。⑥もしも。⑦大事な。	①いる。②求める。③‥すべきだ。④‥するだろう。⑤‥のようだ。⑥もしも。⑦大事な。

　表4から見れば、近世語の"必""成""定""取""許""就""要"は中古時代と現代を比べたら、意味もあまり増えず、使用範囲もあまり広くないことがわかる。これは逆序現象にならない要因の一つだと考えられる。

　ところで、"管情"と"情管"が逆序語関係になるのは上述の"情"の意味発展に限られるか。他の原因はあるか。

第三章 事例研究

張巍2010:247は逆序現象の形成原因について以下のように指摘した。(訳は筆者。以下、同じ)

由兩個語義相同或相近的語素組合而成的聯合式雙音詞，語素的次序更加靈活，比較容易發生倒置現象。(訳：意味が近いまたは同じの二つの語素が作る聯合式二音節語は語素の順序が変化しやすく、用語の語序は逆になることが多い。)

張巍2010は聯合式逆序語に対しての説明である。そこで出た疑問は、"管情"と"情管"は聯合式の二音節複合語になるか。"情"と"管"のそれぞれの意味は一体何か。

劉冬青2011:206は"管"と結び複合語の"管"の解釈を以下のように述べた。

由於"管束、控制"某事或物，確保其按照預期的規定進行，從而萬無一失地、精準地達到預期目標。因而"管"由此義慢慢地虛化出"準定、保證"義，從而引申出副詞的用法。(訳：「事や物を指導し統制する上で、所期の計画で進行することを確保するため、予定通りに目標に達成する」の意味は時の流れに従い、徐々に「必ず、きっと、確かに、保証する」の意味に変化してきた。そのため、"管の副詞の使い方が派生して生まれた。)

陳美芳2015:48は"情管"の"情"と"管"についての解釈は以下のようである。

"情管"是由"情"和"管"兩個詞合成的。"情"作名詞時有"情理、道理"的意思，"管"是"盡管、保管"的意思，"情管"也就是"按照情理盡管做某事"。(訳："情管"は"情"と"管"から結び合う複合語である。"情"は名詞の場合、「人情」の意味があって、"管"は「構わず、保証する」の意味があるため、"情管"は「人情に基づいて思う存分にする」の意味になる。)

陳美芳2015は"情管"の"情"を「人情」に、"管"を「思う存分に」に解釈する。

そして、《宋金明清曲辞通釋》は"管情"の"情"は双音字で語気助詞として使われ、具体的な意味がないとしている。

陳美芳2015と《宋金明清曲辞通釋》の解釈から見れば"情"は"管"と

· 249 ·

同じような意味にならない。筆者は、そうではなく、"管情"と"情管"の"情"は副詞で、意味は"管"と同じ、「必ず、きっと、確かに」と考える。なぜか。

　　近世語に"情"と"管"は副詞として、同じ意味で考えられる場合も多い。例えば："情取"(「きっと、必ず」)＝"管取"(「きっと、必ず」)

　　"只情"(「どんどん‥する」)＝"只管"(「どんどん‥する」)明清時代では"管"と"情"が別々に使用されたら、副詞の場合は基本的に以下の二つの用法がある。

　　a　構わず。

　　b　動詞の前に置き、「必ず、きっと、確かに」の肯定的な判断を表す。

　　用例を挙げて説明する。

　　a　構わず。

　　⑯ 人想不到的，他情想的到。（醒世89.10a.5）

　　⑱ 款子不夠，管上來的領‥。（《二十》）

　　b　動詞の前に置き、「必ず、きっと、確かに」の肯定的な判断を表す。

　　⑰ 這秋千，我只在你身上，情不許拆了我的。（醒世97.7a.8）

　　⑱ 親家太太，你搜搜算盤看，一匹布管比買的便宜多少。（兒女33.32b.9）

　　以上の用例から見れば、副詞の場合、近世語の"管"と"情"の意味が同じになる。それは「構わず」と「必ず、きっと、確かに」である。使い方は一般的に動詞の前に置き、肯定的な語気を表す。この点で"管情"と"情管"は聯合式二音節逆序語と言えるだろう。

　　以上の説明から、"管情"と"情管"が逆序現象になるのも一つの要因：

　　"情"と"管"の意味が同じため、"管情"と"情管"が聯合式二音節逆序語となり、聯合式二音節複合語は用語の語序は逆になりやすく、歴史の流れで、《醒世》の時代に"情"の意味や使用範囲などが広くなり、より進んだ段階になり、複音節を形成するとき、"情"が作る複合語は、不安定性があるため、"管情"と"情管"の相互交替になり、逆序現象が生まれる。

5. まとめ

　　本節は構成と組み合わせにより、《醒世》の"情管"と《金瓶》の"管情"

を分析し、また、単音節語"情"と"管"の使用状況を考察し、"情管"と"情管"の相互交替の要因を以下のように究明する。

　　ⅰ 構成上から《醒世》の"情管"と《金瓶》の"管情"の特徴："管情"の主語は第一人称または第二人称の場合なら、"我""你"は一般的に省略される。一方、"情管"は文頭に置かれ、"我""你"は省略せず、肯定の語気が強まると考えられる。なお、「"情管"＋"是"」の構造は当時は一般的な表現であるが、「"管情"＋"是"」の構造は見えない。

　　ⅱ《金瓶》の"管情"と《醒世》の"情管"は後ろにくる語彙の褒義と貶義に差異がある。"管情"の後ろには一般的に肯定的、積極的な意義を表す語彙が来る。一方、"情管"の後ろには一般的に消極的な意義を表す語彙が来る。

　　ⅲ 近世語には"情"の使用が活発で新しい意味項目が出て、使用範囲も広くなる。特に副詞として使用されることが多い。これは"管情""情管"が逆序現象になる一つ要因だと思われる。

　　ⅳ "情"と"管"の意味が同じため、"管情"と"情管"が聯合式二音節逆序語となる。これは聯合式二音節複合語は用語の語序は逆になりやすい。歴史の流れで、《醒世》の時代に"情"の意味や使用範囲などが広くなった。より進んだ段階になり、複音節を形成するとき、"情"が作る複合語は、不安定性があるため、"管情"と"情管"が相互交替になり、逆序現象が生まれた。

3.3 "齊整"と"整齊"について

1. 問題提起

以下は明清時代白話小説の"齊整"と"整齊"の用例：

① 後來看小全哥滿了五年，晁夫人齊整送他與吳學顏一處，却也還在宅裡住的日多，在莊上住的日少。(醒世49.14b.1)－「きちんとした、整った」

② 到了天明，各軍將士均已整齊隊伍，在轅外候送。這些倭民，聞知大將軍囘京，都想懇留。(《野叟》第134回)－「秩序正しく整える」

③ 胡無翳道：…如今果然壘在後園龕內，京城裡面，多少勳臣太監都來瞻拜，皇太后都差了司禮監下來上香，修蓋的好不齊整。(醒世22.8b.9)－「整う、整える」

· 251 ·

④却説晁夫人一百零四歳的壽辰，興旺人家，那個不來趨奉。又恭逢這般盛典，不要説有整齊酒席歓待，就是空來看看，也是平生罕見的奇逢。（醒世90.8b.8）-「ちゃんと揃えている」

⑤寶象花揀妝、棹椅錦杌擺設齊整。大娘子吳月娘房裏使着兩個丫頭，一名春梅，一名玉簫。（金瓶9.2a.4）-「ちゃんと揃えている」

⑥和書童兒、玳安兒，又早在前廳擺放桌席齊整，請衆奶奶毎遞酒上席。（金瓶43.13a.3）-「ちゃんとする」

⑦你家裡放着一個又標緻，又齊整，又明眉大眼，又高梁鼻相的個正頭妻，這裡又有一個描不成畫不就的個小娘子，狗攬三堆屎，你又尋將我來是待怎麼。（醒世79.6a.9）-「美しい、綺麗である」

明清時代を中心とした"齊整"と"整齊"についての先行研究は僅かしかない。管見の限りでは、張巍2010:57-58は明清時代に少し触れている。以下のように指摘する。

"齊整"和"整齊"有相同的義項，但是有不同的分工。"整齊"上古已有，還可用作動詞，"齊整"中古產生，沒有動詞用法。到近代漢語，"齊整"可以用來描述容貌外表，而"整齊"一般沒有此種用法。（訳："齊整"と"整齊"は同じ意味であるが、分業が違う。"齊整"は上古からあり、動詞としても使える。"整齊"は中古から現れ、動詞の用法がない。近代漢語になって、"齊整"は顔立ちを表すのにも使われる。"整齊"はそのような用法がない。）

張巍は"齊整"と"整齊"は同じ意味を持っているが、使い方が違うと指摘する。しかしながら、ただ意味だけの違いを説明する。

本稿は張巍の研究に補充したい。

例①～⑦を見てみよう。

品詞上では例①"齊整"は形容詞の副詞化「きちんとした」で"送他與吳學顔一處"を修飾するが、例②"整齊"は動詞「秩序正しく整える」で用いられる。"齊整"は動詞の用法があるか。"整齊"は形容詞の副詞化の用法があるか。品詞上ではこれについて検討したい。

会話文と地の文では例③"齊整"は口頭語として使用されるが、例

④"整齊"は地の文に使用される。会話文と地の文では両用語は差異があると考えられる。

　文の成分では例⑤⑥"齊整"両方が動詞の補語である。例④棹椅錦机擺設齊整"名詞＋動詞＋形容詞"の句法構造は普通の表現であるが、例⑤擺放桌席齊整"動詞＋名詞＋形容詞"の句法構造もある。"動詞＋名詞＋形容詞"の句法構造は一般な表現ではない。文の成分では"齊整"と"整齊"の差異について張巍は言及していない。

　意味上では例⑦"齊整"は「美しい、綺麗である」の意味で、例②④"整齊"と違う。そして、現代普通話ではこの意味はないが、方言ではまだ残っている。

　例①〜⑦で説明したように、明清時代の"齊整"と"整齊"の違いは意味上の他に、品詞上、会話文と地の文、文の成分、現代漢語への継承について違いが存在する。本稿を通して張巍の研究が足りない分を補充したい。

　以上の問題点を纏めると、以下のようになる。

　(1)明清時代"齊整"は形容詞の副詞化の使い方がある。"整齊"も同様であるのか。そして、"整齊"には動詞の使い方があるが、"齊整"にはあるのか。

　(2)会話文と地の文では明清時代の"齊整"の口語色は"整齊"より強いか。

　(3)句法構造上では、明清時代の"齊整"は動詞の補語としての用法があり、文の中では名詞の前後にも置き、動詞の前後にも置くが、"整齊"はどうなるか。

　(4)明清時代、"齊整"には"漂亮、俊俏"(「美しい、綺麗である」)の意味があるが、現代共通語にはあまりない。現代方言にどう継承するか。

　¥2. 語義分析

　考察から"齊整"と"整齊"は三つの意味項があり、"不亂合乎一定的形式＝不雜踏；不參差不齊"(「整然としている」)→Aとする、"漂亮；俊俏"(「美しい、綺麗である」)→Bとする、"齊全；完備"(「整える、揃う」)→Cとする。

　"齊整"と"整齊"は明清の代表的白話小説で基礎方言(南方、北方)、意味項によってどのように分布するかを表1に作られた。

表1

		明代		清代初期	清代中期			清代後期	
基礎方言		南方	山東	山東	北京		江淮	北京	江淮
資料		初拍	金瓶	醒世	紅樓（前80）	紅樓（後40）	儒林	兒女	官場
齊整	項目A	12	35	63	7	3	6	6	1
	項目B	1	1	18	4	1	2	0	0
	項目C	3	15	34	1	0	3	2	1
	合計	16	51	115	16	11	8		2
整齊	項目A	3	3	1	2	1	0	2	2
	項目B	0	0	0	0	0	0	0	0
	項目C	1	4	1	0	1	0	0	0
	合計	4	7	2	4	0	2	2	

表2

時期	民国		
小説	老舎《四世同堂》	巴金《激流三部曲》	張恨水《金粉世家》
整齊	27	17	11

表1から見れば以下のことが分かるだろう。

a. 明清時代"齊整"は意味項A、B、Cがあり、南方でも、北方でも使用する。当時一般に使用する意味は項目A"不亂合乎一定的形式＝不雜踏；不參差不齊"（「整然としている」）である。これは現代漢語でも常用する意味である。

b. "齊整"の意味項Cは明代《金瓶》15件、清代初期《醒世》34件検出したが、清代初期以後の用例が少なくなり、《紅樓》1件、《儒林》3件、《兒女》2件、《官場》1件になる。意味項Cは現代漢語でもあるが、あまり使用しない。これは明清時代白話小説の使用状況からわかる。"整齊"は同じように、意味項Cはただ《初拍》《金瓶》《醒世》《紅樓》に出現したが、清代中期以後の用例があまりない。

c. 明清時代"整齊"は"齊整"と同じように、意味項A、B、Cもあり、南

方も北方も使用する。当時一般に使用する意味は項目A"不亂合乎一定的形式＝不雜踏；不參差不齊"(「整然としている」)である。全体的に見れば、"整齊"は明清時代はあまり使わないことが分かる。一方、"齊整"の使用頻度は明清時代に比較的に高く、"強勢詞"である。特に、明中期《金瓶》51条、清代初期《醒世》115件出現した。しかしながら、言葉の発展で清代中期以後は"齊整"の使用頻度は低くなり、"整齊"のようになりつつあり、明中期から清代初期の優勢地位を失ってしまう。"齊整"の意味項B"漂亮；俊俏"は清代後期《官場》と《兒女》には未検出である。これは現代普通話になると"齊整"の意味項B"漂亮、俊俏"の意味はあまり使わないという点では一致する。

　　d."整齊"は明清時代にはあまり使用されないが、民国から多く用いられるようになる。これは表2から分かる。老舎の《四世同堂》に27件、巴金の《激流三部曲》に17件、張恨水の《金粉世家》に11件が出現する。

　　"齊整"は《醒世》時代以前に使用頻度が高く、《金瓶》51件、《醒世》115件であるが、清代中期以後は急減した（付録3参照）。清代中期《紅樓》では6件のみ検出した。そこで、問題提起したい。"齊整"と"整齊"の語用機能を行使する用語は何か。考察から、単音節"齊"は清代中期以後によく使われる。"齊"の組み合わせ能力が高く、もっぱら動詞と組み合わせる。例えば、"伺候齊了""預備齊了""收拾齊了""搭配齊了""打點齊了""鋪齊""排齊""修齊""配齊""擺齊""坐齊""站齊""拿齊""備齊""湊齊""齊集"などである。その他、"齊備""齊全"の用例も多い。《紅樓》に"齊備"は16箇所、"齊全"20箇所がある。現代語では"齊備""齊全""備齊"は継承されている。

　3. 明清時代"齊整"の意味の特徴

　　明清時代"齊整"（きちんとした）は形容詞の副詞化の用法がある（例①⑧⑨参照）。

　　① 後來看小全哥滿了五年，晁夫人齊整送他與吳學顏一處，却也還在宅裡住的日多，在莊上住的日少。(醒世49.14b.1)-「きちんとした、整った」

　　⑧ 自實只説道長久不見，义遠來相投，怎生齊整待他。(《二拍》第二十四卷)-「きちんとした、整った」

⑨ 那家子請我到家，齊整請了我一席酒，謝了我五兩銀。(醒世6.9a.4)-「きちんとした、整った」

ところが、明清時代、"整齊"は基本的に形容詞で述語として使用される(例⑩参照)。

⑩ 吃了晩飯，點上香拜了菩薩，命道婆自去歇着，自己的禪床靠背俱已整齊，屏息垂簾，跏趺坐下，斷除妄想，趨向真如。(紅樓87.10b.5)-「ちゃんと整えている」

そして、明清時代"齊整"は意味項B"漂亮；俊俏"(「美しい、綺麗である」)の場合、多く使用するも「人の容貌」に限定していない、物も修飾する(例⑪⑫⑬参照)。この点は植田氏《〈醒世〉方辞典》(2016)も言及する。

⑪ 晁大舍叫人與計氏説道：適間用了五十兩銀子買了轎來，甚是齊整，叫你去看看。(醒世6.4b.3)-「素晴らしい、綺麗である」

⑫ 你叫人收拾一副齊整些的攢盒，拿兩大尊酒，一盒子點心，一盒雜色果子，且先送與他過節。(醒世3.11a.4)-「素晴らしい、綺麗である」

⑬ 衆丫嬛笑道：好一個齊整風箏，不知是誰家放的，斷了線俉們拿下他來。(紅樓70.9a.10)-「素晴らしい、綺麗である」

"齊整"は例⑪の"轎"、例⑫の"攢盒"、例⑬の"風箏"を修飾する。全部物である。

4. 明清時代"整齊"の意味の特徴

明清時代、"整齊"の意味項B"漂亮、俊俏"(「美しい、綺麗である」)はあまりない。

張巍2010:58 は明清時代の"齊整""整齊"の意味の差異を以下のように述べた。

齊整到近代漢語可以用來描述容貌外表，而整齊則沒有此用法。(訳："齊整"は近代漢語では外見を表すのに使われるが、"整齊"は使われない。)

明清時代、"整齊"の意味項B"漂亮；俊俏"(「美しい、綺麗である」)は本当にないか。明清時代"整齊"の考察から意味項Bの用例がある。ただし用例が少ない。ただ2箇所検出した（例⑭⑮参照）。

⑭ 高贊見女兒人物整齊，且又聰明，不肯將他配個平等之人，定要揀個讀書君子，才貌兼全的配他。(《恒言》)－「美しい、綺麗である」

⑮ 見堂中坐着個尼姑誦經，年紀雖是中年，人物到還十分整齊。(《恒言》)－「美しい、綺麗である」

明清時代"整齊"の意味項Bは用例が殆どない。これは張巍2010は"整齊"の意味判断にずれが生じる原因と思われる。

明清時代、"整齊"は基本的に形容詞で述語として使用されるが、動詞の使い方もある（例⑯参照）。これは当時の"齊整"と違って、"齊整"は動詞の使い方があまりない。

⑯ 這張廣兒分路在外行劫，因千裏腳陳名報道二大王已拿得有美貌女子，請他到介山相會，所以整齊隊伍而來，行村過鎮，壯觀威儀。(《恒言》第21卷)－「秩序正しく整える」

5. 現代方言への継承

現代普通話で"整齊"と"齊整"は形容詞として"東西不淩亂；外形規則完整"の意味で使用される。例えば、"物品擺放整齊／齊整""隊伍排列整齊／齊整""字寫得很整齊／齊整"などである。"整齊"は常用語としてよく使用される。"齊整"は一般に用いられない。佟慧君1983:289は"整齊"と"齊整"の意味と使い方は同じであるが、"齊整"より、"整齊"の方がよく使用されると述べた。

明清時代"齊整"の意味項B"漂亮；俊俏"（「美しい、綺麗である」）は現代共通語にはあまり見られないが、現代方言ではどうか。

《汉方大》によれば、"齊整"は方言で、"漂亮、俊俏"（「美しい、綺麗である」）を表し、冀魯官話（河北）、中原官話（鄭州、原陽、商丘）、江淮官話（如東、安慶）、吳語（上海、啟東、呂四、南通、蕭山、杭州、舟山、寧波、安吉）、贛語（南昌）、客話（長汀）、閩語（邵武）の地域で依然として使用されている（南方でも北方でも使用する）。

これは明清時代"齊整"は南方でも北方でも"漂亮；俊俏"（「美しい、綺麗である」）の意味があることを反映する。ただ、語彙の発展で"漂亮；俊俏"の意味項の使用は減少し、最後に現代南方、北方の方言に継承されている。

"明清時代整齊"の意味項B"漂亮；俊俏"（「美しい、綺麗である」）はあまり使用されない。では、現代方言には継承されているか。

　《汉方大》によれば、"整齊"は方言で、"美麗；漂亮"（「美しい、綺麗である」）を表し、粤語（廣東陽江）、閩語（福建壽寧）の地域で依然として使用されている。ただ南方の地域だけである。これも明清時期"整齊"の"美麗；漂亮"（「美しい、綺麗である」）の使用が南方の小説のみに見られるという特徴を反映している。

6. 句法構造から

6.1. "齊整"：文の中で置く位置の活発性

　"齊整"は同一の意味を補語としても、状語としても、定語としても表すことができる。以下の用例を見る。

⑰ 于是家中吩咐家人來旺、來保、來興兒，收拾打掃後花園芙蓉亭乾淨，鋪設圍屏，懸起錦障，安排酒席齊整，叫了一起樂人吹彈歌舞。（金瓶10.6a.9）-「ちゃんと整えている」
⑱ 和書童兒、玳安兒，又早在前廳擺放桌席齊整，請衆奶奶每遞酒上席。（金瓶43.13a.3）-「ちゃんと整えている」
⑲ 敬濟就同二主管走到裏邊房內，蚤已安排酒席齊整。（金瓶98.10a.1）-「ちゃんと整えている」

⑳ 他的丈母倒也罷了，只是智姐嚎天痛哭，上弔抹頭，飯也不吃，自己的母親與婆婆再三勸解，同張茂實三個輪流晝夜看守，直足足的奈何了二十多日，方才漸漸的轉頭。張茂實還齊整擺了酒與他丈母媳婦遞酒賠話。（醒世62.13b.10）-「ちゃんと整えている」
㉑ 狄希陳謝了相主事出書贏了官司，又齊整擺了兩席酒，封了兩封各五兩席儀，請惠希仁、單完兩個，謝他衙門照管。（醒世82.14a.8）-「ちゃんと整えている」
㉒ 次早，晁老自己來投拜帖，下請柬，下處齊整擺了兩席酒，叫了戲文，六兩折席，二十四兩聘金，請定過了。（醒世16.5a.8）-「ちゃんと整えている」

㉓ 將房中收拾乾净，燒些異香，從新把娘吃的殘饌撤去，另安排一席齊整酒肴預備。（金6.6a.3）-「ちゃんと整えている」
㉔ 只為他令正吃了虧，報怨不了，在那白雲湖岸亭子裡邊設了一席齊整酒肴，請狄希陳吃酒，説是為他送了大米，謝他的厚情，叫了一個美妓小嬌春陪酒。（醒世66.3a.8）-「ちゃんと整えている」
㉕ 狄希陳四個同窗各出了分資，叫厨子尤聰辦了兩桌齊整酒席與程先生、連趙完兩個接場。（醒世38.8a.1）-「ちゃんと整えている」

　例⑰～㉕の"齊整"は「整える、備える」の意味で使用されるが、文の中で置く位置と文の成分は違う。

⑰ 安排酒席齊整、⑱ 擺放桌席齊整、⑲ 安排酒席齊整
⑳ 齊整擺了酒、㉑ 齊整擺了兩席酒、㉒ 齊整擺了兩席酒
㉓ 安排齊整酒肴、㉔ 設了齊整酒肴、㉕ 辦了齊整酒席
↓
⑰～⑲「動詞＋名詞＋齊整」の構造
⑳～㉒「齊整＋動詞＋名詞」の構造
㉓～㉕「動詞＋齊整＋名詞」の構造

「動詞＋名詞＋齊整」、「齊整＋動詞＋名詞」と「動詞＋齊整＋名詞」の構造は置く位置が変わっても表す語義はあまり変わらない。このような「形容詞＋動詞＋名詞」の構造と「動詞＋形容詞＋名詞」の構造で、置く位置は変わっても語義はあまり変わらないというのは現代漢語にも存在する（例㉖㉗参照）。

㉖ 合理地 進行 管理＝進行 合理的 管理
㉗ 安安穩穩 過 日子＝過 安安穩穩的日子

置く位置が変わっても語義はあまり変わらない形容詞はごく一部だけである。全部の形容詞ではない（例㉘㉙参照）。

㉘ 開心的 來到 校園≠△來到 開心的 校園
㉙ 正確的 答 題≠△答 正確的 題

しかしながら、明清時代の"齊整"は「動詞＋名詞＋齊整」の構造もある。
→ ⑰ 安排酒席齊整、⑱ 擺放桌席齊整、⑲ 安排酒席齊整

この場合の"齊整"は文の中に補語として使われる。形容詞が補語として用いられる構造「名詞＋動詞＋形容詞」は一般である（例㉚㉛参照）。

㉚ 房間 打掃 幹淨。
㉛ 坑 挖 淺了。

もし、「動詞＋名詞＋形容詞」の構造のようにしたら（例㉜㉝参照）、

㉜×打掃 房間 幹淨。
㉝×挖 坑 淺了。

「動詞＋名詞＋齊整」の構造は不自然である。

上記のように、明清時代の"齊整"は「動詞＋名詞＋齊整」、「齊整＋動詞

+名詞」と「動詞+齊整+名詞」の構造はあり、置く位置を変えても語義はあまり変わらない。補語の場合、「動詞+名詞+齊整」構造が特徴的である。同じ時代の"整齊"はこのような用法はあまりない。また、現代漢語でもあまり使われない。"齊整"における置く位置の多様性は、明清時代は"整齊"よりも、より活発であったことがわかる。

ところが、明清時代の"整齊"は"齊整"と比べ、そんなに多様性に富んでいるわけではなく、用例が少ない。文の中で一般に述語として使用される。

6.2. "齊整"の重畳現象 – "齊齊整整"

明清時代"齊整"は発展するとともに"齊齊整整"も使われる（例㉞㉟ 参照）。

㉞ 叫家人在廳上明灼灼點了燭，生了火，頓下極熱的酒，果子按酒攢盒擺得齊齊整整的，又在對面倒廳内也生了火，點了燈，暖下酒，管待下人。（醒世14.3a.10）–「ちゃんと揃えている」

㉟ 後邊又新從景州來了一個尼姑，姓郭，年紀三十多歲，白白胖胖，齊齊整整的一個婆娘，人説他原是個娼婦。出家其人伶俐乖巧，能言會道，下在海會白衣庵裡。（醒世8.11b.2）–「美しい、綺麗である」

表3

	明代	清代初期	清代中期		清代末期
基礎方言	山東	山東	北京	江淮	北京
資料	金瓶	醒世	紅樓	儒林	兒女
齊齊整整	10	6	2	5	3
整整齊齊	1	0	0	0	0

例㉞㉟から"齊齊整整"は「ちゃんと揃えている」の意味と「美しい、綺麗である」の意味をもっている。表三は明清時代"齊齊整整"の出現状況である。表3から見れば、明清時代では"整整齊齊"より"齊齊整整"の方が使用頻度が高い。《金瓶》10件《醒世》6件。"整整齊齊"は《金瓶》1件で、他の小説には未検出である。"齊齊整整"の使用状況から、明清時代の"齊整"がよく使われていたことの反映とは言えるだろう。

7. 会話文と地の文から

物語は、地の文と会話文から構成される。小説の叙述部分は地の文と呼ばれ、作品の中での会話で用いられる言葉遣いを口頭語と言う。これに基づいて清代初期、北方漢語の代表的な白話小説《醒世》の"整齊"と"齊整"の会話文と地の文を調べた結果は表4のようになる。

表4

	会話文	地の文
齊整	43/115	72/115
整齊	0/2	2/2

データから"齊整"の会話文（43/115）と地の文（72/115）はそれほど差が大きくない。しかしながら、"整齊"は出た2件は全て地の文に使用される。"整齊"と"齊整"のそれぞれ会話文と地の文の使用件数から"齊整"の口語色は"整齊"より強く、当時は基本的に日常生活の会話で用いられ、通俗的、分かりやすい言葉であったと考えられる。一方、"整齊"は会話文としてはあまり使用されていない。

明清時代"齊整"は強い口語表現であったことは《紅樓》からも分かる（表5参照）。

表5

	会話文	地の文
齊整	11/16	5/16

8. まとめ

本節を通して、明清時代の"齊整"と"整齊"は意味の他に、品詞、会話文と地の文、文の成分、現代漢語への継承で違いなどが以下のようになる。

ⅰ明清時代の変遷について、明清全体的に見れば、"齊整"の使用頻度は"整齊"より比較的高く、明清時代の"強勢詞"である。特に、明の中期《金瓶》51件、清代初期《醒世》115件出現した。しかしながら、言葉の発展で清代中期以後は"齊整"の使用頻度が低くなり、"整齊"のようになる。清代中期以後"齊整"

は既に明の中期から清代初期程の使用頻度を失ってしまう。一方、"整齊"は明清時代にはあまり使用されていないが、民国から多く用いられるようになる。

　ii 品詞、意味上で明清時代の"齊整"は形容詞の副詞化「きちんとした」の意味もあり、"漂亮、俊俏"(「美しい、綺麗である」)意味の場合、特に「人の容貌」に限定して使用されず、物も修飾する。一方、明清時代の"整齊"は普通は形容詞の述語として使用されるが動詞の使い方もある。その点は"齊整"と違う。

　iii 会話文と地の文からなる明清時代の"齊整"の口語色は"整齊"より強く、当時は基本的に日常生活の会話で用いられ、通俗的、分かりやすい言葉と考えられる。一方、"整齊"の会話文としての使用はあまり多くない。

　iv 現代方言への継承について、"齊整"は方言で、"漂亮、俊俏"(「美しい、綺麗である」)を表し、南方、北方の一部では依然として使用されている。これは明清時代"齊整"は南方でも北方でも"漂亮；俊俏"(「美しい、綺麗である」)の意味を使用していたことを反映する。また、"整齊"は方言で、"美麗；漂亮"(「美しい、綺麗である」)を表し、粵語(廣東陽江)、閩語(福建壽寧)の地域に依然として使用されていて、ただ南方の地域だけに限定されている。これも明清時期の"整齊"の"美麗；漂亮"(「美しい、綺麗である」)の使い方が南方にだけあるという特徴を反映する。

　v 文の置く位置について、明清時代の"齊整"は「動詞＋名詞＋齊整」、「齊整＋動詞＋名詞」と「動詞＋齊整＋名詞」の構造があり、置く位置を変えても語義はあまり変わらない。補語の場合、「動詞＋名詞＋齊整」構造が特徴的である。同じ時代の"整齊"にはこのような用法はあまりない。また、現代漢語でもあまり使わない。"齊整"の置く位置は明清時代には"整齊"より多様であったことがわかる。

3.4 "照依"について

1. 問題提起

《醒世》に"照依"はよく使われていたが、時とともに使用されなくなった。

現代標準語には"依照"しかない。《醒世》に"依照"は一回も使われなかったが、"照依"は20件出現した。そこで、問題提起したい。

　　a 明清時代の"照依"は"依照"と異なる所があるか。あれば、それはどの点か。"依照"と"照依"の使用範囲は違うか。

　　b "照依"と"依照"は明代から清代後期までの歴史でどう変わったか。

2. 問題解決に向けて

2.1. 近世中国語の"照依""依照"の差異

　　張欣2009:1は現代標準語の"依照"の使い方について以下のように言及した。

　　"依照"經常用於較為正式的場合，如法律文本等，一般不能用於較口語化的句子中。（訳："依照"は基本的に法律の文書などの正式な場所に使用され、より強い口語化の文に用いられない。）

　　古代中国語コーパス（CCL）によれば、上古時代から民国までの"依照"の用例は121箇所出現した。明清時代の"依照"は清代末期から民国初期までの間に徐々に現れてくるが、使い方は現代標準語の"依照"とあまり変わらない。

　　ところで、明清時代の"照依"は一体どうであったか。《醒世》の"照依"を取り上げて考察する。明清時代の代表的作品：南方の《初拍》《二拍》《儒林》《官場》と北方の《金瓶》《醒世》《紅樓》《兒女》に見られる"照依"を分析すると、当時の"照依"の用法や使い方が現代標準語の"依照"と大体同じであるが、異なる所もある。"照依"は法律の文書などの正式の場所だけでなく、後ろの目的語が"‥話""‥數目"などの非正式の場合にも使われる。《醒世》の"照依"は会話文に用いられる。同じ北方の代表的な作品《金瓶》に現れる"照依"を考察すると、凡て会話文として使われる。そこから、当時の"照依"は日常生活に話し言葉として使用されていたとみるのが普通である。この点は現代標準語の"依照"と異なる。そして、"照依"の後ろに動詞或は動詞のフレーズを置くことが多い。その動詞或は動詞のフレーズは"照依"の目的語ではない。"照依"の目的語が省略されることも比較的多いことがわかる。また、"照依"の後ろに呼称を置くことも多い。121件検出された上古時代〜民国の"依照"

の用例にはこのような用法があまり見られない。

なぜ"照依"の目的語がよく省略されるのか。

当時"照依"は話し言葉としてよく使用されていたため、会話の中に、聞き手と話し手がすでに知っていることなので、重複して言及しないためであると考えられる。そして、"照依"が書き言葉として省略される場合も同様であると考えられる。

●"照依"の目的語が省略される例（一部）

① 書辦照依寫完了本，次早緊會極門丄＜＝上＞去。（醒世83.10b.9）

訳：書吏はその通りに文書を作り、翌日会極門から参内しました。

＝書辦照依（事実）寫完了本，次早緊會極門丄＜＝上＞去。

② 狄家也照依欵待，照禮単點查了一應奩具，收到房中，賞賜了來人。（醒世44.5a.9）

訳：狄家もその通りに彼をもてなし、礼物の嫁入り道具を査収し、部屋の中に収め、やってきた人にお祝儀を与えました。

＝狄家也照依（習俗）欵待，照禮単點查了一應奩具，收到房中，賞賜了來人。

③ 別人家多不過是七十八文，小舖照依行使錢數，若是足色紋銀，每雨＜＝兩＞八十文筭。（醒世50.4a.7）

訳：ほかの店なら多くても七十八文以下ですよ。私の店は一般の市場価格に従います。純度の高い紋銀なら、一両八十文にしましょう。

＝別人家多不過是七十八文，小舖照依（市価）行使錢數，若是足色紋銀，每雨＜＝兩＞八十文筭。

④ 如今也照依給薛妹妹做就是了。（紅樓22.1a.8）

訳：今も以前のように薛妹妹に祝ってあげるだけのことです。

＝如今也照依（往年做法）給薛妹妹做就是了。

●「"照依"＋呼称」の例（一部）

⑤ 治好了，你有四五兩銀子謝他，他就知感不盡的，不照依那歪口＜＝戻＞養的，又歪又吃大食。（醒世67.4a.7）

訳：治療がうまくいって、四五両のお礼をしてやれば、彼はとても感謝す

ることでしょう。彼は艾満辣のような大飯食らいのろくでなしではありませんからね。

⑥等到起更以後，等別人都睡了覺，寄姐炤依小珍珠梳了一个髻髻，帶着墜子，換了一件毛青布衫，等得狄希陳外面敲門，寄姐走到厨房門檻上，背着月亮，低着頭坐着門檻打盹。（醒世79.11a.1）

訳：初更が過ぎて、人々が寝てしまうと、寄姐は、小珍珠のような髷を結い、耳飾りを垂らし、毛青の木綿の衫に着替えた。狄希陳が外で門を叩きますと、寄姐は厨房の敷居のところに行き、月を背にし、頭を垂れ、敷居に座り、居眠りをするふりをした。

⑦好歹你替我照依他也打一件九鳳甸兒。（金瓶20.6a.2）

訳：とにもかくにも私のために彼女のような髪飾りを作ってください。

⑧我有一方大紅十樣錦段子，也照依姐姐描恁一雙兒。（金瓶29.1b.3）

訳：私は赤い棉の織物をもっているので、姉さんのように靴を作りました。

以上の分析から見れば、"照依"の使用範囲は"依照"よりもっと広いことがわかる。

2.2. "照依"と"依照"における明代から清代後期までの歴史変遷

介詞の"照依"と"依照"は複合語である、古代では"照"と"依"が別々使われていたが、歴史の発展で互いに複合して、"照依"と"依照"になった。"照依"と"依照"の歴史変遷を考察するために、"照"と"依"を別々に研究する必要がある。"照依"と"依照"の出現回数について、北方と南方を分けて以下の表のようにまとめた。

表1　北方代表的作品

	明代中期	清代初期	清代中期		清代末期
	金瓶	醒世	紅樓（前80）	紅樓（後40）	兒女
依照	0	0	0	0	0
照依	7	16	2	0	0
依	18	27	18	8	8
照	9	29（照+"数"/+"数目"の組み合わせが出現18回出現する。）→11	13	6	85

表2　南方代表的作品

	明代		清代中期	清代末期
	初拍	二拍	儒林	官場
依照	0	0	0	1
照依	2	4	4	0
依	28	29	20	25
照	2	9	5	110

　　介詞の"照依"は元代初めに現れ、"依照"は明代初めに現れ、二語とも殆ど準拠を示す介詞として使われる（卜雅娜2011:39）。

　　古代中国語コーパス（CCL）によれば、明代末期以前の作品の出現状況から、"照依"は元代《朴通事》に2箇所、明代初期《三國》に1箇所と明代中葉《金瓶》に7箇所検出された。一方、"依照"は明中期《英烈傳》に3箇所のみ検出された。

　　表1、2から見ると、"照依"は明代から清代の中期まで北方にも南方にも用例がある。そして、清代の末期になるとあまり使われなくなったことがわかる。

　　"依照"の使用状況を見ると、北方の《金瓶》《醒世》《紅樓》《兒女》にも、南方の《初拍》《二拍》《儒林》にも一つの用例もない。つまり"依照"は明代と清代にはあまり使用されていないことがわかる。

　　"照依"の用例を深く考察すると、"照依"が《醒世》には大量出現した（付録4参照）。そして、"照依"の異体字"炤依"が《醒世》には数多く現れている。ここから見れば、当時、"照依"はすでに共通語である。準拠を表す介詞の中では、"照依"は重要な地位を占めていた。

　　準拠を表す介詞の"照依"の"照"を研究すると、現代日常生活では"我是照你的話做的"の言い方が常に見られるが、即ち「"照"＋修飾部分＋規定、習俗、文件、話語などの言葉」の構造が常にあるが、当時"照依"は"照"とある程度入れ替えて、この構造を使用していた。以下の表3はそのまとめであ

る。

表3

"我是照你的話做的"のような「"照"＋修飾部分＋規定、習俗、文件、話語などの言葉」の構造の使用状況		
	明代～清代中期	現代標準語
照	あまり使用されない	会話文によく用いられる
照依	会話文によく用いられる	―
依照	―	書面語として使用される
依	地の文によく用いられる	"依你説"の形で会話文に用いられる

―：存在しない

　詳しく言えば、明代中期から清初、準拠を表す介詞の"照"は基本的に二音節語の形で使われる。例えば、"照命""照數""照例""照癥""照常""照帖""照席""照單""照舊""照樣""照位""照帳""照本""照着""照次"などがある。現代日常生活では"我是照你的話做的"の言い方が常にあるが、北方の《金瓶》《醒世》にも南方の《初拍》《二拍》《儒林》にもこのような介詞の「"照"＋修飾部分＋規定、習俗、文件、話語などの言葉」の構造は余り用いられない。準拠を表す場合では"照"の後ろに単音節語がつくような構造が当時は一般的である。しかしながら、準拠を表す介詞の「"照依"＋修飾部分＋規定、習俗、文件、話語などの言葉」の構造は比較的多いことがわかる。即ち、当時介詞の"照"は準拠を表す時、"照"＋"依"の複音節の形で使われるのが一般的である。

　以下は《醒世》に出現した「"照依"＋修飾部分＋規定、習俗、文件、話語などの言葉」の構造の用例である。他の作品にも用例が多いため、省略する。

　⑨只是叫汪為露看之氣死，叫人傳話與狄賓＜＝賓＞梁知道，叫他照依謝程英才的數目，一些也不許短少，不必請酒，折銀二兩，圖兩家便宜。（醒世39.4b.6）

　訳：汪為露はそれをみると激怒し、狄賓梁に、程英才と同額のお礼をしろ、少しでも少なくすることは許さない、酒を振る舞う必要はないが、かわりに銀二両を払い、両者にいい思いをさせろと伝えました。

⑩ 狄員外家中照依進學的時節設了許多酒席，管待賔＜＝賓＞朋。（醒世50.9a.9）

訳：狄員外の家では、府学に進学したときと同じように、たくさんの酒席を設け、賓客友人をもてなしました。

"照"は清代後期になると用法がどうなるのか。《兒女》と《官場》の"照"の考察から見れば、《兒女》の"照"は準拠を表す場合では、「"照"＋単音節語」の構造があるだけではなくて、「"照"＋修飾部分＋規定、習俗、文件、話語などの言葉」の構造もある。特に《官場》の"照"の用例が大量で110回出現した。

［"照"＋単音節語の構造］："照樣""照數""照例""照杯""照常""照簽""照號""照價""照舊"など

「"照"＋修飾部分＋規定、習俗、文件、話語などの言葉」の構造。ここに《兒女》の若干例をあげておく。

⑪ 列公請聽，何小姐這段交代，照市井上外話說，這就叫把朋友碼在那兒了。（兒女34.20b.4）

訳：皆さん、いかがでございます。何小姐のこのいい草は、下世話にいう、友達をほっぽっておく、というやつでございます。

⑫ 就拿姑娘上頭講，便不是照國初舊風，或編辮子，或紮丫髻；也不是照前朝古制，用那鳳冠霞披。（兒女27.19b.4）

訳：姑娘の髪について申しますと、わが清朝のはじめの旧風のように、辮髪を編んだり、丫髻をつけたりせず、また前代明朝の古制のように、鳳冠や霞かけを用いもいたしません。

⑬ 譬如就照前日現勘的丈尺，據先生你看應用多少錢糧。（兒女2.11a.5）

訳：昨日の現場測量の結果からすると、あなたのご覧になる所じゃ、どれくらいの経費がかかりますか。

ここから見れば、歴史の流れで、語彙の意味も発展し変化している。清代後期になると、準拠を表す介詞の"照"の使用範囲はもっと広くなることがわかる。

準拠を表す介詞の"照依"の"依"も考察したが、明代にも清代にも、用

法と意味はあまり変わらず、「"依"＋‥の話、意思など」の構造が一般的である。但し、付加式複音節の"依了"は清末になると使用範囲が縮小し、現代の標準語には残らない。

　清代の末期の《兒女》と《官場》の"依了"の目的語は"‥話"である。しかしながら、清初の《醒世》には"依了"の目的語が"‥の話"であるほか、"依了"の目的語は"‥罪名"／"‥念頭"／"‥指教"／"‥母命"／"‥註定"／"‥憲約"／"‥商議"／"‥規模"／"‥心誌"／"‥吩咐"／"‥節氣"などの直接抽象名詞がある。"依了"と組み合わせたものが多い。

　⑭依了他方修合成湯藥，煎來洗眼，不兩口，那眼瘤通長好了。（醒世30.2a.4）

　訳：彼の処方に従って湯薬を作り、目を洗いますと、二日足らずで、目の瘤はすっかりよくなりました。

　以上の分析から見れば、"依了"は時代の流れで使用範囲が徐々に縮小してきたことが分かる。

　3. まとめ

　介詞の"依照"は現代標準語でよく使われるが、"照依"はあまり使われない。徐榮2004は逆序語の形成について言及した。漢語にある単音節が複音節になる過程で、組み合わせの二つの語彙の構造が緊密でないため、それぞれ別々に使える。順序も安定していないため、順序が逆の場合にも使える。介詞の"依"と"照"は最初、単音節語から複音節語へ組み合わせる時、不安定性があるため、"照依"もあり、"依照"もある。

　本節は《醒世》の二音節語"照依"を考察したところ、以下のことがわかる。

　ⅰ介詞の"照依"は明代から清代の中期まで北方にも南方にも共通語として使用された。当時の"照依"は日常生活で話し言葉として使用するのが普通であった。この点は現代標準語の"依照"と異なる。現代の"依照"は一般に書き言葉として使われる。そして、"照依"は清代の末期になるとあまり使われない。

　ⅱ"依照"の使用状況について、"依照"は明清時代にはあまり使われず、

民国初期から徐々に現れてくる。使い方は現代標準語の"依照"とあまり変わらない。

　ⅲ準拠を表す介詞の"照依"の"照"を研究すると、今の日常生活では"我是照你的話做的"の言い方が一般的であるが、即ち「"照"＋修飾部分＋規定、習俗、文件、話語などの言葉」の構造が一般的にあるが、当時で"照依"は"照"とある程度入れ替わって、この構造を使用している。中国語は古代の単音節言語から現代の二音節言語へと変化してきたが、"照依"は会話文では上古、中古時代の単音節言語（"照"）→明清時代の二音節言語（"照依"）→現代の単音節言語（"照"）へと変化する。

3.5 "喜歡"と"歡喜"について

1. 問題提起と先行研究

1.1. 問題提起

　現代共通語の会話では喜ぶ気持ちを表現する時一般に"開心"（例①参照）を会話文で使用し、地の文では"愉快"（例②参照）を使う。本節は《醒世》の"喜歡"と"歡喜"を中心に会話文と地の文では一体どちらが一般的かということ、また両者の機能上の区別と特徴にも言及する。考察から《醒世》の会話文では"喜歡"の用例は、全用例85のうち34例を検出した（例③参照）。地の文では"歡喜"の用例は全用例43の中に38例を検出した（例④参照）（付録5参照）。

現代共通語：

①这位来自江苏南通的小将表示："‥第一次参赛就获得冠军，我也非常开心，我会在以后的比赛里更加努力。"(CCL)-「嬉しい」

②生活起居要注意劳逸结合，适当的文娱活动与业余爱好能使人心情愉快，也是必要的。(CCL)-「愉快だ」

《醒世》の例：

③寄姐道：這事眞也古怪。我那一日見了他，其實他又沒有甚麼不是，我不知怎麼見了他，我那氣不知從那裏來，通像合我有幾世的冤仇一般。聽見說給他衣裳穿，給他飯吃，我就生氣。見他凍餓着，我才喜歡。(醒世80.1b.10)-「嬉しい」

④ 已將日落時節，素姐惱巴巴不曾吃飯。寄姐因攛掇不聽，也就不大歡喜。（醒世95.11a.6）-「嬉しい」

1.2. 先行研究

"喜歡"と"歡喜"に関する研究は現代漢語に数多く集中する。例えば、成伶利《"喜欢"＝"欢喜"？》(2013)、寧檬《"喜欢"与"欢喜"的词性及其用例》(2002)の他に羅丹《恩施方言"欢喜"与普通话"喜欢"异同初探》(2013)などがある。近世語に関する研究は少なく、胡天驕2013が明清時代の"喜歡"の歴史変遷に少し触れた位である。"喜歡"は東漢に初めて現れ、隋唐時代には発展し、さらに現代語には継承されている（胡天驕2013）。"歡喜"には言及していない。肖萃萃2011は唐宋時代には"喜""樂""歡喜"が多く用いられ、元明代は"喜""歡喜""喜歡"が多く使用され、清代になると"喜""樂""歡喜""喜歡""高興"が多く用いられ、さらに現代漢語では"高興""快樂""喜悅"が多く使われるようになったと述べているが、"快樂"の意義の語彙変遷を考察しているだけで、《醒世》の時代における"喜歡""歡喜"の全使用状況は徹底的に究明されていない。本節はこの部分を補足する。

2. 現代共通語と《醒世》の"喜歡"と"歡喜"の意味

現代共通語の"喜歡"と"歡喜"の意味を明らかにするため、《現汉》で調べた結果、次のようになる。

《現汉》：

喜歡

(1) 动词。对人或事物有好感或感兴趣。⑤ 他喜欢文学，我喜欢数学。

(2) 形容词。愉快；高兴。⑥ 女儿考上了大学，妈妈喜欢得不得了。

歡喜

(1) 形容词。快樂；高興。⑦ 满心欢喜 / ⑧ 她眼藏不住心中的欢喜。

(2) 动词。喜欢；喜爱。⑨ 他欢喜打乒乓球 / ⑩ 他很欢喜这个孩子。

例⑨と例⑩のように"喜歡；喜愛"を表す"歡喜"は現代共通話ではあまり使用されなくなり、南方方言として用いられる。

《現汉》によれば"喜歡"と"歡喜"は動詞と形容詞の意味に用いられる

ということだが。しかし、普通話では"喜歡"は一般に動詞として使われ、"歡喜"は形容詞として使われる。成2013と寧2002も言及している。

成2013によると日常生活で"喜歡"は多く動詞として使われ、"歡喜"は一般に形容詞として使われる。寧2002では"喜歡"はただ動詞の用法のみであり、"歡喜"は形容詞の用法のみである。

《醒世》では二語の意味は何なのかを考察した。"歡喜"は以下の例⑪のようにただ形容詞"快樂；高興"の意味に用いられている。

⑪ 不一日，到了通州，師徒相會，甚是歡喜。過了幾日，那片雲漸漸的沒精塌彩，又漸漸的生起病來。(醒世21.2b.5)

これは現代漢語と異なっている。現代漢語では形容詞"快樂；高興"の意味の他に、動詞"喜愛"の意味も南方方言に用いられる。

一方、《醒世》では"喜歡"はどうなるか。次のように纏められている。

(1) 形容詞。"高興"

(2) 動詞。"對人或事物有好感；喜愛"

(3) 動詞。構造上では"喜歡"の後ろに従属節が付き、引申義"使高興；帶着愉快的心情或狀態去做某事"の意味に用いる（例⑫⑬参照）。

⑫ 衆街坊一來懼程謨的兇勢，實是喜歡這兩個歪人一个打死，一个償命，清靜了這條街道。(醒世51.4a.10)

⑬ 進去歲考，他却不做文章，把通卷子密密寫的都是程法湯訴冤説苦的情節，叙得甚是詳細。學道喜歡他做得好，就高高的取了一個六等第一，還行在縣裏查究。(醒世25.9b.7)

この意味項は《醒世》に見られるが、他の明清白話ではこの用法はあまり見られない（以下の表1を参照）。明清時代では、動詞の場合、"喜歡"は一般に"對人或事物有好感；喜愛"（「人また具体的事物を好む」）になる。構造上では"喜歡"の後ろに従属節が付き、引申義"使高興；帶着愉快的心情或狀態去做某事"の意味に用いることがあまり見られない。

表1

	明代	清代初期	清代中期		清代末期	
基礎方言	山東	山東	北京	江淮	北京	江淮
資料	金瓶	醒世	紅樓	儒林	兒女	官場
存在狀況	×	○	×	×	×	×

○：存在 ×：存在しない

（4）名詞。"快樂的心境、情緒"（例⑭⑮参照）

⑭ 待不的一個月，情管就有人來。那時我有恩的報恩，有仇的報仇。喜懽也在你們，後悔也在你們。（醒世88.9b.9）

⑮ 且是往人家去，進得中門，任你甚麼王妃侍長，奶奶姑娘，狠的、惡的、賢的、善的、妒忌的、吃醋的，見了那姑子，偏生那喜歡，不知從那裡生將出來：讓吃茶、讓吃飯、讓上熱炕坐的。（醒世8.10a.3）

意味の上では《醒世》の"喜歡"は形容詞"高興"の意味に用いられるほかに、動詞"對人或事物有好感；喜愛"の用法もあり、"使高興；帯着愉快的心情或狀態去做某事"の用法もある。また、名詞"快樂的心境、情緒"の意味もある。

3. 会話文"喜歡"と地の文"歡喜"

《醒世》では会話文と地の文から"喜歡"と"歡喜"の使用状況を以下のように究明した。（二語の共通の意味は形容詞"高興"であるため、表2はこの意味に基づいて作られた）

表2

	地の文	会話文
喜歡	45/79	34/79
歡喜	38/43	5/43

データから"高興"を表す"喜歡"は地の文の45箇所と会話文の34箇所であまり変わらない。一方、"歡喜"は会話文の場合、5箇所のみである。それぞれ会話文と地の文の使用条数から見れば、当時では"喜歡"の口語色は"歡喜"より強い。"歡喜"は多く地の文に用いられ、口語色が弱いと考えられる。

そして、張2007によると言語の口語色の強さは言葉自体の組み合わせ能力

に関わっている。《醒世》の"喜歡"と"歡喜"の各自組み合わせ状況は以下の表3のように詳細に観察した。

表3

組み合わせ語彙	
喜歡	程度副詞：大、怪、甚、極、不勝、夠、甚是、不大、更 時間副詞：就、卽、已是、便、正、纔 語気副詞：着実、倒 語気助詞：哩 類同副詞：也 否定副詞：不 方向補語：起來
歡喜	否定副詞：不 程度副詞：極其、甚是、不大

表3から"喜歡"の組み合わせ語彙は程度副詞（"大、怪、甚、極、不勝、夠、甚是、不大、更"）、時間副詞（"就、卽、已是、便、正、纔"）、語気副詞（"着実、倒"）、語気助詞（"哩"）、類同副詞（"也"）、否定副詞（"不"）と方向補語（"起來"）合計で21個がある。組み合わせ範囲が広いと考えられる。一方、"歡喜"の組み合わせ語彙は程度副詞（"極其、甚是、不大"）と否定副詞（"不"）全部で4つしかない。

また、"喜歡"は様々な社会階級の人に使われる。以下の表4の示すようである。

表4

登場人物	
喜歡	計氏、高四嫂、晁大舎、青梅（下女）、計老、高氏、差人、邢皐門（幕僚）、媒婆、秦參政、晁夫人、狄員外、太太、童七（銀細工店の支配人）、童奶奶、寄姐、素姐、相主事（狄希陳のいとこ）、吕祥（狄家の料理人）、老爺、薛夫人、薛三省娘子（薛家の使用人）、徐老娘（産婆）
歡喜	晁大舎、薛如卞、劉振白、尼姑

表4から会話文では"喜歡"は社会的地位の高い人にも使われ、社会の低い人にも使われる。職業面では、料理人にも使われ、役所官吏にも使われ、産婆にも使われ、銀細工店の支配人にも使われる。どの職業階層でも用いられる。ここから見れば"喜歡"は当時、基本的に日常生活の会話で用いられ、口語色

が強い言葉だと考えられる。一方、"歓喜"は会話文の使用状況はあまり多くなく、より生硬さを示すと考えられる。

4. 文の構造

文の構造上では《醒世》の"喜歡"と"歡喜"の特徴はどうなるか。調査結果は表5に掲げる。

表5

	述語		主語	定語	補語	状語
	形容詞の述語	動詞の述語				
喜歡85	○	○	○	○	○	×
歡喜43	○	×	×	○	○	○

○：適合　×：不適合

二語の主な構造は文の中に述語として用いられる。それぞれ特徴もある。述語では"喜歡"の使用範囲は広い。形容詞の述語だけではなく、動詞の述語にもなる（例⑯参照）。また、主語としての用法もある（例⑰参照）。この点は"歡喜"と異なっている。"歡喜"は形容詞の用法だけで、動詞の述語、主語と状語としては使用されない。

動詞の述語の場合

⑯ 薛夫人怕他在家合婆婆嘔氣，接了他回家。薛教授因他不聽教訓，也甚是不喜歡他。他自從夢中被人換了心去，雖在自己家中，爹娘身上，比那做女兒的時節着實那強頭別腦，甚是不同。（醒世56.3b.1）

主語の場合

⑰ 待不的一個月，情管就有人來。那時我有恩的報恩，有仇的報仇。喜歡也在你們，後悔也在你們。説得那驛卒們欲信不可，不信不能。（醒世88.9b.9）

ところが、"歡喜"には状語として用いられる用例がある（例⑱⑲を参照）。この点は"喜歡"と違う。

状語の場合

⑱ 恰好素姐不因不由的也到庵中，因是緊鄰之女，又是契友之妻，都認識的熟，二人歡喜相見。住持的白姑子讓二人方丈吃茶。（醒世63.3b.5）

⑲ 又等了二三十個交卷的，狄希陳與薛如兼都頭一牌放了出去，都是縣官面試取中，歡喜的跳了回家。（醒世37.5b.1）

《醒世》では状語として用いられる用例は上記の2箇所である。全体的に見れば、語義機能、組み合わせ能力、文の構成上では、"喜歡"の方が一般的で使用範囲が広いと考えられる。

5. 清代の各時期の変遷と現代方言への継承

清代の"喜歡"と"歡喜"は一体どのような変遷を経て現代漢語に継承されているか。この点について考察した結果を表6と表7に掲げる。

表6　北方代表的作品

基礎方言		清代初期	清代中期		清代後期
		山東	北京		北京
資料		醒世	紅樓（前80）	紅樓（後40）	兒女
喜歡 （295）	形容詞"高興"の意味項	79/85	74/93	88/93	21/25
	動詞"喜愛"の意味項	6/85	19/93	5/93	4/25
歡喜 （157）	形容詞"高興"の意味項	43/43	51/51	15/15	48/48
	動詞"喜愛"の意味項	0/43	0/51	0/15	0/48

表7　南方代表的作品

基礎方言		清代中期	清代後期	
		江淮	江淮	
資料		儒林	官場	二十
喜歡 （89）	形容詞"高興"の意味項	7/16	12/37	11/36
	動詞"喜愛"の意味項	9/16	25/37	15/36
歡喜 （304）	形容詞"高興"の意味項	70/77	90/122	75/105
	動詞"喜愛"の意味項	7/77	32/122	30/105

以上の統計は時期、地域、語義の三つの方面から作られた。

使用頻度は、北方用例295件、南方用例89件から、"喜歡"が北方では相当一般的である。また、清代末期《儒林》には"喜歡"は16件で、清初時代《醒世》には"喜歡"は85件ある。ここから見れば、《醒世》の時代、"喜歡"は

北方官話系である。清の中葉《紅樓》に"喜歡"の用例は 89 件で多く用いられ、清代後期になると、南方では"喜歡"の動詞"喜愛"の意味の用例数は形容詞"高興"の意味の用例数を超える。この意味は徐々に一般的になって、現代共通語に継承される。しかし、形容詞"高興"の意味を現代共通語に用いられず、方言に継承されている。

一方、新知見として、南方用例304件、北方用例114件から、"歡喜"が南方では圧倒的に一般的である。なお、"歡喜"は北方では全用例とも形容詞の用法である。しかし、南方白話資料では形容詞の用法の他に、動詞としての用例もある。動詞としての用法は現代共通語では見えないが、南方方言には継承されている。

現代方言への継承：

現代会話では"喜歡"は主に動詞として用いられ、"歡喜"は主に形容詞として用いられる。方言ではどうなるか。

《汉方大》によれば、"歡喜"の動詞としての"喜愛"の意味は、"揚州、蘇州、南昌、廣州、陽江、潮州、福州"の地域に現在も使用されている。方言区から江淮官話（揚州）、呉語（蘇州）、贛語（南昌）、粤語（廣州、陽江）、閩南語（潮州、福州）に分けられる。上記のところはすべて南方地域である。これは、清代には"歡喜"の動詞"喜愛"の意味は北方では使用されず、南方はずっと使用されたことの反映だと考えられる。

現代普通話では"喜歡"の形容詞の用法はあまり見られないが、《汉语方言词汇》（第2版）により、北京官話（北京）、冀魯官話（濟南）、晋語（太原）、西南官話（武漢、成都の地域には現在も使用されている（南北方言には継承する）。これは、清代には"喜歡"の動詞と形容詞の用法は北方でも南方でも用いられ、時間の流れによって、動詞の用法が一般的になって、形容詞の用法は現代南北方言に継承されたことの反映だと考えられる。

6、"喜""中意"との比較

清初時代《醒世》では"喜歡"は主に形容詞として用いられる。動詞の用例は僅か6箇所である（例 ⑳ 参照）。そこで、疑問が出た。当時、動詞"喜愛"

の意味を表す語彙で多く用いられたのはどの語彙であるか。考察から、"喜"と"中意"の二語が多く用いられている（例㉑㉒参照）。

㉑ 你説我變轉了一百兩銀子，放着等一總裏交，怕零碎放在手邊使了，先送了來與老公塾手兒使。他情管喜歡你。（醒世71.2a.3）

㉑ 呂德遠道：聽老爺這般説，這兩個婆娘，止於新來的奶奶喜他，老爺是惱他的。果眞如此，事有何難。（醒世96.7a.8）

㉒ 却説狄希陳得了那套顧繡衣裳，獻與素姐，看得中意，嚴厲中寓着温旨，狄希陳就如奉了欽獎也沒有這般榮耀。（醒世66.1a.6）

《醒世》では"喜歡""喜""中意"の使用状況は以下の表8が示すようである。

表8　動詞"喜愛"の意味項

	全用例	地の文	会話文
喜歡	6	4	2
喜	17	6	11
中意	15	11	4

表8から《醒世》に動詞"喜愛"の意味を表す"喜歡"の用例は6箇所で少ない。"喜"と"中意"の用例は17箇所、15箇所で"喜歡"より多い。"喜"と"中意"の区別と言えば、"喜"は多く口頭語として用いられ（11/17）、"中意"は多く地の文に用いられる（11/15）。そこから、当時会話文で"喜愛"の意味を表現するとき、"喜"を頻繁に使ったと考えられる。

まとめ

本節は《醒世》の"喜歡""歡喜"を考察したところ、以下のようなことが分かった。

ⅰ《醒世》では日常会話文に喜ぶ気持ちを表現する時一般に"喜歡"を使用する。一方、"歡喜"は多く地の文に用いられる。語義機能、組み合わせ能力、文の構成上では、"喜歡"の方が一般的で使用範囲が更に広いと考えられる。

ⅱ清代では"喜歡"の動詞と形容詞の用法は北方でも南方でも用いられ、時間の流れによって、動詞の用法が一般的になって、形容詞の用法は現代南北方言に継承されている。一方、"歡喜"の動詞"喜愛"の意味は北方では使用

されず、南方では継続して使用されている。

ⅲ当時では動詞"喜愛"の意味を表現する時に"喜"と"中意"の二語が多く用いられている。

3.6 "何如"と"如何"について

1. 問題提起

現代共通語の"如何"と"何如"の違いと言えば、"何如"は一般に書面語として用いられ（例①参照）、"如何"は書面語としても（例②参照）、会話文としても使われる（例③参照）。清代初期《醒世》には一体どうなるか。本節は《醒世》の"何如"と"如何"を中心にそれぞれ特徴を考察する。さらに現代中国語にも言及する。

①‥他日更刊为单行本，普渡众生，同登彼岸，质之独尊，以为何如？(CCL)-書面語

②此外，以信息交换、商谈、咨询为目的的谈话，其谈话顺序又如何呢？(CCL)-書面語

③有人说：只要目的正当，可以不择手段，你认为如何？（CCL)-口語

2. 文の構造上の特徴

《醒世》では"如何"は119件出現する。全て文中に使用される。一方、"何如"は文中だけではなく単独で使用される場合も7箇所ある（表1参照）。

表1

	単独で使用される
何如	7/45

明清白話小説の"何如"は文の構造上どのように分布するかを表2のようにまとめた。

表2

	明代	清代初期		清代中期		清代末期	
基礎方言	山東	山東		北京	江淮	北京	江淮
資料	金瓶	醒世	聊齋	紅樓	儒林	兒女	官場
何如（単独で使用される）	1/9	7/45	1/60	0/17	0/12	0/29	0/27
何如（文中に用いられる）	8/9	38/45	59/60	17/17	12/12	29/29	27/27

　表2の示すように、"何如"は主に文中に用いられる。単独で使用される場合、《醒世》の"何如"は7箇所で、他の白話小説より多く用いられる。単独で使用される"何如"は一体どのような語用機能があるのか。以下の用例から検討する。

　④ 他那父親説道：這許多時囘去吃飯叫他合了別的學生同走‥怎麼説沒來。極得那老子在書房裏嚷跳。吳學周：説你的兒子又不是個不會説話的小物件兒，我藏他過了‥正在嚷鬧，只見那個學生在他先生家裏探出頭來一張，往裏流水的縮了進去。那人説：何如。我説送進來的，你却藏住了，嚇我這一個臭死。（醒世31.4b.1）

　訳：彼の父親は言った。「これまでずっとご飯を食べにもどるときに、あの子を他の学生と一緒に帰るようにさせてましたよ‥どうして来なかったなどというのだ。」父親は焦って書房で叫び飛び跳ねた。吳学周は言った。「あなたの息子さんは言葉を話すことができないわけではないのですから、あんた、私が隠してるとでもいうのかね。でしょう‥叫んでいると、息子が先生の家からチラッと首をのぞかせてあたりを見回すと、またすぐ首を引っ込めたのである。「どうだ！私は息子を送ってきたといったろ。あなたは息子を隠しておいて、ほんとに肝をつぶさせるじゃないか。」

　例④について、父親は自分の息子が塾にいることを確信している。先生に説明するが、どうしても納得してくれない。なぜかというと、先生は子供を隠しているからである。父親は大変苛立っているところに、息子は塾からチラッと首をのぞかせてあたりを見回す。正体がばれたので、父親はすごく怒り出

す。断定を強調するために、"何如"(="怎麼着；怎麼様")を用いて「どうだ！」の意味を表している。疑問の形で実は「あなたは間違っている。私は正しい。」の責める意義が含まれ、相手への不満の感情を表し、詰問の語気を強調し、さらに、相手の主張への否定を強める効果がある。

　　上記の"何如"は疑問の形で反語を表す。

　　邵敬敏1996は反語の特徴を以下abcのように指摘する。

　　a 顯示説話者内心的不滿情緒（訳：話し手の内心の不満を示す）；

　　b 表現説話人主觀的獨到見解（訳：話し手の主観的でユニークな見解を表現する）；

　　c 傳遞説話人對對方的一種約束力量（訳：話し手が相手に対しての制約力を伝える）。

　　"何如"は反語の特徴に合致する。また、"何如"のように"怎麼着""什麼"も同じような機能がある。

　　李娜2013:54は"怎麼着"の機能を以下のように言及する。

　　"怎麼着"表示反詰，表示不以為然、責怪、驚訝的語氣。(訳："怎麼着"とは、問い詰めることや驚いたことを言うこと、責めること、驚くことを意味している。)

　　⑤舅太太便接声道：怎么着！斗牌会奉了明文咧。好哇！这可是日头打西出来了。姑太太快告诉我听听。（李娜2013から引用する）

　　楊婷婷2013:10は"什麼"にも言及する。

　　"什麼"用來表驚訝或反對的結構式。"什麼"單獨成句，這類結構式沒有子結構，是框架式中較為特殊的一類。"什麼"用來表達説話人的驚訝詫異，"事情不應該是這樣"。表示驚訝、憤怒。（訳："什麼"とは、驚きや反論を表現するための構造式として使われている。"什麼"は独立した文の場合、このタイプの構造式には部分構造がなく、フレームの中でも特殊なタイプの一つである。"什麼"は話し手が「こんなはずじゃなかった」という驚きを表現するときに使われる。驚きや怒りを表現する。）

　　⑥起明：什么！你想让宁宁和那个大卫一块过吗。（楊婷婷2013から引用する）

《白话》にもより、"何如"は"用於反問，表示對假設情況的認定"としている。

　《醒世》では、単独で用いられる"何如"は全て反語を表す。例⑦〜⑫を見る。

　⑦ 狄希陳道：小爺，你住了嘴，不狂氣罷，這他是待中出來的時候了。相於廷道：你唬虎誰哩。我是你麼。誰家嫂子也降伏小叔兒來。‥這句話沒説了，只見素姐一大瓢泔水，猛可的走來，照着相於廷劈頭劈臉一潑‥狄希陳説：何如。我説你再不聽這當面領過教了。（醒世58.10b.2）

　訳：狄希陳は言った。「おまえ、黙ってくれ。お前気でも狂ったのか。そろそろあいつが出てくる頃だぞ。」相于廷は言った。「脅かしているのですか。僕はあなたとは違います。義理の弟を苛める兄嫁などいやしませんよ。‥」話がまだ終わらないその時、素姐が現れた。彼女は、急いで歩いてくると、大きなひさごに入れた汚水を、相于廷の目掛けてぶっかけ、相于廷は顔中から汚水を滴らせた。狄希陳は言った。「どうだ！オレがあれほどいうのにお前が聞かんから、さっそくご教訓を頂戴したじゃないか。‥」

　例⑦について、素姐は気が強い人なので注意しないといけないと狄希陳は弟の相于廷に伝えるが、どうしても受け入れてくれない。結局、相于廷が素姐に酷く苛められる。断定を強調するために、狄希陳は"何如"を用いて「どうだ！」（＝"怎麼着；怎麼樣"）の意味で、実は「眼前私の言うことをきかぬとつまらぬ目に合う。自業自得だ。」の、責める意義が含まれ、相手への不満を持ち，"詰醒對方"の効果を得る。

　⑧‥再冬焦黃一個齷齪臉，蓬着個頭，稀爛的一隻腿，枷在縣前。‥看見那薛如卞兄弟來到，裂着個瓢大的嘴怪哭，只説：二位哥哥救我。薛如卞説：何如。我的話你再不聽。你前年跟了姐姐往北京去，我那樣的囑付你來。（醒世89.6a.1）

　訳：‥再冬は、焦げ茶色の汚い顔をし、髪をざんばらにし、片方の腿をめちゃめちゃにされ、県庁の門前で枷に掛けられていた。‥薛如卞兄弟がきたのを見ると、瓢ほどの大きさの口を開けて大声で泣き、「兄さん、助けて」と言った。薛如卞は言った。「どうだ！いったろう。オレの言うことをさっぱり聞か

んからだ。去年、お前が姉さんに従って、北京に来たとき、お前に言い含めたろう。‥」

例⑧について最初から薛如卞は再冬が素姐と一緒に北京に行くことを反対した。再冬は聞かずに北京に行って、結局酷い目に遭った。再び会うと、薛如卞は断定を強調するために、"何如"を用いて「どうだ！」の意味で再冬に不満を持ち、「お前話聞いてくれよ」との責める気持ちが含まれる。

⑨晁思才老羞變成怒的罵道：扯淡的奴才。俺換了俺晁家的穀去，沒換了你這扯淡的奴才的穀。‥晁鳳冤冤屈屈的對着晁夫人學那晁思才說的那話‥晁書娘子說：何如。我說不該招惹他。沒的捨了四頃地，好幾十石糧食，四五十兩銀子，惹的人家撒騷放屁的。（醒世32.13a.2）

訳：晁思才は恥ずかしさのあまり腹を立てて罵った。「口の減らない奴め。わしはわが晁家の穀物を交換していくのだ、おまえみたいな下らんぺらぺら野郎の穀物を交換していくわけではないぞ」‥晁鳳は、晁夫人に、晁思才の言ったことを不満気に話しました。‥晁書の女房は言った。「どうです！私は前にあいつらに構っちゃいけませんと申し上げたのです。四頃の土地、数十石の食糧、四五十両の銀子をやったというのに、悪口をいわれてしまうなんて」

例⑨について晁書の女房は晁思才に構っちゃいけませんと何度も晁鳳、晁夫人に注意するが、納得してくれない。結局晁書の女房が言った通り晁鳳、晁夫人はひどい目に遭った。"何如"を用いて相手を責め、話手の気持ちを十分に伝える。

⑩‥叫畫士把喜神畫穿攀有蟒玉帶金襆頭。那畫士不肯下筆，說：‥不曾見有戴金襆頭的官‥晁源道：我親見先父戴金襆頭，怎說沒有‥晁源走到後邊，取了一頂朝冠出來，說道：何如。我是哄你不成。（醒世18.10a.4）

訳：‥画工に命じ、遺像に蟒玉帯、金襆頭を着けさせようとした。画工は、筆を下そうとはせず、言った。「‥私はこれまで金の襆頭を被ったお役人を見たことはありません‥」晁源は言った。「オレはこの目で親父が金の襆頭を被っているのを見たことがあるぞ。どうしてないなどというのだ」‥晁源は、奥に入って行き、朝冠を持ってくると、言った。「どうだ！わしがおまえを騙す

はずがないだろう。」

　例⑩について晁源は自分が言ったことを皆に信じてもらうために、奥に入って行き、朝冠を持ってくることを通して、自分が言ったことは正しいと伝える。断定を強調するために"何如"を単独で用いられ、「どうだ！」の意味で、実は「あなたを騙していないだろう。何で聞いてくれないの！」との不満の気持ちを表す。

　⑪寄姐道：我一來也看不上那兩個老蹄子，怕見合他出來；二來小成哥子咬着个奶頭，甚麼是肯放。兩個老蹄子在他屋裡，不止挑唆叫他打你，還挑唆叫他降我哩。‥狄希陳道：何如。我説是他挑的。在家沒的沒打麼，可也沒有這們打的狠。(醒世96.13a.6)

　訳：寄姐は言った。「私は、一つには、あの二人の売女婆を馬鹿にしていて、あの人と一緒に出てくるのが嫌だったから。二つには、小成哥が乳をくわえ、どうしても離れようとしなかったから、出てこなかったのです。二人の老いぼれは、あの人の部屋であなたをぶつようにあの人を唆したばかりか、私を苛めるように唆しました。‥ 狄希陳は言った。「どうだ！オレが言った通りだろ。あいつらが唆しているんだ。明水によくやられたけど、こんなにひどくぶたれたことはなかった。‥」

　例⑪について、二人の老いぼれは素姐を唆し、狄希陳を苛める。狄希陳はこの二人に最初から不満を持ち、寄姐は二人の老いぼれのやったことを言うと、狄希陳は一層に腹立つ。「どうだい。オレが言った通りだろ。‥」との文脈からわかる。ここの「どうだ！」で「そうだろう。あいつらが唆しているんだ。」との不満の気持ちを表す。

　⑫這些人知道郝尼仁是一員虎將，往時馬到成功，再沒有輸敗的事，‥如今一敗塗地，‥叫道：娘舅救命。程大姐呵呵大笑，説道：何如。再不敢説嘴了。你們待要拿出銀來吃東道哩，還是叫我親娘，都與我做兒子哩。(醒世73.6b.3)

　訳：郝尼仁が強いとみんな知っている。今まで負けたことがないが、今回は大惨敗だった。‥「おじさん、助けて。」と叫びだした。程姐さんは大笑いで言った。「どう！口答えするの。銀子を出すか、あるいはあたしをお前の母

親と呼んで、あたしの息子にするの。」

　例⑫について、程姐さんは自分の主張を正しく思っているが、聞き手はそう思っていない。結局実のことを見せて相手はびっくりして、確信になって何も言えなくなる。この時、程姐さんは"何如。再不敢説嘴了。"と言って、断定を強調するために、ここの"何如"を用い、「お前は違うだろう。私の考えを認めておくれ。」の反対の内容を疑問の形で断定を強調し、相手への不満の語気を表す。

　《醒世》では単独で使用される"何如"の語用機能は文脈に関わり、断定を強調するために、言いたいことと反対の内容を疑問の形で述べる。「あなたは間違うよ。私の考えを認めておくれ。」と気をつけさせ、注意を与え、さらに相手に不満や責める気持ちを表すと考えられる。全用例7箇所は全部このような用法である。これが《醒世》の"何如"の特徴だと思われる。近世白話小説にはこのような用法は見られない。

3. 意味上特徴

　《醒世》時代と現代共通語における"何如"と"如何"の意味を表3に作った。

表3

		怎麼様	為何	不如	怎麼辦
現代共通語	何如	○	×	○	×
	如何	○	○	×	×
醒世	何如	○	×	×	○
	如何	○	○	○	×

○：適当 ×：不適当

　表3から"何如"と"如何"は"怎麼様"と"為何"の意味の場合、《醒世》時代でも現代共通語でも同じである。しかし、現代共通語の"何如"は"不如"の意味もある。《醒世》にはこのような用例は未検出。一方、"怎麼辦"を表すのは《醒世》だけである。

怎麼様：

⑬不知後來也略知儆省不曾，且有後來何如，再等下回接説。（醒世76.13a.10）

為何：

⑭ 晁大嬸，你如何不同去走走，却閒在家中悶坐。(醒世2.3a.3)

不如：

⑮ 凡事預則立，若要‥何如未雨綢繆，早作打算？（楊2013から引用する）

怎麼辦：

⑯ 劉振白道：可説甚麼呢。只沾着狄奶奶的點氣兒，我只是發昏。那日硬抬着材要埋，我做着個緊鄰，耽着干係，我説：消停，還是他娘老子到跟前，這事才妥。狄爺倒沒言語，狄奶奶罵成一片，光棍長，光棍短，説我詐錢，一聲的叫請做錦衣衛校尉的舅爺，又叫人喚相爺家長班，緝訪我到廠裡去。這可何如。沒等動彈就請緊鄰了。(醒世80.14a.3)

訳：劉振白は言った。「何を言ったの。狄さんの奥方の気にさわるようなことをしたら、オレはそれだけで失神昏倒ってことになる。その日は棺を担ぎ出して埋めようとしたから、オレは隣組で、黙って見逃しちゃ、後で巻き添えをくうからな。だからいったんだ。『その棺、ちょっと待って。先方の親御さんを呼んで来い。担ぎ出すのはそれからだ』てな。狄さんは何も言わなかったが、狄夫人の方が大罵りだ。このオレをゴロツキだ、なんだと、オレがお金を詐るだとかいって、錦衣衛の校尉をやっている伯父さんとかを呼んで来い、相主事の家から部下を呼んで来て、オレを捕まえて東廠へ連行させるんだなんてな。これは一体どうすればいいかと思ったが、有無を言わせず隣組のオレは呼ばれる。

上掲例は劉振白は自分の身の潔白への弁解である。小珍珠は死んだが、狄夫人にそのまま親が知らずに黙って埋められた。劉振白は気が付いて狄夫人に注意したが、狄夫人は怒って、お金を詐るとかいって、錦衣衛の校尉をやっている伯父さんを呼んで、劉振白を捕まえて東廠へ連行させようと言った。この時、劉振白はどうやって狄夫人たちに対抗するのか分からない。"何如"を用い、「どうすればいいか」の意味で、その場の劉振白が困っている気持ちを反映する。

4. 会話文と地の文の"何如"と"如何"

楊艶利2015:102は現代共通語の"何如"と"如何"の語体について以下のように指摘する。

"何如"書面語色彩比較濃厚的詞語，多出現於報紙及古代文獻中，而"如何"則成了一個通用詞。(訳："何如"は強い書き言葉で、新聞や古文書によく出るが、"何如"は当時の共通語である。)

つまり、"何如"は書面語に、"如何"は普通語に分けられる。

それでは、《醒世》の"何如"と"如何"は会話文と地の文の方面ではどうなるか。

《醒世》の"何如"と"如何"の会話文と地の文から調べた結果は表4のようになる。

表4

	会話文	地の文
如何	100/119	19/119
何如	36/45	9/45

⑰ 典史問説：這是甚麼所在。如何這等齊整。這個標致婦人却是何人。(醒世14.2a.8)－会話文

⑱ 晁老道：依你却如何主意。(醒世17.8a.5)－会話文

⑲ 及至到了三月，如何煮得粥成。(醒世31.10b.10)－地の文

⑳ 衆人倒呵呵大笑起來，問魏三封：魏哥，你的主意何如。(醒世72.6a.5)－会話文

㉑ 媒婆道：周大叔，你如不嫌，你娶了他何如。(醒世72.8b.6)－会話文

㉒ 狄希陳曾否救轉，生死何如，素姐怎樣施行，‥。(醒世94.13a.3)－地の文

表4のように当時は"何如"と"如何"のそれぞれ会話文と地の文の使用件数から、二語とも口語色が強く、基本的に話し言葉として使用されたと考えられる。これは現代共通語と異なっている。現代語の"何如"は一般に書面語として用いられる。

また、楊艶利2015:105は現代共通語での"何如"と"如何"の文節の置

く位置について以下のように指摘する。

両詞位於句尾時，主要作謂語和賓語，都表示"怎麼樣"的意思，在句中"如何"可以換作"何如"。（訳：2語は文末に置く場合、述語と目的語として、どちらも"怎麼樣"を意味する。文中の場合、"如何"を"何如"に置き換えることができる。）

《醒世》の"何如"と"如何"は文末の場合、同じような用法である。

《醒世》の"何如"と"如何"は文節の位置にどうように分布するのかを表5にまとめた。

表5

	単独で文を構成する	文頭	文中	文末
如何	0/119	54/119	49/119	16/119
何如	7/45	0/45	0/45	38/45

㉓ 如何打圍沒我去處，病了却來尋我。（醒世2.5b.10）－文頭

㉔ 不然，人却如何曉得。（醒世20.6b.7）（醒世2.8a.7）－文中

㉕ 提親的雖是極多，這兩門我倒都甚喜歡，但不知大官兒心下如何。（醒世18.3a.2）－文末

㉖ 何如。我説你再不聽這當面領過教了。（醒世58.10b.2）－単独で文を構成する

㉗ 素姐掙掙的説道：你再看別的何如。（醒世64.9b.5）－文末

表5から"如何"は基本的に文頭と文中に使用され、文末には16条であまり多くない。一方、"何如"は一般に文末に置いて文頭と文中には使用されない。何故であろうか。

"何如"と"如何"は文末に置く場合、述語としてただ"怎麼樣；什麼"の意味を表す。

なお、方有國2013:134は"何如"の形成を以下のように述べた。

"何如"這個非動賓結構應是"如何"的移位變式，其内部構成和句法功能與"如何""若何"相同，"如"是無義虛詞，只有"何"發揮作用。（訳："何如"

という非動賓構造は、"如何"の転置変化形である。内部構造や構文的な機能は"如何"や"若何"と同じ、"如"は無意味の虚詞で、"何"だけ機能する。）

この様に"何如"の中心語は語頭"何"である。筆者の推測では、なぜ"何如"を基本的に文末に置くかと考えると"何"は本来一般に文末に置き述語として"怎麼様；什麼"の意味で使用される。そのため、中心語"何"と共に"何如"も文末に置き、述語として"怎麼様；什麼"の意味を表すようになると考える。これについて詳しくは、今後の課題にしたい。

4. まとめ

以上の考察から《醒世》における"何如"と"如何"の特徴は以下のように分けられる。

ⅰ《醒世》で単独で使用される"何如"の語用機能は文脈により、断定を強調するために、言いたいことと反対の内容を疑問の形で述べる。「あなたは間違っている。私の考えを認めなさい。」と気をつけさせ、注意を与え、さらに相手に不満や責める気持ちを表すと考えられる。全用例7箇所は全てこのような使用である。

ⅱ "怎麼辦"を表すのは《醒世》時代だけにある。これは現代共通語と異なっている。これも《白话》の"何如"に対して新たな意味の補充になると思われる。

ⅲ "何如"と"如何"は《醒世》時代には口語色が強く、基本的に話し言葉として使用されたと考えられる。これは現代共通語の"何如"と"如何"と異なっている。

ⅳ なぜ"何如"は基本的に文末に置くのか。"何"は本来、一般に文末に置き述語として"怎麼様；什麼"の意味で使用される。そのため、中心語"何"と共に"何如"も文末に置き、述語として"怎麼様；什麼"の意味を表すようになったと考えられる。

3.7 "尋找""找尋""尋""找"について

1. 問題提起

現代共通語での物や人を探す表現では、一般的に"找""尋找"を用いる。使い分けのポイントは"找"のもっぱら口頭語として使用され（例①参照）、"尋找"は書面語として使用される（例②参照）が点にある。《醒世》ではどうなるか。それにそれぞれの区別は何か。また、《醒世》では物や人を探す表現として"尋""找""尋找""找尋"の用例それぞれ487件、14件、6件、14件検出した（例③④⑤⑥参照）。本節は《醒世》の"尋""找""尋找""找尋"を中心にそれぞれの使用範囲、区別と特徴を考察する。

① 这时江秀霞推门进来，一眼看见张曼，十分高兴：张曼姐，到底给我找到了。(CCL)

② 这一切，推动着初中生开始寻找合得来的友伴。(CCL)

③ 姑子道：他們説，若有人來尋我們，説我們在烏牛村裏等他，叫他快些來。(醒世22.16b.1)

④ 狄婆子説：我是來找兒，你來找閨女哩。這們兩個孩子，不知好歹哩。(醒世40.14b.8)

⑤ 住持道：韋施主，你領那裏去向，説個明白。萬一有人尋找，別説是我的廟裏不見了婦人，體面不好。(醒世86.10b.5)

⑥ 劉振白將剩的十四兩銀子，被原差要了二兩，雇人叫招子找尋逃走的婆娘，又四散訪緝那拐銀的兒子。(醒世82.14a.10)

2.《醒世》の"尋""找""尋找""找尋"

《醒世》には物や人を探す表現として基本的に"尋""找""尋找""找尋"の四つがある。それぞれ出現条数は表1のようである。

表1

	箇所数
尋	487
找	14
尋找	6
找尋	16

2.1. 自動詞と他動詞

"尋""找""尋找""找尋"は全用例とも動詞として使用される。"尋""找""找尋"の後ろに目的語がつく用例もあり、つかない用例もある。つまり自動詞Viとしても使用され、他動詞Vtとしても使用される。しかしながら、"尋找"の後ろには目的語がつかない。自動詞Viだけとして使用される(例⑦～⑫参照)。

⑦問知素姐自己上京尋找，狄希陳不勝淒涼，只得尋到崔近塘家住歇。(醒世77.9b.2)－地の文

⑧又開進自己門去遍尋狄員外夫婦的神主喜神不見，再三尋找，狄員外的神主在一爛紙簍裏。(醒世77.10a.2)－会話文

⑨説道：你且在這裏殿檐底下坐了等等，或者跟你的那人就來尋找也是有的。(醒世86.9b.3)－会話文

⑩住持道：韋施主，你領那裏去向，説個明白。萬一有人尋找，別説是我的廟裏不見了婦人，體面不好。(醒世86.10b.5)－会話文

⑪走到姑子庵內，對素姐説道：你在此住了這將近兩月，拐騾的又尋找不着，天氣又將冬至數九的時候，你家下又沒有尋到這邊。(醒世88.2a.2)－会話文

⑫且怕狄希陳再似前番，京城裏海樣的地方，躱在一邊，沒處尋找，倒是進退兩難。(醒世99.13b.8)－地の文

"尋找"は自動詞Viとしてだけ使用される。量的には"尋""找""找尋"と比べたら少ない。これは"尋找"が《醒世》ではあまり一般化していないことの反映である。"尋找"は《醒世》の時代はまだ新しい語彙である。なぜかというと、《醒世》において6件検出された。明代《金瓶》には"尋找"は一回も出現していない。清代中期《紅樓》には9箇所出現した。また、《醒世》では全用例6箇所のうち4箇所が会話文に用いられた。つまり、当時では"尋找"は基本的に会話文に使用される。傅曦2008:74は"新詞、新的表達方式常常最早就是出現在口語中"(訳：新しい言葉や新しい表現は、話し言葉の中で最初に出てくることが多い)と述べた。"尋找"はこれと適う。

2.2. 構造上特徴

「探す」の意味を表す"尋""找""尋找""找尋"の後ろについた成分を以

下のように考察する。

2.2.1. 成分一：ついた補語の特徴

表2

	補語
尋	●結果補語： 尋＋着／見＋（目的語） 尋＋（目的語）＋着／見 ●方向補語： 尋＋（目的語）＋方向動詞 尋＋將＋（目的語）＋方向動詞 尋＋到＋場所 （方向動詞：來、上、下、去、出來、起來、來到、進來） ●数量補語：一遭、一堆、一處、一會、第二次、些、點 ●可能補語： 尋＋（不）＋得＋結果補語；尋＋不＋着／見＋（目的語）；尋＋（目的語）＋不＋着／見 ●程度補語 尋＋得／的＋形容詞
找	●結果補語：找＋着＋（目的語） ●数量補語：些 ●可能補語：不着
尋找	●可能補語：不着
找尋	●数量補語：半日

表2の示すように、"找""尋找""找尋"と比べると、"尋"の後ろについた補語の語彙範囲は相当広い。一方、"找""尋找""找尋"はあまり多くはない。目立った違いが見える。

張慶慶2007:93は"清代文獻中'尋'帶可能補語的用例很罕見"(訳：清の文献で"尋"の後ろについた可能補語の構造は珍しい）と主張しているが、筆者はそう考えない。表2の示すように、"尋"の後ろについた可能補語の構造は以下のように分けられる。

〇尋＋（不）＋得＋結果補語

⑬住了一大會，和尚們請孝子去榜上僉押、佛前參見，那裏尋得見那孝子。(醒世60.11a.6)

⑭狄希陳去尋這些東西，跑的披頭散發，投奔無門，尋得來便是造化，尋不

着就是遭瘟。(醒世79.12b.10)

○尋+不+着／見+(目的語)

⑮你要尋不着他，你就不消見我，你也就跟了你娘的漢子去罷。(醒世82.8a.10)

⑯要是尋不見他，或是他不肯去，留着氣力暖肚子不好，空説了這長話做甚麼。(醒世84.12a.4)

○尋+(目的語)+不+着／見

⑰縣廳的差人到了晁源的家裡，不説是去拿他的，只説是計都父子上紙價，尋他不着，有人説在宅上躲藏，故來尋訪，將晁源哄出廳上，一面三四個胖壯婆娘，又有五六個差人，走將進來。(醒世12.6b.1)

⑱見大家強他回去，他爽利躲過一邊。那三個尋他不見，只得止帶了薛三省一人囘家，留下尤厨子、狄周在府。(醒世40.3b.5)

2.2.2. 成分二：ついた目的語の特徴

現代共通語の"找""尋找"は人、物、場所の具体的ものを探すこともある、"方法、機会"などの抽象的ものを探すこともある。《醒世》ではそれぞれどう違うか。以下の表3のように考察する。

表3

具体的もの		抽象的もの
尋	物：紅棗、書、地方、披風、狗、鞋、機紗、馬桶、靴子、行館、客店、鍋、金子、杉板、下處、屋、菜、房子、客店、梯子、人家、木棍、鋪兒、支節、細絹、東西、尺頭、板子、銀子‥ 人：保結、奶子、姐姐、保人、你、我、他、他們‥	源、門路、短見、事情、自盡、方法、分上、釁隙、初念
找	物：裙褲　人：他們、他、我	×
尋找	喜神、狄希陳、素姐	×
找尋	銀子、丁香、物件、下處、喜神、素姐、狄希陳、婦人、婆娘、小璉哥、孝子、馬	×

×：不適合

表3のように、"找""尋找""找尋"の目的語はただ具体的ものに限られる。

特に"尋找"は基本的に"人"である。一方、"找尋"は"人"だけではなく、動物やものなどとも結びつく。使用範囲では"找尋"は"尋找"よりさらに広いと考えられる。

そして、"找""尋找""找尋"の目的語には抽象的ものは使えないが、"尋"は具体的ものも使え、抽象的なものも使える。これは現代共通語と異なっている。現代共通語には"找尋"は存在していないが、"找""尋找"は継承され、目的語は具体的ものもでき、抽象的ものもできる。例えば、"找機會、找方法、找出路"など、"尋找機遇、尋找靈感"などの言い方もある。現代共通語では"尋"は一般に複合語として使われ、単音節としてあまり使用されない。例えば"尋訪、尋找、尋根、尋求"などがある。

2.3. "尋"と"找"の組み合わせた複合語と意味

殷曉傑・張家合2011:85 は"'找'在清初已基本戰勝"尋"，成為語義場的主導詞"（訳：清朝初期には、'找'はすでに"尋"に勝っていて、意味論の分野では支配的な言葉となっていた）と主張しているが、筆者はそう考えない。《醒世》では"尋"と"找"の出現用例の件数から分かられる。《醒世》には"尋"の用例は487件検出し、量的に圧倒的に多い。一方、単音節語の"找"の全用例18のうちに「探す」の意味を表す"找"の用例は14件である。なお、二語と結びつけた複合語からも《醒世》の時代、"尋"の使用範囲は"找"よりもっと広いことがわかる。以下の表4は"尋""找"と結びついた複合語である。

表4

	結びつけた複合語
尋	尋思、尋常、尋訪、尋釁、尋源、尋趁、尋死、尋情、尋覓、尋見、尋揀、相尋、尋照、搜尋、尋説、尋找、尋看、尋事、尋鬧、尋買、掐指尋文、追尋、尋拜、尋法、覓縫尋頭、尋短見、打尋
找	找尋、找零、找捉

表4の示すように《醒世》には"尋"と結び複合語"尋思""尋常""尋訪"など合計27箇所がある。しかしながら、"找"はただ"找尋""找零""找捉"の四つある。

また、現代共通語では"找給你兩塊錢"の"找"は「探す」の意味ではなく、「（おつりを）支払う」の意味である。このように、《醒世》では"尋"と"找"は「探す」の意味以外に別の意味もあるようだ。

まず"尋"から検討する。

Ⅰ "尋找"の意味

Ⅱ "追究"の意味

⑲ 呂祥道：還有一説：我來家把爺的機密事泄漏了，我又跟奶奶趕了去，奶奶合爺合起氣來，爺不敢尋奶奶，只尋起我來，我可怎麼禁的。（醒世86.5a.8）

Ⅲ "雇傭"の意味

⑳ 童奶奶道：我家有來，剛子趕狄爺到半月前邊，叫我打發了。十八兩銀子尋的，使了八年，今年二十六歲了。人材兒也不醜，脚也不甚麼大，生的也白淨，象留爺坐這們尋常的一桌酒兒都也擺出來。（醒世55.2b.3）

Ⅳ "賺取"の意味

㉑ 鄧蒲風道：我一個行術的人，逐日要尋銀錢養家，一日或賺一兩、二兩、五錢、七錢，陰雨風晴，截長補短的算來，每日一兩是穩穩有的；若靜坐這六十日，我倒有飯吃了，家中妻妾子女，父母兄弟吸這六十日風，不餓殺了。（醒世61.8a.6）

Ⅴ "娶"の意味

㉒ 晁夫人道：這們個待死的老婆子，誰肯尋他。（醒世57.12b.6）

以上のⅠ～Ⅴは《醒世》における"尋"に対する解釈である。"尋"は"追究""雇傭""賺取""娶"の意味もある。しかし、当時"找"にはこのような意味はない。これが当時"尋"が"找"に取って代われない理由の一つだと考えられる。

前文で単音節語の"找"は全用例18件のうちに「探す」の意味の用例は14件であると述べた。そこで、残り4箇所の意味は何なのか。考察を通して、残り4件は"補足；支付"の意味である（例㉓～㉕参照）。これは"找給你兩塊錢"の"找"と同じ意味である。

㉓ 呂祥，你算計算計，他去了這半個多月，咱還趕的上他不。呂祥道：怎麼趕不上我等不趕了去取我的行李，找我的工食麼。素姐道：我算計妥着，我也

待去哩。(醒世 86.4b.10)

㉔晁梁遠遠望見胡無翳來到，叫人布了跳板，上岸迎接，挽手下船，極其喜悅。看着人把行李搬在岸上，盡數發行，然後與晁梁同行囘寺。分付船家暫行歇息一晚，明日寺中備飯相犒，找結船錢。(醒世 93.3b.5)

㉕你且把這二十兩銀子拿來先買布，好做衣裳，剩下的尋着木頭定下，臨時再找與他。(醒世 39.15a.1)

以上の分析から、《醒世》では「探す」の意味を表す場合、"尋"は極めて一般的に用いられている。

3.3. まとめ

以上の考察から《醒世》の"尋""找""尋找""找尋"の特徴は以下のように分けられる。

ⅰ《醒世》では"尋"は一般的で圧倒的に使用され、構造上でも意味上でも多数見られる。

ⅱ "找""尋找""找尋"の目的語で抽象的ものの用例は未検出であるが、"尋"は具体的ものにもつき、抽象的なものにもつく。これは現代共通語と異なっている。また、"尋"の後ろについた可能補語の構造は当時は一般的である。

ⅲ "尋找"は《醒世》の時代まだ新しい語彙であった。"尋找"が自動詞Viとしてしか使用されないのは"尋找"があまり発展していないことの反映である。

3.8 "要緊"について

1. 問題提起

現代普通話では"要緊"は極めて大切なことを意味する。"重要"に相当すると思われる。《醒世》では"要緊"はどうであったか。以下の用例を見る。

①那求仙學佛的人雖説：下苦修行，要緊處先在戒那酒色財氣。(醒世 34.1a.6) －「大切である」＝"緊要"

②自家先到了秦幾樓家，説：你要緊費那年俺爹埋了礶子錢，迷糊了尋不着。(醒世 34.9a.6)

-「緊急を要する」="緊着"

③ 郭師傅，你光着呼子頭，我們赤白大晌午沒得曬哩，快進家去吃了晌飯，下下涼走。如今正在家裏吃飯哩。這晁大哥可是聽着人張眼露睛的沒要緊。-「(程度が)激しい」="(得)緊"

上記例文から《醒世》では"要緊"は"緊要"の意味、"(得)緊(表程度深)"の意味、"緊着(急着做某事)"の意味がある。本節は《醒世》の"要緊"を"緊要""(得)緊""緊着"と比較し、"要緊"の使用特徴を考察する。

各意味項の区別

《醒世》での"要緊""緊要""(得)緊""緊着"の出現状況を以下のようにまとめた。

	要緊 12)		緊要	(得)緊	緊着
大切である	75		2	—	—
(程度が)激しい	1		—	63	—
緊急を要する	1		1	—	6
—:存在しない					

—:存在しない

"緊要""(得)緊""緊着"と比べて、《醒世》の"要緊"は一般に「大切である」の意味として用いる。「(程度が)激しい」の意味の場合、多く"(得)緊"を使用し、「緊急を要する」の場合、多く"緊着"を使用することがわかる。

《醒世》では"要緊"と"緊要"は同じく「大切である」の意味を持っているが、使用上も同じであろうか。まず、《醒世》の"緊要"の用例を見る。

④ 住了三日，胡無翳收拾錫杖、衣缽、棕帽、蒲團、日持的經卷，跟了一名行童，將寺中緊要事件，並晁夫人所發的常平資本，並見在積聚倉糧，俱一一交付晁梁代管；又分付了合寺僧人，俱要聽從晁梁的指教，不可敗壞山門。(醒世93.7b.5)

⑤ 兩個道婆説：要沒有緊要的事，俺也不肯就去，實是這十五日會友們待起

身上泰山燒香，俺兩個是會首，這些會友們眼罩子、藍絲綢汗巾子，都還沒做哩。（醒世68.5b.9）

　　上例から"緊要"は「大切である」の意味で被修飾語は「事」に限られている。次は"要緊"の用例を見る。

　　⑥ 到二十五日，端了一扶手銀子，果然到了廟上，買了些沒要緊的東西，回到京中宅子，住了七八日，別了珍哥，仍回通州去了。（醒世6.5b.5）

　　⑦ 只因單完分付了一聲，説道：要緊人犯，好生看守，走了不當頑耍。（醒世82.5a.6）

　　"要緊"の後ろに「事」だけでなく（例⑥参照）、「人」も使える（例⑦参照）。"要緊"は61箇所現れ、"緊要"よりも使用範囲がもっと広いと考えられる。

　　被修飾語が「人」である用法は《紅樓》には2箇所もある（例⑧⑨参照）。これは現代通用語と異なっている。現代普通話では"‥要緊＋人"の言い方はあまり見られない。一般に"‥要緊＋事"の言い方で用いられる。

　　⑧ 那賈蓉請了安，笑回道：我父親打發來求嬸子，上回老舅太太給嬸子的那架玻璃炕屏，明兒請個要緊的客借去，略擺一擺就送來。（紅樓6.10b.8）

　　⑨ 薛家有的是錢，老爺斷一千也可，五百也可，與馮家作燒埋之費；那馮家也無甚要緊的人，不過為的是錢，有了銀子也就無話了。（紅樓4.6b.2）

　　また、《現汉》によれば、現代共通語の"要緊"は"重要；严重"の意味で、ことの重要性を多く強調する。《醒世》の"要緊"はどうなるか。以下の例⑩⑪⑫を見る。

　　⑩ 那求仙學佛的人雖説：下苦修行，要緊處先在戒那酒色財氣。這四件之内，莫把那「財」字看做第三‥（醒世34.1a.6）

　　⑪ 計氏道：你這句話就躁殺我。你管我做甚麼。我不快着做了衣裳帶回家去，你爺兒兩個窮拉拉的，當了我的使了，我只好告丁官兒罷了。我別的零碎東西，待我收拾在櫃裏，您明日着人來擡。做衣裳要緊，不留您吃飯罷。（醒世9.2b.10）

　　⑫ 童奶奶道：你替狄爺打聽要緊。他又不肯來咱家吃飯，只買飯吃，豈是常遠的麼。我且有要沒緊，慢慢的仔細尋罷了。（醒世55.6a.6）

例⑩の文脈により、"要緊"は「大切な（所）」の意味と解すべきである。しかし、例⑪の"我不快着做了衣裳帶回家去‥"の文脈から着物を作るのが緊迫しているということを強調する。また、最後のところ、"做衣裳要緊，不留您吃飯罷"から、ここの"緊要"は差し迫った情勢だと理解する方が文脈に合うと考えられる。例⑫の"我且有要沒緊，慢慢的仔細尋罷了"の文脈は文頭の"你替狄爺打聽要緊"と呼応し、様子を探ることの緊急性を言う。

《醒世》では「緊急を要する」を表す"要緊"は一箇所検出した。

⑬自家先到了秦幾樓家，説：你要緊費那年俺爹埋了礶子錢，迷糊了尋不着。（醒世34.9a.6）

－「緊急を要する」＝"緊着"

《醒世》では「緊急を要する」を表す場合、"緊着"は多く用いられる。6箇所検出した。

⑭狄希陳緊着完備了祭品，墳上搭了席布大棚，擺了酒席，央了本鎭上幾個秀才充做禮生，以便祭祖行禮。（醒世85.11a.3）

⑮偺們緊着收拾銀子給他。千萬別要事＜＝辜＞了人的好心。（醒世22.14a.8）

⑯叫我緊着出去，爺合大叔已是吃過飯了。（醒世55.8b.7）

"要緊"と"緊着"の違いといえば、"要緊"の「緊急を要する」の意味は「ことの重要性」という本義から派生したもので、"緊着"はただ動作の緊迫性を強調する。これについて今後深く考察する。

なお、《醒世》では"沒要緊"の形で「（程度が）激しい」の意味を表す用例は1箇所検出した。

⑰郭師傅，你光着呼子頭，我們赤白大晌午沒得曬哩，快進家去吃了晌飯，下下涼走。如今正在家裏吃飯哩。這晃大哥可是聽着人張眼露睛的沒要緊。（醒世8.16a.3）

"沒要緊"は補語として動詞に修飾する。《醒世》では「（程度が）激しい」の意味を表す場合、多く"（得）緊"を使う。区別と言えば、"（得）緊"は63箇所があって、補語として動詞に修飾するだけではなく（例⑱参照）、形容詞

にも修飾する（例⑲参照）。

⑱如今梁相公、胡相公外邊又搜尋得緊,恐藏不住他,也急待合大爺商量。(醒世14.9b.4) – 動詞に修飾する

⑲那兒婦原是舊族人家女兒,思量從了婆,辱了自己的身;違了婆婆,那個淫婦又十分兇惡得緊,只得一索弔死了。(醒世12.10b.3) – 形容詞に修飾する

3. "沒要緊"的用法

現代普通話では「大した事ではない」の意味を表す時、よく"不要緊"を使う(例⑳㉑参照)。しかし、《醒世》では一般に"沒要緊"を用いる(出現42次)(例㉒㉓参照)。しかも、全用例は会話文に用いられる。一方、"不要緊"はただ1箇所しか出現しない（例㉔参照)。"不緊要"という言葉は現代語では見られるが（例㉕㉖参照)、《醒世》では未検出。

⑳脑袋不要紧,仕途绝了可就完了。(CCL)

㉑如旅大钢铁厂的家属认为:怕啥,有了人民解放军,天大的事也不要紧。(CCL)

㉒龍氏在傍説道:這沒要緊的話,不對他學也罷了,緊仔腋拉他不上,又挑頭子。(醒世52.13b.7)

㉓承恩得了這個赦詔,走到外邊,看着童七故意説道:老太太的好日子,這沒要緊的事,我不敢稟,還了你的銀子罷。(醒世70.7a.8)

㉔童奶奶道:好混帳杭子呀。錢是什麼,拿着命不要緊哩。(醒世70.12a.1)

㉕其他事都不紧要,唯一要紧地是保护好60天的孩子,这孩子是因为姐姐大脑发育不全才取得出生资格的。(CCL)

㉖这勉强造出来的意义有时难免歪曲得可笑,但这些并不紧要,只求其有助于联想便是了。(CCL)

また、《醒世》では"沒要緊"は「大した事ではない」の意味に用いられる他に、以下のように、「余計である、お節介である」の意味にも用いれれる。

㉗晁夫人道:嗔道你可沒要緊的惹他做甚麼。(醒世32.10b.5)

㉘我又後悔,沒要緊大清早神差鬼使的喫了這血條子。(醒世67.8a.3)

㉙沒要緊解下我來,叫我柔腸寸斷。(醒世20.3b.3)

㉚ 狄周媳婦説：大嫂，你好沒要緊。（醒世48.5a.8）

なお、"沒要緊"は多く非難や不満、不服、苦情の文脈に用いられる（例㉛㉜㉝参照）。《醒世》では"沒要緊"の全用例42箇所のうちに26箇所はこのような用法である。これは《白话》には新しい補充になると考えられる。これも現代語の"不要緊"と異なっている。

㉛ 高氏説：這個老爹可是沒要緊。俺是根基人家的婆娘，你憑什麼拶我。（醒世10.5a.4）

㉜ 狄周媳婦説：大嫂，你好沒要緊。廚屋裏盛就了一碗雞，我只囬了囬頭就不見了半碗。我説：再沒人來，只有小玉蘭來走了一遭，沒的就是他。我就只多嘴了這句，誰還説第二句來。娘説叫你饒了他罷哩。（醒世48.5a.8）

㉝ 我又後悔，沒要緊大清早神差鬼使的吃了這血條子，甚麼臉兒見你員外。羞殺人。管家，你牽的是甚頭口。我即時就合你去，一切用的藥，我都收拾停當了。（醒世67.8a.3）

"沒要緊"が非難や不満、不服、苦情の文脈に用いられるのは《醒世》の言語特徴だと考えられる。なぜかというと、他の旧白話ではこのような用法は少ない。清代中期《紅樓》では全用例24箇所は全て「大した事ではない」の意味で用いられる（例㉝参照）。

㉞ 前兒奴才家裏也丟了一件不要緊的東西，林之孝必要明白，上街去找了一個測字的。（紅樓94.14a.4）

《醒世》では"沒要緊"は使用範圍が広いと考えられる。文法成分から分かられる。"沒要緊"は述語、狀語、定語、補語として働く。

述語

㉟ 晁大舍雖極是溺愛，未免心裏也有一二分灰心的説道：你好沒要緊。偺什麼東西沒有。娘捎了這點子東西與他，你就希罕的慌了。（醒世8.6b.3）

狀語

㊱ 童奶奶咬喝道：別這樣沒要緊的拌嘴拌舌，夫妻們傷了和氣。（醒世79.6b.3）

定語

㉓承恩得了這個赦詔，走到外邊，看着童七故意説道：老太太的好日子，這沒要緊的事，我不敢稟，還了你的銀子罷。（醒世70.7a.8）

補語

㊲郭師傅，你光着呼子頭，我們赤白大晌午沒得曬哩，快進家去吃了晌飯，下下涼走。如今正在家裏吃飯哩。這晃大哥可是聽着人張眼露睛的沒要緊。（醒世8.16a.3）

"沒要緊"は清代は一般に北方で用いられる。北方作品：清代初期《聊齋》には8箇所、清代中期《紅樓》には24箇所、清代後期《兒女》には3箇所ある。南方作品：清代中期《儒林》、清代後期《官場》《二十》には用例がない。清代中後期になると用例が少なくなる。《兒女》には3箇所しかない。現代語には継承されていない。その代わりに"不要緊"という語は一般に用いられるようになる。"不要緊"は清代初期《醒世》には1箇所、清代中期《紅樓》には8箇所、清代末期《老殘》には22箇所檢出した。時の流れで次第に増え、現代語に継承される。

4. まとめ

本節は《醒世》の"要緊"は"緊要""(得)緊""緊着"との比較を通して、"要緊"は使用範囲はもっと広いと考えられる。

ⅰ"要緊"は一般に「大切である」の意味で用いるが、「(程度が)激しい」、「緊急を要する」の意味にも用いられる。また、ことの緊急性を言う用例もある。しかも、"要緊"の後ろに「事」だけでなく、「人」もつくことができる。

ⅱ"沒要緊"は多く非難や不満、不服、苦情の文脈に用いられる。清代では一般に北方に用いられ、清代中後期になると用例が少なくなる。その代わりに"不要緊"という語は一般に用いられるようになる。

3.9 "熱鬧"と"鬧熱"について

1. 問題提起

"熱鬧"は現代普通話でよく使われているが、"鬧熱"は南方方言である。

ところが、"鬧熱"は清初の北方作品《醒世》で使用されている（例①参照）。本稿は明清時代と現代漢語の"熱鬧""鬧熱"について異なる所を考察する。

① 那旱石橋上，倒是个鬧熱所在。（醒世15.9a.1）

2. 明清時代と現代漢語における"熱鬧""鬧熱"

● "熱鬧"の場合

《現汉》と《白话》における解釈：

	熱鬧
现汉	①景象繁盛活跃。②使场面活跃，精神愉快。③热闹的景象。
白话	①繁盛喧鬧。②興致濃；情緒熱烈。③鬧騰；活躍。④景象紅火。⑤親熱；熱情高。⑥指喧鬧或旺盛紅火的景象。

上記の表に基づいて、明清時代と現代漢語の"熱鬧"を分析する。

a 形容詞の場合

意味上の比較

"熱鬧"は明清時代一般に形容詞として使用される。現代語と同じ様に、"景象繁盛活躍"（「にぎやかである」）、"熱情高"（「熱情が高い」）、"興致濃，情緒熱烈"（「盛り上がる」）の意味として使われる。しかし、派生した"親熱"（「親密である」）の意味も2箇所検出した（例②③参照）。

② 晁大舍與珍哥熱鬧慣了，不惟珍哥不在，連一些丫頭養娘都沒一个，也甚是寂寞，叫晁住去監前把那个搭識的女人接了來，陪伴晁大舍住了幾日。（醒世7.7a.9）

訳：晁大舍は、珍哥とお熱い仲でしたが、珍哥ばかりでなく、小間使いや下女も一人もおりませんでしたので、とても寂しく、晁住に、国子監の前の馴染みの女を迎えるように命じ、彼女を晁大舍に付き添わせ、数日を過ごした。晁大舍は、外に挨拶にゆくときは、やはり晁住を残し、家で番をさせた。

③ 王六兒無事，也常往他家行走，彼此打的熱鬧。（金瓶47.5a.9）

訳：王六兒も暇なときにはいつもその家へ行って、互いにべちゃくちゃしゃべり合っているという仲。

また、《醒世》では"熱鬧"の全用例12箇所を考察したところ、「実入りが良い、余禄の多い」の意味もある（例④参照）。

④ 陸給諫旋即管了京営，甚是熱鬧。(醒世16.3b.1)

訳：陸給諫は京営を管轄し、とても羽振りがよくなりました。

用法上の構造

「V＋"得、的"＋"熱鬧"」の構造について

明清時代は「V＋"得、的"＋"熱鬧"」の構造がよく見られる。"得、的"の前の動詞は基本的に"説、談、打"などが用いられる。この点では現代中国語とほぼ同じであるが、当時は"搬、吃"も使われている。このことから当時は"熱鬧"の使用範囲がさらに広いことが分かる（例⑤⑥参照）。

⑤ 正搬得熱鬧，店主人向牛浦道：你快些搭去。(《儒林》)

訳：ワイワイ荷物を運んでいる最中、店の主人が牛浦道に、「はやく乗るんだ。」と言った。

⑥ 初時還是勉強，以後吃得熱鬧，連王定也忘懷了。(《通言》)

訳：初めはやはり無理やりであるが、その後飲んで楽しくなり、王定さえも忘れてしまった。

b 名詞の場合

「V+"熱鬧"」の構造は当時よく見られた。例えば「"看、湊"＋"熱鬧"」のような構造は現代語でもあるのが、"聽熱鬧""尋熱鬧"などは現代語ではあまり見られない。ここに若干例をあげておく（例⑦⑧参照）。

⑦ 所以姑娘起先聽着鄧九公、褚一官合那莊客三人説話，還不在意，不過睜着兩只小眼睛兒，不瞪兒不瞪兒的在一旁聽熱鬧兒。(兒女17.9a.5)

訳：それで十三妹、はじめは鄧九公、褚一官、用人の三人が話しているのを聞いていた時には、まだ気に留めず、ただつぶらな眼を見開いて、見るともなしに、傍らで騒ぎを聞いていただけであった。

⑧ 彼時晴雯、綺霞、秋紋、碧痕都尋熱鬧，找鴛鴦、琥珀等耍戲去了。(紅樓20.3b.7)

訳：その時、晴雯、綺霞、秋紋、碧痕らはいずれも、にぎやかなことが好

きで、鴛鴦、琥珀らをからかいに繰り出した。

以上の説明から見れば、"熱鬧"は明清時代と現代では用法の異なる所が出てくる。明清時代では"熱鬧"の使用範囲は広いが、現代中国語になって"熱鬧"の使用範囲は縮小する。

● "鬧熱"の場合

《汉方大》と《白话》における解釈：

	鬧熱
汉方大	①熱鬧。②繁華；繁盛。③吵鬧聲太大；噪音重。④指場面熱烈的紅白喜事。⑤笑話。⑥強烈否定，表示沒這回事。
白话	①繁盛活躍。②指熱鬧的景象。

"熱鬧""鬧熱"の複合語を生んでいながら、"鬧熱"は標準語の中に入り切らず、方言として現在も残っている。現代方言の"鬧熱"の各意味はどこの地域に用いられるか。《汉方大》によれば、以下のように纏められる。

"熱鬧"の意味項：㈠江淮官話。江蘇南通句容、如皋。㈡西南官話。四川成都。四川重慶自貢、邛崍、貴州、沿河。貴州貴陽、大方、赫章、廣西、桂林、陝西、紫陽、石泉、湖南寧遠 ㈢官話。福建南平。徽語。安徽歙縣。績溪。㈣吳語。上海崇明、嘉定、寶山、霜草墩。江蘇丹陽。江蘇、常州、無錫、浙江杭州、平陽、麗水、福建、浦城、江西玉山。㈤湘語。湖南湘鄉。㈥贛語。江西、南昌、宜春、蓮花、高安老屋周家、湖南瀏陽、福建、泰寧。客話。江西瑞金、贛州蟠龍、上猶社溪、四川西昌、福建寧化、清流、永定下洋、連城、廣東梅縣。㈦粵語。廣東廣州。㈧閩語。廣東潮州。廣東揭陽。廣東汕頭、潮陽、福建福州、廈門、莆田、建陽、建甌、永春、福清、臺灣。土話湖南江永、湖南臨武。

"繁華；繁盛"の意味項：㈠吳語。上海嘉定。㈡客話。福建永定下洋。

"吵鬧聲太大；噪音重"の意味項：膠遼官話。山東榮成。

"指場面熱烈的紅白喜事"の意味項：客話。福建永定下洋。

"笑話"の意味項：西南官話。貴州沿河。

"強烈否定，表示沒這回事"の意味項：閩語。廣東揭陽。

以上から、歴史の流れと共に、語彙の意味も発展し変化している。現代方言の"鬧熱"の意味や使用地域は明清時代より広いと考えられる。

　また、現代方言の"鬧熱"は各意味の使用地域から一般に南方方言であると、明清白話の使用状況から分かる。清代初期の北方作品《醒世》では"鬧熱"は1箇所だけ検出した。清の中葉北方作品《紅樓》では"熱鬧"80箇所あるが、"鬧熱"は3箇所だけ出現する（程甲）。清代後期の北方作品《兒女》では"鬧熱"は未検出。しかし、明代南方作品《三言二拍》だけで"鬧熱"は13箇所見られる（例⑨⑩参照）。また、清代後期の南方作品《官場》では"鬧熱"は3箇所検出した。

　⑨驚奇道人送翁到了相近鬧熱之處，曉得老翁已認得路，不別而去。(《二拍》)
　訳：驚奇道人は老人を近くの賑わいに送った。老人が道を知ることに気づくと、別れを告げずに帰る。

　⑩正在鬧熱之際，忽見墻缺處有一美少年。(《通言》)
　訳：盛んでいる時、ふと見ると壁の隅に美少年が目に入った。

　《三言二拍》には現代南方方言がよくあるので、"鬧熱"が南方方言として残って今まで使われているのは理解できる。そして、清代後期の《海上》の"鬧熱"の13箇所のうちに12箇所は会話の中に出現する。この点から見れば、"鬧熱"はそのまま呉語地域に継承して用いられているといえる。それに、"鬧"を中心語にする"鬧熱"は「騒がしい、騒音が大きい」の元々の意味を継承して今までの膠遼官詁として用いられている（例⑪参照）。

　⑪外面太鬧熱了。(太吵鬧了)，管麽（任什麽）也聽不着。(《汉方大》)
　訳：外はとても騒がしくて、（君の話が）全然聞こえない。

　なお、明清時代では"鬧熱"は基本的に形容詞として"繁盛活躍"（「にぎやかである」）の意味で使われている（例⑫⑬参照）。動詞として使われるのはあまり見られない。また、「V＋"得、的"＋"鬧熱"」の構造もあまり見られない。

　⑫那早石橋下，倒是个鬧熱所在，賣水果的，賣大米水飯的，一行兩行的挑過。(醒世15.9a.1)

訳：橋の下は賑やかで、果物を売るもの、米のお粥を売るものが、一人二人と荷物を担いで通り過ぎた。

⑬ 樓上除了六扇窗戶，掛着簾子，下邊就是燈市，十分鬧熱。（金瓶42.4a.4）

訳：二階では六枚の窓の戸を皆払って、簾がかかっている。下は燈籠市で、大変賑やかである。

3．"熱鬧""鬧熱"の比較

"熱鬧""鬧熱"は《白话》《汉方大》《现汉》から意味を再分析する。

	白话	汉方大	现汉
熱鬧	①繁盛喧鬧。 ②興致濃；情緒熱烈。 ③鬧騰；活躍。 ④景象紅火。 ⑤親熱；熱情高。 ⑥指喧鬧或旺盛紅火的景象。	/	①景象繁盛活跃。 ②使场面活跃，精神愉快。 ③热闹的景象。
鬧熱	①繁盛活躍。 ②指熱鬧的景象。	①熱鬧。 ②繁華；繁盛。 ③吵鬧聲太大；噪音重。 ④指場面熱烈的紅白喜事。 ⑤笑話。 ⑥強烈否定，表示沒這回事。	热闹。

上表から明清時代は、"熱鬧"の意味はさらに多い。品詞でいえば、"鬧熱"は名詞と形容詞だけが用いられるが、"熱鬧"は動詞としても用いられる。そして、"熱鬧"の組み合わせが多く、「"看、湊、尋、聽、瞧"＋"熱鬧"」の言い方もある。「"説、談、打、搬、吃＋得、的"＋"熱鬧"」の言い方もある。また、"鬧熱"は基本的に口頭語として使用される。呉語方言の《海上》に出現した"鬧熱"は殆ど会話の中に現れる。

現代語では"熱鬧"は使用範囲が狭い。"親熱"の意味は消えた。組み合わせも弱くなる。ところが、"鬧熱"は使用範囲が拡大した。"指場面熱烈的紅白喜事""笑話""強烈否定，表示沒這回事"という派生した意味もある。谷淑

雨・馮鐵山2015:116は寧波方言"鬧熱"的話語分析で、「'鬧熱'在不同的語境下還可表示別樣的話語内涵，保留了獨特的方言韻味。比如，'咋噶'+'鬧熱'根據具體語境，既可以表示現場熱鬧，也可以表示斥責。一般是説話人對親眼所見（聞）之景表示贊嘆。（訳：'鬧熱'は方言の独特の風味を残しつつ、文脈に応じて使い分けることができる。例えば、'咋噶'+'鬧熱'は文脈に応じて、場面と叱責の両方を意味することができる。一般的には、話し手が見た（聞いた）ものに対して賞賛の意を表す）」といった。

清代後期の《海上》の"鬧熱"の13箇所のうちに12箇所は会話の中に現れている。"鬧熱"の研究には重要な資料であるため、《海上》の"鬧熱"の意味と使用状況をさらに分析する。

《海上》の"鬧熱"の意味と使用状況

	《海上》の"鬧熱"	意味と使用状況
1	阿是～	指不用一個人去，強調人多了就不會顯得孤單冷清。
2	喊仔一班小堂名來也要～點哗	鬧騰；活躍。
3	～得勢。	鬧騰；活躍
4	俚哚也算～點好白相。	鬧騰；活躍
5	今夜頭是～得來。	鬧騰；活躍
6	不料這裏説得～。	指聊的火熱，起勁。興致濃；情緒熱烈
7	也～點。	側重人多不冷清。
8	故末～點。	側重人多有意思。
9	～得來。	鬧騰；活躍
10	倪節浪末再要～～。	鬧騰；活躍
11	～得野哚。	鬧騰；活躍
12	前日夜頭末～仔一夜天。	側重人多有意思。
13	俚哚梨花院落～得勢。	指場面活躍，用在感嘆句，含有有些嫉妒他人之意。

"鬧熱"は清代後期には方言として使われている。"熱鬧"の意味や使用状況と同じ所がある。例えば、"鬧騰；活躍"の意味として頻繁に使われる。しかしながら、当時の吳語地域では基本的に会話の中に用いられる。そして、構

造上では、"～得勢""～得來""～得野哚"などの組み合わせが一般である。地域文化の影響で、"鬧熱"は言語環境によってニュアンスが違い、意味も違って、方言の独特な味わいが表れている。例えば：

⑭ 楊家(女每)笑了，又道：攀仔相好末，搭趙大少爺一淘走走，阿是鬧熱點。

"阿是鬧熱點"を現代会話文に訳すと、"這樣會不會好一點／開心一些"になる。言外の意は、"一個人去太寂寞冷清，搭個伴去會好一些"のことである

《醒世》《兒女》《海上》の"熱鬧"の意味

"熱鬧"の意味	《醒世》の"熱鬧"12箇所	《兒女》の"熱鬧"56箇所	《海上》の"熱鬧"19箇所
繁盛喧鬧	1	7	2
興致濃；情緒熱烈	2	12	3
鬧騰；活躍	4	20	8
指喧鬧旺盛紅火的景象。	3	17	4
親熱	1	0	0
吵鬧声太大；噪音重	0	0	2

《海上》の"熱鬧"は19箇所が検出され、すべて地の文に使われている。地の文は、当時"官話"である。吳語地域では"熱鬧"は会話の中に使用されていない。会話の中には"鬧熱"を使う。会話が吳方言であるから。

上表の様に"熱鬧"における"鬧騰；活躍"の意味が広く使われている。しかし、清代後期"親熱"の意味はあまり用いられない。また、"熱鬧"は《海上》に"鬧"の最初の意味-"吵鬧声太大，噪音重"を表す（例⑮⑯参照）。

⑮ 趙樸齋本自不懂，也無心相去聽他，只聽得廳側書房內，彈唱之聲十分熱鬧，便坐不住，推做解手溜出來，向玻璃窗下去張看。

⑯ 蓮生吸了兩口煙，聽那邊臺面上豁拳唱曲，熱鬧得不耐煩，倒是雙玉還靜靜的坐在那裏低頭斂足弄手帕子。

4. "熱""鬧"の組み合わせ

古代では"鬧"と"熱"は単独で使用されているが、歴史の発展により、互いに複合して、"鬧熱""熱鬧"になった。漢語の複合語の形成は時間的には

非常に長い。複合したばかりの時は不安定性があり、複合した語彙の順序が逆になることもあると同時に、それぞれの独立性もある。すなわち、複合語として使えるし、単音節語にしても使える。不安定性があるので、同素逆序語の形成に可能性をもたらす。徐榮2004:90は逆序語の形成について言及している。
「漢語にある単音節が複音節になる過程で、組み合わせの二つの語彙の構造は緊密ではないため、別々に使える。順序も安定していないため、順序が逆の場合にも使える。」

《醒世》と《兒女》など代表的な作品の語彙の研究によって明清時代は"鬧"の意味が様々である。"鬧"は当時一層発展して通語として使われるようになった。

a "吵鬧；爭吵"（「喧嘩する、言い争う」）。
b "擾亂；攪亂"（「かき乱す、邪魔をして混乱させる」）。
c "忙亂；喧擾"（「することが多く、ごたごたしている」）。
d "引起；引發"（「引き起こす」）。
e "疾病發作或不好的事情發生"（「病気、災害や好ましくない変化が起こる」）。
f "弄；幹；搞"（「やる、する」）。
g "用在跟飲食等詞語相關的場合，指吸飲吃等動作"（「飲む」）。
h "熱鬧；激烈"（「にぎやかである、盛り上がる」）。
i "玩弄"（「からかう」）。

当時では"鬧"の組み合わせが強くて、沢山の用例がある。特に明末清初《醒世》だけで、"鬧"と結び複合語が多く出現した。例えば、"爭鬧""熱鬧""嚷鬧""亂鬧""尋鬧""吵鬧"、"炒鬧""鬧場"、"相鬧""作鬧""打鬧""鬧笑話""鬧市"、など様々である。当時の他の作品には、"鬧裏""鬧閙""鬧地""鬧動""鬧標""鬧忙"、"鬧猛""鬧破""鬧氣""鬧腔""鬧手""鬧妝""鬧雜""鬧虛""鬧文""鬧龍""鬧説""鬧魔""鬧吵""鬧亂""鬧嚷""鬧哄"などもある。

しかしながら、清代後期になると、"鬧"との組み合わせが弱くなる。《兒女》には"熱鬧""喧鬧""胡鬧"の三つしか出現していない。

明清時代には"鬧"の意味が複雑で多い。特に清代になってから、"鬧"は最も発展した。複音節を形成するとき、"鬧"が作る複合語は、不安定性があるため、"熱鬧"/"鬧熱"のように、"鬧吵"/"吵鬧""鬧亂"/"亂鬧""鬧嚷"/"嚷鬧""鬧哄"/"哄鬧"などの逆序語もできた。歴史の流れで、"鬧"と結び複合語の一部分は現代の通語の中に入りきらない。"鬧熱"は一つの用例であるが、"作鬧""争鬧""鬧吵""鬧亂""鬧嚷""鬧哄"なども同じように、現代の普通話ではあまり見られない。

　一方、"熱"の意味は少なく、"熱"の発展は、ある程度安定している。明清時代の"熱"の意味は次の三つしかない。①親密である。②羨ましい。③にぎやかである。現代語と違うところと言えば、当時の"羨ましい"の意味が消えたことである。

　明清時代の"鬧"は複音節を形成するとき、不安定性があるため、"鬧"が作る複合語は、今まで残っているものが少ない。逆序語"懼怕"/"怕懼"の"怕"は同じように、明清時代では、"怕"の組み合わせは強くて、"怕不""聽怕""怕待""降怕""怕道""叫怕""怕敢""怕害""怕走""怕恐"などの複合語が出現した。しかしながら、いままで使われて残ったものが少ない。

　もう一つ指摘したい。"熱鬧""鬧熱"は最初「にぎやかである」、「賑わい」の意味でよく使われていたが、明代以後は「盛り上がる」の意味で使うようになった。これは"鬧"の意味の拡大と関係があると考えている。語彙の変化について、張永言1982:105は次のようなことを言った。「言語の語彙は語の偶然の積み重ねではなく、構造上の決まったシステムである。語あるいは新義が言語の語彙システムに加入するときはいつも、語彙の中にすでにある関連した語あるいは語義が互いに影響し合う。それによって語義の変化を導く。」

5．まとめ

　本節は明清時代と現代漢語の"熱鬧""鬧熱"についてそれぞれの特徴と形成要因について考察した。

　ⅰ明清時代では"鬧熱"は基本的に形容詞として"繁盛活躍"(｢にぎやかである｣)の意味で使われている。"熱鬧"のように動詞として使われるのはあ

まり見られない。また、「Ｖ＋"得、的"＋"鬧熱"」の構造もあまり見られない。

　ⅱ 明清時代では"熱鬧"の使用範囲は広いが、現代の"熱鬧"の使用範囲は縮小した。一方、明清時代では"鬧熱"の使用範囲は狭いが、現代の"熱鬧"の使用範囲は拡大した。

　ⅲ "鬧"の意味が複雑で、多い。特に清代になってから、"鬧"は最も発展した。複音節を形成するとき、"鬧"が作る複合語は、不安定性があるため、"熱鬧"／"鬧熱"の逆序語もできた。

　ⅳ "熱鬧""鬧熱"は最初「にぎやかである」、「賑わい」の意味でよく使われているが、明代以後は「盛り上がる」の意味で使うようになった。これは"鬧"の意味の拡大と関係があると考えている。

3.10 "扎掙"と"掙扎"について

1. 問題提起

《醒世》に"扎掙"はよく使われていたが、時とともに使用されなくなった。現代標準語には"掙扎"しかない（例①参照）。《醒世》には"掙扎"は一回しか検出していないが、"扎掙"は９件出現している（例②参照）。

　① 胡伟佳预感末日来临，拚命挣扎，妄图抽出手枪。(CCL)
　② 家裡糴米自己盤纏，不惟撈不上本錢到手，失誤了掌轎，喚到堂上，十五大敲，也還扎掙着行動（醒54.7b.10）

そこで、疑問が出た。

　ａ "扎掙"と"掙扎"は明代から清代後期までどのように変遷して来たか。
　ｂ 明清時代、"扎掙"と"掙扎"の使用範囲はどうなっているか。

2. 近世語"扎掙"の出現状況

"扎掙"と"掙扎"は明代から清代後期までどのように変遷して来たかを表１のように形成した。

表1

時期	文献	基礎方言	出現箇所数	
			掙扎	扎掙（異体字含め）
明代	金瓶	山東	5	2
	水滸	江淮	33	2
	西遊	江淮	3	0
	三言二拍	南方	18	0
清代初期	醒世	山東	1	9
	聊齋	山東	2	18
清代中期	紅樓（前80）	北京	1	12
	紅樓（後40）	北京	1	14
清代末期	官場	江淮	3	0
	二十	江淮	3	0
清代末期	老殘	江淮	3	0
	兒女	北京	0	13

表2

時期	民国	
小説	老舎《四世同堂》	巴金《激流三部曲》
掙扎	36	79
扎掙	2	0

表1、表2から以下のことが分かる。

a) 明代には南方、北方を問わず、"掙扎"が使用された。一方、"扎掙"はあまり使われていない。

b) 清代から、北方では"扎掙"が多く使用され、南方では"掙扎"が多く使用された。清代初期《醒世》には"扎掙"は9箇所、《聊齋》には18箇所検出された。そこから当時、"扎掙"は既に北方語になっていたといえるだろう。

c) "掙扎"は清代には多くは使用されていないが、民国から多く用いられるようになった。現代中国語に継承されている。これは表2から分かる。老舎の《四世同堂》に36件、巴金の《激流三部曲》に79件検出した。

d)"扎挣"の異体字"札挣""拃挣"が存在する（例③④⑤ 参照）。

③ 漸漸到了十二日，果然好了。又將息了幾日，恐家中沒人，札〈＝扎〉挣着都進了。城小和尚方與母親説知土地廟顯靈，要去掛袍。（醒世36.13b.6）

④ 狄希陳被智姐的母親林嫂子痛打了一頓，頭一日還札〈＝扎〉挣得起，到了第二三日，那被傷的所在發起腫來甚是苦楚，不能行動。（醒世63.1a.7）

⑤ 因説道：妹妹若覺着身上不爽快，倒要自己勉強拃〈＝扎〉挣着出來，各處走走逛逛散散心。（紅樓67.8a.4）

3. 近世語の"扎挣"と"挣扎"の意味機能

近世語では"扎挣"は多く"着""得"を伴い連用修飾語に用い、「体が弱ってかろうじて持ちこたえる、何とか無理をする、どうにかこらえる」の意味である＝"勉強支撐"がある。近世語"扎挣"は困難の束縛から脱出するが、一般に"勉強"の意義が含まれ、否応なしにやられているため一生懸命に乗り越える強い意志、積極性な姿勢があまり感じられない。使用場面："扎挣"は"勉強"の意義が含まれ、本人の意志を無視して強引に何かをさせる場面に多く使用される。

強調内容："扎挣"の動作の主体者は自ら望んですることではなく、無理強いされることを強調する。以下の用例を見る。

⑥ 素姐説：怎麼。巡視的在跟前才好哩。叫他替尤厨子償了命我才喜歡哩。相于廷娘子道：你休胡説，扎挣着起來替娘陪个禮，我勸着娘萬事俱休的。姑娘已是沒了，打造子沒的還會活哩。（醒世60.9a.8）

例⑥について、相于廷の女房は厳しく素姐を姑に謝らせるが、素姐は姑のことが嫌いため謝ろうとしないので、断った。"你休胡説"は相手を責める。使用場面：相手の意志を無視し、謝らせる場面である。強調内容："扎挣着起來替娘陪个禮"の"扎挣"は「とにかく、無理にしても謝れ」の意味で、否応なしに無理に強引にさせることを強調する。本人の意志ではない。

⑦ 晁夫人躁得見神見鬼，交了三更，躁出一身冷汗，晁夫人漸漸安穩，昏昏的睡熟了去。三个着己的人輪班看守。直到次早日出醒來，想吃蜜水呷了，兩三口‥。一日一日，漸漸到了十二日，果然好了。‥，恐家中沒人，札〈＝扎〉挣

着都進了城。小和尚方與母親説知土地廟顯靈，要去掛袍。（醒世36.13b.6）

　　例⑦について、晁夫人は落ち着かず、病気になった。数日後病気は治ったが、ゆっくり休む必要がある。しかし、晁夫人は留守にしたままの城内の家のことが気がかりで、無理を押して城内に入るようにする。使用場面：身体の具合が悪いが、家のことが気がかりで無理を押す。この場面に"札〈＝扎〉掙"を用い、晁夫人の病気が完全に治っていないので養生の必要があることを反映する。

　　⑧ 他便合別的丫頭説道：我怪不舒服的，家裡躺躺兒去，太太要問我就答應我作甚麼去了。説着一路低着腦袋來到他屋裡‥暗暗的垂涙。‥（隨緣兒媳婦）一進門兒靜見悄悄的沒個人聲兒，叫了一聲：大姐姐。他聽風有人叫他，這纔扎掙着起來問：是誰呀。（兒女40.35a.2）

　　例⑧について、長姐兒は気を静めようとして使用人に言い付け、奥様がお聞きになったら、何か用事をしに行ったとお答えしておいておくれと嘘を頼んだ。実際は長姐兒は誰にも会いたくない。しかしながら、随縁兒の嫁が長姐兒の部屋に届けに行くとき、声をかけたから、長姐兒は無理をして身体を起こした。使用場面：体を動かしたくないが、相手に返事を迫られる。この場面に"扎掙"（「何とか無理をして」）を使用し、長姐兒は相手に会う積極性な姿勢がないことを強調する。

　　⑨ 因説道：妹妹若覺着身上不爽快，倒要自己勉強拃〈＝扎〉掙着出來，各處走走逛逛散散心，比在屋裡悶坐着到底好些。（紅樓67.8a.4）

　　例⑨について、使用場面は黛玉を外に行かせる。強調内容は黛玉の意志ではないが、健康のために出る方がいいということ。

　　上例から近世語では"扎掙"は困難の束縛から脱出するが、否応なしにやらされているため、一生懸命に乗り越える強い意志、積極性な姿勢が感じられないと考えられる。使用場面："扎掙"は"勉強"の意義が含まれ、本人の意志を無視して強引に何かをさせる場面に多く使用される。強調内容："扎掙"の動作の主体者は自ら望んですることではなく、無理強いされることを強調する。

ところが、"掙扎"はどうなるか。考察から、"掙扎"は"在困境中奮力支撐以獲得解脱"(「困難な状態に必死に頑張り、必死に持ち超える」)の意味を持つ。使用場面：困難に向かって思い切って、まっしぐらに進んで行く場面に多く使用される。強調内容："奮力"の意味が含まれ、困難を乗り越えるために工夫と努力を重ね、目的に到達するまで、決してあきらめない、力の限りに努力する意志が強いことを強調する。

⑩ 過遷泣道：自從那日逃奔出門，欲要央人來勸解爹爹，不想路上恰遇着小三、小四兄弟兩個攔阻住了，務要拖我回家。我想爹爹正在盛怒之時，這番若回，性命決然難活。匆忙之際，一拳打去，不意小四跌倒便死。心中害怕，連夜逃命。奔了幾日，方到這裏。‥過遷見説，又哭起來道：我只道家業還在，如今掙扎性命回去，學好為人，不料破費至此。(《恒言》)

例⑩について、過遷は家から逃げたので、道で小三、小四兄弟に止められ、家まで連れて行こうと強制される。"爹爹"は凄く怒っているので家に戻ったら命が奪われる恐れがあるから、一生懸命に命のため、逃げる。使用場面：命を守るために必死に逃げる。強調内容："掙扎"を用い、話し手は力の限りに逃げる意志を強調する。

⑪ 秦明急回到山下看時，只見這邊山上火砲、火箭一發燒將下來，背後二三十個小嘍囉做一群，把弓弩在黑影裡射人。衆軍馬發喊，一聲都擁過那邊山側深坑裡去躱。此時已有三更時分。衆軍馬正躱得弩箭時，只叫得苦，上溜頭滾下水來。一行人馬，却都住溪裡，各自掙扎性命。‥扒不上岸的盡溺死在溪裡。(水滸34.9b.8)

例⑪について、山から火砲、火箭が乱れ飛び、後ろの暗闇から、弓、弩を射放ってくる。官軍は叫びたてながら深い谷間へ逃げこんだ。おりしも、ま夜中でどっと大水が押し寄せてきた。震えあがった全軍の人馬は水に溺れ、あわてて岸にはい上がる。上がれぬものはことごとく押し流されて消えて行った。使用場面：全軍は命を守るために、岸にはい上がる。強調内容："掙扎"を用い、必死に生きるために力戦奮闘する意志を強調する。

⑫ 滿生日夜讀書，思量應舉。‥見了姪兒，曉得是新第回來，十分歡喜道：

你一向出外不歸，只道是流落他鄉，豈知卻能掙扎得第做官回來。誠然是與宗族爭氣的。(《初拍》)

例⑪について、滿生は試驗に合格するために毎日学問をし、最後に合格した。故鄉に戻って叔父の滿貴に会った時の話である。使用場面：努力して最後に困難から抜け出すことである。強調内容："掙扎得第做官回來"の"掙扎"を用い、何事も努力を続け、事を成し遂げることを強調する。

⑬ 二人正在說得高興，只見門簾子一揭，進來一個人，一手抓住了許亮，一手捺住了吳二，說：好，好，你們商議謀財害命嗎。一看，正是陶三。許亮把藥水瓶子緊緊握住，就掙扎逃走，怎禁陶三氣力如牛，那裏掙紮得動。吳二酒色之徒，更不必說了。只見陶三窩起嘴唇，打了兩個胡哨，外面又進來兩三個大漢，將許、吳二人都用繩子縛了。(《老殘》)

例⑫について許亮と吳二は財物を奪おうと企む。陰謀がばれたので証拠の"藥水"をしっかり持って逃げようとする。使用場面：捕まえられたら、命がなくなる恐れがあるので、一生懸命に逃げる。強調内容："就掙扎逃走"の"掙扎"を用い、抜け出すために許亮の力の限りにする意志を強調する。

以上の考察から近世語の"掙扎"は一般に"在困境中奮力支撐以獲得解脫"（「困難な状態に必死に頑張り、必死に持ちこたえる」）の意味を持つ。使用場面：困難に向かって思い切って、まっしぐらに進んで行く場面に多く使用される。強調内容："奮力"の意味が含まれ、困難を乗り越えるために工夫と努力を重ね、目的に到達するまで、決してあきらめない、力の限りに努力する意志が強いことを強調する。しかしながら、近世語の"扎掙"は一般に困難の束縛から脱出するが、否応なしにやらされるため、一生懸命に乗り越える強い意志、積極性な姿勢が感じられないと考えられる。使用場面："扎掙"は"勉強"の意義が含まれ、本人の意志を無視して強引に何かをさせる場面に多く使用される。強調内容："扎掙"の動作の主体者は自ら望んですることではなく、無理強いされることを強調する。

現代中国語では"掙扎"はどうなるか。現代中国語コーパス（CCL）によれば、5112件の"掙扎"を調査したところ、"掙扎"前の修飾語は以下表3のようである。

表3

拼命	竭力	努力	毫无畏惧	奋力	拼搏	使劲
顽强	自强	拼死	尽力	全力	猛力	英勇
激烈	剧烈	死命	使劲	直劲	用力	奋斗
苦苦	艰苦	痛苦	百倍	鼓气	狂野	苦苦
泼命	艰难	垂死	拼死拼活	疯狂	极力	不停地

"掙扎"の言葉の意味は必死に頑張る意味があるにもかかわらず、前に"拼命""竭力""努力""毫无畏惧""奋力""顽强""拼死""全力""猛力""死命"の修飾語を置き、さらに必死に頑張るとの語気を強める。これは近世語の"掙扎"と変わらない。"掙扎"の中心語は語頭"掙"である。なぜかというと、"掙"の本来の意味は"用力支撐或擺脱"「必死になって頑張る、逃れようとする」の意味で、語頭"掙"が作った複合語"掙挫、掙搓、掙措"(竭力擺脱);"掙脱"(奮力擺脱);"掙揣"(用力獲取);"掙羅"(用力追求);"掙命"(拼命);"掙跳"(用力動彈);"掙持"(努力堅持);"掙巴"(奮力擺脱);"掙住"(拼命堅持住);"掙歪"(竭力掙紮)の複合語は"掙"の「必死になって頑張る、逃れようとする」の意味を多く強調するため、中心語は"掙"であることが明らかである。

修飾語"拼命(的／地)"+"掙扎"の用例は198件である。量的には比較的に多いため、"拼命(的／地)"を例として説明する。

⑭三天来，小张拼命挣扎着往前走，饿狼无精打采地喘着气，紧紧跟在后边。(CCL)

例⑭について、オオカミに後ろから付けられたため、張は一生懸命前に進む。もし油断したら、オオカミに食われる恐れがある。命を守るため、命を懸けて頑張って前進するようにする。使用場面：殺される恐れがあるため、必死に逃げる場面である。強調内容：諦めない強い意志を強調する。

⑮我们全家人在肆虐的洪水中拼命挣扎，才捡回性命。(CCL)

例⑮について家族皆は洪水の暴威で必死に命からがら逃げるので命拾いするようになった。命を守るために決してあきらめない、力の限りに努力する意志が強いことを強調する。

⑯ 每个人都只有拼命挣扎，进行殊死的斗争才能维持或获取自己的身份。(CCL)

例⑯について、今の身分を守り続けるために、皆は命を懸けても戦わなければいけない。

⑰ 老公不但不听劝阻，反而把妻子的头夹在两腿之间暴打。妻子拼命挣扎，直至将老公半截命根子咬掉才得以脱身。(CCL)

例⑰について奥さんは全力をあげないと、困難から抜け出すことができない。

以上の考察から現代共通語では近世語の"挣扎"を継承する。意味と用法はあまり変わらないと考えられる。

実は《醒世》に"在困境中奮力支撐"の意味を持つ語彙として、"挣脱"が挙げられる（例⑱参照）。

⑱ 素姐外邊嚷鬧，狄員外房中叫喚了幾聲。可憐做了一世好人，叫這惡婦送了老命，嗚呼哀哉狄。狄希陳方狠命的挣脱了，跑到房中，合調羹與狄員外妝裏，又叫相大舅把小孩子抱到家去，尋奶子喂養，防備素姐陰害。(醒世76.5b.8)

訳：素姐が外でわめくたびに、狄員外は部屋で何度も叫んだ。かわいそうに、一生善良だった人は、凶悪な女のせいで、死んでしまった。狄希陳は懸命にもがき、部屋の中に走っていき、調羹とともに狄員外を布でくるんだ。相大舅子は子供を家に抱いていき、乳母を探し、素姐に殺されるのを防いだ。

例⑱について、子供の命を守るため、一生懸命素姐から抜け出すようにする。"挣脱"の前に"狠命的"が置き、この厳しい状況から脱出する意志が強く感じられる。

4. 会話文と地の文からの特徴

近世語"扎挣""挣扎"は会話文と地の文の方面ではどうなるか。これに基づいて近世語"扎挣"と現代共通語"挣扎"を会話文と地の文から調べた結果は表4、表5のようになる。

表4

		近世語		
		醒世（9条）	紅樓（26条）	兒女（13条）
扎掙	会話文	3	7	9
	地の文	6	19	4

		近世語			
		三言二拍（13条）	水滸（33条）	紅樓（2条）	官場（3条）
掙扎	会話文	1	6	0	0
	地の文	12	27	2	3

表5

	現代共通語	
	國家語委現代漢語平衡語料庫（271条）	
掙扎	会話文	0
	地の文	271

　以上の表から、近世語の"扎掙"は地の文でも使用され、会話文でも使用されることがわかる。しかし、近世語と現代共通語の"掙扎"は基本的に地の文に使用され、書面語的ニュアンスが強い。一方、近世語"扎掙"は口語色が強いと考えられる。

　ところで、《醒世》の9件の"扎掙"の動作一行為者は人に限られる。《紅樓》の26件も、《兒女》の13件も同じである（例⑲参照）。

　⑲鳳姐身體未愈，雖不能時常在此，或遇開壇誦經親友上祭之日，亦扎掙過來相幫尤氏料理。（紅樓64.1b.3）

　例⑲について、鳳姐は病気がまだ治っていないが、祭りの日なので、無理をしても尤氏の料理に手伝わなければいけない。ここの"扎掙"の動作一行為者は鳳姐である。

　また、"掙扎"も同じような用法である。《三言二拍》の13件と《水滸》の33件は全て人に限られる。

しかしながら、現代共通語の"挣扎"は人に限られず、動物でも抽象的名詞でも使用される（例 ⑳㉑㉒㉓ 参照）。

⑳ 他们过早地失去了父亲，在欧洲的战后废墟里挣扎成长。(CCL)

⇒ "扎挣"の動作―行為者は人である。

㉑ 向后看的目的，正是为了向前看，如同茧中之蛹的挣扎奔突，是为了变成飞蛾一样。(CCL)

⇒ "扎挣"の動作―行為者は動物である。

㉒ 一桑横倒在地，枝叶仍挣扎向上，根部斑驳，火烧痕迹清晰可见。(CCL)

⇒ "扎挣"の動作―行為者は食物である。

㉓ 这是日本经济多年苦苦挣扎仍无法迅速实现复苏的根本原因。(CCL)

⇒ "扎挣"の動作―行為者は抽象的なもの「経済」である。

以上の分析から、近世語"扎挣"と"挣扎"の動作―行為者は人に限られるが、現代共通語"挣扎"は人に限らず、動物でも抽象的名詞でも使用される。これは近世語"扎挣""挣扎"と現代共通語"挣扎"の違う所の一つである。

5. まとめ

本節は近世語の"扎挣"と"挣扎"を中心に比較し、それぞれ区別と特徴を考察する。現代共通語にも言及する。考察から以下のことが分かる。

ⅰ 近世語と現代共通語の"挣扎"は一般に"在困境中奋力支撑以获得解脱"（「困難な状態に必死に頑張り、必死に持ち超える」）の意味を持つ。使用場面：困難に向かって思い切って、まっしぐらに進んで行く場面に多く使用される。強調内容："奋力"の意味が含まれ、困難を乗り越えるために工夫と努力を始め、目的に到達するまで、決してあきらめない、力の限りに努力する意志が強いことを強調する。しかしながら、近世語の"扎挣"は一般に困難の束縛から脱出するが、否応なしにやらされるため、一生懸命に乗り越える強い意志、積極性な姿勢が感じられないと考えられる。使用場面："扎挣"は"勉強"の意義が含まれ、本人の意志を無視して強引に何かをさせる場面に多く使用される。強調内容："扎挣"の動作の支配人は自ら望んですることではなく、無理強いされることを強調する。

ⅱ近世語"扎掙"と"掙扎"のそれぞれ会話文と地の文の使用条数から"掙扎"は基本的に地の文に使用され、書面語的ニュアンスが強い。一方、近世語"扎掙"の口語色は強いと考えられる。

　　ⅲ近世語"掙扎"と"扎掙"の動作―行為者は人に限られるが、現代共通語"掙扎"は人に限らず、動物でも抽象的名詞でも使用される。

第四章　逆序現象の形成要因

　この章は逆序語が生み出す要因を考察する。
　要因一：複合語の起源と密接に関わっていること
　まず、複合語の起源から説明する。中国語語彙は複合語節語への大きな流れである。そのため、逆序現象の形成要因は複合語の起源と密接に関わっている。語彙は人間活動を反映し、媒体として他者との意思疎通は絶対不可欠なものである。社会の発展とともに、時代や社会の変化によって複合語が生み出される。徐2013は複合語の形成について以下のように指摘した。
　　漢語詞匯的復音化主要由語言的社會交際功能決定，復音詞的兩個語素相互作用而使詞趨於鮮明化和豐富化。具有多義性的單音詞作為語素組成復合詞，由詞組中詞與詞的組合變成復合詞中語素與語素的復合。（訳：漢語語彙の復音化は言語の社会的・コミュニケーション的機能によって決定される。複合語の２つの要素が相互に作用して、より明確で豊かな言葉になる。複数の意味を持つ単音節語で複合語を構成する。句の中の言葉の組み合わせから、複合語の語素と語素の組み合わせになる。）
　つまり、複合語の形成は歴史発展したものである。それと共に複合語の中の逆序語も形成する。即ち、逆序語の形成は社会発展過程で必然的に現れる人々の文化意識、価値観、日常生活スタイルなどの変化を表す産物だと考えられる。簡単に言えば、古代は最初単音節語が多く使用されたが、社会、経済や文化の発展に応じて新しい認識と言論の進展状況などを表現することが必要になるので、言語の発展をも求められる。単音節語はそれだけで足らなくて、複合して単音節語より、リズム感を備え、意味も増える。例えば、単音節語"過""度"が別々使用される場合、動詞「暮らす、過ごす」と形容詞「度を過

ごす、極端になる」の意味には用いられない。しかし、複合した"過度"は「暮らす、過ごす」と形容詞「度を過ごす、極端になる」の意味になる。"難""爲"は同様のように、組み合わせたら動詞として「ありがたい」の意味にも用いられ、接続詞として「‥なので、(そんなに)申されては」の意味にも用いられるが、単独で使用されたら、「ありがたい」と「‥なので、(そんなに)申されては」の意味項がない。

複合語は一体どのように組み合わせるかを語彙の"詞匯化""語素化"と関係がある。

雙音化的過程伴隨着詞匯化和語素化，一方面是一個由大於詞的單位詞匯化爲詞，而另一方面也是構成雙音詞中的原單音詞由詞語素化爲語素。雙音化由兩種類型，一種是由短語凝固成詞，另一種是由兩個構詞成分按照一定的詞法模式直接合並成詞。兩者中原可獨立成詞的構詞成分經雙音化皆成爲語素。如：安－安裝、安頓。(徐時儀2013：110)(訳：二音化の過程では、語彙化と語素化を伴う。一方では、単語よりも大きい単位語が単語に変換され、他方では、複音語を構成する元の単音節が語彙に変換される。二音化には、フレーズを単語に凝縮したものと、2つの構成要素をある語彙パターンに従って単語に直接合体させたものがある。どちらの場合も、独立して構築された可能性のある単語が複音化で語素になる。)

複合語の形成過程で二語の構成上においてあまり緊密ではない。複合したばかりの時は不安定性がある。特に聯合式複合語の二つの語素の意味が殆ど同じで、互いの重要度の区別がないため、二組の字順逆転語の組み合わせが出てきて逆序現象が生じる。例えば、介詞の"依"と"照"は最初、単音節語から複音節語へ組み合わせる時、不安定性があるため、"照依"もあり、"依照"もある。

要因二：語素の位置を逆転するのが非常に便利で有効な造語法であること

もう一つの要因としては、複合語の形成方法の中では語素の位置を逆転するのが非常に便利で有効な造語法である。劉叔新1990は以下のように述べた。

倒序型的改造法遠比換素型的應用得廣泛、頻常，而且有久遠的歷史。這是

很自然的，因為"倒序"只是將一個復合詞的詞素先後順序顛倒過來，非常簡單，不受語義相反或類比的限制。倒序型的造詞法符合語言經濟、省力的要求，而且不受語義的限制，因此得到廣泛的應用。（訳：逆順変換法は要素変換法よりもはるかに広く、頻繁に使用されており、長い歴史を持っている。それは当たり前のことである。なぜなら、"倒序"は要素の順序が逆になっているだけの複合語であり、非常に単純で、意味的な反転や類推の制限がないからである。逆順変換法は言語学的に経済的で省力的であり、意味上の制約を受けないため、広く利用される。）

要するに、言語の経済的原則によって字順が逆転することが非常に簡単で、何も変わらないで、ただ位置を逆転すれば、新しい語彙が生まれる。また、出来た語彙は意味が同じく使用されることもある。一方、字順の逆転とともに、用法上、品詞性、構造上などの使用範囲または意味の変化も起こった語も多い。逆序語相互間の二語とも意味や用法が同じく使用される語を挙げると、《醒世》には"躲藏""藏躲""阻攔""攔阻""脱離""離脱""愛敬""敬愛""勸解""解勸""古今""今古""深淺""淺深""吉凶""凶吉""悽慘""慘悽"などがある。変化も起こった語としては、"大小""小大""凡百""百凡""且又""且又""釋放""放釋""殺害""害殺"などがある（一部）。"小大"はただ「尊卑、上下」の意味に用いられるが、"大小"は「尊卑、上下」の意味以外に、「大人や子供」、「上着と下着」の意味にも用いられる。"百凡"はただ「全て（の）、一切（の）」の意味に用いている。"凡百"は「全て（の）、一切（の）」の意味以外に「力を尽くす」の意味にも用いられる。"且又""且又"の間にも差異がある。"且又"は反語の文にも用いる。"又且"はもっぱら肯定文に用いる。"釋放"の目的語が動詞よりも前にくる（"賓語前置"）。しかし、"放釋"の目的語は動詞の後ろにくる。"殺害"と"害殺"の構造は違う。"害殺"は動補構造の補充式で、"殺害"は並列構造の聯合式である。

要因三：複合語の一つの語素の使用が活発で新しい意味が出て、使用範囲も広くなること

複合語の一つの語素の使用が活発で新しい意味が出て、使用範囲も広くな

ることが逆序現象の形成要因の一つだと考えられる。例えば、近世語には"管情""情管"という語がある。"情"は上古、中古時代と現代では名詞としてしか使えないが、近世語では最も発展した。意味も増え、副詞の使い方も普通である。"情管""管情""管須""管必""管成""管定""管取""管許""管就""管要"などの複合語が出てきた。即ち、近世語では"情"の使用が活発で新しい意味項目が出て、使用範囲も広くなる。特に副詞として使用されることが多い。"管情""情管"のように、近世語では"情"は活発性があってまた、"情""管"の形態素の順序が固定ではないため、二つの二音節語が組み合わせるとき、位置が転換しやすいと考えられる。もう一つの例"折挫""挫折"の"折"である。明清時代では"折"の意味が複雑で、多くて、"折"と組み合わせる複合語が多数出てきた。例えば、"折變""折茶""折程""折墮""折抵""折毒""折罰""折飯""折費""折夫""折服""折幹""折割""折勾""折過""折還""折祭""折理""折卻""折禮""折解""折色""折受""折損""折席"などである。"熱鬧""鬧熱"の"鬧"も同じく、明清時代では"鬧"の意味が多い。特に清代になってから、"鬧"は最も発展した。複音節を形成するとき、"鬧"が作る複合語は、不安定性があるため、"鬧吵""吵鬧""鬧亂""亂鬧""鬧嚷""嚷鬧""鬧哄""哄鬧"などの逆序語もできた。逆序語"懼怕""怕懼"の"怕"も同じように、明清時代では、"怕"の組み合わせは強くて、"怕不""聽怕""怕待""降怕""怕道""叫怕""怕敢""怕害""怕走""怕恐"などの複合語が出現した。

　要因四：修辞の要求と方言の影響があること

　　中国語は言語の音韻美を重視する。平仄、押韻するために、語の字順を逆転にすることがある。修辞は文学作品に、特に韻文に広く応用された。"修辭作為一種活動，是人們為了提高語言表達效果，根據一定的目的，利用一定的表現方式，對言語作品進行藝術加工選擇，通過對語言的錘煉，以期達到最佳的表達效果（訳：レトリックは、活動として、ある目的に応じて、ある表現方法を用いて、言語の洗練を通じて、言語の芸術的な処理を選択し、最高の表現効果を得るために、言語の表現効果を向上させる方法である）"（王艾錄・司富珍2001）。例えば、"若不是覷面顏，廝顧盼，擔饒輕慢"中の"顏""盼""慢"が

押韻である（張巍2010：250）。修辞の原因で一部の同素逆順語を生み出される。

　　方言の影響について、中国は民族が多く、地域によって方言が違う。共通語はAB型で、方言に用いられるBA型もある。例えば、"挣扎"は共通語の語彙であり、その通用範囲は広い。一方、"挣扎"は古代から、北方では"扎挣"を多く使用され、北京方言に残る。この類に属するものにまた"喜歡／歡喜""客人／人客""熱鬧／鬧熱""蔬菜／菜蔬"などもある。

　　以上は逆序語の発生を招いた要因を考察したが、語彙の発展は非常に複雑であるため、これからも、逆序語を生み出す要因の研究を続けたい。

第五章　結語

　　本章は本稿におけるまとめと今後の課題である。まず、本論文の全体のまとめを行っ
た後、残された今後の課題について述べる。
　　本論文は、清代章回小説《醒世》における逆序語を全体的に深く検討するものである。会話文、地の文から分析を行い、当時の全使用状況や語彙の各自の特徴などに焦点を当て現代漢語と比較した。さらに旧白話小説の語彙が現代漢語の中にどのように継承されているかを究明し、語彙の意味の発展、衰退、消滅の実態を明らかにした。
　　本稿は、大きく五つの部分に分けられる。第一章は研究動機、研究目的と意義、先行研究、本稿の立場、研究方法であり、第二章は、独創的な部分、新しい知見、《醒世》における逆序語の出現状況と各逆序語組の比較（現代漢語との比較を含む）であり、第三章は事例研究であり、第四章は逆序現象の形成要因であり、第五章は結語である。
　　各部の概要は次の通りである。
　　第一章は、なぜ《醒世》にしなければならなかったのかとなぜ逆序語を取り上げねばならなかったのかの理由をあげ、研究動機を明らかにした。次にこの研究をもって近世漢語の研究及び言語の歴史的変遷を把握し、文献整理、辞書編纂、言語教育などに役立てるようにするとの研究意義、《醒世》の研究不足の現状と緻密な研究方法を提出した。
　　第二章は、《醒世》における逆序語の出現状況：169組の逆序語を検出した（片方のみ出現のBA方は別に40個存在する）。また、《醒世》における逆序語を中国語では、①どちらか一方が継承されているもの、②どちらも継承されてい

| 第五章　結語 |

るもの、③どちらか一方が方言に残っているもの、④どちらも消失したものという四種類に分けて一語ずつ分析した。更に、"房門"（とびら）－"門房"（門番小屋）のような意味が完全に違う語彙組を考察した。

　第三章は、《醒世》から当時の言語の特徴を反映する10個の典型例を抽出し、語彙の全使用状況やそれぞれの特徴などに焦点を当て現代漢語と比較する。そのうえで《醒世》の語彙が現代漢語の中にどのように継承されているかを究明した。とくに明清時代から現代中国語までの語彙の変遷を分析した結果は以下の通りである。

　①"常時"について

　《醒世》における"常時"を展開し、"常時"の形成過程、意味変遷及び語用機能：

　ⅰ"常"と"時"は各自基本義と派生した意味をもつため、複合した二音節語"常時"にも"經常"の意味と"平日；往常"の意味が含まれると考えられる。

　ⅱ明清時代では主導となる意味は基本義で"平日；往常"（「ふだん、これ迄、以前」）になり、通用語として南方でも北方でも使用され、清代中期以後、南方方言に使用される傾向にある。一方、"常時"の"經常"（「しょっちゅう」）の意味の出現は基本義より遅く、北方でも南方でも使用されるが、量的には多くないので、当時共通語とはっきりと判断できない。ただ、"常時"の"經常"（「しょっちゅう」）の意味は清代後期では南方でよく使用されているのがよくある。

　ⅲ当時の類義語との比較を通し、《醒世》の"常時"は時間詞として会話文に用いられ、現在時点との対比を強調する。

　ⅳ"常時"の出現は"時常"より早い。意味上では"常時"の名詞"平日；往常"（「ふだん、これ迄、以前」）の意味の出現は"時常"より早い。しかし、"常時"の副詞"經常"（「しょっちゅう」）の意味は"時常"より遅い。

　ⅴ"時常"は明清時代、通用語として南方でも北方でも使用され、現代漢語とあまり変わらない。語義の分布では、"時常"は副詞"經常"（「しょっちゅ

う」)の意味の使用が一般的であるが、"平日；往常"(「ふだん、これ迄、以前」)の意味の使用は少なく、現代漢語にもあまり使用されない。

　②"情管"と"管情"について

　現代方言と《醒世》における"情管"の用法と意味とそれぞれの特徴：

　ⅰ《醒世》の"情管"の特徴は前後の文脈が相手を勧誘する場合によく用いられ、口語的で語気副詞として確実性を表すことである。

　ⅱ《聊齋》の"情管"を調べると、"儘管"(「思う存分にする」)の意味もある。この点は《醒世》の"情管"と異なる。《白话》の"情管"に対して新たな意味項の補充になると考える。

　ⅲ近世語と現代方言の"情管"の意味は変わったが、機能はあまり変わらず、つまり両方が前後の文脈が相手を勧誘する場合に用いられ、相手を"思維上的誘導"することもでき、"行為上的誘導"することもできるという機能が同じだと思われる。そして、"情管"は確実性を表すが、"情管"を用い、その確実性を強調することで、自分の意志通りにやってもらうという勧誘語気がもっと強まるという点も同じだと思われる。

　ⅳ連雲港市贛榆県の方言には"情管"は副詞として"儘管"(「思う存分にする」)の"勸勉"(「励ます」)のニュアンスを表す他に、"一直、總是、老是"(「いつも」)の"勸誡"(「戒める」)のニュアンスも表す。つまり、贛榆方言の"情管"の使用範囲が更に広いことが分かる。この点は"情管"の使用状況について新たな補充になるだろう。

　ⅴ"管情""情管"は明末清初から清代中期まで使用されるが、清の後期になると、徐々に用いられなくなる。これはなぜなのか。

　《醒世》の"情管"と《金瓶》の"管情"の相互交替の要因：

　ⅰ構成上から《醒世》の"情管"と《金瓶》の"管情"の特徴："管情"の主語が第一人称または第二人称の場合なら、"我""你"は一般的に省略される。一方、"情管"は文頭に置かれ、"我""你"は省略せず、肯定の語気が強まると考えられる。なお、「"情管"＋"是"」の構造は当時では一般的な表現であるが、「"管情"＋"是"」の構造は見えない。

ii《金瓶》の"管情"と《醒世》の"情管"は後ろにくる語彙の褒義と貶義に差異がある。"管情"の後ろに一般に肯定的、積極的な意義を表す語彙が来る。一方、"情管"の後ろに一般に消極的な意義を表す語彙が来る。

　　iii近世語には"情"の使用が活発で新しい意味項目が出て、使用範囲も広くなる。特に副詞として使用されることが多い。これは"管情""情管"が逆序現象になる一つの要因だと思われる。

　　iv"情"と"管"の意味が同じため、"管情"と"情管"が聯合式二音節逆序語となり、聯合式二音節複合語は用語の語順が逆になりやすい。歴史の流れで、《醒世》の時代に"情"の意味や使用範囲などが広くなる。より進んだ段階になり、複音節を形成するとき、"情"が作る複合語は、不安定性があるため、"管情"と"情管"の相互交替になり、逆序現象が生まれる。

　　③"齊整"と"整齊"について

　　明清時代の"齊整"と"整齊"の違いと現代漢語への継承：

　　i明清時代の変遷について、明清全体的に見れば、"齊整"の使用頻度は"整齊"より比較的に高く、明清時代の"強勢詞"である。特に、明の中期《金瓶》51件、清代初期《醒世》115件出現した。しかしながら、言葉の発展で清代中期以後は"齊整"の使用頻度が低くなり、"整齊"のようになりつつある。清代中期以後"齊整"は既に明の中期から清代初期の一般的地位を失ってしまう。一方、"整齊"は明清時代にあまり使用されないが、民国から多く用いられるようになる。

　　ii品詞、意味上で明清時代の"齊整"は形容詞の副詞化「きちんとした」の意味もあり、"漂亮、俊俏"（「美しい、綺麗である」）意味の場合、多く使用するも「人の容貌」に限定していない、物も修飾する。一方、明清時代の"整齊"は普通に形容詞で述語として使用されるが動詞の使い方もある。これは"齊整"と違う。

　　iii会話文と地の文から明清時代の"齊整"の口語色は"整齊"より強く、当時は基本的に日常生活の会話で用いられ、通俗的、分かりやすい言葉と考えられる。一方、"整齊"は会話文の使用状況はあまり活発ではない。

iv現代方言への継承について、"齊整"は方言で、"漂亮、俊俏"（「美しい、綺麗である」）を表し、南方、北方の一部では依然として使用されている。これは明清時代"齊整"は南方でも北方でも"漂亮；俊俏"（「美しい、綺麗である」）の意味を使用していたことを反映する。一方、"整齊"は方言で、"美麗；漂亮"（「美しい、綺麗である」）を表し、粵語（廣東陽江）、閩語（福建壽寧）の地域に依然として使用されているが、南方の地域のみである。これも明清時期の"整齊"の"美麗；漂亮"（「美しい、綺麗である」）の使用が南方だけにあるという特徴を反映する。

v文の置かれる位置については、明清時代の"齊整"は「動詞＋名詞＋齊整」、「齊整＋動詞＋名詞」と「動詞＋齊整＋名詞」の構造があり、置かれる位置を変えても語義はあまり変わらない。補語の場合、「動詞＋名詞＋齊整」構造が特徴的である。同じ時代の"整齊"にはこのような用法はあまりない。また、現代漢語でもあまり使わない。"齊整"の置く位置の多様性は明清時代は"整齊"より広いことがわかる。

④"照依"について

《醒世》の二音節語"照依"の特徴と現代漢語への継承：

i介詞の"照依"は明代から清代の中期まで北方にも南方にも共通語として使用される。当時の"照依"は日常生活で話し言葉として使用されるのが普通であった。この点は現代標準語の"依照"と異なる。現代の"依照"は普通に書き言葉として使われる。そして、"照依"は清代の末期になるとあまり使われなくなったことがわかる。

ii"依照"の使用状況については、"依照"は明清時代にあまり使われず、民国初期から徐々に現れてくるが、使い方は現代標準語の"依照"とあまり変わらない。

iii準拠を表す介詞の"照依"の"照"を研究すると、現代日常生活では"我是照你的話做的"の言い方が常にあるが、即ち「"照"＋修飾部分＋規定、習俗、文件、話語などの言葉」の構造が常にあるが、当時は"照依"は"照"とある程度入れ替わって、この構造を使用している。中国語は古代の単音節言語から

現代の二音節言語へと変化してきたが、"照依"は会話文では上古、中古時代の単音節言語（"照"）→明清時代の二音節言語（"照依"）→現代の単音節言語（"照"）へと変化する。

⑤ "喜歡"と"歡喜"について

《醒世》の"喜歡""歡喜"の特徴と現代漢語への変遷：

ⅰ《醒世》では日常会話文に喜ぶ気持ちを表現する時一般に"喜歡"を使用する。一方、"歡喜"は多く地の文に用いられる。語義機能、組み合わせ能力、文の構成上では、"喜歡"の方が一般的で使用範囲がさらに広いと考えられる。

ⅱ清代では"喜歡"の動詞と形容詞の用法は北方でも南方でも用いられ、時間の流れによって、動詞の用法は一般的になって、形容詞の用法は現代南北方言に継承される。一方、"歡喜"の動詞"喜愛"の意味は北方では使用されず、南方で長い間使用される。

ⅲ当時は動詞"喜愛"の意味を表現する時に"喜"と"中意"の二語は多く用いられる。

⑥ "何如"と"如何"について

《醒世》における"何如"と"如何"の特徴：

ⅰ《醒世》では単独で使用される"何如"の語用機能は文脈により、断定を強調するために、言いたいことと反対の内容を疑問の形で述べる。「あなたは間違いよ。私の考えを認めておくれ。」と気をつけさせ、注意を与え、相手に不満や責める気持ちを表すことである。全用例7箇所は全部このような使用である。これは《醒世》の"何如"の特徴だと思われる。明清白話小説にはこのような用法は見られない。

ⅱ"怎麽辦"を表すのは《醒世》時代だけにある。これは現代共通語と異なっている。これも《白话》の"何如"に対して新たな意味の補充になると思われる。

ⅲ"何如"と"如何"は《醒世》時代で口語色が強く、基本的に話し言葉として使用されていたと考えられる。これは現代共通語の"何如"や"如何"と異なっている。

ⅳ なぜ"何如"が基本的に文末に置かれるのか。"何"は元々一般に文末に置き述語として"怎麼樣；什麼"の意味で使用されていた。そのため、中心語"何"が作った"何如"も文末に置き、述語として"怎麼樣；什麼"の意味を表すようになったと考えられる。

⑦ "尋找""找尋"について

《醒世》の"尋""找""尋找""找尋"の特徴：

ⅰ 《醒世》では"尋"が一般的で圧倒的に使用され、構造上も意味上もよく使われる。

ⅱ "找""尋找""找尋"の目的語で抽象的ものの用例は未検出であるが、"尋"は具体的ものもでき、抽象的ものもできる。これは現代共通語と異なっている。また、"尋"の後ろについた可能補語の構造は当時は一般的であった。

ⅲ "尋找"は《醒世》の時代まだ新しい語彙であった。"尋找"が自動詞Viとしてしか使用されないのは"尋找"があまり発展していなかったことの反映である。

⑧ "要緊"について

ⅰ 《醒世》の"要緊"は"緊要""（得）緊""緊着"と比較すると、"要緊"が使用範囲はさらに広かったと考えられる。

ⅱ "要緊"は一般に「大切である」の意味で用いるが、「（程度が）激しい」、「緊急を要する」の意味にも用いられる。また、ことの緊急性を言う用例もある。なお、"要緊"の後ろには「事」だけではなく、「人」も使える。

ⅲ "沒要緊"は多く非難や不満、不服、苦情の文脈に用いられる。清代は一般に北方に用いられ、清代中後期になると用例が少なくなる。その代わりに"不要緊"という語が一般に用いられるようになる。

⑨ "熱鬧"と"鬧熱"について

明清時代と現代漢語の"熱鬧""鬧熱"についてそれぞれの特徴と形成要因：

ⅰ 明清時代は"鬧熱"は基本的に形容詞として"繁盛活躍"（「にぎやかである」）の意味で使われていた。"熱鬧"のように動詞として使われるのはあまり見られない。また、「Ｖ＋"得、的"＋"鬧熱"」の構造もあまり見られない。

ⅱ明清時代は"熱鬧"の使用範囲は広いが、現代の"熱鬧"の使用範囲は縮小した。一方、明清時代は"鬧熱"の使用範囲は狭いが、現代の"熱鬧"の使用範囲は拡大した。

ⅲ"鬧"の意味は複雑で多い。特に清代になってから、"鬧"は最も使用された。複音節を形成するとき、"鬧"が作る複合語は、不安定性があるため、"熱鬧"/"鬧熱"の逆序語もできた。

ⅳ"熱鬧""鬧熱"は最初「にぎやかである」、「賑わい」の意味でよく使われていたが、明代以後は「盛り上がる」の意味で使うようになった。これは"鬧"の意味の拡大と関係があると考えている。

⑩"扎掙"と"掙扎"について

近世語の"扎掙"と"掙扎"を中心に比較し、それぞれの違いと特徴：

ⅰ近世語と現代共通語の"掙扎"は一般に"在困境中奮力支撐以獲得解脱"（「困難な状態に必死に頑張り、必死に持ち超える」）の意味を持つ。使用場面：困難に向かって思い切って、まっしぐらに進んで行く場面に多く使用される。強調内容："奮力"の意味が含まれる。困難を乗り越えるために工夫と努力を重ね、目的に到達するまで、決してあきらめない、そして、力の限りに努力する意志の強さを強調する。しかしながら、近世語の"扎掙"は一般に困難の束縛から脱出するが、否応なしにやらされるため、一生懸命に乗り越える強い意志、積極性な姿勢が感じられない。使用場面："扎掙"は"勉強"の意義が含まれ、本人の意志を無視して強引に何かをさせる場面に多く使用される。強調内容："扎掙"の動作の主体者は自ら望んですることではなく、無理強いされることを強調する。

ⅱ近世語"扎掙"と"掙扎"のそれぞれ会話文と地の文の使用件数から"掙扎"は基本的に地の文に使用され、書面語的ニュアンスが強い。一方、近世語"扎掙"は口語色が強いと考えられる。

ⅲ近世語"掙扎"と"扎掙"の動作一行為者は人に限られるが、現代共通語"掙扎"は人に限らず、動物でも抽象的名詞でも使用される。

第四章は逆序語現象が生み出される要因を以下の通りに考察した。

要因一：複合語の起源と密接に関わっていること。

要因二：語素の位置を逆転するのが非常に便利で有効な造語法であること。

要因三：複合語の一つの語素の使用が活発で新しい意味項目が出て、使用範囲も広くなる

こと。

要因四：修辞の要求と方言の影響があること。

最後に、本稿を終えるにあたり、積み残した問題について触れておきたい。

第一に、第三章では"何如"の中心語は語頭"何"である。筆者の推測では、なぜ"何如"は基本的に文末に置くのか。"何"は元々一般に文末に置き述語として"怎麼樣；什麼"の意味で使用されるため、中心語"何"が作った"何如"も文末に置かれ、述語として"怎麼樣；什麼"の意味を表すようになった。これについては詳しくは今後の課題にしたい。また、"要緊"と"緊着"の違いといえば、"要緊"の「緊急を要する」の意味は「ことの重要性」という本義から引申したもので、"緊着"はただ動作の緊迫性を強調する。これについて今後深く考察する。

第二に、本稿の事例研究の所に代表的な逆序語10個の語群を詳しく深く考察したが、今後は語例を増加して考察したい。

第三に、本稿は《醒世》を取り上げて、逆序語を検討したが、今後は清代北京語をもとにして書かれており、現代漢語の前身の清代末期の作品《兒女》における逆序語を考察したい。

参考文献

中国語文献

晁瑞2014.《〈醒世姻缘传〉方言词历史演变研究》。北京：中国社会科学出版社。

陈复华主编2007.《古代汉语词典》。北京：商务印书馆。

白维国2011.《白话小说语言词典》。北京：商务印书馆。

北京大学中文系语言学教研室1995.《汉语方言词汇（第二版）》。北京：语文出版社。

蒋绍愚1989.《古汉语词汇纲要》。北京：北京大学出版社。

蒋绍愚1994.《近代汉语研究概况》。北京：北京大学出版社。

刘叔新1990.《汉语描写词汇学》。北京：商务印书馆。

吕叔湘1983.《吕叔湘语文论集》。北京：商务印书馆。

吕叔湘2008.《现代汉语八百词（增订本）》。北京：商务印书馆。

邵敬敏1996.《现代汉语疑问句研究》。上海：华东师范大学出版社。

佟慧君1983.《常用同素反序词辨析》。湖南：湖南人民出版社。

王艾录·司富珍2001.《汉语的语词理据》。北京：商务印书馆。

王力2004.《汉语史稿》。北京：中华书局。

汪维辉2007.《汉语词汇史新探》。上海：上海人民出版社。

王学奇·王静竹2002.《宋金元明清曲辞通释》。北京：语文出版社。

许宝华·宫田一郎1996.《汉语方言大词典（全五册）》。北京：中华书局。

徐复岭1993.《〈醒世姻缘传〉作者和语言考论》。山东：齐鲁书社。

许少峰2008.《近代汉语词典》。北京：中华书局。

徐时仪2013.《近代汉语词汇学》。广州：暨南大学出版社。

殷树林2009.《现代汉语反问句研究》。黑龙江：黑龙江大学出版社。

张巍2010.《中古汉语同素逆序词演变研究》。上海：上海古籍出版社。

张永言1982.《词汇学简论》。武汉：华中工学院出版社。

钟兆华2015.《近代汉语虚词词典》。北京：商务印书馆。

中国社会科学院语言研究所词典编辑室编2012.《现代汉语词典（第六版）》。北京：商务印书馆。

卜雅娜2011.「明清以来汉语介词的演变研究」，南京师范大学。

曹廷玉2000.「近代汉语同素逆序同义词探析」，《暨南学报》。第5期：p57-64。

曹先擢1979.「并列式同素逆序同义词」，《中国语文》。第6期。

陈建华2010.「＜醒世姻缘传＞"得"字句研究」，山东师范大学。

陈明娥2004.「敦煌变文同素异序词的特点及成因」，《中南大学学报》。第5期：p654-658。

陈美芳2015.「＜聊斋俚曲＞语气副词研究」，华中师范大学。

陈绪霞2013.「＜型世言＞同素逆序词研究」，山东大学。

成伶利2013.「"喜欢"="欢喜"？」，《华中人文论丛》。第3期：p100-102。

程志兵2009.「＜聊斋俚曲集＞与＜醒世姻缘传＞人称代词的差异——兼谈两书的作者问题」，《山东理工大学学报（社会科学版）》。第3期：p34-37。

丁俊苗2003.「＜醒世姻缘传＞复句研究」，西北师范大学。

窦晓蕾2012.「现代汉语同素逆序同义词研究」，山东大学。

方有国2013.「先秦汉语"如何""如×何"结构的考察」，《西南大学学报》。第4期：p129-135。

冯春田2001.「＜醒世姻缘传＞方言词例说」，《文史哲》。第4期：p70－74。

傅曦2008.「浅谈现代汉语口语的一些变化」，《赤峰学院学报》。第5期：p74-75。

谷淑雨・冯铁山2015.「宁波方言"闹热"的话语分析」，《现代语文》。第5期：p116-118。

韩陈其1983.「＜史记＞中字序对换的双音词」，《中国语文》。第3期。

胡天骄2013.「"喜欢"类词的多维辨析」，江西师范大学。

黄巍2010.「现代汉语同素逆序词研究」,辽宁师范大学。

贾玉萍2010.「现代汉语同素逆序词构词造词研究」,东北师范大学。

李丹2016.「〈现代汉语词典〉(第6版)中的同素逆序词研究」,曲阜师范大学。

李火2003.「〈醒世姻缘传〉正反疑问句研究」,《古汉语研究》。第1期:p57－61。

李丽云2002.「现代汉语同素异序词论析」,河北师范大学。

李临定·周清海2002.「新加坡华语词汇和中国普通话词汇比较」,《新加坡华语词汇与语法》。

李娜2013.「〈儿女英雄传〉疑问句研究」,苏州大学。

李战1997.「〈红楼梦〉中的"便"和"就"」,《暨南学报》。第1期:p123-132。

梁煦2015.「醒世姻缘传〉骂詈语言研究」,安庆师范学院。

林茜2009.「〈醒世姻缘传〉反问句研究」,山东师范大学。

刘冬青2011.「北京话副词史(1750-1950)」,苏州大学。

柳青2010.「〈醒世姻缘传〉"把"字类处置式研究」,山东师范大学。

刘晓琴2013.「现代汉语联合式同素逆序词历史考察」,东北师范大学。

刘艳玲2011.「〈醒世姻缘传〉詈词使用状况的考察」,《常熟理工学院学报》。第4期:p88-93。

龙周莉2010.「〈醒世姻缘传〉人称代词研究」,山东师范大学。

罗丹2013.「恩施方言"欢喜"与普通话"喜欢"异同初探」,《语文学刊》。第10期:p42-44。

马征2013.「现代汉语同素逆序词动态研究」,东北师范大学。

孟庆泰·赵晓明1995.「《醒世姻缘传》方言词语例释」,《蒲松龄研究》。第1期:p110－118。

孟宪华2011.「〈醒世姻缘传〉存在句研究」,山东师范大学。

苗俊涛2009.「〈醒世姻缘传〉与山东民俗」,山东大学。

宁檬2002.「"喜欢"与"欢喜"的词性及其用例」,《语文知识》。第3期:p37。

鲍延毅1995.「〈金瓶瓶〉逆序词与中古词汇变迁」,《西南大学学报》。第2期:p115-116。

戚晓杰2006.「〈醒世姻缘传〉"比"字句研究」,《古汉语研究》。第1期:p79-84。

戚晓杰・姜维枫2006.「〈醒世姻缘传〉"X+Vp+比较标记+Y"式差比句研究」,《理论学刊》。第4期:p110-112。

邱姗姗2012.「〈醒世姻缘传〉时间副词研究」,山东师范大学。

王丹婷・丁爱侠2013.「连云港方言中同素逆序词的研究」,《现代语文》。第1期:p25-27。

王光福2004.「〈醒世姻缘传〉"凡例"与〈红楼梦〉"凡例"」,《蒲松龄研究》。第4期:p137-144。

王群2001.「〈醒世姻缘传〉副词研究」,山东师范大学。

王衍军2009.「论〈醒世姻缘传〉中的谐音民俗」,《齐鲁学刊》。第4期:p117-119。

吴冰沁2016.「时间副词"时常"的语法化历程」,《现代语文》。第3期:p63-65。

项梦冰1988.「试论汉语方言复合词的异序现象」,《语言研究》。第2期:p81-94。

肖萃萃2011.「"开心"类词的多维辨析及其教学探讨」,江西师范大学。

徐复岭2008.「〈〈金瓶梅词话〉与〈醒世姻缘传〉中的指示代词"你"」,《济宁学院学报》。第4期:p65-69。

徐荣2004.「试论近代汉语中倒序词的成因」,《五邑大学学报》。第3期:p88-95。

闫克2013.「南阳方言副词"情"与"情管"」,《宁夏大学学报》。第3期:p35-39。

杨婷婷2013.「留学生"什么"反问句学习情况考察」,华中师范大学。

杨艳利2015.「现代汉语"如何"与"何如"差异探微」,《韶关学院学报》。第5期:p102-106。

殷晓杰・张家合2011.「"找""寻"的历时替换及相关问题」,《汉语学报》。第3期:p80-86。

于晓伟2016.「基于对外汉语教学的现代汉语同素逆序词考察」,广西师范大学。

岳立静2006.「〈醒世姻缘传〉助词研究」,北京语言大学。

张成才2003.「商州方言的逆序词-兼论汉语中的语素颠倒构词和用词」,《商洛师范专科学校学报》。第1期:p5-8。

张崇1992.「延川方言的逆序词」,《方言》。第4期:p307-309。

张惠英1985.「〈金瓶梅〉用的是山东话吗?」,《中国语文》。第4期。

张惠珠1996.「略论闽南方言与普通话双音词中的同素反序现象」,《华侨大学学报》。第1期:p110-113。

张能甫2000.「东汉语料及同素异序的时代问题」,《古汉语研究》。第3期。

张其昀2002.「现代汉语同素词通考」,《语言研究》。第1期:p72-82。

张庆庆2007.「近代汉语"寻找"义动词更替考」,《苏州大学学报》。第3期:p91-93。

张树铮·孙韵珩2005.「〈醒世姻缘传〉和〈聊斋俚曲集〉语法特点的差异」,《古汉语研究》。第4期:p56－62。

张巍2007.「方言中的同素逆序词分析」,《唐都学刊》。第3期:p117-120。

张文文2013.「〈醒世姻缘传〉同素异序词及其与现代汉语比较分析」,《汉字文化》。第1期:p82-84。

张晓玲2008.「〈醒世姻缘传〉心理动词研究」,山东大学。

张欣2009.「现代汉语"依据"类介词研究」,北京语言大学。

张永绵1980.「近代汉语中字序对换的双音词」,《中国语文》。第3期。

赵艳2013.「基于〈现代汉语逆序词典〉的同素逆序异义词研究」,华中师范大学。

郑奠1964.「古汉语中字序对换的双音词」,《中国语文》。第6期:p445-453。

朱云飞2010.「〈醒世姻缘传〉中的礼俗研究」,东北师范大学。

日本語文献

愛知大学中日大辞典編纂処編1989.『中日大辞典(増訂第二版)』。東京:大

修館書店。大東文化大学中国語大辞典編纂室編1994.『中国語大辞典』。東京：角川書店。

宮内泰介2005.「事例研究再考—生活を組み立てる〈力〉としての調査研究」、『先端社会研究』。第2号：p27-46。

牛島徳次・香坂順一・藤堂明保 2011.『言語（中国文化叢書）新装版』。東京：大修館書店。

西周生著，左並旗男訳2002.『醒世姻縁伝』。千葉：兄弟舎。

香坂順一1995.『〈水滸〉語彙と現代語』。東京：光生館。

植田均2015.「〈児女英雄伝〉校注作成 研究」、『社会文化科学研究科学際的共同研究の拡充推進プロジェクト報告書』。熊本大学。

植田均2016.『〈醒世姻縁傳〉方言語彙辞典』。東京：白帝社。

用例出典

曹雪芹·高鶚,《程甲本原本紅樓夢》,書目文獻出版社,1992(影印本)。
陳森,《品花寶鑒》(《古本小說集成》)所收,上海古籍出版社,1994年。
方汝浩,《東度記》(《古本小說集成》)所收,上海古籍出版社,1994年。
馮夢龍,《醒世恒言》(《古本小說集成》)所收,上海古籍出版社,1994年。
馮夢龍,《警世通言》(《古本小說集成》)所收,上海古籍出版社,1994年。
韓邦慶,《海上花列傳》(《古本小說集成》)所收,上海古籍出版社,1994年。
李伯元,《官場現形記》,人民文學出版社出版,1981年。
李綠園,《歧路燈》(《古本小說集成》)所收,上海古籍出版社,1994年。
凌濛初,《拍案驚奇》(《古本小說集成》)所收,上海古籍出版社,1994年。
凌濛初,《二刻拍案驚奇》(《古本小說集成》)所收,上海古籍出版社,1994年。
刘鹗,《老殘遊記》,上海古籍出版社,1991年。
羅貫中,《三遂平妖傳》(《古本小說集成》)所收,上海古籍出版社,1994年。
蒲松齡著,路大荒整理,《聊斋俚曲集》(《蒲松齡集》)所收,上海古籍出版社,1986。
施耐庵,《水滸傳》(《古本小說集成》)所收,上海古籍出版社,1994年。
文康,《兒女英雄傳》(《古本小說集成》)所收,上海古籍出版社,1994年。
吳承恩,《西遊記》(《古本小說集成》)所收,上海古籍出版社,1994年。
吳敬梓,《儒林外史》(《古本小說集成》)所收,上海古籍出版社,1994年。
吳沃堯,《二十年目睹之怪現狀》,江西人民出版社,1988年。
西周生,《重訂醒世姻緣傳》(同德堂梓),上海古籍出版社影印本,1994。

夏敬渠，《野叟曝言》(《古本小說集成》)所收，上海古籍出版社，1994年。

笑笑生，《金瓶梅詞話》(明萬曆本)，大安影印本，1963。

許仲琳，《封神演義》(《古本小說集成》)所收，上海古籍出版社，1994年。

石玉崑，《忠烈俠義傳》(《古本小說集成》)所收，上海古籍出版社，1994年。

北京大學·北京大學中國語言學研究中心語料庫 (http://ccl.pku.edu.cn/corpus.asp)

付　録

付録1
[《醒世姻縁傳》に見える"常時"の用例]

1.2. 計氏説道：你還説叫我管教他，我還是常時的我，他還是常時的他哩麼。(醒世2.4a.8)

3. 俺家裏那個常時過好日子時節，有衣裳儘着教他扎括。(醒世2.4b.5)

4. 你家裏有這們幾個珍姨，常時還説有那死材私窠子哩。(醒世11.4a.10)

5. 牙行斗秤，集租三倍于常時。(醒世17.7a.8)

6. 只管行走，也不似常時掩掩藏藏的。(醒世19.6b.3)

7. 還要比那常時的混帳。(醒世20.10b.7)

8. 晁住通也不照常時，糧食柴火每每的送不到。(醒世21.6a.4)

9. 我們説他雖不似常時這般精爽，却又沒有甚病，怎麼就會死哩。(醒世22.7b.5)

10. 常時我們喫了這兩壺沒事的，今日的酒利害，這兩壺有些喫他不了。(醒世23.7a.1)

11. 晁夫人説：這驛丞可也硬幫，常時沒聽的驛丞敢打人。(醒世32.10b.3)

12. 珍哥説：僭如今同不得常時，又沒了錢，又沒了勢。(醒世43.7b.6)

13.14.15. 麻犯着那些禁子道：這如今同不的常時，大爺不是常時的大爺，四爺也不是常時的四爺了。(醒世43.6a.10)

16. 薛三省娘子説：可是這們古怪的事，常時只喝一口黃酒就醉得不知怎樣的，這燒酒是聞也不聞。(醒世45.8b.9)

17. 但不瞞姜爺説：常時是窮光棍，自己弔着鍋子底，認他回去，與他甚麼吃。

（醒世46.6a.9）

18. 晨後晌，輕輕的就似抱孩子一般。三頓吃飯，把桌子湊在椅前，就像常時一樣與狄員外、狄希陳同吃。（醒世56.10a.7）

19. 防那歹人的打劫，這只怕是常時收拾下的，老施主不曾知道，‥（醒世64.10a.8）

20. 常時但是合他合合氣，他本人倒還沒怎麼的。（醒世64.10b.10）

21. 狄員外道：俗常時罷了，你如今做着個監生，‥（醒世68.8b.8）

22. 我不曉的新近立了規矩，我只當常時許我不時的走來。（醒世70.12a.9）

23. 常時周九萬因他不回家去，也還查考他的去向。（醒世73.3b.4）

24. 他説：常時罷了，誰家沒過門的新女婿，好上門上戶。（醒世75.13a.10）

25. 童奶奶道：這要是我常時的日子，我一分財錢也是不要的；如今的日子不成話説了，又在兒手裡過活，打發女兒出門，也得幾兩銀子使；如今的年成又荒荒的，説不的硬話，只得把財錢也要收幾兩用。（醒世75.15a.5）

26. 將桃人盛在裏面，埋在狄希陳常時睡覺的床下，起了一坐小墳。（醒世76.11a.1）

27.28. 姐夫常時還是沒見天日的人，又且在家懼怕俗娘家有人説話，凡事忍耐就罷了。他如今做了這幾年官，前呼後擁，一呼百喏的，叫人奉承慣了的性兒，你還像常時這們作踐，只怕他也就不肯依。（醒世94.8b.9）

29. 你常時叫你去，你待中收拾不迭的就跑。（醒世94.9a.3）

30. 常時在家，他才待要下毒手，娘就護在頭裏；娘沒了，爹雖自家不到跟前，‥（醒世96.13a.8）

31. 素姐説：我打聽的你自從我到了，你才覺善靜了些。你常時沒打他呀。（醒世97.8a.2）

付録2

[《醒世姻緣傳》に見える"情管"の用例]

1. 路上冒了風寒。我叫人做些酸辣湯，你吃他兩碗，熱炕上發身汗出，情管就好了。（醒世

2.1b.3）

2. 墊着看了脈，説道：這病比昨日減動六七分了。今日再一帖下去，情管都好了。（醒世2.11a.7）

3. 晁奉山媳婦説道：我去尋本祟書來，俗與珍姨送送，情管就好了。一邊説，一邊叫人往眞武廟陳道士家借了一本祟書來到。（醒世3.5a.2）

4. 對門禹家去，請同禹明吾來吃午飯。禹明吾看着童山人道：老童，情管你的法靈了。（醒世4.5b.7）

5. 禹明吾又落後指着晁大舍笑道：這情管是小珍的手段，你平日雖是大鋪騰，也還到不的這們闊綽。（醒世4.7a.3）

6. 房内看了脈，説道：不要害怕沒帳得算，這是閉住惡路了。你情管我吃不完酒就叫他好一半，方顯手段。（醒世4.12b.2）

7. 俺爺説：小青梅這奴才慣替人家做牽頭，情管是個和尚妝就姑子來家。（醒世12.13a.9）

8. 你快把他的原物取出來，我叫人送還與他，你情管就好了。晁源一骨碌跳將下來，自己把那一包銀子，用力強提到晁夫‥（醒世17.3a.1）

9. 知州從來使銀子上的。晁爺你不信，只叫大官人替唐老爺做上女壻，情管待不的兩日就是个知州。（醒世18.3a.10）

10. 就住到四不居鄰的去處，他望着塊石頭也騎拉騎拉。唐氏道：情管你那輩子就是這們个老婆。（醒世19.5a.5）

11. 晁無晏道：我一猜一個着，再沒有二話，情管是那幾畝墳地，叫俗衆人攤糧。（醒世22.3a.9）

12. 晁思才老婆跑將出來説道：你們不消胡猜亂猜的，情管是爲你昨日賣了墳上的兩科柏樹，他知道了，叫了衆人去數落哩。（醒世22.3b.6）

13. 晁書娘子説道：觀其大嬸諸般靈聖，情管來托夢叫奶奶知道。（醒世30.11b.9）

14. 晁鳳説：淳叔，你聽我説，你別合他一般見識。他紅了眼睛，情管就作下。（醒世32.8b.3）

15. 程樂宇説：也不是怕俗看他的破衣爛裳，情管屋裏有人正做着甚麼，俗

去沖開了。你沒見他那顏色都黃黃的，待了半‥（醒世38.9b.7）

16. 推心忙、推頭暈。狄周説：心忙頭暈，情管是餓困了。（醒世38.12a.9）

17. 我打和包雞子，你起來吃幾个，情管就好了。儵早到家，我聽説家裏叫下的步戲，城裏叫了三四个姐兒等待‥（醒世38.12a.10）

18. 狄婆子指着孫蘭姬道：情管這就是那世裏的老婆。姑子説：不相幹。這个大姐，那輩子裏也是‥（醒世40.7b.8）

19. 只是娘管的有正經。夜來北極廟上那个穿茄花色的婆娘，情管也是个會管教漢子的魔王。（醒世41.1b.10）

20. 狄周媳婦説：娘就沒看見麼。他在疆磽子上，朝東站着，那下邊請紙馬的情管是他漢子，穿着穰青布衫，羅帽子，草鑲鞋。（醒世41.2a.3）

21. 狄婆子説：我見來。那漢子情管是他兒。（醒世41.2a.9）

22. 情管只是漢子。狄婆子説：那漢子我沒看真。（醒世41.2b.2）

23. 狄婆子説：那漢子我沒看真，情管是个膿包．好漢子也依老婆降發麼。（醒世41.2b.3）

24. 南海北的沒影子。臨那斷氣，等不將他來，只見他極的眼像牛一般，情管待合他説甚麼，如今有點子東西，不知汝唆在那裏迷糊門了。（醒世41.8a.7）

25. 吃着碟子看着碗的罷了，這一个槽上，也拴的兩个叫驢麼。那賊狗頭情管抽了个頭兒去了。（醒世43.7b.4）

26. 婆子道：對着親家説不得的事。薛婆子取笑道：説不得的事，情管就不是好事。親家且吃酒，有事黑夜做就是了，不消預先的想。（醒世44.4a.3）

27. 來囑咐他，他必欲不依大的們説。你家裏那聲説聲應的，不是你來。情管是你爹不該教道那二三更來。親家請便，待我打發他梳完頭出去。（醒世45.4b.9）

28. 説：這也就瑣碎少有的事。陳兒，你還往我屋裏睡去罷。他明日情管就合我熟化了。狄希陳仗着他娘的力量，還待要踢門。（醒世45.7b.1）

29. 我倒沒問小玉蘭哩。薛三省媳婦説：我來了這一會子，情管也梳上頭了，待我進屋裏去罷。（醒世45.13a.10）

30. 尋奶子這們緊，再有像這婆娘爽俐幹淨，又年小，又好奶，又不醜，情管奶的哥哥也標致。奶奶不要他，是嫌他怎麼。(醒世49.7a.10)

31. 叫狄周媳婦趕上攔阻他。不惟不肯回來，且說：你叫他休要扯淡，情管替他兒生不下私孩子。(醒世56.6b.8)

32. 這孩子到他手裏，不消一個月，打的像鬼似的；再待一個月，情管周了。(醒世57.3a.7)

33. 晁梁娘子道：俺那頭有極好的狗皮膏藥，要一帖來與他貼上，情管好了。(醒世57.9a.8)

34. 狄員外道：不消去，情管是往那裏做甚麼，順路訪訪你，好擾你的酒飯。要有甚要緊的事。(醒世58.2a.7)

35. 方叫那牛頭馬面一齊上前，套柳上肘，才得拿他到陰司受罪。情管那家子必定有一个人害眼疼的，這拿的就是他。(醒世64.5a.6)

36. 哄的我把話都說盡了，可是叫你見怪。這事也不一律，若是大嫂，情管沒帳。久聞的狄大嫂甚是賢德，孝順翁婆，愛敬丈夫，和睦鄉裏。(醒世64.5b.3)

37. 那牙巴骨瓜搭瓜搭的怪響。素姐看了他一眼，說道：了不得。這情管又是你這忘八羔子幹的營生。(醒世64.9b.10)

38. 他自正月十六日蓮花庵裏回來就合你鬧起，情管是那裏受的病根。你還到那裏仔細打聽。(醒世65.2b.1)

39. 我猜你這衣裳情管是放在張茂實家，我若要的不大上緊，你一定就與了別人。(醒世65.14b.5)

40. 囘囘婆道：你拿了去，由他。這皮襖子是他的命，他出不去三日，情管就贖。我是恨他心狠，打脫了主顧，正合他為這个合氣哩。你聽着我說‥(醒世67.9a.3)

41. 童奶奶道：這臘嘴養活了二三年，養活的好不熟化。情管在酒席上偏拉，叫老公知道，要的去了。(醒世70.8a.4)

42. 等一總裏交，怕零碎放在手邊使了，先送了來與老公墊手兒使。他情管喜歡你。就還了他銀子，僭還合他結个相知，還叫他往後救僭頭疼腦熱‥(醒世71.2a.3)

43. 童七道：奶奶去情管好。我近來運退了的人，說出句話來就濁殺人的，連自家過後也悔‥（醒世71.2a.7）

44. 媒婆説：這就不難。俺去説，情管就肯。（醒世72.9a.4）

45. 童奶奶道：這好，這好。這情管是李明宇家。他的娘子是我的妹妹哩。要是那裏，倒也來往方便。（醒世75.5a.8）

46. 李奶奶道：情管你也不守法度，一定在外邊養女掉婦的。童奶奶道：沒的家説。（醒世75.7b.6）

47. 狄大爺説的，情管就是寄姑娘。俺見童奶奶説得話撅撅的，揀人家，挑女婿的，俺倒沒理‥（醒世75.10b.6）

48. 狄希陳道：你放心，做成了，情管叫你二位暖和。又叫呂祥：你收拾酒飯，給兩個媽媽子吃。（醒世75.12b.6）

49. 有，你也不消謝我；沒時，你也別要抱怨。劉振白道：你説去，情管有。我拊量着不好回我的。（醒世80.5b.5）

50. 單完道：怎麼幹不的。就請童奶奶做幕賔＜＝賓＞，情管做的風響。童奶奶請進去罷，有甚麼話，俺只合童奶奶商議，狄爺當個‥（醒世81.3a.6）

51. 單完道：情管劉振白管了這造子事，狄爺合童奶奶沒致謝他致謝，所以才挑唆他告狀，這事再沒走滾。（醒世81.9a.3）

52. 你們在俺兩个身上，情管你們打上風官司，叫這狗骨頭吃場好虧。（醒世81.9b.1）

53. 趙啞子道：這位察院爺只喜人説實話，這上頭不大追求你。情管我這狀遞上去，只是叫他吃了虧就是。（醒世81.13b.6）

54. 陸好善道：這事情管有人挑唆。（醒世82.2b.5）

55. 這個，在那一個的頭上疊窩兒。他家沒有第二个丫頭，就是小珍珠，情管不知有甚麼撕撓帳，家反宅亂的把个丫頭弔殺了，怕僭笑話他，沒敢對‥（醒世82.3a.10）

56. 寄姐道：渾是不像你，情管倒穿不了。狄希陳道：且別賭説。我見人上轎，都是臉朝外，倒退‥（醒世83.9a.4）

57. 叫俗往那們遠去，自然送到俺地頭。你且放寬了心，等我替你算計，情

管也算計不差甚麼。（醒世83.14a.10）

58. 我蹤着道兒尋着看他看，再那裏有影兒。大今子説：情管是你大嫂扯謊詐偺哩，別要理他。（醒世85.8a.7）

59. 狄周這翻江祭海的，擰成股子哄我，我還多啃他幾口。情管爺兒們新近持了臥單，教打夥子就穿靴。（醒世86.4b.8）

60. 口的黃兒驟，説了二十五兩。那經紀把呂祥看了兩眼，説道：這驟情管不是你的；不然，你怎麼説的都是沒捆的價錢。（醒世88.4b.5）

61. 我昨日遇着俺家裏人往淮上賣麪的，捎信到家去了，待不的一個月，情管就有人來。那時我有恩的報恩，有仇的報仇。（醒世88.9b.8）

62. 聽見，説道：這是狄家那個少鼻没眼的老婆罵陳家哩。罵了陳家，情管就來我家門首嚷罵。（醒世89.9a.1）

63. 他罵了陳家，又罵偺家；他罵了偺，情管還罵杜其思合宮直家去哩。宮直合杜其思罷了，只怕宮直的老婆可不是‥（醒世89.9b.5）

64. 我料着要是你自己，可你没有聽差了話的。情管不知是那個混帳耳朵聽的不眞，學的別了，叫你生氣。不論有這話沒這‥（醒世96.12a.4）

65. 寄姐道：這情管是个《清江引》。你照着《清江引》的字兒，你就念成句了。（醒世97.6a.7）

［《醒世姻緣傳》に見える"管情"の用例］

1. 若叫他跟着小的過幾時窮日子，管情就像小的了。（醒世47.8a.3）

付録3

［《醒世姻緣傳》に見える"齊整"の用例］

1. 鋪設齊整，請那一班富家賞雪。（醒世1.9b.2）
2. 約定大家俱要妝扮得齊整些，像個模樣。（醒世1.10a.2）
3. 偺自己做齊整的。脱不了也還有這幾日工夫哩。（醒世1.10a.2）
4. 戎裝比那一起富家子弟分外齊整。（醒世1.11a.4）
5. 又另揀了一個茁壯的婆娘，戎粧齊整。（醒世1.11b.2）
6. 到大門上，閉了一扇門，將身掩在門後，將上半截探出去看望，甚是齊整。

（醒世2.2b.2）

7. 一來心裏先有成算，二來只尋思說道：這等齊整，那珍哥落得受用，不知也還想我老楊不想。（醒世2.8b.9）

8. 你叫人收拾一副齊整些的攢盒，拿兩大尊酒，一盒子點心，一盒雜色果子，且先送與他過節。（醒世3.11a.4）

9. 那書房內也說不了許多燈火齊整。（醒世5.7b.3）

10. 用了五十兩銀子買了轎來，甚是齊整。（醒世6.4b.3）

11. 買了一頂翠綠鸚哥色的萬字頭巾，還恐不十分齊整，又到金箔胡同買了甘帖升底金。（醒世6.6a.9）

12. 那家子請我到家，齊整請了我一席酒，謝了我五兩銀。（醒世6.9a.4）

13. 只見從東北上油油動發起雲來，細雨下得一陣緊如一陣，只得尋了齊整寬綽客店歇下。（醒世8.5a.2）

14. 小青梅牽着個白胖齊整的和尚。（醒世8.14a.3）

15. 只是叫晁大哥凡百的成禮，替令愛出齊整殯<=殯>，往後把這叫罵的事，別要行了。（醒世9.8b.8）

16. 一面下了請帖，擺了齊整酒席請那兩個差人吃酒，每人送了四十兩銀子。（醒世10.2a.6）

17. 珍哥穿戴的甚是齊整，前呼後擁，到了孔家二門內，下了轎。（醒世11.2a.6）

18. 那三四個婆娘，狼虎般跑到後面，揀得穿得齊整生得標致的，料得定是珍哥，上前架住，推了出來。（醒世12.6b.4）

19. 計氏於初七日夜，不知時分，粧束齊整，潛至氏房中門上，用帶自縊身死。（醒世13.3a.8）

20. 典史問說：這是甚麼所在。如何這等齊整。這個標致婦人却是何人。（醒世14.2a.8）

21. 抗在肩頭，問了路，走了五六裏，倒也果然有座香巖寺，規模也甚是齊整。（醒世15.9a.10）

22. 次早，晁老自己來投拜帖，下請柬，下處齊整擺了兩席酒，叫了戲文，六兩折席，二十四兩聘金，請定過了。(醒世16.5a.8)

23. 梁生也隨即出來相見，備了齊整齋筵欵待晁書，將晁大舍問他借銀子，剩了三十兩，還不肯叫他留下。(醒世16.9b.1)

24. 晁源在那實事上不做，在那虛文上倒是肯尚齊整的。(醒世18.9a.8)

25. 晁大舍預先知道了，擺下齊整大酒，請下鄉宦姜副使、胡翰林相陪。(醒世18.12b.2)

26. 起了龕，壘在裏面。太後都遣了太監出來與他上香，粧修得功果十分齊整。(醒世21.3b.10)

27. 皇太后都差了司礼監下來上香。修蓋的好不齊整。(醒世22.8b.9)

28. 打發晁鳳三個來了，叫上禮房來分付做齊整門扁，上書女中義士四字。(醒世22.17b.10)

29. 東南上蓋了一所書房，這書房倒也收拾的有致，比住房反倒齊整。(醒世24.6a.5)

30. ·薛三省來看下處，知得凡事齊整，飛也似去回了話，薛教授甚是歡喜。(醒世25.6a.1)

31. 狄員外的娘子叫人置辦了齊整欵待，叫出兒子狄希陳見那薛夫人。(醒世25.6b.8)

32. 薛教授急忙修理齊整，揀了吉日，移徒了過去。(醒世25.10b.6)

33. 一日間，四五個樂工身上穿了絕齊整的色衣，跟了從人，往東走去。(醒世26.5a.3)

34. 新人到一更天氣，等人睡盡了，穿着得齊整，用帶在自己房裏弔死了。(醒世28.3b.2)

35. 照了公鄉宦的身材，做了一套齊整吉服，又尋一副上好的白鷳金補綴在上面。(醒世36.6b.9)

36. 叫那沈裁進去，他把一個紅氈包托了那套員領，看了甚是齊整。(醒世36.7a.4)

37. 正苦那不齊整，一見了這雪白厚毛的暖耳，喜不自勝。(醒世36.8a.3)

38. 小和尚長了十四歲，留了頭髮，變了个唇紅齒白的好齊整學生。（醒世36.12b.1）

39. ‥站着一个十六七歲的磐頭閨女，生得也甚是齊整。（醒世37.7b.1）

40. 狄希陳説：磐起頭了，標致多着哩。穿的也極齊整。（醒世37.7b.10）

41. 畢進道：這裏誰家有這齊整閨女，待我回去看看。（醒世37.8b.10）

42. 狄希陳四個同窗，各出了分資，叫廚子尤聰辦了兩桌齊整酒席與程先生、連趙完兩個接場。（醒世38.8a.1）

43. 鼓手樂人吹打，一樣三分看席，甚是齊整。（醒世39.4a.1）

44. 那李五看了這樣齊整盛饌，就要變色而作，但又貪圖他的重資，舍不得走脱，只得勉強承納。（醒世39.12b.2）

45. 薛教授自己到了城裏，使了五錢銀裱了一個齊整手卷。（醒世40.2b.1）

46. 一片聲的説不去尋他，做的衣裳又不齊整，買的板又不好，只是問誰主的事。（醒世41.8a.1）

47. 果然預備了一付三牲，齊整祭品，祭軸上寫了祭文，空了名字。（醒世41.10a.4）

48. 我的骨殖幾乎歸不成土，幸得諸賢弟的力量，還出了這等一個齊整大殯〈＝殯〉。（醒世42.8b.4）

49. 你吃着好的，穿着好的，住着這們乾淨去處，齊整床鋪。（醒世43.3b.7）

50. 喚了樂人鼓手，於十一月初十日備了一個齊整大聘。（醒世44.2b.8）

51. 料理娶親勾當，嫌那東邊一座北房低小，拆了另蓋，糊墻鋪地，極其齊整。（醒世44.3a.8）

52. 雖也不十分齊整，但是那老教官的力量，也就叫是竭力無餘的了。（醒世44.5a.6）

53. 扎刮了齊整喜轎，結彩掛紅，極其鮮艷。（醒世44.5b.9）

54. 晁書領着晁梁，衣巾齊整候見。（醒世46.13a.8）

55. 奉赦修建的墳塋，好不齊〈＝齊〉整。（醒世47.3a.5）

56. 拾第三層正房，油洗窗門、方磚鋪地、糊墻壁、剗仰塵，收拾的極是齊

整，要與晁梁作娶親的洞房。(醒世49.2a.2)

57. 晁夫人齊整送他與吳學顏一處。(醒世49.14b.1)

58. 叫我把這們齊整攢盒待他。(醒世50.8b.5)

59. 三牲五鼎，錦繡綾羅，供養那婆婆，那老人家心裏不自在，說那衣裳齊整，飲食豐腴，成何事幹。(醒世50.10a.1)

60. ‥同了素姐薛如卞娘子連氏，都到相家看那建坊的齊整。(醒世52.13a.6)

61. 嫌出的殯不齊整，窮人家手裏沒錢。(醒世53.9b.8)

62. 一個低錢沒有濟助的，一張紙也割舍不的燒給那孫子，責備出的殯<=殯>不齊整哩，又是不念經哩，撒騷放屁的不羞麼。(醒世53.10a.5)

63. 你別嫌俺的殯<=殯>不齊整，只怕你明日還不如俺哩。(醒世53.10a.8)

64.65. 晁思才道：這是怎麼說。沒要緊扯閑淡。可是齊整不齊整，該我腿事麼。(醒世53.10b.9)

66. 童奶奶道：好位齊整相公。就是大奶奶生的麼。(醒世54.2a.9)

67. 狄員外道：好位齊整姑娘。有了婆婆家不曾。(醒世54.2b.7)

68. 三間齊整客舍，擺設的當的着實華麗。(醒世55.12a.4)

69. 果然攢了錢替他蓋了極齊整的大廟，人山人海的‥(醒世58.10b.8)

70. 調羹替狄婆子梳頭、穿衣、收拾齊整。(醒世59.5a.7)

71. 每年今月今日要合村的人選一個美貌女子，穿着的甚是齊整，用笙簫細樂、彩轎花紅送到廟裏，與那烏大王為妻。(醒世62.2b.5)

72. 張茂實還齊整擺了酒與他丈母媳婦遞酒賠話。(醒世62.13b.10)

73. 又叫他梳頭，戴了巾幘，穿了道袍，穿着齊整，從新與薛如卞作揖。(醒世63.12a.2)

74. ‥，在那白雲湖岸亭子裏邊設了一席齊整酒肴，請狄‥(醒世66.3a.8)

75. 初一五更起來，裝扮齊整，先到了龍王廟叩頭。(醒世67.11b.4)

76. 四月十八頂上奶奶的聖誕，比這白衣奶奶的聖誕更自齊整。(醒世68.5a.6)

77. 看這位香頭還年小着哩，看身上穿的這們齊整，一定是個大主子。(醒世

69.7b.6)

78. 既有了齊整房舍，就要擺設桌椅圍屏，爐瓶盆景，名人字畫之類，粧作假斯文模樣；

79.80.81. 漸漸又齊整穿着起來；住了齊整房屋，穿了齊整衣裳。(醒世70.2b.7)

82. 次早把這兩件奇物叫虎哥拿着，童奶奶扎刮齊整，雇個了驢，騎到陳公的外宅門首。(醒世71.7a.2)

83. 程大姐就先往房裏收拾鋪蓋齊整，周龍皋方才醒轉，説道：有酒篩來，我爽利再吃他兩鐘好睡覺。(醒世72.13a.4)

84. 其餘但是略有半分姿色，或是穿戴的齊整，盡被把衣裳剝得罄淨。(醒世73.8b.10)

85. 務必圖個體面好看，插戴、下茶、衣服、頭面、茶果、財禮都要齊整，別要苟簡了，叫親戚街裏上笑話。(醒世75.13a.4)

86. 首飾衣服該怎麼着，任憑姑奶奶分付了去，務必要尚齊整，別要叫親戚們笑話。(醒世75.13b.10)

87. 周嫂兒道：姑奶奶，這話我都對着姑夫説來，他只説是要齊整好看，別要疼錢。(醒世75.14a.7)

88. 也是周嫂説：童奶奶不依，務要齊整好看，怕親戚笑話。(醒世75.15a.1)

89. 建齋超度，開墳山夜，諸凡都也齊整，不必細説。(醒世76.6a.5)

90. 金魚池、高梁橋、天壇、韋公寺，鎮日不在家中，吃得白胖的，甚是齊整。(醒世76.11b.1)

91. 陸好善道：他衣服又不甚麼齊整，又沒女人們跟隨，又不知怎麼沒有鼻子。(醒世78.5a.9)

92. 不費半文布施，不用一分飯錢，飽看了希奇齊整的景致，享用了豐潔甘美的羹湯，這也就是素姐的一生奇遇。(醒世78.8a.4)

93. 素姐問説：這就是高梁橋麼。怎麼不大齊整，灰頭土臉的呢。(醒世78.10b.1)

94.95. 有名的高梁橋，這們齊整，還說不齊整哩。（醒世78.10b.3）

96. 給了二錢香錢，出來上轎，說道：你可不早説。沒甚麽好看，也不齊整。（醒世78.10b.4）

97. 又看得這丫頭明眉大眼，白淨齊整，惟恐狄希陳看在眼裏，扯臭淡與他女兒吃醋。（醒世79.4b.3）

98. 你家裏放着一個又標致，又齊整，又明眉大眼，又高梁鼻相的個正頭妻，這裏又有一個描不成畫不就的。（醒世79.6a.9）

99. 狄希陳謝了相主事出書贏了官司，又齊整擺了兩席酒，封了兩封各五兩席儀，請惠希仁、單完兩個，謝他衙門照管。（醒世82.14a.8）

100. 你要送的禮不齊整，好麽，只給你個苦差，解胖襖，解京邊，解顏料，叫你冒險賠錢。（醒世83.12a.5）

101. 狄希陳道：好齊整帽套。（醒世84.10b.10）

102. 寄姐也都齊整擺酒，預先請來相會。（醒世85.4b.2）

103. 打着三檐藍傘，穿着天藍實地紗金補行衣，本色廂邊經帶，甚是軒昂齊整。（醒世85.9a.2）

104. 這番因有了這一弄齊整行頭，不由的也欣然要去。（醒世85.11a.6）

105. 這彭蠡湖内有座大姑山，是天下名勝第一個所在，上面極齊整的廟宇，不可錯過，這也是千載奇逢。（醒世87.13a.2）

106. 替你囬的不齊整了，憑你合我算帳。（醒世87.13b.9）

107. 這成都是四川省會之地，財賦富足之鄉，雖是個首領衙門，却有幾分齊整。（醒世91.2b.4）

108. 衆人因問他：前面過去的是那位王妃郡主，這般嚴肅齊整。（醒世93.9a.2）

109. 金上舍貪他家富，與他結了姻親。金上舍的妝奩越禮僭分，也叫算是齊整。（醒世94.3a.2）

110.‥或是上林，攜了銀子到京，再開一個當鋪，另買齊整大房居住。（醒世94.6a.10）

111.‥看得鋪陳齊整，幛帳鮮明，擺設完備，越發忘了那被打之羞。（醒世

95.8a.6)

112. 吳看見的一定是我。若是薛家素姐姐，先是沒鼻少眼，怎麼誇得這等齊整。（醒世97.5b.9）

113. ‥清辰早飯不甚齊整，特地自己進來，到寄姐房內，再四的囑付。（醒世97.9b.6）

114. 周相公沐了頭面，浴了身體，拿出狄希陳內外衣裳，上下巾履，更換齊整。（醒世97.11a.8）

115. 尚書的小姐模樣到也齊整，自己生不出個兒子，又不許娶個妾。（醒世98.8a.4）

付録4

[《醒世姻縁傳》に見える"照依"の用例]

1. 晁住另撥了一个小廝小宦童跟了楊太醫家去取藥回來，炤依藥袋上寫明煎服，果肰就又好了許多。（醒世2.11b.3）

2. 老田照依囘了話。（醒世25.12b.10）

3. 但那老人家裏邊也不照依往時个个都是那先朝法物，內中也有那等倚老。（醒世26.3b.8）

4. 老田又照依與狄員外說了。（醒世25.13a.3）

5. 你道這樣童子心腸，當如此的世故，教他葆攝初心，還要照依他家上世人品，能與不能。（醒世37.2a.3）

6. 只是呌汪爲霹看之氣死，呌人傳話典狄寳<＝賓>梁知道，呌他炤依謝程英才的數目，一些也不許知道，不必請酒，折銀二兩，圖兩家便宜。（醒世39.4b.6）

7. 謝了衆人囘去，戴氏也還正在，只見魏氏照依前日發作起來，採鬢撏毛，揣腮打臉，罵。（醒世42.6a.7）

8. 狄家也照依欵待，照禮單點查了一應奩具，收到房中，賞賜了來人。（醒世44.5a.9）

9. 一邊悻悻的上轎，也沒合晁梁拱手作別，一面呌家人跟了魏三炤依他說的

話。(醒世46.7a.9)

10. 照依晁梁那時舊例,賞了徐老娘五兩銀子,兩疋羅,一連首帕,四條手巾。(醒世49.6a.5)

11. 別人家多不過是七十八文,小舖照依行使錢數,若是足色紋銀,每兩八十文筭。(醒世50.4a.7)

12. 狄員外家中炤依進學的時節設了許多酒席,管待寶〈=賓〉朋。(醒世50.9a.9)

13. 況且素姐每與狄希陳行事之時,也照依似常人一般好的,只是有那用人靠前不用人靠後的僻性,這是與人相殊的去處。(醒世61.10a.2)

14. 治好了,你有四五兩銀子謝他,他就知感不盡的,不照依那歪〈=尿〉養的‥(醒世67.4a.7)

15. 等到起更以後,等別人都睡了覺,寄姐炤依小珍珠梳了一个髽髻,帶着墜子,換了一件毛青布衫,等得狄希陳外面敲門,寄姐走到厨房門檻上,背着月亮,低着頭坐着門檻打盹。(醒世79.11a.1)

16. 書辦照依寫完了本,次早縣會極門上去。(醒世83.10b.9)

17. 俺娘生我這們七八品官的兒子,生个女兒是秀才娘子;不照依銀匠賊老婆生的兒子,僱與我管舖子,生的丫頭子,賣與我做小婦奴才。(醒世87.3b.1)

18. 是我常事也打,奈不過人們拉々扯々的,再浸得打個心滿意足的,沒照依這一頓可叫我打了个足心自在。(醒世96.4b.1)

19. 寄姐道:你叫他本人拿出良心來説々,我照依你這們狠打他來。(醒世醒世97.8b.3)

20. 誰想素姐也怕狄希陳合寄姐的防備,故粧了深情厚貌,不肯照依往時露出那不平的聲色。(醒世100.7a.4)

付録5

[《醒世姻緣傳》に見える"喜歡"の用例]
形容詞"高興"の意味
会話文

1. 俗不俗，不成道理。莫説叫鄉里議論，就是叫任裡晁爺知道，也不喜歡。(醒世2.2b.10)

2. 計氏説道：鄉里笑話，這是免不得的。俺公公知道，倒是極喜歡的，説他兒子會玩，會解悶，又會丟錢，不是傻瓜了。(醒世2.3a.1)

3. 晁大舍道：這樣人就像媒婆子似的，偺打發他個喜歡，叫他到處去破敗偺。(醒世4.6b.7)

4. ‥這們一个肘頭霍撒腦、渾身都動彈的个小媳婦，喜的蹙着眉、沈着臉、長籲短嘆，怪喜歡的。(醒世7.7a.3)

5. 到了人家，低三下四叫得奶奶長，奶奶短，磕頭像搗蒜一般，還不喜歡，恰像似進得進門，就把他漢子哄誘去了一般。(醒世8.9a.9)

6. 且是往人家去，進得中門，任你甚麼王妃侍長，奶奶姑娘，狠的、惡的、賢的、善的、妒忌的、吃醋的，見了那姑子，偏生那喜歡，不知從那裡生將出來：讓吃茶、讓吃飯、讓上熱炕坐的。(醒世8.10a.3)

7. 人家一個女兒嫁與人家，靠夫着主，只指望叫他翁姑喜歡，夫妻和睦，永遠過好日子，豈有挑他不賢的事。(醒世10.9b.7)

8. 你千萬受些委曲，我自有補報，只是臨了教你老人家足了心，喜歡个夠。(醒世12.7b.7)

9. 那些差人在外邊説道：晁相公，怎麼這般喜歡起來。難道是詳上批得好了。(醒世13.11a.6)

10. 晁老聽了兩個媒婆的話，悄悄對夫人説：題親的雖是極多，這兩門我倒都甚喜歡，但不知大官兒心下如何。(醒世18.3a.2)

11. 秦參政道：他舅的話也不可全信，只怕在他店裏住，打發的不喜歡，惱他也不可知。臨清離武城不遠，偺差秦福去打聽个眞實，再為定奪。(醒世18.7b.8)

12. 晁夫人道：今日是孩子的好日子，請將您來是圖喜歡，叫你都鬼吵來。您待吵，夾着屁股明日往各人家裡吵去。(醒世21.11b.3)

13. 你家去，爽利狠狠給他三十兩，打發他個喜歡。你去拿了銀子來，我着人請他兩个到我家裏合他講話。(醒世34.10b.8)

14. 你小兩口兒和和氣氣的似兄妹一般，那翁姑看了，自是喜歡。（醒世44.6a.10）

15. 薛夫人道：你辯的是混話。人家娶一個媳婦兒進門，不知指望怎麼喜歡哩。這頭一日，就叫個婆婆努着嘴，女壻撅着脣，這是甚麼道理。（醒世45.4b.3）

16. 又説：把那褥子我都與狄大娘看了。狄大娘喜歡，賞了我二百錢、這布合手巾。（醒世45.14a.1）

17. 難得姜奶奶得了外孫，我得了孫子。我任從折損了甚麼，我情管打發的你喜歡。（醒世49.5b.9）

18. 狄員外道：昨日我合他大舅散了，弟兄兩個吃到那昝晚，我倒怪喜歡的。這們玩起來了。雖是也不該，可也玩的聰明，好笑人的。（醒世58.12b.4）

19. 素姐説：怎麼。巡視的在跟前纔好哩，叫他替尤廚子償了命，我纔喜歡哩。（醒世60.9a.6）

20. 燒紙的人預先討了簽尋倒那裏，看得那司裏是個好所在，沒有甚麼受罪苦惱，那兒孫們便就喜歡。（醒世69.10a.1）

21. 你不給我説，罷，我把這臘嘴進給老公，老公沒有不喜歡的，饒了打不消説的，只怕還不教賠銀子哩。（醒世70.7b.1）

22. 你摸在旁裏只管站着，不怕我心影麼。不知怎麼，我乍見了你就怪喜歡的。（醒世71.4b.4）

23. 你合我裏頭住，就合爺娘分給孩兒們的屋業。孩兒們守着，爺娘心裏喜歡。（醒世71.8a.8）

24. 孩兒守不住，賣得去了，雖是分倒給你的，爺娘心裏喜歡麼。你諸務的沒了，單只這兩間房，驢糞毬兒且外面光着。（醒世71.8a.9）

25. 這兩個媒人走到童家，説：狄希陳甚是喜歡，説姑奶奶玉成了這事，他永世千年也是忘不了的。（醒世75.13b.8）

26. 寄姐道：哄你哩，沒棉花，也沒布。我處心不與他棉袴棉袄的穿，叫他凍凍，我心裏喜歡。（醒世79.8a.5）

27. 聽見説給他衣裳穿，給他飯吃，我就生氣。見他凍餓着，我才喜歡。（醒

世80.1b.10)

28. 二位爺上過飯，還有個薄敬，雖是窮人家，必也要措處。奉承得二位爺喜歡，可也好叫小女仗賴。(醒世81.3a.1)

29. 玉簪，玉結，玉扣，軟翠花，羊皮金，添搭在小禮裏頭，叫那奶奶們喜歡。(醒世84.2a.5)

30. 你是首領官，堂上是有不時批詞的，你不得請個代筆的人兒，大哥你自己來的。這要出了名打發堂官喜歡，凡有差委，或署州縣印，都是有的。(醒世85.2a.6)

31. 那時我有恩的報恩，有仇的報仇。喜懽也在你們，後悔也在你們。(醒世88.9b.9)

32. 天詔叫我做嶧山山神，這是往好處去，倒不喜歡，還要煩惱。(醒世90.11b.3)

33. 這是尊敬你的意思，你怎麼倒不喜歡，倒說是坎上愁帽。(醒世91.8b.6)

34. 孫舉人問知所以，甚是喜歡，便以尚書自任，隨就歪憨起來。(醒世98.4a.10)

非会話文

35. 晁大舍不勝喜歡，又忽想：怪道公公兩次托夢叫我往北去投奔爹娘。(醒世6.1b.7)

36. 珍哥拜完，老晁夫婦夥着與了二兩拜錢，同珍哥送回東院裏去了。珍哥覺得公婆不甚喜歡，也甚是沒趣。(醒世7.7a.5)

37. 珍哥也喜歡不了，叫晁大舍念與他聽。(醒世13.11a.1)

38. 又是兩石稻米，寫了通家治生的禮帖，差了晁住押了酒米；又分外犒從銀十兩，叫晁住當了典史的面前，分犒他衙門一千人衆，衆人都大喜歡。(醒世14.6b.1)

39. 典史自己看了，叫人把酒另倒在別的壇内，底下倒出許多物事。那個四奶奶見了銀子倒還不甚喜歡，見了那副手鐲，十個金戒指，又是那徽州匠人打的，甚是精巧。(醒世14.6b.3)

40. 晁大舍明明曉得自己見鬼，甚不喜歡，只得壯了膽，往前撞着走。（醒世14.12b.8）

41. 不半月其程，到了陸給事衙內，相見甚是喜歡。連住了三个月，也會過了許多名士，也遊遍了香山碧雲各處的名山。（醒世16.3a.8）

42. 這一場事，晁老也通常費過五千餘金，那草豆官銀仍落得有大半，回到衙內，晁夫人相見了，也還是喜歡。（醒世17.9b.9）

43. 按了規矩定要，惹得楊按臺甚不喜歡。縣官又把那神胙都分散與那鄉紳人等，寫了六幅的全帖送去。（醒世31.7b.4）

44. 晁鳳回了話，晁夫人着實喜歡，叫了晁近仁、晁邦邦同來，二人一遞，五日輪流，幫這糶穀，替下晁鳳、晁書一個來家裏走動。（醒世32.5a.10）

45. 舊時的徒弟宗昭中了舉，迎舉人那一日，汪為露先走到他家等候。宗舉人的父親宗傑只道他為徒弟中舉喜歡，煞實地陪了他酒飯。（醒世35.9b.6）

46. 這公鄉宦原是宦情極濃的人，當他的生日，報他起官，又送吉服，着實的喜歡。（醒世36.7a.3）

47. 他作揖稱謝，甚有矩度。連夫人亦甚喜歡，就托了程樂宇作伐。薛教授喜不自勝，擇日下定，不必煩講。（醒世37.4b.1）

48. 狄希陳第二十一名，薛如兼第一百九十名。四個全全取出，各家俱甚喜歡。（醒世37.6a.8）

49. 眾人因在府城住了二十多日，聽說家去，都甚喜歡。（醒世37.13a.1）

50. 只有薛如兼想他母親，流水答應，又甚喜欢。（醒世38.7a.5）

51. 府尊甚是喜歡，立着待了一鐘茶，分付教他們照常從師讀書，不可放蕩，還說了好些教誨的言語，叫他們即日辭了囘去。（醒世40.3a.9）

52. 狄希陳使性子，叫他爹娘降發着來了，心裏不大喜歡，喫了沒多大會就辭往家去。（醒世45.8b.3）

53. 徐宗師再三致問，許了進學。晁夫人甚是喜歡。（醒世46.2b.7）

54. 次日將一干人犯解上道夫。如此迅速，徐宗師已是喜歡，且招參做得甚好。（醒世47.12b.3）

55. 誰知他娘子知道收拾了房，更是喜欢，説道：一個七八十歳的老娘母子丢在一座房裏，自家住着也放心麽。清早黑夜守着些兒好。(醒世49.4b.10)

56. 姜副使爺兒三個甚是喜歡，姜副使又賞了老娘婆銀一兩，二位舅各賞了五錢。(醒世49.6a.9)

57. 季春江病了八個月才死，見得吳學顔不負所舉，病中甚是喜歡。這也是晁夫人一人有慶，凡事都是好人相逢，惡人回避。(醒世49.14b.8)

58. 兩親家婆合巧姐，請了妹子崔近塘娘子來陪，倒喜欢，説笑了一日。(醒世52.9b.1)

59. 童奶奶甚是喜歡，叫進狄周去，説：只怕沒有這理。(醒世54.3b.9)

60. 老狄婆子把臉沈了一沈，旋即就喜歡了。(醒世56.2a.6)

61. 素姐在後門外逼着聽，也甚是喜歡。薛教授説龍氏道：你看，那臉上的灰也不擦擦。(醒世56.5a.10)

62. 若是素姐一兩日喜歡，尋覓不到他身上，他便渾身通暢，若是無故心驚，‥(醒世60.9b.9)

63. 聞知素姐要建醮懺悔，甚是喜歡。叫狄周媳婦與素姐説道：凡是道場所用之物，都問狄員外要，俱當一一應承。(醒世64.11b.5)

64. 説到賠銀之事，都順着那任德前的口氣隨機應變的答應。太太甚是喜歡，叫人看飯相待。(醒世71.5a.5)

65. 童奶奶惟恐他尋的遠了，不大喜欢，説：看呀。我説等俺小大哥回來合你尋近着些的。(醒世75.5a.5)

66. 一邊擲下，端端正正擲出一對四紅。寄姐與狄希陳俱甚喜欢。(醒世75.9a.9)

67. 兩個見那簽上寫是菲儀二十兩，接在手裏，顛着沈沈的，心裏甚是喜歡。(醒世81.7b.1)

68. 不由的鼻子揸呀揸的，嘴裂呀裂的，心裏喜歡，口裏止不住只是待笑。(醒世82.4b.6)

69. 小鐘不已，換了大鐘。這們些年，也從來嘗嘗吃酒，沒有這一遭喜歡快樂的狠。(醒世82.9b.7)

70. 狄希陳倒也喜歡，只說到那八十兩束脩的去處，打了一個遲局。（醒世84.14b.2）

71. 素姐聽見狄周這一場熱嘴，也不免的喜歡，口裏也還罵着道：我只說你爺們歪折踝子骨，害汗病都死在京裏了，你們又來了。（醒世85.7a.2）

72. 呂祥回了素姐的話。素姐甚是喜歡，一來要許願心，二來就觀祭賽。（醒世86.6a.7）

73. 晁梁回家，將遞呈代米的事，回了母親晁夫人的話。晁夫人甚是喜歡，即時傳各庄的管家進城，按了積貯的多寡，以谷碾米，以完官糧。（醒世90.5b.3）

74. 這一日，晁夫人甚是喜歡，正是三月三日不暖不寒的天氣，客去以後，還與春鶯、晁梁夫婦、孫子晁冠閑坐敘話，交了二更，方纔就寢。（醒世90.9a.3）

75. 吳推官聽說丈人來望，甚是喜歡，一面走進房內，合大奶奶道：爹在外面，你可分付廚下備飯留坐。（醒世91.7b.7）

76. 素姐已是喜欢，寄姐又肯攛掇，還雇了大船，由了河路，從德州起旱回家，收拾祖居，再整田地。（醒世100.13a.2）

77. 他隨即解開了封，又添上二十兩，每個壇內是四十兩；又想，要奉承人須要叫他內裏喜歡，一個罈內安上了一副五兩重的手鐲，一個罈裏放上每個一錢二分的金戒指十個，使紅絨系成一處。（醒世14.6a.7）

78. 又收拾了許多汗巾，絲帶，膝褲，首帕，蜀扇，香囊等物，叫他做人事拜見之用。那會子打發得他喜欢，也便把口來裂一裂，牙雌一雌，露了個喜態。（醒世100.4a.2）

79. 無奈先是那妯娌不和，枕邊架說了瞎話，以致做男子的妻子為重，兄弟為輕，變臉便情。做父母的看了，斷沒有個喜歡的光景。（醒世59.9b.6）

動詞"使高興"の意味

非会話文

80. 打得腦蓋五花迸裂、骨髓橫流。眾街坊一來懼程謨的兇勢，實是喜歡這兩個歪人一個打死，一個償命，清靜了這條街道。（醒世51.4a.10）

81. 把通卷子密密寫的都是程法湯訴冤說苦的情節，敘得甚是詳細。學道喜歡他做得好，就高高的取了一個六等第一，還行在縣裏查究。（醒世

25.9b.7）

82. 素姐與漢子原無恩愛，又喜歡打發他不在跟前，便于放肆，所以也巴不能夠叫他遠去。（醒世76.7b.7）

動詞"喜愛"の意味

会話文

83. 邢臬門沈吟了一會，回説道：這事可以行得。我喜歡仙鄉去處，文物山水，甲於天下，無日不是神遊。（醒世16.4b.7）

84. 你説：我變轉了一百兩銀子，放着等一總裏交，怕零碎放在手邊使了，先送了來與老公墊手兒使。他情管喜歡你。（醒世71.2a.3）

非会話文

85. 再也不自己想道那些丫頭養娘被他打的打了，採的採了，那一個是喜歡你的，肯與你遮蓋。（醒世20.14a.8）

86. 這些徒弟們雖然名是師徒，生前那一個不受過他的毒害。比束脩、比謝禮，狠似學官一般，誰是喜欢他的。（醒世41.9a.1）

87. 薛教授因他不聽教訓，也甚是不喜歡他。（醒世56.3b.1）

88. 童奶奶見女兒不喜歡這個丫頭，便也隨風倒舵，不為照管。（醒世79.4b.2）

［《醒世姻縁傳》に見える"歡喜"の用例］

形容詞"高興"の意味

会話文

1. 少年説道：適才賢侄見了歡喜樂笑，怎麼如今愁容可掬。只怕到我書房，曾見甚麼來。（醒世29.5a.2）

2. 惠姐姐，公愛婆憐，丈夫尊敬，我們做兄弟的走到那裏，大家都見了歡喜，我們去的也有光彩。（醒世63.8b.6）

3. 狄大爺，你叫家下快着備飯，管待二位爺，偺再商議。打發二位爺个歡喜，偺明日大家可去投文聽審去。（醒世80.15a.3）

4. 姑子説：不相幹。這個大姐，那輩子裏也是個姐兒，同在船上，歡喜中訂了盟，不曾完得，兩個這輩子來還帳哩。（醒世40.7b.10）

5. 晁大舍回到家中，對珍哥說道：爹娘聞知娶你過門，甚是歡喜，要即時搬你上船，同往任內，因我說你小產未起，所以只得遲遲。待你一好，僭也都要行了。（醒世6.4a.1）

非会話文

6. 晁秀才自家固是歡喜，侍郎也甚有光彩。（醒世1.4a.5）

7. 肖北川見了銀子大米，雖是歡喜，却道也還尋常，只是見了那一沙壇酒，即如晁大舍見珍哥好起病的一般，不由的向李成名無可不可的作謝，狠命留李成名吃酒飯，高高的封了一錢銀子賞他，撮了兩帖藥，交付回去。（醒世5.1b.5）

8. 請胡旦進來見了，蘇都督甚是歡喜。胡旦的親外婆死久了，房中只有三四個少妾，也都出來與胡旦相見。（醒世5.11b.5）

9. 王振看了，甚是歡喜，說道：你兩个可也能。那裏鉆刺的這門物兒來孝順我哩。（醒世5.6a.10）

10. 出一百兩喜錢，衆人嫌少，漸次又添了五十兩，都歡喜，打發散了。衆親朋絡繹不絕，都來賀喜。（醒世6.2a.1）

11. 果然用了二十八兩銀子問鄉宦家囘了一頂全副大轎來。珍哥方纔歡喜。（醒世6.4b.2）

12. 那兩個人雖是打許多夾帳，也還打發得那些衆人欢喜。雖不是在武城縣裏，問的時節，着實有人奉承，却也不曾失了體面。（醒世12.10a.7）

13. 晁書吃完了齋家去，囘了夫人的話。夫人甚是歡喜，倒也把梁生兩個的這件事放下了去。（醒世17.4a.6）

14. 不一日，到了通州，師徒相會，甚是歡喜。過了幾日，那片雲漸漸的沒精塌彩，又漸漸的生起病來。（醒世21.2b.5）

15. 差了薛三省來看下處，知得凡事齊整，飛也似去囘了話，薛教授甚是歡喜。（醒世25.6a.2）

16. 薛教授極是歡喜，只是楊家的對過，外人怎麼插得進去。只得讓楊尚書的孫子買了。（醒世25.10a.9）

17. ··首飾衣裳損折得精光，還打發得不歡喜，被他痛打這一頓。（醒世25.8b.2）

18. 狄賓＜＝賓＞梁見兒子長了學問，極其歡喜；他母親又説虧了他擇師教子，所以得到這一步的工夫。（醒世37.2b.6）

19. 狄希陳與薛如兼都頭一牌放了出去，都是縣官面試取中，歡喜的跳了囬家。（醒世37.5b.1）

20. 狄希陳看了題目，就是見了孫蘭姬也沒有這樣歡喜。（醒世38.5b.2）

21. 又把宗師問答的説話説了一遍，大家都甚是歡喜。（醒世38.6b.9）

22. 狄員外備了學官的禮，兩齋各自五兩銀，鞋襪尺頭在外。學官歡喜，收了。從此也絕不升堂，絕不畫卯。（醒世38.11a.5）

23. 狄希陳聽見這話，就是起先報他進學，也沒這樣欢喜。（醒世40.13b.7）

24. 宗光伯兩人甚是歡喜，將祭品擺了靈前。（醒世41.10a.9）

25. 晁夫人説是斷了這條禍根，雖是慘傷之中，又是懽喜。三日，又叫晁書去他墳上燒紙，按節令也都差人與他上墳。（醒世43.12b.3）

26. 狄婆子看了他那模樣，好不温柔雅致、嬌媚妖嬈，心中暗自歡喜。（醒世44.3b.7）

27. 姜副使説：這文字就沒有情也是進的。獻過茶，歡喜而去。（醒世46.2b.8）

28. 晁梁見説替他下聘娶親，他甚是歡喜。（醒世49.2a.2）

29. 送飯的人囬去説了。孫蘭姬甚是歡喜。（醒世50.7a.6）

30. 你恭我敬，戮力同心，立紀把家，守苦做活，已是叫公婆甚為欢喜。（醒世52.10a.4）

31. 這調羹歡喜樂笑的道：這娘不是沒要緊，生那閑氣做甚麽。（醒世56.11b.10）

32. 因是緊鄰之女，又是契友之妻，都認識的熟，二人歡喜相見。（醒世63.3b.5）

33. 見了狄希陳，狄員外就如重生再見的一般歡喜，狄希陳却恬不介意。（醒世63.12b.10）

34. 白姑子又不好打得夾帳，每人足分五錢，一會衆人各甚歡喜。（醒世64.13a.3）

35. 但不知如何欵待，如何打發歡喜，怎麼見官，寄姐果否吃虧，其話甚長，還得一囬說了。（醒世80.15a.4）

36. 衆人就如拾了幾萬黃金，也沒有如此歡喜，先替相主事，後替狄希陳磕了千八百個頭，念了八萬四千聲佛，往外就走。（醒世83.7a.1）

37. 將船妥當了囬來，狄希陳合郭大將軍甚是歡喜。狄希陳方知周景楊實該尊敬，不該是叫他來參見的人。（醒世85.4a.7）

38. 得銀之際，甚是歡喜；正待下船之時，被一個戴黃巾的後生，腦後一掌，便昏迷不知所以。（醒世93.11a.10）

39. 相公錦囊妙計，着着的入他套中，也謝了周相公五十兩。狄希陳甚是歡喜。（醒世94.6a.5）

40. 已將日落時節，素姐惱巴巴不曾吃飯。寄姐因攛掇不聽，也就不大歡喜。（醒世95.11a.6）

41. 秀才囬家，與母親說知。母子得與富室連姻，甚是歡喜。（醒世98.7a.3）

42. 誰料他的主意，一為不曾報的狄希陳的冤仇，要的隨便下手；二為前次進京，不曾叫他各處玩耍個暢快；因此兩件，亦甚歡喜相從。（醒世99.13a.1）

43. ⋯狄希陳又不能離脱，都是歡喜中又有這不遂心的事，正也費處。（醒世99.9a.4）

［《醒世姻緣傳》に見える動詞"喜愛"の意味を表す"喜"の用例］
会話文

1. 肖夫人道：呵，發變的我就不認得了。到底那肖夫人老成，不似那孔舉人娘子少年輕薄，隨又與珍哥拜了兩拜，說道：可是喜你。（醒世11.3a.2）

2. 他裏說：望宗師批到學裏去罷。縣官因生員不善逢迎，極不喜生員的。他人是富豪，平日都與官府結識得極好。（醒世39.6b.10）

3. 相於廷道：⋯你就別要強悃給他和尚。你叫他凡事都遂了心，你看他喜你不。（醒世58.7a.3）

4. 晁大舍喜他伶俐，凡百托他，一向叫伎者、定戲子、出入銀錢、掌管禮物，都是他一人支管。（醒世6.5b.10）

5. 就是他主人家，俺從小兒在一堆，偏他說句話，我只是中聽；見他個影兒，我喜他標致。人嫌他汗氣，我聞的是香；人說他乜箸，我說是溫柔。(醒世80.2a.4)

6. 我們在察院門口專候着狄爺到那裏，替狄奶奶遞張訴狀，就訴上是他挑唆韓蘆告狀，說他詐過銀子多少兩。不怕他，察院老爺極喜人說實話的。(醒世81.9b.6)

7. 趙啞子道：這位察院爺只喜人說實話，這上頭不大追求你。情管我這狀遞上去，只是叫他吃了虧就是。狄爺，你要三兩銀子謝我。(醒世81.13b.6)

8. 察院道：他去奸你女兒，你女兒不從，做婦人的倒不喜他，倒打死他。既是女兒被他打死，你且不告官，你且詐財。(醒世82.9b.9)

9. 實說，我喜你這孩子醜，襯不下我去，我纔要他哩。(醒世84.5b.6)

10. 好好的，官差人叫了偺去，要不實說，致官計較；說了實話，他豈有喜偺之理。(醒世89.5b.6)

11. 呂德遠道：聽老爺這般說，這兩個婆娘，止於新來的奶奶喜他，老爺是惱他的。果眞如此，事有何難。(醒世96.7a.8)

非会話文

12. 這兩人就致了仕，投充王振門下，做了長隨，後又兼了太師，教習梨園子弟，王振甚是喜他。(醒世5.5b.10)

13. 那一個登壇放施食的和尚，法名叫寶光，原是北京隆福寺住持長老，在少師姚廣孝手下做小沙彌，甚是馴謹。姚少師其是喜他。(醒世30.8b.4)

14. 鄰舍家，倒是那大人家喜他，只是那同班輩的小戶甚是憎惡。(醒世51.1b.1)

15. 狄周媳婦豈是喜他的人，果然將那鷂鷹藏過，也與調羹說了。(醒世63.7a.5)

16. 誰知狄希陳五行有救，寄姐經信兩月不行，頭暈惡心，口幹舌澀，眼困神疲，手酸腳軟，怕明喜暗，好睡懶行。(醒世79.12b.3)

17. 却說寄姐害了這個活病，只喜吃嘴，再出不得門，足足的到了十個月，生了一個白胖的小廝，方才病能脫體。(醒世80.1a.6)

付録6

［《醒世姻緣傳》に見える"何如"の用例］

1. 我還沒見他畫的何如哩。（醒世4.4b.5）

2. 禹明吾復回，密向晁大舍耳邊問道：所言何如。（醒世4.6a.8）

3. 小的愚見如此，不知以為何如。（醒世17.8a.9）

4. 夫人問說：人材何如。家裏也過得麼。（醒世18.6a.9）

5. 不知何如，只得再看後說。（醒世20.17b.4）

6. 這倒有許久的相處，但不知因緣何如。（醒世37.12b.3）

7. 看完了，連春元問說：你看這四位的文章何如。（醒世38.2a.10）

8. 有了頭篇做主，只不知經題何如。（醒世38.5b.6）

9. 要比程先生加倍的謝我便罷，如不然，你就休想要做秀才。你比宗昭何如。（醒世38.8a.7）

10. 且看狄希陳這一回來，未知後日何如。（醒世38.13b.9）

11. 宗師問：他的行止何如。（醒世39.8b.2）

12. 我與你三個一錢銀子折飯，你與我另外舉薦一人，何如。（醒世39.12a.2）

13. 珍哥說：本事何如。（醒世43.3b.8）

14. 但不知後來何如，且再看後回解說。（醒世45.14a.9）

15. 但不知他奶的好歹多寡如何。（醒世49.8a.9）

16. 狄員外道：八十一文何如。（醒世50.5b.5）

17. 這菜做的何如。也還吃得麼。眾客甚是驚詫。（醒世51.2a.2）

18. 我程謨償了劉恭的命，劉恭被我送了命，一霎時替列位除了這兩害，何如。（醒世51.4b.2）

19. 晁思才道：嫂子我說的何如。這尚義氣的事，‥（醒世57.4a.5）

20. 我們主張眾人做媒，就與高相公作妾何如。（醒世62.6a.10）

21. 素姐掙掙的說道：你再看別的何如。（醒世64.9b.5）

22. 這計何如。（醒世66.7a.3）

23. 只去了十來個人，也還不曉的陳公主意輕重何如。（醒世70.5b.5）

24. 但不知童七運氣何如，將來怎生結束，且看後回再説。（醒世70.14b.1）

25. 衆人倒呵呵大笑起來，問魏三封：魏哥，你的主意何如。（醒世72.6a.5）

26. 媒婆道：周大叔，你如不嫌，你娶了他何如。（醒世72.8b.6）

27. 不知後來也略知儆省不曾，且看後來何如，再等下回接説。（醒世76.13a.10）

28. 管家，你再進去説聲，沒有十兩就是八兩，何如。（醒世80.6a.8）

29. 韓大嫂，我主給你五兩，你看我分上何如。（醒世80.11a.4）

30. 做錦衣衛校尉的舅爺，又叫人喚相爺家長班，緝訪我到廠裏去。這可何如。（醒世80.14a.3）

31. 利再加撩給他幾兩銀子，加了卿銜，金帶黃傘，騎馬開棍，這比經歷何如。（醒世83.2b.9）

32. 或是濟寧，泊住等你。狄周送你上了船回來。我替你算計的，這也何如。（醒世84.3b.6）

33. 手挣着，自己先迎面看了一看，問狄希陳道：姑夫，你看這頂帽套何如。（醒世84.10a.9）

34. 他既説五十兩也罷，儞就給他五十兩何如。（醒世85.2b.10）

35. 狄希陳曾否救轉，生死何如，素姐怎樣施行，寄姐怎生管待，且聽下回結束。（醒世94.13a.3）

36. 遞解了回家，與你除了這害，你心下何如。（醒世98.2a.9）

37. 郭某主見如此，老恩臺以為何如。（醒世99.4b.3）

38. 若果是他，聞名倒是好的，但不知見面果是何如。（醒世99.6a.6）

39. 何如。我説送進來的，你却藏住了，唬我這一個臭死。（醒世31.4b.1）

40. 何如。我説你再不聽這當面領過教了。（醒世58.10b.2）

41. 何如。我的話你再不聽。你前年跟了姐姐往北京去，我那樣的囑付你來。（醒世89.6a.1）

42. 何如。我説不該招惹他。沒的捨了四頃地，好幾十石糧食，四五十兩銀子，惹的人家撒騷放屁的。（醒世32.13a.2）

43. 何如。我是哄你不成。(醒世18.10a.4)

44. 何如。我説是他挑的。在家没的没打麼，可也没有這們打的狠。(醒世96.13a.6)

45. 何如。再不敢説嘴了。你們待要拿出銀來吃東道哩，還是叫我親娘，都與我做兒子哩。(醒世73.6b.3)

[《醒世姻緣傳》に見える"如何"の用例]

1. 関在那縣衙裏邊，如何消遣。(醒世1.6a.10)

2. 你坐了轎，如何跟得上。(醒世1.10b.2)

3. 又道是既已變了人像，那鷹犬還如何認得。(醒世1.13a.7)

4. 你回來路上歡歡喜喜的，你如何便惱巴巴起來。(醒世2.1b.1)

5. 有一個尤大娘説道：晁大嬸，你如何不同去走走，却閉在家中悶坐。(醒世2.3a.3)

6. 計氏想道：有甚縁故。如何把門敲得這等緊急。(醒世2.5b.1)

7. 如何打圍没我去處，病了却來尋我。(醒世2.5b.10)

8. 俺昨日在圍場上，你一跳八丈的，如何就這們不好的快。(醒世2.8a.7)

9. 晁大舎説道：這就是俺們的公公。如何這等靈聖。(醒世3.7a.8)

10. 那如何成事，老爺却不要管他。(醒世5.4a.2)

11. 我想爹娘見在南邊，却如何只説北去。(醒世6.1b.8)

12. 如今書上要同計氏隨任，如何支吾。(醒世6.3b.2)

13. 家門口守着河路，上了船直到衙門口，如何不帶他同來，丢他在家。(醒世6.5a.4)

14. 如何年節到了，還在京中做甚。(醒世6.7a.8)

15. 這一身大紅長毛已是世間希奇古怪了，如何又會念經。(醒世6.8a.7)

16. 二人的來意是要如何。(醒世7.12b.6)

17. 計拉道：如何要換金子却寫在這個帖紙上。(醒世11.9a.1)

18. 你既搜不出來，你却如何領了這許多人，不分裏外，把婦人身上都仔細摸過。(醒世11.9b.9)

19. 但不知公公如何便這等顯應。(醒世11.12a.5)

20. 賢弟，你既曉得這等詳細，如何不透些信息與我，叫我們也準備一準備。(醒世11.12b.8)

21. 你狀上如何說是七百。(醒世12.5b.8)

22. 問說：你如何不同妻去，却同妾去。(醒世12.11a.5)

23. 那珍哥說是和尚道士，還有許多難為那計氏去處，你却如何不說。(醒世12.12a.8)

24. 誰是小青梅。兩個姑子，如何只說一個。(醒世12.12b.3)

25. 但這個票與這棗帖却如何到得你手裏。(醒世12.16a.8)

26. 典史問說：這是甚麼所在。如何這等齊整。這個標致婦人却是何人。(醒世14.2a.8)

27. 個胡旦嬌媚得通似個女人，且是容貌又都光潤，不像是受奔波的，却如何外面的衣服又這等破碎。(醒世15.8b.10)

28. 晁老道：依你却如何主意。(醒世17.8a.5)

29. 那有鬼神。是我病得昏了。如何却把銀子行李要去還他。(醒世17.10a.2)

30. 提親的雖是極多，這兩門我倒都甚喜歡，但不知大官兒心下如何。(醒世18.3a.2)

31. 只鄉宦人家，却如何肯與人做妾。(醒世18.4b.7)

32. 令尊在日，曾賜過蟒玉不曾。且自來不曾見有戴金襆頭的官，如何畫戴金襆頭。(醒世18.9b.9)

33. 季春江道：我向日送鞋去上，見你住着自己的房子，且又精致，如何又來前頭賃房。(醒世19.1b.1)

34. 珍哥也不問聲晁大舍如何只管住在鄉裏。(醒世19.6b.9)

35. 十兩銀子哩，可以做生意的本錢，如何不要。(醒世20.5b.9)

36. 不然，人却如何曉得。(醒世20.6b.7)

37. 如何知也不教我們知道。(醒世20.7b.3)

38. 他家晁奶奶見在，你們分罷了，如何來打搶。(醒世20.5b.9)

39. 這一個人是前日去領頭的，你如何也在這裏打搶。（醒世20.10b.7）

40. 他既將禮來請我們，如何好不去。（醒世21.8a.7）

41. 晁源這夥人物都是武城縣的故事，如何又說到繡江縣去。（醒世23.1b.1）

42. 請這邊同吃一鐘如何。（醒世23.2b.10）

43. 但不曉天意如何哩。（醒世25.3a.5）

44. 你下毒手，要我永世不得出見，我如何又出來了。（醒世27.12a.10）

45. 那人大驚：娘子生產不下，看着要死，他却如何曉得。（醒世28.11b.5）

46. 泥丸如何得有效驗。他既未葡先知，或者有些效驗也不可知。（醒世28.11b.7）

47. 如何却在這裏等死。（醒世29.3a.7）

48. 這個所在是我的秘密室，偶然因賢姪在此，忙迫忘記了鎖門，如何便輕自窺視。（醒世29.5a.5）

49. 吐了一滴唾沫合了，搓成三丸粗糙的泥丸，如何變成了這樣的金丹。（醒世29.10a.6）

50. 這六月初八日是他的忌辰，待我自己到墳上囑贊他一番，再看如何。（醒世35.5a.10）

51. 你兩次托夢，我是個老實人，不會家參詳，又不知你待要如何。（醒世35.5b.3）

52. 晁夫人問說：狐精既是被他射死，如何到要與他為妻。（醒世30.12b.9）

53. 及至到了三月，如何煮得粥成。（醒世31.10b.10）

54. 你依了他還好，若說是日色見在，如何便要歇手，他把生活故意不替你做完，或把田禾散在坡上，或捆了挑在‥（醒世20.5b.9）

55. 三奶奶，這耀萬把石谷不系小事，如何不托孫子，倒托兩個家人。（醒世32.6b.4）

56. 我側近邊曾不見有你這人，若是外來的遠人，如何得來的恁蚤。（醒世34.2a.2）

57. 這個事是我自己心裏舉念，再沒有人知，如何有此帖在地。（醒世36.13a.8）

58. 人管他一篇，也到不得貼出提先生的田地。我們再與先生商議，看是如何。(醒世37.3a.6)

59. 不是汪生勤教訓，如何得到泮池邊。(醒世39.1b.1)

60. 得幾樣套禮。你三個大些的去，薛如兼不去也罷。你再合狄大叔商議如何。(醒世40.2a.8)

61. 紀時中道：先生存日見不曾有這等本事，如何死了却又有這等本事起來。(醒世42.9a.10)

62. 若生員果是買的，只嫡母也便罷了，如何生母才十六歲就因生員守節。(醒世46.10b.4)

63. 但不知他心下如何。(醒世47.14a.5)

64. 狄希陳說：我打聽得每兩可換九十三文，如何數目便這等差的多了。(醒世50.4a.4)

65. 汪朝奉道：這折子錢不過是納例事用，如何要換這許多。(醒世50.5a.9)

66. 秦敬宇說：原約過日西關了店囘去交易，如何便早來了。(醒世50.7a.5)

67. 秦敬宇問說：這錢如何運去。(醒世50.8a.5)

68. 狄希陳如何上京。(醒世50.12b.1)

69. 見他這個舉動，問說：你是廚長呀。這菜做的極好。請坐吃三鐘，如何。(醒世51.2a.4)

70. 你二位還待如何只這般凌虐。(醒世51.5a.5)

71. 晁監生的妾小珍哥說是燒死了，如何見在你家。(醒世51.8a.7)

72. 審錄必定要打，打了如何將養。(醒世51.10b.6)

73. 璉哥做了媳婦，你娘兒們一窩兒一塊的好過，我也放心。不知你意下如何。(醒世53.7a.9)

74. 把海參湯做得扭黑，嫌他的不好，他說黑海參如何不黑。(醒世54.10a.6)

75. 止我一個，如何做的來。(醒世54.10b.10)

76. 他家一個小姑兒今日鋪床，做嫂子正該忙的時候，如何反接他囘來家。(醒世59.1b.3)

77. 我的女兒已是嫁了烏大王，這烏大王即是我的女婿，你如何將我女婿殺了。(醒世62.3a.8)

78. 他是我的個後娘，恨不得叫我死了，省了他的陪送，他如何肯不攛掇。(醒世62.5b.4)

79. 如何不治他一治。(醒世62.8b.10)

80. 如何大白日裏閂了門則甚。(醒世62.9b.6)

81. 這却拿鳳仙花染紅了我的鼻子，我却如何出去見人。(醒世62.10a.1)

82. 你叫閨女養漢掙錢，你也替他蓋間房屋，收拾個床鋪，却如何上邊打着傘，下邊支着麋案就要接客。(醒世62.12a.2)

83. 狄大嫂，你如何說是沒有。(醒世63.4a.3)

84. 狄希陳道：他在楊家内宅裏邊宣卷，我如何好進得去。(醒世63.13a.6)

85.86. 至於來與不來，如何念經，如何懺悔，素姐果否改惡從善，俱在下囘再為接說。(醒世63.13b.4)

87. 人家夫婦不和，你用智慧與他調停和睦，些微得他些經懺銀錢便是，如何乘機設智，騙他這如許的資財。(醒世65.3b.5)

88. 待我再摸摸那盛錢的抽鬥，看是如何。(醒世65.6a.6)

89. 不知狄員外如何措處。其説甚長，再聽後囘述説。(醒世66.14a.4)

90. 沒錢求告，又沒草料與他，必定又要稟官，再要責打，如何受得。(醒世71.12a.4)

91. 老魏看道：才得十四五的妮子，如何就這們等的。(醒世72.3a.10)

92. 誰知魏三封是幹柴烈火，如何肯依。(醒世72.4a.3)

93. 見了素姐怎樣説話，後來怎般囘去，這事如何結束，再看後囘接續。(醒世73.14a.2)

94. 他爭論説：房子雖賣，這銀子是我父親所埋，親自交付與我，你如何將銀掘去。(醒世77.4a.10)

95. 狄希陳也甚是詫異，在家住了兩個多月，掛念素姐在京不知如何作孽。(醒世77.10a.10)

96. 我主着叫狄大爺給你兩口兒十兩銀，這分外的人，每人五錢。你心下如

何。(醒世80.10a.3)

97. 如何打發歡喜，怎麼見官，寄姐果否吃虧，其話甚長，還得一回說了。(醒世80.15a.4)

98. 狄希陳道：這意思兒好呀。一似我幹得的。但不知如何就可以得的。(醒世83.12b.3)

99. 但不知這個女軍師如何算計，果否不差，只聽下回再說。(醒世83.14a.10)

100. 不知呂祥回來，素姐又是如何舉動。(醒世85.13b.6)

101. 沒了送上司的禮物，如何措手。(醒世87.2b.5)

102. 狠命追船急若梭，追着意，待如何。(醒世88.1a.3)

103. 我要備些路費，差個女人送你回去，不知你心下如何。(醒世88.2a.4)

104. 陳驛丞道：我與你同桌而坐，同器而食，如何偏我中毒。(醒世88.14a.9)

105. 人家的好話不聽，無益之悲，致成大病。不是我央孫眞人送藥救治，如何是了。(醒世90.14a.6)

106. 十朝半月，狄希陳公事已完，一個新到任的首領，堂官還不曉得本事如何，又沒有甚麼狀子批來審問，未免多得空閑在家。(醒世91.3b.1)

107. 你賢名從此大起，叫人説某人的媳婦，某人的閨女，如何容得妾，好生賢惠。(醒世92.9a.2)

108. 吳推官道：此等的事，我如何倒不曾聞見。(醒世91.14b.1)

109. 一來謝他連年看望之情，二來看那事體如何，葬埋了梁和尚，完了你前生之事。(醒世93.2a.7)

110. 我的主意如此，不知你心下如何。(醒世93.2b.4)

111. 這過去的娘娘正是你們同縣的鄉裏，如何竟不相識。(醒世93.9a.4)

112. 眾人驚道：你如何預先知道我們是武城縣人，又知我們是六十八眾。(醒世93.9b.10)

113. 有支持不住之意，只得算計要尋到狄希陳四川任所。但只千山萬水，如何去得。(醒世94.8a.6)

114. 萬一後日我回到家去，如何是處。(醒世97.2a.4)

115. 吴推官笑道：不是潘公子的姊妹，如何使得好棒椎，六百下打得狄經歴一月不起。(醒世97.13a.4)

116. 不知狄希陳何日好了脊梁，太守果否如何分付，其話尚多，此回不能詳悉。(醒世97.14a.6)

117. 希陳道：説的甚是有理。但堂上差人立逼要呈，要斷離這事，我却如何回他。(醒世98.8b.4)

118. 寄姐見狄希陳只管與周相公講話，請狄希陳進去，問他事體如何。(醒世98.8b.10)

119. 他若果然詐了你的銀子，他做官時候，你如何不在兩院手裏告他。(醒世99.10b.10)

付録7
［《醒世姻縁傳》に見える"找尋"の用例］

1. 你的銀子是十七兩六錢，這是七兩六錢，這銀子不是你的，你另去找尋。(醒世23.12b.8)

2. 不要淹死了成都府經歴快快找尋。(醒世29.14a.9)

3. 又有一個戴金冠騎龍的回説：不知混在何處去了，那裡找尋。(醒世29.14a.10)

4. 找尋了半日，方才尋見。(醒世29.11b.8)

5. ‥各處去尋那三個婦人。找尋了方纔跟了便走。(醒世39.11b.9)

6. 再説汪爲露自從那日死後，各處去找尋小獻宝〈=寶〉。(醒世41.3b.4)

7. 到了北京，進了沙窩門，在一廟中暫住，以便找尋下處。(醒世54.11a.7)

8. 一頓喝打的去了，同進家裏前後找尋小璉哥，那有踪影‥(醒世57.10a.10)

9. 到他房裏找尋，並不見去向。狄員外着起極來‥(醒世60.11a.8)

10. 教官正待乘馬前迎，再四找尋，不見了那馬‥(醒世62.7a.10)

11. 有的弔了丁香，叫人沿地找尋，有的忘了梳匣‥(醒世68.13b.4)

12. 又找尋喜神，都在卷棚內翻過來貼着土牆。（醒世77.10a.4）

13. 劉振白將剩的十四兩銀子，被原差要了二兩，僱人叫招子找尋逃走的婆娘，又四散訪緝那拐銀的兒子。（醒世82.14a.10）

14. 還叫了周嫂兒、馬嫂兒來，四出找尋。（醒世84.4a.1）

15. 有人來找尋的，你領他去尋我便是。（醒世86.10b.6）

16. 薛如卞弟兄兩個，又不肯四下出招子找尋。（醒世88.3b.6）

［《醒世姻緣傳》に見える"尋找"の用例］

1. 問知素姐自己上京尋找，狄希陳不勝淒涼，只得尋到崔近塘家住歇。（醒世77.9b.1）

2. 又開進自己門去遍尋狄員外夫婦的神主喜神不見，再三尋找，狄員外的神主在一爛紙簍裏。（醒世77.10a.1）

3. 你且在這裏殿簷底下坐了等等，或者跟你的那人就來尋找也是有的。（醒世86.9b.2）

4. 萬一有人尋找，別說是我的廟裡不見了婦人，體面不好。（醒世86.10b.5）

5. 且怕狄希陳再似前番，京城裡海樣的地方，躲在一邊，沒處尋找，倒是進退兩難。（醒世99.13b.7）

6. 你在此住了這將近兩月，拐騾的又尋找不着，天氣又將冬至數九的時候，你家下又沒有人尋到這邊。（醒世88.2a.1）

付錄8

［《醒世姻緣傳》に見える"要緊"の用例］

1. 通州是要緊的地方‥（醒世5.13b.10）

2. 我別的零碎東西，待我收拾在櫃裏，您明日着人來擡。做衣裳要緊，不留您吃飯罷。（醒世9.2b.10）

3. 次日，那書辦做成了招稿，先送與晁大舍看了，將那要緊的去處都做得寬皮說話，還有一兩處茁實些的，晁大舍俱央他改了，謄真送了進去。（醒世13.1b.5）

4. 這軍儲要緊，偺只得衙裏湊借與他，等征上來還偺。（醒世15.7a.7）

5. 却説李成名與晁住兩個的娘子雖然看他是個老婆，也會合人溜眼，也會合人拿情，到那要緊的所在，説起那武城縣應捕，只好替他提鞋罷了。（醒世19.11b.1）

6. 再是那樣手藝的匠人，有些甚麼要緊生活。（醒世26.10b.9）

7. 那求仙學佛的人雖説：下苦修行，要緊處先在戒那酒色財氣。（醒世34.1a.6）

8. 人生最要緊的是那性命，往往人為了這財便就不顧了性命。（醒世34.1a.9）

9. 自家先到了秦幾樓家，説：你要緊費那年俺爹埋了礶子錢，迷糊了尋不着。（醒世34.9a.6）

10. 程樂宇説：你兩个全以自家要緊，不要悞了正事。（醒世37.11b.9）

11. 二則他那小獻寶賭錢要緊，也沒有工夫與他去取藥。（醒世39.10a.9）

12. 如今且先買幾匹細布與他做壽衣要緊，再先買下木頭，其外便臨期也還不遲。（醒世39.14a.7）

13. 且把三弔多錢揀要緊的置辦，别的到臨期待俺們处。（醒世41.7a.6）

14. 所以然處多加了那要緊開路的東西，認就了門，猛力往裏一闖，直進無余。（醒世45.10b.5）

15. 這雖也沒甚要緊，也是素姐小試行道之端。（醒世53.13b.2）

16. 童奶奶道：還是看本事要緊。（醒世55.7a.2）

17. 薛教授只道是薛夫人説甚麼要緊的話，慌忙進來問薛夫人。（醒世56.4b.9）

18. 程師娘説：多拜上哩，家裏有要緊的事，脱不的身，要早説還好騰挪，這促忙促急的，可怎麼樣着。（醒世59.4a.1）

19. 説官司結了，請大爺即日起身往任上去，有要緊的事待商量哩。（醒世14.9a.9）

20. 只叫我晁二再又五年，還許多少的要緊事，‥（醒世53.8b.7）

21. 童奶奶説：忘了一件要緊的事。（醒世55.4a.5）

22. 童奶奶道：還是看本事要緊。儹光選人材，‥（醒世55.7a.2）

23. 你來的正好，姑奶你有要緊事合你説。（醒世 55.4b.2）

24. 童奶奶道：你替狄爺打聽要緊。（醒世 55.6a.5）

25. 要有甚要緊的事，愁你爹不來叫你。（醒世 58.2a.8）

26. 素姐叫去蓮華庵請白師傅到家，有要緊事與他商量。（醒世 63.13a.1）

27. 你就响許他萬兩黃金，他也只是性命要緊。（醒世 66.5a.1）

28. 小玉蘭道：姑娘要緊開那衣櫥，尋不見了鑰匙，特差我來要哩。（醒世 66.4a.3）

29. 那一日家中有件要緊事，我待到家走走，我千萬的囑付。（醒世 66.10b.5）

30. 那看門的見童奶奶為人活動，又有幾分姿色，不忍的拒絶，最要緊又是那三百黃錢的體面，跑囬下處，送囬了監門首婦人。（醒世 70.11b.3）

31. 駱有我合童奶奶都送到船上，燈下吃酒中間，駱校尉説道：第一文憑要緊，多使油紙包封，不可錯失。（醒世 85.4b.9）

32. 用的人揀着往要緊處做。（醒世 85.5a.4）

33. 領憑到是小事，炸飛蜜果子倒要緊了。（醒世 85.6a.4）

34. 就是着了手偷得來用，定然曉得是他，知道母親的心性，見了錢就合命一般的要緊，良心也不顧。（醒世 92.12b.6）

35. 晁梁在香巖寺替胡無翳住持之事，説也不甚要緊，且略過一邊。（醒世 93.8a.1）

36. 你沒要緊可去請他。（醒世 2.10a.5）

37. 沒要緊，却領了一夥婆娘。（醒世 3.1b.8）

38. 到二十五日，端了一扶手銀子，果然到了廟上，買了些沒要緊的東西，囬到京中宅子，住了七八日，別了珍哥，仍囬通州去了。（醒世 6.5b.6）

39. 休要沒要緊生氣。（醒世 8.4a.6）

40. 晁大舍雖極是溺愛，未免心裏也有一二分灰心的説道：你好沒要緊。偺什麼東西沒有。娘捎了這點子東西與他，你就希罕的慌了。（醒世 8.6b.3）

41. 郭師傅，你光着呼子頭，我們赤白大晌午沒得曬哩，快進家去吃了晌飯，下下涼走。如今正在家裏吃飯哩。這晁大哥可是聽着人張眼露睛的沒要緊。（醒世

8.16a.3)

42. 養娘道：奶奶沒要緊，把東西都俵散了。(醒世9.3a.3)

43. 沒要緊愁的愁，哭的哭，是待怎麼。(醒世14.9b.7)

44. 高氏說：這個老爹可是沒要緊。(醒世10.5a.4)

45. 為沒要緊的事被了論，不久起了侍郎。(醒世16.2b.7)

46. 敘說了些沒要緊的說話。(醒世18.6a.2)

47. 沒要緊解下我來，叫我柔腸寸斷。(醒世20.3b.3)

48. 不作急的外邊去尋，沒要緊且在這裏胡嚷。(醒世31.4a.9)

49. 晁夫人道：嗔道你可沒要緊的惹他做甚麼。(醒世32.10b.5)

50. 晁夫人道：你待說甚麼正經話，你說罷，別要沒要緊的瞎淘淘。(醒世32.11b.8)

51. 秦繼樓說：你沒要緊費這們大事做甚麼。留着添上好使。(醒世34.9a.10)

52. 衆人都勸他，說：僧原為散悶來這裏走走，你可沒要緊的生气。(醒世38.9a.9)

53. 我沒要緊尋這頓板子在屁股上做甚麼。(醒世39.11b.3)

54. 說道：怨不得別人，該合這私窠子，沒要緊的多嘴。(醒世43.6a.1)

55. 都面面相覷，說道：這可是沒要緊。(醒世47.5b.5)

56. 狄周媳婦說：大嫂，你好沒要緊。(醒世48.5a.8)

57. 沒要緊聽人挑，挑出來做硬挣〈=掙〉子待怎麼。(醒世53.4a.1)

58. 龍氏在旁說道：這沒要緊的話，不對他宰也罷了。(醒世52.13b.6)

59. 你列位好沒要緊。你不過說當家的沒在家，得空子‥(醒世51.7a.7)

60. 晁思才道：這是怎麼說。沒要緊扯閑淡。(醒世53.10b.9)

61. 沒要緊自己勃勃動生氣，有人解勸，越發加惱，‥(醒世59.10b.4)

62. 素姐說：大妗子，你也是那沒要緊扯淡。(醒世60.2b.8)

63. 薛三省娘子道：原來為這沒要緊的事。(醒世64.2a.7)

64. 這調羹歡喜樂笑的道：這娘不是沒要緊，生那閑氣，‥(醒世56.11b.10)

65. 這些後來沒要緊的事不必煩瑣。(醒世67.10b.10)

66. 我又後悔，沒要緊大清早神差鬼使的喫了這血條子。(醒世67.8a.3)

67. 老太太的好日子，這沒要緊的事，我不敢禀，還了你的銀子罷。(醒世70.7a.8)

68. 你又沒要緊叫出他兩個來，叫他撒騷放屁數落着揭挑這們一頓。(醒世74.5b.3)

69. 待怎麼呀，沒要緊的嚎喪。(醒世74.5b.7)

70. 買兩套目下妝新的衣裳，換幾件小巧花兒簪環戒指，揀近些日子，你兩口兒團圓了罷，沒要緊費那錢待怎麼。(醒世75.14b.9)

71. ‥或過對月，再看或是一處住，或是兩下裏，叫他別要費那沒要緊的事。(醒世75.14a.6)

72. 相大今子道：這不是沒要緊麼。(醒世77.13a.1)

73. 童奶奶咬喝道：別這樣沒要緊的拌嘴拌舌，夫妻們傷了和氣。(醒世79.6b.3)

74. 劉振白道：這可是沒要緊，怎麼又帶上我呢。(醒世80.13a.8)

75. 陸好善道：沒要緊的。(醒世82.2b.3)

76. 我這多嘴扶養的，沒要緊下老實的攛掇他援例，叫人丟這們幾千銀子，這可怎麼處。(醒世83.11a.5)

77. 心裏説：緊仔這幾日他身上不大好，沒大吃飯，孩子又砸着奶，為甚麼又沒要緊的生氣。(醒世96.11a.7)

語彙索引

本稿所収の語句をアルファベット順に排列する。数字はページを示す。

［謝辞］

A

| 安慰 ānwèi | 16 |
| 愛敬 àijìng | 22 |

B

半夜 bànyè	95
百凡 bǎifán	120
報答 bàodá	17
報喜 bàoxǐ	137
悲傷 bēishāng	45
背脊 bèijǐ	97
倍加 bèijiā	88
備齊 bèiqí	89, 179
備完 bèiwán	77
逼拷 bīkǎo	128
便即 biànjí	44, 87
便就 biànjiù	86
便却 biànquè	134
遍尋 biànxún	31

兵士 bīngshì	124
併吞 bìngtūn	76
剝脫 bōtuō	109
布散 bùsàn	143

C

材木 cáimù	140
猜疑 cāiyí	110
纔方 cáifāng	43
菜蔬 càishū	125
慘悽 cǎnqī	48
藏躲 cángduǒ	68
藏掩 cángyǎn	31, 68
查點 chádiǎn	17
查勘 chákān	26
查考 chákǎo	25
察考 chákǎo	24
查盤 chápán	34
懺悔 chànhuǐ	18

長短 chángduǎn		95
常平 chángpíng		142
常時 chángshí		121, 149
長壽 chángshòu		49
暢快 chàngkuài		46
成事 chéngshì		67
承應 chéngyìng		80
遲疑 chíyí		18
酬應 chóuyìng		81
出賣 chūmài		66
出外 chūwài		77
傳流 chuánliú		83
刺配 cìpèi		128
卒急 cùjí		135
促急 cùjí		48, 136
簇擁 cùyōng		19
錯聽 cuòtīng		29
挫折 cuòzhé		111

D

答報 dábào		17
達到 dádào		83
答對 dáduì		67
大高 dàgāo		46
大小 dàxiǎo		49
怠慢 dàimàn		19
擔承 dānchéng		119
當卽 dāngjí		43, 87
當家 dāngjiā		137
導引 dǎoyǐn		80
到來 dàolái		70
道路 dàolù		122
盜賊 dàozéi		50
等守 děngshǒu		133
地土 dìtǔ		145
弟兄 dìxiōng		105
弟子 dìzǐ		147
點查 diǎnchá		17
動轉 dòngzhuǎn		82
都盡 dōujìn		133
短長 duǎncháng		95
斷離 duànlí		129
對答 duìdá		67
躲藏 duǒcáng		68
墮折 duòzhé		118

E

兒女 érnǚ		140

F

發生 fāshēng		111
凡百 fánbǎi		120
犯人 fànrén		102
方纔 fāngcái		43
房門 fángmén		138
放釋 fàngshì		27

放鬆	fàngsōng	20	**H**		
費用	fèiyòng	96	害殺	hàishā	27
奉敬	fèngjìng	22	喊叫	hǎnjiào	69
奉陪	fèngpéi	22	和暖	hénuǎn	90
夫馬	fūmǎ	138	何如	hérú	108, 197
夫人	fūrén	138	狠心	hěnxīn	89
福禍	fúhuò	52	後日	hòurì	55
婦女	fùnǚ	50	唬嚇	hǔxià	119
付托	fùtuō	76	話説	huàshuō	144
復又	fùyòu	89	歡喜	huānxǐ	93, 190
			灰骨	huīgǔ	62
G			回來	huílái	139
根脚	gēnjiǎo	139	悔懺	huǐchàn	18
高大	gāodà	46	魂靈	húnlíng	100
高年	gāonián	47	禍福	huòfú	52
工完	gōngwán	34			
供招	gòngzhāo	34	**J**		
姑且	gūqiě	44, 45	機關	jīguān	97
古今	gǔjīn	51	積趲	jīzǎn	112
顧看	gùkàn	140	即便	jíbiàn	44, 87
故事	gùshì	103	急卒	jícù	135
掛牽	guàqiān	74	即當	jídāng	43, 87
關機	guānjī	97	吉凶	jíxiōng	52
官職	guānzhí	139	脊背	jǐbèi	97
管情	guǎnqíng	121, 159, 170	濟救	jìjiù	23, 130
鬼神	guǐshén	51	計筭	jìsuàn	75
過度	guòdù	84	濟助	jìzhù	130
			加倍	jiābèi	88

家當	jiādàng	137	懼怕	jùpà	23
浹洽	jiāqià	136	懼怯	jùqiè	24, 130
家人	jiārén	143			
加增	jiāzēng	35, 82	**K**		
價錢	jiàqián	52	開張	kāizhāng	147
簡搜	jiǎnsōu	131	看驗	kànyàn	31
見識	jiànshí	98	看顧	kàngù	140
見証	jiànzhèng	53	考察	kǎochá	24
講明	jiǎngmíng	21	拷逼	kǎobī	128
降下	jiàngxià	79	客人	kèrén	123
交結	jiāojié	69	懇央	kěnyāng	32
焦心	jiāoxīn	93	掯勒	kènlè	113
脚根	jiǎogēn	139	空閑	kòngxián	99
攪擾	jiǎorǎo	113	快暢	kuàichàng	46
脚手	jiǎoshǒu	58			
叫喊	jiàohǎn	69	**L**		
教領	jiàolǐng	140	來到	láidào	70
結交	jiéjiāo	69	來回	láihuí	139
節氣	jiéqì	139	來往	láiwǎng	70
解勸	jiěquàn	74	攔阻	lánzǔ	33
今古	jīngǔ	51	勒掯	lēikèn·ken	113
緊要	jǐnyào	94, 209	離斷	líduàn	129
盡都	jìndōu	132	離脱	lítuō	146
敬愛	jìngài	22	理料	lǐliào	71
敬奉	jìngfèng	22	利便	lìbiàn	121
淨洗	jìngxǐ	29	力量	lìliàng	140
就便	jiùbiàn	86	力氣	lìqì	99
救濟	jiùjì	23, 130	曆日	lìrì	127

臉嘴 liǎnzuǐ	62	
良善 liángshàn	92	
量力 liànglì	140	
亮炤 liàngzhào	35	
料理 liàolǐ	71	
裂破 lièpò	36	
靈魂 línghún	100	
領教 lǐngjiào	140	
漏脫 lòutuō	29	
漏洩 lòuxiè	79	
路道 lùdào	122	
亂嚷 luànrǎng	130	
落下 luòxià	146	

M

馬夫 mǎfū	138
罵咒 màzhòu	26
埋葬 máizàng	72
賣出 màichū	66
慢怠 màndài	19
悶氣 mēnqì	101
門房 ménfáng	138
明講 míngjiǎng	21
名聲 míngshēng	101
磨研 móyán	36
木材 mùcái	140

N

難逃 nántáo	145
難爲 nánwéi	73
鬧熱 nàorè	121, 213
泥沙 níshā	123
年高 niángāo	47
年少 niánshào	92
念誦 niànsòng	114
念咒 niànzhòu	148
扭別 niǔ· bie· bié· biè	37
女兒 nǚér	140
女婦 nǚfù	50
女子 nǚzǐ	141
暖和 nuǎnhuo	90

P

怕懼 pàjù	23
陪奉 péifèng	21
配刺 pèicì	128
朋友 péngyǒu	54
平常 píngcháng	141
潑撒 pōsā	116
迫脅 pòxié	113, 133

Q

悽慘 qīcǎn	48
蹊蹺 qīqiāo	91
齊備 qíbèi	89, 179

齊整 qízhěng	92, 176	全完 quánwán	77, 88
起早 qǐzǎo	117	勸解 quànjiě	74
氣節 qìjié	139	却便 quèbiàn	134
氣力 qìlì	99		
氣悶 qìmèn	101	**R**	
氣性 qìxìng	104	然雖 ránsuī	64
氣血 qìxuè	141	嚷亂 rǎngluàn	130
棄捨 qìshě	37	擾攪 rǎojiǎo	113
氣運 qìyùn	107	熱鬧 rènào	121, 213
洽浹 qiàjiā	136	人犯 rénfàn	102
牽掛 qiānguà	74	人夫 rénfū	138
千萬 qiānwàn	142	人家 rénjiā·jia	143
錢價 qiánjià	52	人客 rénkè	122
前日 qiánrì	142	人世 rénshì	143
前生 qiánshēng	142	人衆 rénzhòng	60
淺深 qiǎnshēn	56	認識 rènshí	26
蹺蹊 qiāoqī	91	日後 rìhòu	55
且姑 qiěgū	44, 45	日前 rìqián	142
且又 qiěyòu	134	日月 rìyuè	143
且暫 qiězàn	44	日逐 rìzhú	126
且亦 qiěyì	135	如何 rúhé	108, 197
怯懼 qièjù	24, 130		
情管 qíngguǎn	121, 159, 170	**S**	
清結 qīngjié	38	撒潑 sāpō	116
輕重 qīngzhòng	54	散布 sànbù	143
情願 qíngyuàn	115	嗇吝 sèlìn	48
求懇 qiúkěn	32, 39	殺害 shāhài	27
泉水 quánshuǐ	124	沙泥 shāní	123

贍養 shànyǎng	41
善良 shànliáng	92
傷悲 shāngbēi	45
傷損 shāngsǔn	39
傷重 shāngzhòng	61
上堂 shàngtáng	146
上天 shàngtiān	145
少年 shàonián	92
深淺 shēnqiǎn	56
神鬼 shénguǐ	51
神鷹 shényīng	56
生發 shēngfā	111
聲名 shēngmíng	101
生前 shēngqián	142
生死 shēngsǐ	57
聲響 shēngxiǎng	103
剩餘 shèngyú	117
匙鑰 shiyào	59
時常 shícháng	117, 149
識見 shíjiàn	98
識認 shírèn	26
始終 shǐzhōng	57
士兵 shìbīng	124
事成 shìchéng	67
釋放 shìfàng	27
事故 shìgù	103
世人 shìrén	143
式樣 shìyàng	106
手脚 shǒujiǎo	58
手下 shǒuxià	147
壽長 shòucháng	49
受享 shòuxiǎng	39
蔬菜 shūcài	125
水泉 shuǐquán	124
睡熟 shuìshú	84
說話 shuōhuà	144
說笑 shuōxiào	28
死生 sǐshēng	57
鬆放 sōngfàng	20
誦念 sòngniàn	114
搜簡 sōujiǎn	131
算計 suànjì	75
算帳 suànzhàng	144
雖然 suīrán	64
孫子 sūnzi	144
損折 sǔnzhé	32

T

湯藥 tāngyào	59
堂上 tángshàng	146
逃難 táonàn	145
替代 tìdài	85
天上 tiānshàng	145
添增 tiānzēng	82
聽錯 tīngcuò	29
土地 tǔdì	145

吞併 tūnbìng	76	
脫剝 tuōbō	109	
托付 tuōfù	76	
脫離 tuōlí	146	
脫漏 tuōlòu	29	

W

外出 wàichū	77
完備 wánbèi	77
完全 wánquán	77, 88
玩賞 wánshǎng	40
丸藥 wányào	63
晚夜 wǎnyè	125
萬千 wànqiān	142
往來 wǎnglái	70
爲難 wéinán	73
慰安 wèiān	16
聞見 wénjiàn	40

X

喜報 xǐbào	137
喜歡 xǐhuān	93, 190
洗淨 xǐjìng	29
下降 xiàjiàng	79
下落 xiàluò	146
下手 xiàshǒu	147
閑空 xiánkòng	99
嫌憎 xiánzēng·zèng	30

響聲 xiǎngshēng	103
小大 xiǎodà	49
小膽 xiǎodǎn	24, 122
笑說 xiàoshuō	28
歇住 xiēzhù	132
洩漏 xièlòu	79
心狠 xīnhěn	89
心焦 xīnjiāo	93
信音 xìnyīn	60
心願 xīnyuàn	104
性氣 xìngqì	104
兄弟 xiōngdì	105
凶吉 xiōngjí	52
血氣 xuèqì	141
尋遍 xúnbiàn	31
尋找 xúnzhǎo	82, 204

Y

嚴威 yánwēi	48
言語 yányǔ	106
掩藏 yǎncáng	31, 68
魘鎮 yǎnzhèn	131
驗看 yànkàn	31
央懇 yāngkěn	32
養贍 yǎngshàn	41
樣式 yàngshì	104
要緊 yàojǐn	94, 209
鑰匙 yàoshi	59

藥湯 yàotāng	59
夜半 yèbàn	95
夜晚 yèwǎn	125
疑猜 yícāi	110
疑遲 yíchí	18
已早 yǐzǎo	121
意旨 yìzhǐ	108
音信 yīnxìn	60
引導 yǐndǎo	80
鷹神 yīngshén	56
應承 yìngchéng	80
應酬 yìngchóu	71
擁簇 yōngcù	19
用費 yòngfèi	96
友朋 yǒupéng	54
又復 yòufù·fū	89
又且 yòuqiě	134
餘剩 yúshèng	117
語言 yǔyán	106
願情 yuànqíng	115
願心 yuànxīn	104
月日 yuèrì	143
運氣 yùnqì	107

Z

儹積 zǎnjī	112
暫且 zànqiě	44
葬埋 zàngmái	72
早起 zǎoqǐ·qi	113
早已 zǎoyǐ	121
憎嫌 zèngxián	30
賊盜 zéidào	50
增添 zēngtiān	82
扎掙 zházhēng	119, 220
窄狹 zhǎixiá	94
張開 zhāngkāi	147
章奏 zhāngzòu	63
長成 zhǎngchéng	85
帳算 zhàngsuàn	144
找尋 zhǎoxún	82, 204
照依 zhàoyī	133, 184
折挫 zhécuò	111
折墮 zhéduò	118
折損 zhésǔn	32
鎮魘 zhènyǎn	131
掙扎 zhēngzhá	119, 220
整齊 zhěngqí	92, 176
証見 zhèngjiàn	53
職官 zhíguān	139
旨意 zhǐyì	10
置添 zhìtiān	42
制限 zhìxiàn	42
終始 zhōngshǐ	57
重輕 zhòngqīng	54
衆人 zhòngrén	60
重傷 zhòngshāng	61

咒罵	zhòumà	26	子弟 zǐdì	147
咒念	zhòuniàn	148	子女 zǐnǚ	141
逐日	zhúrì	126	子孫 zǐsūn	144
助濟	zhùjì	130	阻攔 zǔlán	33
住歇	zhùxiē	132	嘴臉 zuǐliǎn	62
轉動	zhuǎndòng	82		

謝　辞

　本稿をまとめるにあたり、ご指導を頂いた植田均教授に感謝致します。また、日常の議論を通じて多くの知識や示唆を頂いた研究室の皆様にも感謝します。